원전으로 읽는

서양 철학의 이해

기초교양교육시리즈 21

원전으로 읽는 서양 철학의 이해

초판 1쇄 발행 2011년 9월 30일
초판 7쇄 발행 2023년 1월 30일

엮은이 이남인

펴낸곳 서울대학교출판문화원
주소 08826 서울 관악구 관악로 1
도서주문 02-889-4424, 02-880-7995
홈페이지 www.snupress.com
페이스북 @snupress1947
인스타그램 @snupress
이메일 snubook@snu.ac.kr
출판등록 제15-3호

ISBN 978-89-521-1114-2 94160
978-89-521-1018-3 (세트)

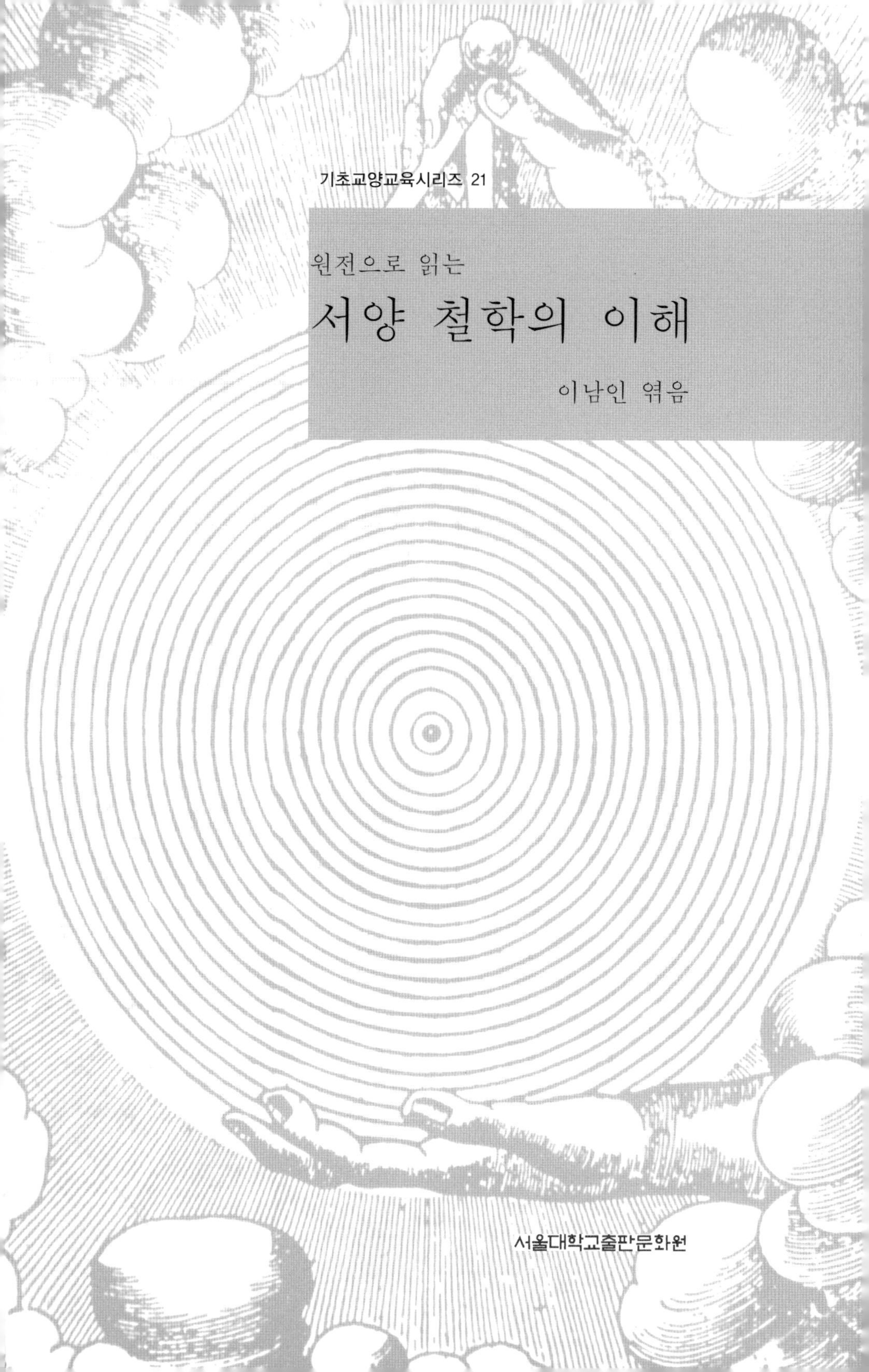

기초교양교육시리즈 21

원전으로 읽는

서양 철학의 이해

이남인 엮음

서울대학교출판문화원

Understanding Western Philosophy

Nam-In Lee

Seoul National University Press

들어가는 말

서양 철학 2,500년의 역사에서 중요한 위치를 차지하는 철학자 17명을 선정해 그들의 작품에서 일부를 발췌해 번역하여 이 책을 편집했다. 이 책에는 고대, 중세, 근대, 현대 등 시대별로 중요한 위치를 차지하는 작품들이 시대순으로 수록되어 있다. 서양 고대 철학에서는 플라톤, 아리스토텔레스, 키케로 등의 작품을 수록했고, 중세 철학과 르네상스 철학에서는 안셀무스, 토마스 아퀴나스, 쿠자누스 등의 작품과 근대 철학에서는 데카르트, 로크, 칸트를 비롯한 여러 철학자와 현대 철학에서는 니체, 제임스, 후설, 비트겐슈타인 등의 작품을 수록했다. 이 책은 비록 번역문을 통해서이긴 하지만 원전을 통해서 서양 철학을 시대별로 접근하고자 하는 독자들에게 큰 도움을 줄 수 있을 것이다.

그럼에도 불구하고 이 책을 출간하면서 아쉬움이 남는다. 그 가장 큰 아쉬움은 이 책에 중요한 철학자들의 작품을 더 많이 담지 못했다는 데 있다. 서양 철학의 흐름을 역사적으로 고찰하고자 할 경우 가장 큰 비중이 주어져야 할 곳이 현대 철학임에도 이 책에는 현대 철학의 고전적인 작품 중 일부만이 수록되어 있다. 그 가장 중요한 이유는 타계한 지 50년이 지나지 않은 철학자의 작품은 저작권 문제 때문에 수록할 수 없었기 때문이다. 독자들이 이 책을 읽으면서 특히 이 점을 유의해 주기 바란다. 그리고 저작권 문제가 걸려 있지 않은 중요한 철학자들의 작품 중에서도 여러 가지 사정으로 해서 수록할 수 없는 작품이 있었다. 앞으로 가능한 한 이러한 점을 보완해 가면서 더 충실한 책이 될 수 있도록 노력할 것을 독자들에게 약속한다.

이 책은 본래 서울대학교 핵심교양 강의 중 하나인 "서양 철학의 이해"를 위한 교재로 출간된 것이다. "서양 철학의 이해"는 약 6개월 동안의 준비과정을 거쳐 2002학년도 1학기에 처음 개설되었으며 그후 학생들로부터 적극적인 호응을 받아왔다. 강의 개요에 나타나 있듯이 "서양 철학의 이해"는 철학적 문제의 본질적인 성격을 해명하고 중요한 철학적 주제들을 검토하면서 철학이 어떤 학문인가를 살펴봄을 목표로 한다. 이러한 교과목의 전반적인 목표를 달성하기 위해서는 철학의 주요 고전들도 검토할 필요가 있는데, 바로 이 책은 강의를 진행시켜 가면서 철학의 주요 고전을 검토하는 과정에서 사용할 목적으로 편집되었다. 물론 이 책은 "서양 철학의 이해"뿐 아니라 "철학개론", "서양 철학의 고전" 등의 강의, 더 나아가 철학사와 관련된 강의를 위한 교재로도 사용될 수 있을 것이다.

차례에 제시된 제목은 원저의 제목을 따르는 것을 원칙으로 하였다. 따라서 「국가」, 「형이상학」, 「니코마코스 윤리학」, 「순수이성비판」 등 제목 대부분은 원저의 것을 그대로 반영하고 있다. 그러나 원저의 제목을 그대로 따를 경우 부자연스럽다고 판단될 경우 소절의 제목이나 소절과 관련된 내용을 제목으로 택하기도 하였다.

이 책이 출간될 수 있도록 노력해 준 모든 분께 감사의 뜻을 전한다. 무엇보다도 이 책에 수록된 작품들을 번역하느라 수고해 주신 모든 분께 감사드린다. 특히 아퀴나스의 「신학대전」, 「존재자와 본질에 관하여」를 번역하여 출간하셨고 그중에서 필요한 부분을 이 책에 수록할 수 있도록 허락해 주신 정의채 신부님, 니체의 「우상의 황혼」, 「도덕의 계보」 중 일부를 번역하여 출간한 후 그중 일부를 이 책에 수록할 수 있도록 해 주신 김정현 교수님, 백승영 박사님, 그리고 라이프니츠의 「모나드론」을 번역하여 출간한 후 이 책에 수록할 수 있도록 해 주신 윤선구 교수님께 깊이 감사드린다. 출판사 '바오로딸'은 「신학대전」, 「존재자와 본질에 관하여」를, 출판사 '책세상'은 「도덕의 계보」, 「우상의 황혼」을, 그리고 출판사 '아카넷'은 「모나드론」을 이 책에 수록할 수 있도록 허락해 주었는데, 그에 대해 깊은 감사의 뜻을 표한다. 이 책의 출간을 위해 자문해 주신 서울대학교 철학과의 몇몇 교수님들께도 감사드리며, 원고 교정과 편집을 위해 수고해 주신 서울대학교출판문화원 편집팀 여러분께도 감사의 뜻을 전한다.

2011년 8월

이남인

차례

1

플라톤

국가

I. 태양의 비유[1]

506d[2] "제우스의 이름으로 청컨대, 소크라테스 선생님,[3] 끝을 눈앞에 두고 있다 할 상황에서[4] 물러나지 마십시오. 정의와 절제 그리고 그 밖의 것들에 관해 다루어 주신 것처럼 좋음[5]에 관해서도 다루어 주셔야 저희가 만족스러울 테니까요." 글라우콘이 말했네.

"이보게 친구, 물론 그러게 된다면 나도 대단히 만족스러울 거네. 하지만 내가 그럴 능력이 없는 건 아닌지, 그런데도 애를 쓰다가 볼썽사납게 되어 비웃음을 사게 되지나 않을지 모르겠네.[6] 아니, 이보게
506e 소중한 친구들, 좋음 자체가 도대체 무엇인가 하는 것은 당장은 그냥 내버려 두세.[7] 지금으로서는 그것에 관한 나 자신의 의견[8]에 이르게

[1] 장절을 나누고 제목을 붙인 것은 역자가 임의로 한 것이지, 원문에 있는 것은 아니다.

[2] 쪽 표시는 관행에 따라 스테파누스 번호를 따른다. 아래에서 빠진 512, 513은 스테파누스 판에 본문 내용이 없는 부분이다.

[3] 이 번역에서 이름 뒤에 붙인 '~ 선생님'과 2인칭 대명사 대신 쓴 '선생님'은 원문에 '선생'에 해당하는 단어가 따로 있는 것이 아니라 우리식 어투를 자연스럽게 살리기 위해 역자가 덧붙인 것이다. 우리식 인간관계 때문에 이런 군더더기들을 도입하긴 했지만, 원문에는 존댓말이나 그에 상응하는 표현들이 없다는 점에 유의할 필요가 있다. 소크라테스는 '하게'체를, 상대방은 소크라테스에게 '하십시오'체를 사용하는 것 또한 원문에는 없는 장치다. 요컨대 존대 표현을 하느냐 안 하느냐 하는 차이는 원문의 정신에는 포함되어 있지 않다.

[4] '마치 끝에 와 있는 것처럼 생각해서'로 옮길 수도 있다.

[5] 앞으로 계속 '좋음'으로 번역되는 to agathon은 '좋은 것'으로 옮길 수도 있는 말이다.

[6] 517d4–5(이 번역에서는 우리말 구조 때문에 517e에 들어 있음)에서 소크라테스는 동굴 밖의 이데아를 본 자가 동굴 안에 들어와 겪게 되는 사태를 여기서와 같은 표현을 사용하여 묘사하고 있다.

[7] F 사본의 맨 처음 독해 easomen을 따르면 '내버려 두겠네'로 새길 수 있다. 여기서는 다른 대다수 사본들을 따라 easōmen으로 읽었다.

되는 것조차도 우리가[9] 지금 노력하고 있는 일[10]의 범위를 넘어서는 게 분명하니 말일세.[11] 그렇지만 좋음의 자식[12]이자 좋음과 가장 닮은 걸로 나타나는 것에 대해서는 내 말해 볼 의향이 있네. 자네들에게도 마음에 든다면 말일세. 그게 아니라면 그냥 두기로 하고." 내가 말했네.

"아니, 말씀해 주시죠. 그 아비의 이야기는 나중에 갚으셔도 될 테니까요."[13] 그가 말했네.

507a "지금처럼 이자[14]만이 아니라 그 이야기 자체[15]를 내가 갚고 또 자네들은 돌려받게 되기를 바라 마지않네. 허나 어쨌든 좋음 자체의 이자요 자식인 이것을 받게들. 그렇지만 내가 순도(純度) 낮은 자식 이야

8 즉 그것에 관해 만족스런 대답이라고 내게 생각되는 것. 509c에 비슷한 표현이 다시 나온다.

9 혹은 '내가'.

10 '지금 노력하고 있는 일'로 옮긴 hormē에 담긴 본래 의미를 풀어 이야기하자면 '지금 이렇게 열심히 추구하고 있는 일을 가능케 한 시작점 혹은 추진력'을 가리킨다.

11 지금 이 말은, 나중에 좋음의 이데아에 관한 비유적이지 않은 언급이 명시적으로 이루어지는 대목이 있으리라는 기대를 갖게 할 만하다. 그러나 그런 명시적 언급을 담고 있는 대목은 플라톤의 현존 작품들 가운데 남아 있지 않다.

12 혹은 '소산'. 나중에 밝혀지겠지만, 여기서 말하는 좋음의 자식(ekgonos)은 태양을 가리킨다.

13 소크라테스가 당장은 좋음에 관한 이야기를 못하겠다고 하니 그것은 나중에 돌려받을 빚으로 삼고, 그가 해 보겠다는 좋음의 자식 이야기를 듣겠다는 것이다. 바로 다음에 이어지는 소크라테스의 말에서 분명히 드러나는 것처럼 '자식'(ekgonos)에 해당하는 또 다른 희랍어 tokos가 '길미(이자)'를 뜻하는 말이기도 하다. 아래에서 소크라테스는 이 채무 비유를 발전시켜 '좋음의 tokos'라는 말로 언어 유희를 구사하고 있다. 좋음의 자식(tokos) 이야기를 나중에 갚아야 할 좋음 이야기의 이자(tokos)로 받아두라는 것이다.

14 tokos는 본래 '낳아진 것'이라는 뜻이며, 통상은 '자식', '자손'을 뜻한다. 돈이 돈을 '낳는다', 돈이 '새끼를 친다' 등의 표현을 갖고 있는 우리에게도 이자에 대한 아이디어가 희랍인들과 비슷한 것 같다.

15 즉 본전(원금).

기를 이자로 갚음으로써[16] 본의 아니게 자네들을 어떤 식으로든 속이게 되는 일이 없도록 주의들 하게." 내가 말했네.

"힘닿는 한 주의하겠습니다. 그러니 말씀이나 해 주시죠." 그가 말했네.

"앞서 이야기되기도 했고 다른 때 이미 여러 번 이야기되기도 했던 것들을 자네들에게 상기시켜 피차 합의를 보는 것만큼은 해놓고 그리 하겠네." 내가 말했네.

507b "어떤 것들 말씀인가요?" 그가 말했네.

"많은 아름다운 것들과 많은 좋은 것들 그리고 그런 각각의 것들이 그러그러한 것들로[17] 있다고 우리가 말하기도 하고 진술을 통해 구별하기도 하네."[18] 내가 말했네.

"물론 우리는 그렇게 합니다."

"그리고 바로 그 아름다움[19] 자체와 좋음 자체에 대해서도 우리는 그리 하고,[20] 또 앞에서 우리가 많은 것들이라고 놓았던 그 모든 것들

16 '순도 낮은(kibdēlos) 자식 이야기(ho logos tou tokou)를 이자로 갚음으로써' 대신 '이자의 계산을 순도가 낮게[즉 엉터리로] 하여 갚음으로써'로 옮길 수도 있다. 'tokos의 logos'라는 말이 '자식에 대한 이야기'를 뜻하면서 동시에 '이자의 계산'을 뜻하기도 하기 때문이다. 소크라테스의 이 위폐 비유는 이제까지의 채무 비유로 보여준 언어 유희의 완결판이라 할 만하다. 아무튼 여기서 하려는 말을 뭉뚱그리면 "이자(tokos)로 지불하는 자식(tokos)의 이야기(logos)가 불순물이 섞인 동전으로 계산(logos)되지 않도록 주의하라"는 것이다.

17 다시 말해 좋은 것들로, 아름다운 것들로, 등등.

18 앞으로도 계속 그렇지만, 편의상 '있다'고 옮긴 말(einai)은 '~이다'로 옮길 수도 있는 말이다. 따라서 지금 이 문장은 다음과 같이 옮길 수도 있다. "많은 것들이 아름답고 많은 것들이 좋으며 그런 각각의 것들이 그러그러한 것들이라고 우리가 말하기도 하고 진술(logos)을 통해 구별(dihorizein)하기도 하네."

19 이제까지 '좋음'이 '좋은 것'으로 옮길 수도 있는 말이었듯이 '아름다움' 역시 '아름다운 것'으로 옮길 수도 있는 말이다.

에 관해서도 그런 식으로[21] 한다네. 이번에는 거꾸로 각각의 것을, 그것에 대한 단 하나의 이데아에 따라 놓고서(그건 단 하나니까), 각각의 것을 있는 것[22]이라고 부르네."[23] 내가 말했네.

"그렇습니다."

"그리고 한쪽 것들[24]은 보이기는 하지만 사유되지는 않는 반면에, 이데아들은 사유는 되지만 보이지는 않는다고 우리는 말하네."

"전적으로 그렇습니다."

507c "그러면 우리는 보이는 것들을 우리 자신의 무엇으로 보는가?"

"시각으로 봅니다." 그가 말했네.

"그렇다면 우리는 들리는 것들은 청각으로 듣고, 또 다른 모든 감각되는 것들은 다른 감각들로 감각하는 게 아니겠는가?" 내가 말했네.

"물론입니다."

"그러면 자네는 감각들을 만든 이가 보는 능력과 보이는 능력을 만들었을 때 얼마나 비싼 값을 들였는지 생각해 보았나?" 내가 말했네.

"전혀 못해 보았습니다." 그가 말했네.

"그럼 이렇게 살펴보게나. 청각과 소리가, 하나는 듣고 다른 하나는

20 즉 '있다'고 말하며 진술상의 구별을 하고.

21 즉 각각의 많은 것들(예컨대 많은 정의로운 것들 등등)에 해당하는 ~ 자체(예컨대 정의로움 자체 등)를 설정하고 그것들을 '있다'고 말하며 진술상의 구별을 한다는 뜻.

22 '있는 것' 대신 '~인 것'으로 옮길 수도 있다. 아니면 아예 ho estin hekaston으로 끊어 읽어 '각각의 것이 그것이라 할 때의 그것', '각각의 것이 그것으로서 있다고 할 때의 그것'으로 새길 수도 있다.

23 사본의 kat'(~에 따라)를 kai(~도)로 고쳐 읽은 애덤(J. Adam)의 추정을 따라 옮기면 다음과 같다. "이번에는 거꾸로 각각의 것에 이데아도(kai) 단 하나가 속한다고 놓고(그건 단 하나니까), 각각의 것을 있는 것(ho estin)이라고 부르네."

24 즉 많은 아름다운 것들과 많은 좋은 것들 등.

507d 들리기 위해, 다른 부류의 것을 더 필요로 한다고 할 수가 있나? 그게 곁에 있지 않으면 하나는 듣지 못하고 다른 하나는 들리지 못할, 그런 제3의 것 말일세."

"그런 제3의 것이 전혀 필요 없습니다." 그가 말했네.

"적어도 다른 많은 것들[25] 역시(다른 모든 게 그렇다고 말하지 않으려고 이렇게 말하네만), 그런 제3의 것을 더 필요로 하지 않는다고 난 생각하네. 아니면 자네 자신이 그런 것을 더 필요로 하는 무언가를 말할 수 있나?" 내가 말했네.

"저로서는 할 수 없습니다." 그가 말했네.

"그런데 시각과 보이는 것의 능력은 그런 것을 더 필요로 한다는 걸 깨닫고 있지 못하나?"

"어째서 그렇죠?"

"설사 눈에 시각이 들어 있고 그것을 가진 자가 그것을 이용하려고 시
507e 도한다고 해도, 또 그것들[26]에 색이 있다고 하더라도, 고유하게 그리고 본성상 바로 이 일을 위해 쓰이도록 되어 있는 제3의 부류가 곁에 생겨나지 않으면, 시각이 아무것도 보지 못하고 색깔들도 안 보이는 것들이 되리라는 걸 자네는 알고 있을 것이네."

"선생님이 말씀하시는 그것[27]이 대체 무엇입니까?" 그가 말했네.

"자네가 빛이라고 부르는 바로 그것이지." 내가 말했네.

"맞는 말씀이십니다." 그가 말했네.

"그렇다고 한다면 봄의 감각과 보임의 능력은 사소하지 않은 부류

25 즉 다른 많은 능력들, 다시 말해 다른 많은 감각들과 감각되는 것들.

26 원문의 문법대로라면 눈을 가리킬 수밖에 없는데, 내용상으로는 보이는 것들이어야 맞다.

27 즉 제3의 부류.

508a 를 가진 차이만큼,[28] 다른 결합쌍들을 묶어 주는 멍에보다 더 귀중한 멍에에 의해 결합되어 있는 거네. 빛이 안 귀중한 게 아니라면 말일세." 내가 말했네.

"아, 물론 안 귀중한 것과는 아주 거리가 멀죠." 그가 말했네.

"그러면 자네는 하늘에 있는 신들 가운데 누구를 이 일의 주재자로 꼽을 수 있겠나? 그의 빛이 우리 시각으로 하여금 최대한 훌륭하게 보도록 만들고 보이는 것들이 보이게 만드는, 그런 자가 누구인가 말일세."

"선생님도 꼽으시는, 그리고 다른 사람들도 꼽는 바로 그 자죠. 분명 태양을 두고 묻고 계시니 말입니다." 그가 말했네.

"그럼 시각이 이 신에 대해 본래 이런 관계를 갖고 있는 것 아닌가?"

"어떤 관계 말씀이십니까?"

"시각은 태양이 아니네. 그것 자체도 그렇고, 안에 시각이 들어가게
508b 되는 것, 즉 우리가 눈이라 부르는 바로 그것도 태양이 아니네."

"물론 아니죠."

"하지만 적어도 그것이 감각들에 관련되는 기관들 가운데서는 가장 태양 비슷한 것이라고 난 생각하네."

"단연 그렇지요."

"그렇다면 그것이 가진 능력도 이것[29]으로부터 마치 흘러나오듯 한 것으로 분배받아 갖게 된 것 아닐까?"

"전적으로 그렇습니다."

"그러면 태양도 시각은 아니지만, 그것[30]의 원인이면서도 바로 그것

28 이 부분을 '사소하지 않은 부류의 것에 의해, 즉'으로 옮기는 방식도 가능하다.
29 즉 태양.

자체에 의해 보이지 않는가?"

"그렇습니다." 그가 말했네.

"그러니까 좋음의 자식을 말하면서 내가 이것을, 즉 좋음이 자신과 유비 관계에 있는[31] 것으로 낳은 것을 말하려 한 거라고 말하게. 사유
508c 되는 것의 영역에서 그것 자체[32]가 지성[33] 및 사유되는 것들과 갖는 관계가, 보이는 것의 영역에서 이것[34]이 시각 및 보이는 것들과 갖는 관계와 같다는 유비 관계 말일세."[35] 내가 말했네.

"어떻게 그렇죠? 더 좀 설명해 주시죠." 그가 말했네.

"낮빛이 그것들의 색깔들 위에 펼쳐질 때의 그것들로 누군가가 아직 눈을 돌리지 않고 밤빛이 펼쳐질 때의 그것들로 눈을 돌릴 때, 눈은, 마치 안에 순수한 시각이 들어 있지 않기라도 하듯, 흐리멍덩하게 되며 거의 먼[盲] 것으로 나타난다는 걸 자네는 알고 있네." 내가 말했네.

"정말 그렇습니다." 그가 말했네.

508d "그런가 하면 태양이 그것들[36] 위로 비칠 때의 그것들로 누군가가

30 즉 시각.

31 혹은 '유사한'.

32 즉 좋음.

33 혹은 '사유'로 옮길 수도 있다. '지성'(nous)이 넓은 의미로 사용되고 있다. 예컨대 511d에서는 '지성'(nous)이 '추론적 사고'(dianoia)와 대비되는 좁은 의미로 사용되는데, 여기서는 그것까지 포괄하는 넓은 의미다.

34 즉 태양.

35 이 유비 관계는 다음과 같다.

	〈능력의 원인〉			〈능력〉		
				(능동적 능력)		(수동적 능력)
사유의 영역:	좋음	(진리)	–	지성	–	사유되는 것들
보이는 영역:	태양	(빛)	–	시각	–	보이는 것들

36 혹은 앞의 것에서 빠진 부분을 보충하여 '그것들의 색깔들'로 이해할 수도 있다.

눈을 돌릴 때는 눈이 그것들을 분명하게 보며 순수한 시각이 바로 그 눈 자체에 들어 있는 것으로 나타난다고 난 생각하네."

"물론 그렇습니다."

"그러니까 그런 식으로 영혼의 경우도 다음과 같이 사유해 보게. 진리와 실재가 그것 위로 비칠 때의 그것에 영혼이 줄곧 고정될 때는, 영혼이 바로 그것을 사유하게 되고 알게 되며 지성을 가진 것으로 나타나게 되네. 반면에 어둠과 섞인 것, 즉 생성되고 소멸하는 것에 줄곧 고정될 때는, 영혼은 이리저리 의견을 바꾸면서 의견만을 갖게 되고 둔한 상태가 되며 지성을 갖지 못한 것으로 나타나게 되네."

"정말 그렇게 나타나죠." 그가 말했네.

508e "그러니까 알려지는 것들에 진리를 주고 아는 자에게 능력을 부여하는 것을 좋음의 이데아라고 말하게. 그리고 그것이 앎의 원인이요 알려지는 한에서의 진리의 원인이라고 생각하게. 하지만 인식과 진리 둘 다 그토록 아름다운[37] 것들이지만, 바로 그것[38]이 이것들과 다른 것이고 이것들보다 훨씬 더 아름다운 것이라고 생각한다면 자넨 옳게
509a 생각하는 게 될 거네. 그런데 마치 저기서 빛과 시각이 태양 비슷한 것이라고 생각하는 것은 옳지만 태양이라고 생각하는 것은 옳지 않은 것처럼, 여기서도 이 둘, 즉 인식과 진리 모두가 좋음 비슷한 것[39]이라고 생각하는 건 옳지만 둘 중 어느 것이든 좋음이라고 생각하는 건 옳

37 kalos는 '훌륭한'으로 옮겨도 좋은 말이지만, 비슷한 용어인 '좋은'(agathos)과의 차별성을 확보하면서 번역어의 일관성을 유지하기 위해 가능한 한 '아름다운'으로 옮겼다.

38 즉 좋음.

39 '좋음 비슷한 것'으로 옮긴 agathoeidē는 고전 희랍 문헌 가운데 여기에 유일하게 나오는 단어다. 플라톤이 만든 용어일 것이다.

지 않고, 오히려 좋음의 상태가 훨씬 더 귀중히 여겨져야 하네."

"말씀하고 계신 게 한량없는 아름다움입니다. 인식과 진리를 제공하면서도 그것 자체가 아름다움에 있어서 이것들을 넘어서 있다면 말입니다. 적어도 선생님은 바로 그것을 말씀하시면서 쾌락을 두고 말씀하시는 건 분명 아닐 테니까요." 그가 말했네.

"누가 듣겠네.[40] 하지만 그것의 모상(模像)[41]을 다음과 같이 계속 더 살펴보게." 내가 말했네.

509b "어떻게요?"

"내 생각에 자네는 태양이 보이는 것들에 보임의 능력을 제공할 뿐만 아니라 생성과 성장과 자양분을 제공하기도 한다고 말할 것이네. 그 자체가 생성은 아니면서도 말일세."

"어찌 그럴[42] 수 있겠습니까?"

"그러니까 좋음에 의해서, 알려지는 것들에 알려짐이 와 있게 될 뿐만 아니라, 저것에 의해서 있음[43]과 본질도 그것들에 있게 된다고 말하게. 좋음이 본질이 아니라 위엄과 능력에 있어서 본질보다 훨씬 능가하는 것이지만 말일세."

509c 그러자 글라우콘이 아주 익살스럽게 말했네. "아폴론이시여,[44] 얼마나 신령스런[45] 능가인가!"[46]

40 혹은 "말조심하게." 상서롭지 못한 혹은 도에 넘치는 말을 경계할 때 사용되는 표현이다.

41 혹은 '이미지', '비유'.

42 즉 태양이 생성일.

43 혹은 '~임'.

44 이것은 거의 감탄사와 같다.

45 즉 대단한.

46 소크라테스가 말한 '능가'의 내용에 관한 언급으로 보았다. "얼마나 신령스런 과장

"그건 그것에 관해 내 의견을 이야기하라고 강요한 자네 탓일세." 내가 말했네.

"다른 건 몰라도 태양에 관련된 비유[47]를 계속[48] 개진하는 것만큼은 절대 그만두지 마시길. 뭔가 빼놓은 게 있으시다면 말입니다." 그가 말했네.

"아니, 그야말로 숱하게 많은 것들을 빼놓고 있지." 내가 말했네.

"그렇다면 사소한 것이라도 남겨 놓지 마시길." 그가 말했네.

"아주 많이 남겨 놓아야 할 걸로 생각하네. 그렇지만 적어도 당장 할 수 있는 만큼은 내가 일부러 빼놓지는 않으려네." 내가 말했네.

"부디 빼놓지 마시길." 그가 말했네.

509d "그렇다면 우리가 말했던 것처럼 그 둘이 있다[49]는 것, 그리고 한 쪽은 사유되는 부류와 영역을 다스리고 다른 쪽은 보이는 것을[50] 다스린다는 걸 이해하게. '하늘을'[51] 다스린다고 말하지 않는 것은 이름을 놓고 공연히 복잡한 말을 한다[52]고 자네에게 비치지 않기 위해서일세.

인가!"로 옮길 수도 있는데, 그런 번역은 소크라테스 말의 내용이 아니라 말투에 관한 언급으로 보는 것이다. 이어지는 소크라테스의 말로만 보면 그 번역이 더 자연스럽다고 볼 수도 있다. 그러나 내용에 관한 언급으로 보아도 과장된 내용으로 볼 수 있어서 자연스러움은 확보될 수 있다.

47 혹은 '유사성'.

48 혹은 '다시'.

49 혹은 '~이다'.

50 즉 보이는 부류와 영역. 사본의 horatou를 빌라모비츠는 더 이전의 표기 방식을 따라 OPATO로 추정하였다.

51 혹은 '세상을'로 옮길 수도 있다. 사본의 horanou(D), ouranou(F), ouranon(A)을 빌라모비츠는 더 이전의 표기 방식을 따라 OPANO로 추정하였다.

52 ouranos(하늘)가 horan(본다)에서 파생된 말이라고 보는 견해를 염두에 둔 말이다. 플라톤 자신의 〈크라튈로스〉 396b-c에도 유사한 견해가 등장한다. 그곳의 어원 설명에 따르면 ourania는 horō ta anō(위의 것들을 본다)에서 왔다.

하지만 어쨌든 자네는 이 두 부류, 즉 보이는 것과 사유되는 것을 갖고 있는 것 아닌가?" 내가 말했네.

"갖고 있죠."

II. 선분의 비유[53]

"그럼 이제 이를테면 선분 하나[54]를 잡아 동등하지 않은 두 조각[55]
으로 자른 상태에서, 잘린 두 조각, 즉 보이는 부류 조각과 사유되는
부류 조각 각각을 다시 같은 비율로 잘라 보게. 그러면 자네는 상대
509e 적인 분명함과 불분명함에 있어서, 보이는 것[56]에 속하는 한 조각[57]으
로 모상(模像)들을 갖게 될 것이네. 그런데 모상들이라 할 때 나는 우
510a 선 그림자들을 말하고, 그 다음으로는 물에, 혹은 짜임새가 조밀하거

[53] 이제부터 언급하게 될 선분의 비유를 도해하면 다음과 같다.
〈그림 1〉 선분의 비유

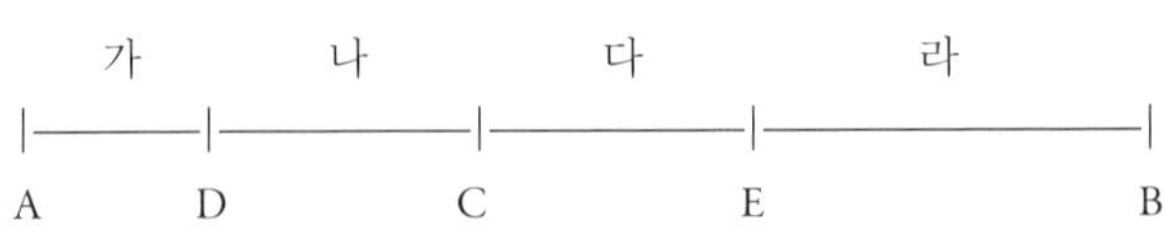

가+나 : 다+라 = 가 : 나 = 다 : 라

선분 AC(가+나): 보이는 부류
가(선분 AD): 모상들(eikones)
나(선분 DC): 동식물들 및 인공물들
선분 CB(다+라): 사유되는 부류
다(선분 CE): 수학적 대상들
라(선분 EB): 형상들

[54] 〈그림 1〉의 선분 AB.

[55] 선분 AC(즉 가+나)와 선분 CB(즉 다+라).

[56] 즉 부류와 영역.

[57] 선분 AD(즉 가).

나 부드럽거나 맑은 것들에 비친 영상(映像)들, 그리고 그 비슷한 모든 것을 말하네. 자네가 이해한다면 말일세."

"아, 물론 이해합니다."

"그럼 이제 보이는 것의 영역에 나머지 하나[58]를, 즉 이것[59]이 그것과 닮았다고 할 수 있는 그것을 놓게. 즉 우리 주위의 동물들과 심어 자라는 모든 것[60]과 인공물 부류 전체를 말일세."

"놓겠습니다." 그가 말했네.

"바로 그것 자체도 진상이냐 아니냐에 의해 나뉜다고, 즉 의견의 대상이 인식의 대상에 대해 갖는 관계와 똑같은 관계를, 모방물이 모방 대상에 대해 가진다[61]고 자네도 말할 용의가 있는가?" 내가 말했네.

510b "저도 정말 그럴 용의가 있습니다." 그가 말했네.

"그럼 이번에는 사유되는 것의 조각도 역시 어떻게 잘라야 할지 살펴보게." 내가 말했네.

"어떻게 하죠?"

"이렇게 해야 하네. 그것의 한 쪽[62]은 영혼이, 앞에서 모방 대상이었던 것들[63]을 모상으로 삼아서, 가정들로부터 시작점[64]으로 가는 게 아

58 선분 DC(즉 나).

59 모상들.

60 즉 식물.

61 즉 AC : CB = AD : DC(다시 말해 가+나 : 다+라 = 가 : 나).

62 선분 CE(즉 다).

63 선분 DC(즉 나). 이 부류는 가에 해당하는 모상들의 모방 대상(즉 원상)이었다. 여기서는 이 부류를 모상으로 삼아 진행되는 탐구 영역에 대해 이야기가 진행되고 있다. A 사본의 mimētheisin을 따라 '모방 대상이었던 것들'로 읽은 것인데, 이 부분을 F 사본대로 timētheisin으로 읽으면 '존중된 것들', D 사본대로 tmētheisin으로 읽으면 '잘라진 것들'로 새길 수 있다.

64 앞으로 계속 '시작점'으로 번역되는 말은 '원리'로 옮길 수도 있는 말이다.

니라 끝점으로 가면서 찾도록 강제되는 것인 반면, 나머지 한 쪽[65]은 (가정에 의거하지 않는 시작점으로 향하는 것인데) 가정들로부터 출발하여 가면서 다른 쪽[66]에 관련된[67] 모상들 없이 형상들 자체를 가지고 그것들을 통해 차근차근 탐구를 수행해 가는 거라고 말일세."

"말씀하시는 것들을 충분히 알아듣지 못했습니다." 그가 말했네.

510c "아 그럼, 다시 해 보겠네.[68] 이것들을 먼저 말하고 나면 자네가 더 수월하게 알아듣게 될 테니 말일세. 뭔고 하니 난 자네가 다음과 같은 것들을 알 거라고 생각하네. 기하학이나 추론[69] 등을 실행하는 사람들은 매번 탐구를 할 때마다 홀수와 짝수, 도형들, 세 종류의 각이나 이것들과 유사한 다른 것들을 가정하지. 이것들은 자신들도 알고 또 누구에게나 분명하다고 여겨서 이것들을 가정으로 삼고는, 이것들에 관해서는 자신들에게든 다른 사람들에게든 더 이상 어떤 설명을 한다는

510d 것이 적절치 않다고 여기고, 다만 이것들로부터 출발하여 나머지 것들을 일관되게 계속 훑어가다가 결국 그들이 고찰하려고 시작했던 바로 그것으로 귀착하게 되지." 내가 말했네.

"물론 그렇습니다. 그것만큼은 제가 알죠." 그가 말했네.

"그렇다면 다음과 같은 것도 자넨 알지 않는가? 그들이 보이는 형

65 선분 EB(즉 라).

66 앞에 말한 다를 가리킨다.

67 즉 이용된.

68 원문에는 all' authis만 있다. 신판 *OCT*(*Oxford Classical Text*, 2003) 편집자 슬링스(S.R. Slings)는 이 부분을 공백으로 보고 eipe를 보충하여 글라우콘에게 할당하고, 다시 그 뒤에 all' erō를 보충하여 소크라테스에게 할당한다. 즉 그의 추정에 따르면 글라우콘이 "그러니 다시 말씀해 주십시오"라고 말을 맺고, 이에 소크라테스가 "아, 그럼 다시 말하겠네"로 말을 시작하는 셈이 된다.

69 혹은 '계산'.

상들[70]을 또한 이용하고 그것들에 관해 논의를 하는데, 실은 이것들에 관해 생각하고 있는 게 아니라 저것들에 관해, 즉 이것들이 그것들과 닮았다고 할 때의 그것들에 관해 생각하고 있네. 사각형 자체나 대각
510e 선 자체를 위해 논의를 하고 있는 것이지, 그들이 그리고 있는 이것[71]을 위해서가 아니라네. 다른 것들도 마찬가지지. 그들이 모양을 빚어내고 그리고 하는 바로 이것들은 그림자를 갖고 있고, 물에 모상들을
511a 갖는 그런 것들인데, 이번에는 그들이 이것들을 모상으로 삼아서 바로 저것들을, 즉 추론적 사고 이외의 방식으로는 아무도 볼 수 없는 것들을 보기를 추구한다네."

"맞는 말씀이십니다." 그가 말했네.

"그러니까 이 부류[72]가 사유되는 것에 속하는 것이라고 내가 말하긴 했지만, 그것을 탐구하는 일과 관련해서 영혼은 가정들을 사용하도록 강제되고, 그 가정들에서 벗어나 더 위로 갈 수는 없는 까닭에 시작점으로 가지는 못하지. 그리고 영혼은 아래에 있는 것들에 의해 모사된 바로 그것들을, 그리고 저것들[73]에 비해 분명한 것으로 판단되고 귀중하다고 여겨진 그것들을 모상으로 사용하네."

511b "기하학과 그에 유사한 기술들 아래 있는 것을 말씀하고 계신다는 걸 이해하겠습니다." 그가 말했네.

"그럼 이제 사유하는 것의 나머지 한 조각[74]이라고 할 때 내가 다음과 같은 것을 말하고 있다는 걸 이해하도록 하게. 이성 자체가 대화의

70 혹은 '부류들'.
71 이 사각형이나 이 대각선.
72 선분 CE(즉 다).
73 즉 아래에 있는 것들.
74 선분 EB(즉 라).

능력을 가지고 포착하는 그것을 말일세. 이때 이성은 그 가정들을 시작점으로 삼는 게 아니라 말 그대로 가정으로 삼는다네. 말하자면 사다리 발판이자 출발점으로 삼는다는 거지. 그래야 가정에 의거하지 않는, 모든 것의 시작점으로 올라가서 그것을 포착한 후에, 이번에는 다시 그것에 의존하는 것들에 착 달라붙은 채로 끝을 향해 내려가게
511c 된다네. 감각되는 것은 아무것도 도대체 사용하지 않고 다만 형상들 자체를 가지고 그것들을 통해 그것들을 향해 가서 결국 형상들에 귀착하게 되는 거지."

"이해하겠습니다. 충분히는 아니지만요. 염두에 두고 계시는 게 대단한 일인 것 같으니 하는 말입니다. 하지만 대화할 줄 아는 앎에 의해 관조되는, 실재와 사유되는 것에 속하는 부분을, 이른바 기술들에 의해 관조되는 부분보다 더 분명한 것으로 규정하고 싶어 하신다는 건 이해하겠습니다. 그 이른바 기술들에서는 가정들이 시작점이고, 그것들을 바라보는 사람들이 감각들이 아니라 추론적 사고로 그것들을
511d 바라보도록 강제되지만, 시작점으로 되돌아가서 고찰하지는 않고 다만 가정들로부터 고찰하기 때문에, 비록 그것들이 시작점과 함께라면 사유되는 것들이긴 하지만, 그들은 그것들에 관해 지성을 갖게 되지 못한다는 게 선생님 생각이죠. 기하학자들이나 그 비슷한 사람들의 상태[75]를 지성[76]이 아니라 추론적 사고라고 부르시는 걸로 제겐 보입니다. 추론적 사고가 의견과 지성 사이에 있는 어떤 것이라고 여기시면서 말이죠." 그가 말했네.

75 습관적으로 지속되는 상태를 가리킨다.

76 '지성'(nous)이 좁은 의미로, 즉 바로 아래 나오는 '지성적 직관'(noēsis)을 가리키는 말로 사용되었다. 앞의 508c의 '지성'에 대한 주석을 참고할 것.

"자네 아주 충분하게 보여주었네 그려. 그리고 잘린 네 조각에 상응
하는 다음 네 상태[77]가 영혼에서 생겨난다는 걸 파악하게. 맨 위의 것
511e 에는 지성적 직관[78]이, 둘째 것에는 추론적 사고가 상응하지. 그리고
셋째 것에는 믿음[79]을 할당하고, 마지막 것에는 상상[80]을 할당하게. 그
것들을 비례에 따라 배열하게. 그 대상들이 진리를 분유(分有)하는 것
과 같은 정도로 그것들이 분명함을 분유한다고 생각하고서 말일세."[81]
내가 말했네.

"이해하고 동의합니다. 말씀하신 대로 배열하겠습니다." 그가 말했네.

77 직역하면 '겪음'이라는 뜻이다.
78 혹은 '직관적 사유'.
79 혹은 '확신'.
80 혹은 '비교', '모상을 떠올림', '겉짐작', '추측' 등으로 새길 수도 있다.
81 이제까지의 언급들을 도표화하면 아래와 같다.

〈그림 2〉 선분의 비유

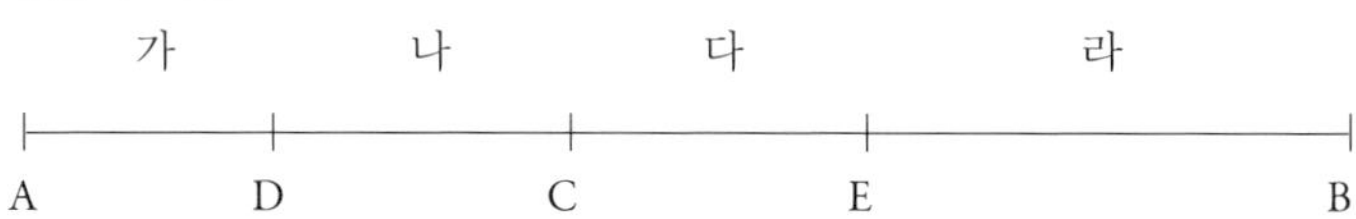

인지 방식 (영혼의 상태)	의견(doxa)		앎(epistēmē)	
	상상 (eikasia)	믿음 (pistis)	추론적 사고 (dianoia)	지성적 직관 (noēsis/nous)
(인지) 대상	모상들, 그림자들	물리적 대상들	수학적 대상들	형상들
	감각되는 것/의견의 대상 (aisthēta) (doxasta)		사유되는 것/인식의 대상 (noēta) (gnōsta)	

편의상 네 영역 각각에 인지 방식과 인지 대상이 할당되는 것으로 도표를 만들었지만, 많은 논란의 대상이 되고 있다. 예컨대 의견 가운데 상상(eikasia)이 믿음(pistis)과 별도의 인지 단계로 상정되는지, 그리고 사유 대상 가운데 수학적 대상이 형상과 별도의 대상으로 상정되는지에 관해 의문을 제기하는 학자들이 많다.

III. 동굴의 비유[82]

514a “자, 그 다음으로는 교육과 교육 부족에 관련된 우리 본성을 다음과
같은 상황에 견주어 상상[83]해 보게. 인간들이 이를테면 지하의 동굴
같은 거처에 살고 있다고 상상해 보게. 그 동굴의 전체 너비만큼의 너
비를 지닌 긴 입구가 빛을 향해 나 있는데, 그 동굴 속에서 인간들은
어릴 적부터 다리와 목이 족쇄에 묶인 채 지내 왔다네. 그래서 그들은
514b 그 자리에[84] 머물러 있으면서 자기 앞쪽만 볼 수 있을 뿐, 족쇄 때문에
머리를 돌려 방향을 바꿀 수 없네.[85] 그들 뒤로 멀찌감치 위쪽에 불빛
이 타오르고 있고, 위쪽 불과 그 죄수들 사이에는 길이 있는데, 그 길
을 따라 나지막한 담이 지어져 있네.[86] 마치 인형극 하는 자들에게 장

82 이제부터 언급될 동굴의 비유를 도해하면 다음과 같다.
〈그림 3〉 동굴의 비유 (애덤 주석에 나오는 조감도를 원용함)

위쪽 ← → 아래쪽

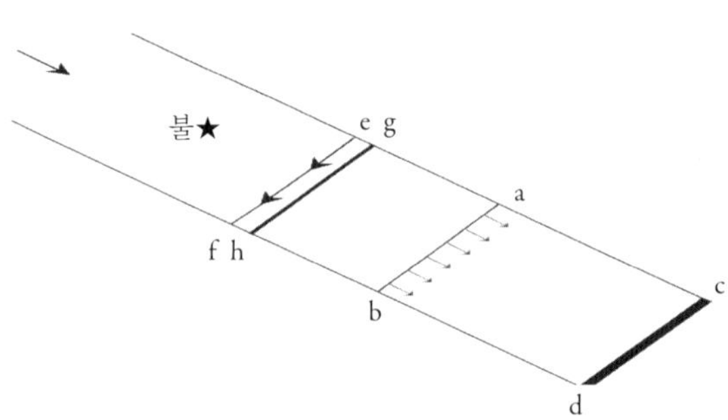

83 혹은 ‘짐작’.
84 히어쉬히(Hirschig)의 수정 제안을 받아들여 autou로 읽었다. 원래 사본대로 autous를 받아들일 경우에는 ‘그 자리에’를 빼고 읽으면 된다.
85 〈그림 3〉의 ab가 이 인간들의 줄을 가리키고, 그들이 바라보는 앞쪽이란 입구 맞은편 벽, 즉 cd를 가리킨다.
86 ef가 길이고, 그것을 따라 지어진 담이 gh이다.

막이 그 인간들[87] 앞에 놓여 있어서 그것들 위로 그들이 인형극을 보여주는 것처럼 말일세." 내가 말했네.

"상상이 갑니다." 그가 말했네.

514c "그럼 이제 그 담을 따라 인간들이, 담 위로 삐죽 튀어나오게 온갖
515a 종류의 인공물들과 인간 조각상들과 돌, 나무 등 온갖 것으로 만들어진 다른 동물들을 옮기고 있다고도 상상해 보게. 이런 것들을 옮기고 있는 이들 가운데 일부는 말소리를 내고, 또 일부는 잠자코 있으리라는 건 얼마든지 생각해 봄직한 일이네."

"이상스런 이미지와 이상스런 죄수들에 대해 말씀하고 계시는군요." 그가 말했네.

"우리와 비슷한 자들이지. 그렇게 말하는 건 다름이 아니라, 그런 자들이 무엇보다도 자신들이나 서로서로에게 속한 것으로, 불에 의해 그들 바로 맞은편 동굴벽에 드리워지는 그림자들 말고 다른 뭔가를 보았으리라고 자넨 생각하는가?" 내가 말했네.

"어찌 그럴 수 있겠습니까? 일생 동안 머리를 움직이지 못하는 채
515b 로 있게끔 강제되었다면 말입니다." 그가 말했네.

"옮겨지고 있는 물건들은 어떤가? 이것도 같은 경우 아닐까?"

"물론입니다."

"그렇다면 그들이 서로 대화를 나눌 수 있다고 한다면, 그들은 자기들이 보고 있는 바로 이것들[88]에 이름을 붙이면서, 지나가고 있는 것

87 인형극 하는 자들과 같은 사람들로 보았다. 인형극을 보는 자들로 이해하는 방법도 있지만, 이어지는 내용들로 보아 이렇게 이해하는 것이 자연스럽다.

88 즉 그림자들. 소수 사본대로 tauta로 읽었다. 다수 사본을 따라 taúta로 읽으면 이 대목은 "그들은 지나가고 있는 것들[혹은 실재들]이 자기들이 보고 있는 것들과 같다고 여기리라 생각하지 않나?"로 옮길 수 있다.

들[89]에 이름을 붙이고 있다[90]고 여기리라 생각하지 않나?"

"그럴 수밖에요."

"이건 어떤가? 그 감옥이 그들 맞은편 벽으로부터 울려오는 소리도 갖게 된다면 어떨까? 지나가고 있는 자들 가운데 누군가가 소리를 낼 때 그럴 텐데, 그때 그들[91]은 소리를 내고 있는 것이 지나가고 있는 그림자 말고 다른 어떤 것이라고 생각하리라 보나?"

"제우스에 맹세코, 저로서는 그렇게 보지 않습니다." 그가 말했네.

515c "그렇다면 어느 모로 보나, 이런 자들은 진상이란 그 인공물들의 그
림자들 말고 다른 어떤 것이 아니라고 여길 것이네." 내가 말했네.

"정말로 그럴 수밖에요." 그가 말했네.

"자, 그럼 그들이 족쇄와 어리석음으로부터 풀려나고 치유받는 일
이 어떤 것일지 숙고해 보게. 그런 일들이 자연스레 그들에게 일어난
다면 말일세. 누군가가 풀려나서 갑자기 일어나 목을 돌리고 걸어가
서 그 빛[92] 쪽을 올려다보게 강제된다고 해 보세. 그리고 그가 이 모든
일을 행하면서 고통스러워하고 또 눈부심 때문에 이전에는 그 그림자
515d 들만 보았던 저것들을 분간할[93] 수 없다고 해 보세. 그때 누군가가 그
에게, 이전에 그가 본 것들은 엉터리지만 지금은 어느 정도 실재에 더

[89] 즉 그림자들을 생기게 하는 실물들. 사본대로 ta paronta로 읽으면 '곁에 있는 것들'이 되고, 이암블리코스 등의 독해를 따라 ta onta로 읽으면 '실재들을'이 되겠다. 여기서는 나중 편집자들을 따라 ta parionta로 읽었다.

[90] 다수 사본을 따라 onomazein을 넣어 읽었다. onomazein을 뺀 F 사본을 따라 읽으면 이 대목은 "그들은 자기들이 보고 있는 바로 이것들이 지나가고 있는 것들[혹은 실재들]이라고 여기리라 생각하지 않나?"로 옮길 수 있다.

[91] 죄수들.

[92] 동굴 안에 있는 불의 빛을 가리킨다. 515e1의 '빛 자체'와 대비되는 표현이다.

[93] 혹은 '뚜렷이 바라볼'.

가까이 있고 더 실재적인 것들 쪽을 향해 있기에 더 올바르게 바라보고 있다고 말해 준다면, 그는 뭐라고 말하리라 자넨 생각하나? 특히나, 그에게 지나가는 것들 각각을 보여주면서 그게 무엇인지를 묻고는 대답을 강요한다면, 그가 뭐라고 말하겠는가? 그는 어쩔 줄 몰라 막막해하면서 이전에 자기가 본 것들이 지금 제시되고 있는 것들보다 더 참되다고 여기리라 생각하지 않나?" 내가 말했네.

"훨씬 더 참되다고 여기겠죠." 그가 말했네.

515e "그렇다면 그로 하여금 그 빛[94] 자체를 쳐다보도록 강제할 때, 그는 눈에 고통을 느껴서 자기가 분간할[95] 수 있는 저것들 쪽으로 몸을 돌려 달아나면서, 이것들이 지금 제시되고 있는 것들보다 정말로 더 분명하다고 여기지 않겠는가?"

"그렇습니다." 그가 말했네.

"그리고 누군가가 여기서부터 그를 강제로 끌어내 거칠고 가파른 오르막길을 가게 하고 태양 빛으로 끌어내기 전까지는 놓아 주지 않
516a 는다고 하면, 그는 그렇게 끌려 다니면서 고통을 느끼고 짜증을 내지 않겠는가? 또 그가 빛 쪽으로 가게 되면, 그의 눈이 빛으로 꽉 차게 되어 지금 참되다고 이야기되고 있는 것들 가운데 어느 하나도 제대로 볼 수 없게 되지 않겠는가?" 내가 말했네.

"물론 볼 수 없겠죠. 적어도 곧바로는 말입니다." 그가 말했네.

"그러니까 위쪽[96]에 있는 것들을 보려면, 그에게는 차차 익숙해지는 일[97]이 필요하리라 생각하네. 처음에는 아주 쉽게 그림자들을 분간

94 역시 동굴 안에 있는 불의 빛을 가리킨다.
95 혹은 '뚜렷이 바라볼'.
96 즉 동굴 밖 지상.
97 혹은 '적응'.

할[98] 것이고, 그 다음으로는 인간들이나 다른 것들의 물에 비친 상들을, 나중에는 그것들 자체를 분간할[99] 것이네. 그리고 이것들로부터
516b 더 나아가 하늘에 있는 것들과 하늘 자체를 바라보게 될 것인데, 낮에 태양과 태양빛을 쳐다보는 것보다야 밤에 별빛과 달빛을 쳐다보는 게 더 쉽겠지."

"어찌 아니겠습니까?"

"그리하여 결국에는 태양을, 즉 물이나 다른 이질적인 자리에 나타나는 그것의 영상이 아니라 자신의 장소에 홀로 그 자체로 있는 그것을 알아보고[100] 그것이 어떠한지를 바라볼[101] 수 있으리라고 난 생각하네."

"그럴 수밖에요." 그가 말했네.

"그리고 그 다음에 비로소 그는 그것에 관해서 다음과 같은 결론에
516c 이르는 추론을 하게 될 것이네. 계절들과 해[年]들을 제공하고, 보이는 영역에 속하는 모든 것들을 다스리며, 어떤 방식으로, 자기들[102]이 본 모든 것들의 원인인 것이 바로 이것이라고 말일세."

"저것들 다음에 그가 이것들로 가게 되리라는 건 확실합니다." 그가 말했네.

"그럼 어떤가? 그가 처음에 살던 거처와 그곳의 지혜와 그때 함께 죄수 노릇했던 자들을 떠올리면서 바뀐 처지로 해서 자신을 행복하다고 여기고 그들을 불쌍히 여기리라 생각하지 않나?"

98 혹은 '뚜렷이 바라볼'.
99 혹은 '뚜렷이 바라볼'.
100 혹은 '바라보고'.
101 혹은 '관조할'.
102 즉 그와 그의 동료들.

"정말 그렇습니다."

"그런데 그때 그들 사이에 서로에게서 주어지는 어떤 존경과 칭찬이 있었다고 해 보세. 다시 말해, 지나가는 것들을 가장 날카롭게 분간
516d 하는 자에게, 그리고 그것들[103]보다 먼저 혹은 나중에 혹은 동시에 가곤 하던 것들이 어떤 것들인지를 아주 잘 기억하는 자에게, 그리고 바로 이것들을 기반으로 삼아 앞으로 오게 될 것을 점치는 데 가장 유능한 자에게 상이 주어졌다고 해 보세. 그런 상황에서 그가 그것들을 열망하고, 저들 사이에서 존경받으며 유세(有勢)하는 자들을 부러워하리라고 생각하는가? 아니면 호메로스가 노래했던 것과 같은 심정이 되어 '땅 위에 붙어살면서 다른, 땅뙈기 하나 없는 사람 곁에서 머슴 노릇하기'[104]를 몹시 바라서, 저것들에 대해 의견을 갖고 저런 식으로 사느니 차라리 다른 무슨 일이든 겪어 내리라고 생각하는가?"

516e "후자입니다. 제 생각에 그는 저런 식으로 사느니 차라리 다른 무슨 일이든 겪어 내길 택할 겁니다." 그가 말했네.

"그럼 다음과 같은 것도 고려해 보게. 이런 사람이 다시 예전의 같

103 즉 지나가는 것들.

104 〈오뒤세이아〉 11.489–490. 유명한 저승 여행(katabasis) 이야기 가운데 나오는 아킬레우스의 잘 알려진 발언을 인유(引喩)하고 있다. 거기서 아킬레우스는 저승에서 죽은 이들을 다스리느니 차라리 땅뙈기 하나 없는 사람 곁에서 머슴 노릇을 하겠다고 말하고 있다. 즉 아무리 영광스럽더라도 그림자들 사이에 껍데기로 사는 저승에서의 삶보다 차라리 고생스럽더라도 실물들로 사는 이승에서의 삶을 택하겠다는 것이다. 이 말을 인유하면서 소크라테스가 보여주려는 것은 그림자의 세계를 벗어나 실재의 세계를 본 사람은, 아무리 칭찬과 존경을 받더라도 하찮은 그림자들을 보고 의견을 가지며 사는 동굴에서의 삶보다 차라리 실재의 세계에서 앎을 가지고 사는 삶을 택하리라는 것이다. 그림자보다 실재가 우선된다는 측면에서 유비가 성립하지만, 〈오뒤세이아〉의 호메로스는 하강 여행을 그리고 있는 반면 여기 플라톤은 상승 여행을 그리고 있다는 점이 차이라면 차이라 하겠다.

은 자리로 내려가서 앉게 되면, 태양에서부터 갑자기 오게 된 터라 그의 눈이 어둠으로 가득 차게 되지 않겠는가?" 내가 말했네.

"정말 그럴 겁니다." 그가 말했네.

"그런데 다시 그가, 눈이 제 상태로 돌아올 때까지 아직 흐리멍덩한 상태에서 저 그림자들을 식별하면서, 계속 죄수로 있는 저들과 겨루어야 하는 상황이 된다고 해 보세. (그런데 이 익숙해지기)[105] 위한 시
517a 간이 아주 짧지만은 않지.) 그러면 그는 비웃음을 사게 될 것이고, 그에 대해서 이런 이야기가 나오게 될 것 아닌가? 그가 위로 올라가 눈을 망친 채 돌아왔다고, 그러니 위로 올라가려 시도하는 것조차 가치 없는 일이라고 말일세. 또 그들을 풀어 주고 위로 이끌려고 시도하는 사람이 있을 때 자기들이 혹시라도 손을 대어 죽일 수만 있다면, 그들은 그를 죽이지 않겠는가?"[106]

"정말 그럴 겁니다." 그가 말했네.

517b "그럼 이제, 친애하는 글라우콘, 자네는 이 이미지[107] 전체를 앞서 이야기한 것들에 적용해 보아야 하네. 시각을 통해 나타나는 영역은 죄수의 거처에 견주고 그 안에 있는 불의 빛은 태양의 능력에 견주면서 말일세. 그리고 위로 올라가서 위의 것들을 바라보는 일을, 혼이 사유되는 영역으로 올라가는 일로 놓는다면, 적어도 내 추측[108]과 어긋나지는 않게 될 걸세. 내 추측을 듣고 싶어 하니 하는 말이네만. 그런데 그 추측이 참된지 여부는 아마 신만이 아신다네. 어쨌거나 나에게

105 혹은 '적응을'.

106 이 말을 소크라테스 자신의 입으로 하게 한 저자 플라톤은 소크라테스의 삶과 죽음을 염두에 두고 있음이 분명하다.

107 혹은 '비유'.

108 혹은 '기대', '희망'.

드는 생각은 이러하네. 알려지는 것[109]에서 좋음의 이데아가 가장 마
517c 지막으로 그리고 간신히 보이게 되며, 그것이 보인 다음에는 다음과 같은 결론에 이르는 추론이 이루어져야 한다는 걸세. 그러니까 이것이, 보이는 것[110]에서는 빛과 그 빛의 주재자를 낳음으로써, 그리고 사유되는 것[111]에서는 그것 자체가 진리와 지성을 제공함으로 해서, 모든 것들에게 모든 올바르고 아름다운 것들의 원인이라는 것, 그리고 사려 깊게 행위하려는 자는 사적으로든 공적으로든 이것을 보아야 한다는 것 말일세." 내가 말했네.

"저도 같은 생각입니다. 적어도 제가 할 수 있는 한에서는 말입니다." 그가 말했네.

"자, 그럼 이제 다음과 같은 것에 대해서도 생각을 같이해 보게. 이상하다 여기지 말고. 여기 오게 된 사람들은 인간들의 일을 행하려 들지 않고 오히려 그들의 영혼이 위에서 지낼 것을 계속 촉구한다는 것
517d 말일세. 하긴 내가 보기에 그럴 법도 하거든. 앞에 이야기한 이미지[112]에 따라 이것도 성립한다면 말일세." 내가 말했네.

"물론 그럴 법한 일입니다." 그가 말했네.

"그럼 이건 어떤가? 다음과 같은 것이 조금이라도 이상한 일이라고 생각하는가? 누군가가 신적인 관조를 하다가 인간적인 세상의 나쁜 것들로 돌아왔는데, 아직 흐리멍덩하여 당장의 어둠에 충분히 익숙한 상태가[113] 되기도 전에, 정의로운 것의 그림자들 혹은 그 그림자들을

109 즉 영역.
110 즉 영역.
111 즉 영역.
112 혹은 '비유'.
113 혹은 '익숙한 상태가' 대신 '적응이'로 옮길 수도 있다.

생기게 하는 조각상들에 관해 법정이나 다른 어떤 곳에서 경쟁할 수
517e 밖에 없게 되고, 또 정의(正義) 자체를 전혀 보지 못한 자들이 이것들을 도대체 어떤 식으로 상정하고 있는가에 관해 겨룰 수밖에 없게 된다면, 그는 볼썽사납게 되고 몹시 우스운 자로 보이게 된다는 것이 말일세." 내가 말했네.

"조금도 이상한 일이 아니죠." 그가 말했네.

518a "오히려 적어도 지성을 가지고 있는 자라면 기억할 걸세. 눈에 두 가지 혼란이 생기는데, 이는 두 경우에, 즉 빛으로부터 어둠으로 옮겨갈 때도 생기고 어둠에서 빛으로 옮겨갈 때도 생긴다는 것을 말일세. 그런 자라면 영혼에 관해서도 이와 같은 일들이 일어난다고 생각해서, 어떤 영혼이 혼란을 겪으면서 뭔가를 분간할[114] 수 없는 걸 보게 될 때면, 생각 없이[115] 비웃지 않고 오히려 숙고해 볼 걸세. 그 영혼이 더 밝은 삶에서부터 와서 익숙치[116] 않아 흐리멍덩한 건지, 아니면 더 많은 무지로부터 더 밝은 것으로 옴으로 해서 더 밝음에 의해 눈부심
518b 으로 가득 차 있는 건지를 말일세. 또 그렇게 함으로써 그는 전자 쪽 영혼에 대해서는 그 상태[117]와 사는 방식을 두고 행복하다고 여기는 반면, 후자 쪽 영혼에 대해서는 불쌍히 여길 것이고, 그가 그 혼을 비웃고 싶어 한다면, 그의 그 비웃음은 위쪽 빛으로부터 온 영혼에 대한 비웃음보다 덜 우스운 게 될 걸세." 내가 말했네.

"아주 적절한 말씀이십니다." 그가 말했네.

_강철웅(강릉원주대학교 철학과 교수) 옮김·주달기

114 혹은 '뚜렷이 바라볼'
115 직역하면 '아무런 추론도 하지 않은 채', '미루어 생각해 보는 일 없이'쯤이 되겠다.
116 혹은 '적응이 되지'
117 혹은 '경험'

2

아리스토텔레스

형이상학

1-1

모든 인간은 본성상 알기를 원한다. 그 증거가 감각들에 대한 애호다. 유용성과 떨어져서도 그것들은, 그리고 다른 것보다도 시각은, 그 자체로 애호되기 때문이다. 행위를 위해서뿐만 아니라 심지어 우리가 아무것도 하려 하지 않을 때에도 우리는 보는 것을 다른 어떤 것보다 선호하니 말이다. 그 이유는 이것이 모든 감각 중에서 가장 우리를 알도록 만들고 사물들의 차이를 분별시키기 때문이다.

동물은 본성상 감각을 가진 채 태어나는데, 그중 어떤 것들에서는 감각으로부터 기억이 생겨나고, 어떤 것들에서는 그렇지 않다. 그리고 이런 이유로 전자의 동물들이 기억을 할 수 없는 동물들보다 더 지적이고 더 잘 배울 수 있다. 들을 수 없는 동물들(예를 들어 벌이나 이와 유사한 동물들)은 지적이기는 하지만 배울 수는 없는 반면, 기억에 더해 듣는 능력을 가진 동물들은 배울 수 있다.

다른 동물들은 인상과 기억으로 살아가며 경험은 거의 가지지 않은 반면, 인간은 기술과 이성 작용으로도 살아간다. 그리고 인간에게서는 기억에서 경험이 생겨난다. 동일한 것에 대한 여러 기억이 하나의 경험의 능력을 만들어 내는 것이다. 경험은 학문적 지식이나 기술과 거의 비슷해 보이는데, 사실 학문적 지식과 기술은 경험을 통해서 인간에게 생겨나는 것이다. 폴뤼스가 말했듯이, 경험은 기술을, 경험 없음은 운을 만드니 말이다.

경험을 통해 얻은 여러 관념으로부터 유사한 것들에 대한 하나의 보편 판단이 생겨났을 때, 경험이 생겨난다. 칼리아스가 이 병에 걸렸을 때 이것이 효험이 있었고, 소크라테스나 여러 개인들도 마찬가지였다는 판단을 갖는 것은 경험의 문제다. 하지만 그것이 하나의 종류로 구분된, 이러이러한 체질을 가진 모든 사람들에게, 그들이 그 병에 걸렸을 때 (예를 들어 점액질이나 담즙질 사람들에게 그들이 고열일 때) 효험이 있었다는 판단을 갖는 것은 기술의 문제다.

행위라는 측면에서 보면 경험은 기술과 전혀 차이가 없는 듯 보이며, 오히려 우리는 경험 많은 사람들이 경험 없이 이론만 가지고 있는 사람보다 훨씬 성공적임을 본다. 그 이유는 경험은 개별적인 것들에 대한 앎이고 기술은 보편적인 것들에 대한 앎인데, 함과 만듦은 모두 개별적인 것과 관련되어 있기 때문이다. 의사는, 부수적인 의미에서가 아니라면, 사람을 치료하는 것이 아니라, 칼리아스나 소크라테스나 사람인 어떤 다른 개인을 치료하는 것이니 말이다. 그러니 만일 어떤 사람이 경험 없이 이론만 가지고 있어서, 보편적인 것은 파악하지만 이것에 포섭되는 개별적인 것들을 알지 못한다면, 그는 종종 치료하는 데 실패할 것이다. 치료의 대상은 개별적인 것이기 때문이다.

하지만 그럼에도 불구하고 우리는 안다는 것이나 지식을 가진다는 것이 경험보다는 기술에 속한다고 생각하며, 기술을 가진 사람이 경험이 많은 사람보다 더 지혜롭다고 생각하는데 (모든 경우에 있어서 지혜는 앎에 달려 있다는 생각에서), 이것은 전자가 이유를 아는 반면 후자는 그것을 모르기 때문이다. 경험이 많은 사람은 사태가 이러이러하다는 것을 알지만 그것이 왜 그런지는 모르는 반면, 기술을 가진 사람은 왜 그런가, 즉 이유를 알기 때문이다.

이런 이유로 우리는 각 기술에 있어서도, 총괄 기술자들이 수작업 기술자보다 더 영예롭고 더 알며 더 현명하다고 생각하는데, 그 이유는 전자가 행해지는 일들의 이유를 알기 때문이다. [반면 후자의 기술자들은, 마치 무생물 중 일부도 일을 하는 것처럼, 앎을 결여한 상태에서 그들이 하는 일을 한다. 마치 불이 타는 것처럼 말이다. 무생물은 특정한 본성에 의해 일을 하는 반면, 수작업 기술자들은 습관에 의해 일을 한다.] 우리는 행할 수 있기 때문에가 아니라 이론을 가지고 있고 이유들을 알기 때문에 그들을 지혜롭다고 간주하는 것이다. 그리고 일반적으로 말해서, 아는 사람과 모르는 사람의 표지는 가르칠 수 있다는 것이며, 그렇기 때문에 우리는 기술이 경험보다 더 진정한 의미에서 지식이라고 생각한다. 기술을 가진 사람은 가르칠 수 있지만, 경험만 가진 사람은 그렇지 못하기 때문이다. 게다가 우리는 감각들 중 어떤 것도 지혜라고 생각하지 않는다. 그것들은, 개별적인 것들에 대한 앎에 있어서 가장 주된 것이기는 하지만, 그 어떤 것에 대해서도 그것이 왜 그러한가를 이야기해 주지 않기 때문이다. 그것들이 말해 주는 것은 예를 들어 불이 왜 뜨거운지가 아니라 불이 뜨겁다는 사실인 것이다.

통상적인 감각을 넘어서는 어떤 기술을 최초로 발견한 사람은, 발견된 것들 중 어떤 것이 쓸모 있다는 이유에서뿐만 아니라, 그가 지혜롭고 다른 사람들과는 다르다는 이유에서도 사람들의 경탄의 대상이 되었을 법하다. 더 많은 기술이 발견되고, 그중 어떤 것들은 필요 때문에, 어떤 것들은 삶의 영위를 위해 있는 것인데, 언제나 후자를 발견한 사람들이 전자를 발견한 사람들보다 더 지혜롭다고 간주된다. 그 이유는 그들의 지식이 쓸모를 위한 것이 아니기 때문이다. 그래서 그런 종류의 모든 것이 갖추어지고 나서는, 즐거움이나 필요를 목적으로 하지 않는 지식들이 발견되었는데, 이 일은 사람들이 여가를 가지고 있었던 장소들에서 일어났다. 이런 이유로 수학적 기술들은 이집트에서 처음으로 고안되었다. 그곳에서는 제사장 계급이 여가를 가지는 것이 허용되었던 것이다.

우리는 윤리학에 관한 저술들에서 기술과 지식, 그리고 그런 종류의 다른 것들 사이의 차이가 무엇인지에 대해 이야기했다. 현재 우리의 논의의 요점은 이런 것이다. 모든 사람들은 지혜라 불리는 것이 사물의 첫 번째 이유들과 원리들을 다룬다고 생각한다. 그렇기 때문에, 앞서 말했듯이, 경험을 가진 사람은 어떤 감각을 가지고 있는 사람들보다 더 지혜롭고, 기술을 가진 사람은 경험을 가진 사람들보다, 총괄 기술자는 수작업 기술자보다, 이론적 지식은 실천적 지식보다 더 지혜롭다고 여긴다. 그렇다면 지혜가 어떤 원리와 원인에 대한 것임은 분명하다.

5-1

원리라고 일컬어지는 것은 다음과 같은 것들이다. (1) 그것으로부터 어떤 일을 처음으로 시작하는 것. 선이나 길이 시작되는 곳이 그 예인데, 이 경우 반대방향으로는 또 다른 원리가 있게 될 것이다. (2) 그것으로부터 어떤 것이 최선의 방식으로 생겨나는 것. 예를 들어 배움에 있어서도, 때로는 첫 번째이자 대상의 원리인 것으로부터가 아니라, 가장 쉽게 배울 수 있는 것으로부터 시작해야 하는 것이다. (3) (내재하는 것으로서) 그것으로부터 어떤 것이 처음으로 생겨나는 것. 예를 들어 배의 경우는 용골, 집의 경우는 기초가 그런 것이고, 동물의 경우에는 혹자는 심장을, 혹자는 두뇌를, 혹자는 또 다른 것을 그런 것이라고 간주한다. (4) (내재하는 부분으로서는 아니지만) 그것으로부터 어떤 것이 처음으로 생겨나는 것, 그리고 그것으로부터 운동이나 변화가 본성상 처음으로 시작되는 것. 예를 들어 자식이 아버지와 어머니로부터, 다툼이 모욕적인 언사로부터 생겨나는 것이 이 경우에 해당한다. (5) 그의 선택에 따라, 움직여지는 것들이 움직여지고, 변화하는 것들이 변화하는 그 사람. 예를 들어 도시의 지배자들이나, 유력자들이나, 왕들이나, 독재자들이 원리들이라고 일컬어지며, 기술의 경우도, 특히 이들 중 총괄 기술적인 것들이 무엇보다도 그렇게 불린다. (6) 그것으로부터 어떤 사태가 일차적으로 알려지는 것, 이것 역시 그 사태의 원리라 일컬어지는데, 예를 들어 논증의 가정이 그러하다. 원인들 역시 원리만큼의 다양한 의미를 갖는데, 모든 원인은 원리들이기 때문이다. 그렇다면 모든 원리에서 공통적인 것은, 그것으로부터 어떤 것이 존재하고, 생성하고, 알려지게 되는 첫 번째의 것이라는 점인데, 이것들 중 일부는 내재하고 일부는 외재하는 것이다. 그러므로 본성은 원리이며, 요소와 사고와 선택과 실체와 목적 역시 그러하다. 좋음과 아름다움은 많은 것의 앎과 운동의 원리이기 때문이다.

5-2

원인이라고 일컬어지는 것은 다음과 같은 것들이다. (1) (내재하는 것으로서) 그것으로부터 어떤 것이 생겨나게 되는 것들. 예를 들어 청동은 조상의, 은은 접시의 원인이고, 이것들을 포함하는 유들이 여기에 해당한다. (2) 형상과 범형, 즉 본질에 대한 로고스와 이것들을 포함하는 유들(예를 들어, 2 대 1의 비율, 일반적으로 말해서 수는 옥타브의 원인이다) 그리고 로고스에 포함되는 부분들. (3) 그것으로부터 변화와 정지가 처음으로 시작되는 것. 예를 들어 숙고하는 사람은 원인이고, 아버지는 자식의, 그리고 일반적으로 말해서 만드는 것은 만들어진 것의, 변화시키는 것은 변화되는 것의 원인이다. (4) 목적. 이것은 그것을 위해 어떤 것이 있는 바다. 예를 들어 건강은 걷는 것의 원인이다. "왜 걷는가?"를 물으면 우리는 "건강해지기 위해서"라고 대답하기 때문이다. 이렇게 말하면서 우리는 원인을 댄다고 생각하는 것이다. 그리고 다른 어떤 것이 운동을 일으켰을 때, 목적이 이루어질 때까지의 과정에서 일어나는 것. 예를 들어 건강에 있어서는 날씬하게 함, 정화시킴, 약물들, 그리고 도구들이 이것에 해당한다. 이것들은 모두 그 목적을 위한 것들인데, 그중 일부는 도구들이고 일부는 작용들이다.

이상의 것들이 대략 원인이라고 일컬어지는 것들 전부인데, 그것들이 여러 가지 의미로 일컬어지기 때문에, 같은 것에 대해 여러 원인이 있으며 이것이 부수적 의미로 그러한 것이 아니라는 사실이 따라나온다. 예를 들어 조각가와 청동은 다른 어떤 것으로서가 아니라 조각으로서의 조각의 원인이다. 그러나 이것은 같은 방식으로 그러한 것이 아니라, 하나는 질료로서 하나는 운동이 비롯하는 바로서 그러한 것이다. 또 서로가 서로의 원인이 되기도 하는데, 예를 들어 운동은 건강의 원인이고, 건강은 운동의 원인이다. 그러나 같은 방식으로 그러한 것은 아니고, 하나는 목적으로서, 하나는 운동이 비롯하는 바로서 그러한 것이다. 또 같은 것이 반대되는 것의 원인이 되기도 한다. 어떤 것이 그것이 있을 때 어떤 일의 원인이 되는 경우에, 우리는 종종 그것의 부재를 앞서의 일과 반대되는 것의 원인으로 이야기하니 말이다. 예를 들어 우리는 조타수의 부재를 난파의 원인으로 이야기하는데, 조타수의 존재는 안전의 원인인 것이다. 그리고 양자, 즉 존재와 부재는 운동이 비롯하는 바로서의 원인이다.

지금까지 언급된 모든 원인은 가장 분명한 네 가지 방식에 해당된다. 낱글자들은 음절의, 질료는 제작물의, 불, 흙, 그리고 이런 종류의 모든 것들은 물체의, 부분들은 전체의, 가정들은 결론의 원인인데, 전자는 그것으로부터 후자가 생겨나는 바로서의 원인이다. 이것들 중 어떤 것은 기체로서의 원인이고(예를 들어 부분들), 다른 것들은 본질로서의 원인이다(예를 들어 전체, 결합체, 형상). 정자(精子), 의사, 숙고하는 사람, 그리고 일반적으로 말해서 작용자는 모두 변화와 정지의 원리다. 목적과 다른 것들의 좋음으로서의 원인도 있다. 그것을 위해 다른 것들이 있는 바는 최선이자 다른 것들의 목적이 될 것이니 말이다. 이 원인이 좋음인지 외견상의 좋음인지는 차이를 발생시키지 않는다고 해두자.

그렇다면 이것들이 원인이고 이만큼의 종류가 있다. 요약하자면, 몇 안 되기는 해도, 원인이 되는 방식은 숫자상 여럿이다. 원인은 여러 가지로 일컬어지는데, 같은 종류에 속하는 것들 중에서도 어떤 것은 우선적으로, 어떤 것은 부차적으로 그러하다. 예를 들어 의사와 직업인은 모두 건강의 원인이고, 2 대 1의 비율과 수는 모두 옥타브의 원인이며, 개별적인 것을 포괄하는 것들은 언제나 개별적인 것들의 원인이다. 또 부수적 원인들과 이것들의 유가 있다. 예를 들어 어떤 의미에서는 조각가가 조각상의 원인이고, 어떤 의미에서는 폴뤼클리토스가 그것의 원인인데, 그 이유는 조각가가 때마침 폴뤼클리토스이기 때문이다. 그리고 부수적 원인들을 포괄하는 것들 역시 원인이다. 예를 들어 사람, 그리고 일반적으로 동물은 조각상의 원인인데, 그 이유는 폴뤼클리토스는 사람이고, 사람은 동물이기 때문이다. 부수적 원인들 중 어떤 것은 더 떨어져 있고, 어떤 것은 더 근접해 있다. 예를 들어 만일 흰것과 음악적인 것이 조각상의 원인이라 불린다면 말이다. 이 모든 것들, 고유한 의미에서 혹은 부수적으로 원인인 것들은 한편으로는 가능적인 것으로서, 한편으로는 활동적인 것으로서 원인이라 불린다.

예를 들어 집짓는 사람은 집지어질 수 있음의 원인으로서, 혹은 집짓는 것으로서 원인이라 불린다. 원인들의 결과와 관련해서도 마찬가지로 이야기될 수 있다. 예를 들어 어떤 것은 이 조각상의 원인으로, 혹은 조각상의 원인으로, 혹은 일반화해서 상의 원인으로도 이야기될 수 있고, 이 청동의, 혹은 청동의, 혹은 일반화해서 질료의 원인으로 이야기될 수 있다. 부수적 결과들의 경우도 마찬가지다. 또 부수적 원인들과 고유의 원인들은 결합해서 이야기될 수 있다. 예를 들어 우리는 폴뤼클리토스나 조각가가 아닌, 조각가 폴뤼클리토스를 이야기할 수 있다.

이 모든 것은 숫자 상 여섯인데, 각각은 두 가지 방식으로 이야기된다. 이것들은 개별적인 것으로서 혹은 유로서, 부수적인 것으로서, 혹은 부수적인 것의 유로서, 혹은 이것들을 결합한 것으로서, 혹은 단적인 의미에서 그렇게 이야기되니 말이다. 그리고 이것들 모두는 활동적인 것으로서, 혹은 가능적인 것으로서 그렇게 이야기될 수 있다. 이것들은 활동을 하는 개별자들이 그것의 결과인 것들과 동시에 있는지 있지 않은지에 있어서 차이가 있다. 예를 들어 치료하는 이 개별적 사람은 건강을 회복하고 있는 이 개별적 사람과, 이 집짓고 있는 개별적인 사람은 이 지어지고 있는 개별적인 것과 동시에 있는 반면, 가능적인 원인들의 경우는 그렇지가 않아서, 집은 집짓는 사람과 동시에 소멸하지 않는다.

5-7

있는 것[-인 것]은 한편으로는 부수적으로 있는 것을, 다른 한편으로는 그 자체로 있는 것을 의미한다. 우선 부수적으로 있는 것은, 예를 들어 정의로운 사람을 음악적이라고 말하는 것이나, 사람을 음악적이라고 말하는 것, 또는 음악적인 사람을 사람이라고 말하는 것이다. 마치 우리가 집짓는 사람이 때마침 음악적이기 때문에, 음악적인 사람이 집짓는다고 말하는 것처럼 말이다. 이 경우 하나가 다른 하나라는 것은 하나가 다른 하나에 때마침 일어났다는 것이기 때문이다. 우리가 언급한 경우들에서 사정은 이러하다. 우리가 그 사람은 음악적이다, 그 음악적인 사람은 사람이다, 혹은 그 하얀 사람은 음악적이다, 혹은 그 음악적인 사람은 하얗다라고 말할 때, 마지막의 둘이 의미하는 바는 그 두 속성이 동일한 것에 때마침 일어났다는 것이기 때문이다. 첫번째 말은 그 속성이 있는 것에 때마침 일어났다는 것을, 그 음악적인 사람은 사람이다는 음악적임이 사람에 때마침 일어났다는 것을 의미한다. 이런 의미에서 비-하얀 역시 있다고 이야기되는데, 그 이유는 그것이 때마침 일어나는 대상이 있는 것이기 때문이다. 하나가 부수적 의미에서 다른 것이라고 이야기될 때, 이것은 양자가 같은 것에 속하고 후자가 있는 것이기 때문이거나, 혹은 그 속성이 속하는 대상이 있는 것이기 때문이거나, 혹은 그것 자체가 그것에 대해 술어가 되는 속성을 가지는 주어가 있는 것이기 때문이다.

그 자체로 있다고 이야기되는 것은 술어의 틀이 의미하는 바의 수만큼의 방식으로 이야기된다. 있음이 의미하는 바의 수만큼 술어의 틀이 의미하는 바가 있기 때문이다. 그렇다면 술어 중 어떤 것은 '무엇'을, 어떤 것은 질을, 어떤 것은 양을, 어떤 것은 관계를, 어떤 것은 작용과 피동을, 어떤 것은 '어디에'를, 어떤 것은 '언제'를 뜻하기 때문에, 있는 것은 이 각각에 상응하는 의미를 가진다. '그 사람은 회복하는 중이다'와 '그 사람은 회복한다' 사이에는 차이가 없고, '그 사람은 걷고 있는 중이다' 혹은 '그 사람은 자르고 있는 중이다'와 '그 사람은 걷는다' 혹은 '그 사람은 자른다' 사이, 그리고 이런 종류의 다른 경우들도 마찬가지이기 때문이다.

또 있음과 있는 것은 참을 뜻하고, 있지 않음은 참이 아니라 거짓임을 뜻한다. 긍정과 부정의 경우도 마찬가지여서, 예를 들어 '소크라테스는 음악적이다'는 이것이 참임을 뜻하고, '소크라테스는 비음악적이다'는 이것이 참임을 뜻한다. 반면 '대각선은 변과 통약적이지 않다'는 그렇다고 말하는 것이 참이 아님을 뜻한다.

또 있음과 있는 것은 어떤 경우에는 이야기되고 있는 것들이 가능적으로 있음을, 어떤 경우에는 현실적으로 있음을 뜻한다. 우리는 본다는 말을 가능적으로 그런 것에도, 현실적으로 그런 것에도 사용하며, 지식을 가지고 있다는 말을 그 지식을 이용할 수 있는 것에도, 그것을 실제로 사용하고 있는 것에도 사용하고, 정지하고 있다는 말을 이미 정지가 일어난 것에도, 정지할 수 있는 것에도 사용하기 때문이다. 그리고 실체들의 경우도 유사해서, 우리는 헤르메스가 석재 안에 있다고 말하며, 반선이 선 안에 있다고 말한다. 그리고 우리는 아직 성장하지 않은 것에 대해 그것이 옥수수라고 말한다. 언제 어떤 것이 가능적으로 있는지, 그리고 언제 그것이 더 이상 가능적으로 있는 것이 아닌지에 대해서는 차후에 다른 곳에서 설명되어야 한다.

_전헌상(서강대학교 철학과 교수) 옮김

3

아리스토텔레스

니코마코스 윤리학

1–1

모든 기술과 모든 탐구, 그리고 마찬가지로 모든 행위와 선택은 어떤 좋음을 목표로 한다고 생각된다. 그래서 사람들은 좋음을 모두가 목표로 하는 것으로 잘 규정해 왔다. 그런데 목적들에는 어떤 차이가 존재하는 것 같다. 왜냐하면 어떤 것들은 활동인 반면, 어떤 것들은 활동을 넘어서는 어떤 일이기 때문이다. 행위들을 넘어서는 어떤 목적들이 있는 경우에는, 그 일들이 본성상 그 활동들보다 좋다. 그런데 여러 행위와 기술과 지식이 있기 때문에, 목적 또한 여럿이게 된다. 의술의 목적은 건강이고, 조선술의 목적은 배이며, 전술의 목적은 승리이고, 가정 경영의 목적은 부이니 말이다. 그런데 이러한 것들 중에는 어떤 하나의 능력 아래에 놓이는 것들이 있다. 예를 들어 말굴레 제작술과 그 밖의 마구 관련 기술은 말 다루는 기술 아래에 있고, 이것과 전쟁에서의 모든 행위는 전술 아래에 있으며, 같은 방식으로 다른 것들이 또 다른 것들 아래에 있다. 모든 경우에 있어서 총괄적인 것들의 목적들은 그것들 아래에 있는 목적들보다 더 선택할 만한 것이다. 전자를 위해서 후자가 추구되는 것이기 때문이다. 이미 논의된 지식들에 있어서와 마찬가지로, 활동 자체가 행위의 목적이든 그것을 넘어서는 어떤 다른 목적이 있든 차이는 없다.

1–2

만일 우리가 그것을 그것 자체 때문에 바라고 다른 것들은 그것 때문에 바라는 어떤 행위의 목적이 있다면, 그리고 모든 것이 다른 어떤 것 때문에 취해지는 것은 아니라면 (만일 그렇다면 이 과정은 무한히 계속될 것이고, 결과적으로 욕구는 공허하고 헛된 것이 될 것이니 말이다) 이 목적이 좋음이자 최상의 좋음이리라는 것은 분명하다. 그렇다면 그것에 대한 앎은 삶과 관련해서 큰 중요성을 가지지 않겠는가? 그리고 우리는 마치 표적을 겨누고 있는 사수처럼, 마땅한 바를 더 잘 맞추게 되지 않겠는가?

그렇다면 우리는 그것이 무엇인지, 그리고 그것이 학문들 혹은 능력들 중 어떤 것의 대상인지를 개략적으로나마 파악하려 해 보아야 한다. 그것은 가장 우위에 있는 기술, 그리고 무엇보다도 총괄적인 기술에 속하는 것으로 생각될 것이다. 그리고 정치학이 바로 이런 성격을 갖는 것 같다. 왜냐하면 국가들 안에서 어떤 학문들이 학습되어야 하는지, 각 계층의 시민들이 어떤 것을 배우고 어느 정도까지 배워야 하는지를 그것이 정하기 때문이다. 우리는 가장 높이 여겨지는 능력들, 예를 들어 전술, 가정 경영술, 수사술 등이 이것 아래에 놓임을 본다. 정치학은 나머지 지식들을 이용하기 때문에, 그리고 그것은 무엇을 해야만 하고 무엇을 피해야 하는지를 입법하기 때문에, 이것의 목적은 다른 것들의 목적들을 포함할 것이고, 따라서 그 목적은 인간을 위한 좋음이 될 것이다. 왜냐하면 그 목적이 한 개인에게 있어서나 국가에 있어서 같다고 하더라도, 국가의 목적이 그것의 획득에 있어서나 보전에 있어서나 더 중대하고 더 궁극적인 것으로 보이기 때문이다. 그것은 한 개인에게 있어서도 소중하지만 동족이나 국가에 있어서 더 고귀하고 더 신적인 것이니 말이다. 이것이 정치학적인 성격을 가지는 우리의 탐구가 추구하고 있는 것이다.

1–3

우리의 논의는 주제에 상응하는 명료성을 가지면 충분할 것이다. 제작물들의 경우에서와 마찬가지로, 모든 논의에서 유사한 정확성을 추구해서는 안 되기 때문이다. 정치학의 주제인 훌륭한 것들, 정의로운 것들은 자연적으로가 아니라 오직 관습에 의해서만 존재한다고 생각될 정도로 많은 다양성과 변동성을 가진다. 좋은 것들 역시 그것들로부터 많은 사람들에게 해를 끼친다는 점에서 마찬가지의 변동성을 가진다. 어떤 사람들은 부 때문에, 어떤 사람들은 용기 때문에 파멸했으니 말이다. 그러니 우리는 그러한 것들에 관하여, 그리고 그러한 것들로부터 논의를 해 나가는 데 있어서, 사태의 참을 거칠고 개략적으로 밝히는 데 만족해야만 한다. 대개의 경우에만 성립하는 것들에 대하여, 그리고 그런 것들로부터 논의를 해나가는 데 있어서도, 같은 종류의 결론을 이끌어 내는 것으로 만족해야만 한다. 논의되는 것들 각각은 또한 마찬가지 방식으로 받아들여져야 한다. 각각의 종류에 있어서 그 문제가 본성상 허용하는 정도의 정확성만을 목표로 하는 것이 교육받은 사람의 표지이기 때문이다. 수학자로부터 개연적 추론을 받아들이는 것이나 수사가로부터 논증을 요구하는 것이나 마찬가지로 잘못되었음이 분명하니 말이다.

각자는 자신이 아는 것들에 대해서 잘 판단하며 이것들에 대한 좋은 판단자다. 그렇다면 각각의 주제에 있어서는 그것을 배운 사람이, 단적인 의미에서는 모든 것을 배운 사람이 좋은 판단자다. 그렇기 때문에 젊은 사람은 정치학에 대한 논의들의 적합한 청취자가 아니다. 왜냐하면 그는 삶을 통해 행해지는 것들에 대한 경험을 가지고 있지 않은데, 정치학에 대한 논의들은 그것들로부터 비롯하기 때문이다. 게

다가 그는 감정을 따르는 경향이 있어서, 그가 듣는 것들은 헛되고 무익한 것이 될 것이다. 그 논의들의 목적은 앎이 아니라 행위이기 때문이다. 그가 나이에 있어서 어린지, 품성에 있어서 어린지는 차이를 발생시키지 않는다. 그 결점은 시간에 의해서가 아니라, 감정에 따라 살고 그때그때의 요구의 대상을 추구하는 것 때문에 생겨나는 것이기 때문이다. 이런 사람에게는, 마치 자제력 없는 사람들에게서처럼, 앎이 아무런 이로움도 가져다 주지 않으니 말이다. 반면 이성적 원리에 따라 욕구하고 행위하는 사람들에게는 그것들에 대해 아는 것이 매우 이로울 것이다.

배우는 사람에 관해서 그를 어떻게 다루어야 하는지 그리고 우리가 무엇을 목표로 해야 하는지에 대해서는 이상의 논의를 서론으로 삼자.

1-4

다시 우리의 탐구로 돌아가서, 모든 앎과 선택이 어떤 좋음을 목표로 한다고 할 때 우리가 정치학이 목표로 한다고 말하는 것이 무엇인가, 그리고 행해질 수 있는 모든 좋음 중에서 가장 정점에 있는 것이 무엇인가를 이야기해 보자.

그것의 이름에 있어서는 대다수의 동의가 있는 것 같다. 대중과 교양 있는 사람들 모두 그것은 행복이라고 말하며, 잘 삶과 잘 함을 행복과 같은 것으로 간주하기 때문이다. 그러나 무엇이 행복인가에 관해서는 그들은 의견을 달리하며, 대중은 현명한 사람들과 같은 방식으로 설명하지 않는다. 전자는 그것이 뚜렷하고 명백한 것, 예를 들어 쾌락이나 부나 명예 같은 것이라고 설명하는데, 상이한 사람이 상이

한 설명을 하는 것은 물론, 종종 같은 사람이 상이한 것을 제시하기도 한다. 병들었을 때는 건강을, 가난할 때는 부를 제시하는 식으로 말이다. 자신들의 무지를 알기 때문에 그들은 어떤 거창한 것, 자신들의 이해 범위를 넘어서는 것을 이야기하는 사람들에 경탄한다. 반면 어떤 사람들은 이런 좋은 것들 외에도 그 자체로 존재하면서 다른 모든 것들의 좋음의 원인이 되는 어떤 좋음이 있다고 생각했다. 하지만 그 모든 견해를 검토하는 것은 아마도 쓸데없는 일일 것이며, 가장 널리 받아들여지거나 어떤 근거를 가지고 있는 것들을 검토하는 것으로 충분할 것이다.

단 원리로부터 시작하는 논변들과 원리로 향하는 논변들은 다르다는 점은 잊지 말도록 하자. 플라톤 역시 다음의 물음을 던지고 그것을 탐구했다는 점에서 옳았으니 말이다: "탐구가 원리들로부터 진행되는가 아니면 원리들을 향해서 진행되는가?" 마치 경주에서 판정관들이 있는 곳으로부터 반환점까지의 경로가 후자로부터 돌아오는 경로와 다른 것과 마찬가지다. 우리는 알려진 것들로부터 시작할 수밖에 없는데, 알려진 것은 두 가지 의미를 가지기 때문이다. 즉 어떤 것들은 우리에게, 어떤 것들은 단적인 의미에서 그러한 것이다. 그렇다면 아마도 우리는 우리에게 알려진 것들로부터 출발해야 할 것이다. 이런 이유로 고귀한 것들, 정의로운 것들, 그리고 일반적으로 정치학의 주제들에 대한 강의를 충분히 듣고자 하는 사람들은 좋은 습관 속에서 양육되어야만 한다. 사실이 원리인데, 이것이 충분히 드러나지 않으면 이유 역시 필요치 않을 것이기 때문이다. 반면 잘 양육된 사람은 원리들을 잘 가지고 있거나 잘 획득할 것이다. 그 어느 쪽도 아닌 사람에게는 헤시오도스의 다음과 같은 말을 듣도록 하라.

스스로 모든 것을 아는 사람이 최고다.
다른 사람들의 좋은 권고에 귀를 기울이는 사람 역시 훌륭하다
반면 스스로 판단하지도 못하고, 다른 사람의 말을 듣고
마음에 새기지 못하는 사람, 그는 쓸모없는 인간이다.

본래의 논의로 돌아가도록 하자. 대중, 즉 가장 비속한 사람들은, 그들이 영위하는 삶으로부터 판단해 보건대, 좋음과 행복을 (전혀 근거 없지는 않게) 쾌락이라고 간주하는 것 같다. 이런 이유로 그들은 즐기는 삶을 애호한다. 가장 대표적인 세 가지의 삶이 있는데, 하나는 지금 막 이야기한 것이고, 하나는 정치적인 삶, 그리고 셋째가 관조적인 삶이다. 분명 대중은 짐승에 걸맞은 삶을 선택한다는 점에서 전적으로 노예와 같은데, 권력을 가진 많은 사람들이 사르다나팔로스와 유사한 일을 겪는 것을 볼 때, 그들도 할 이야기가 있다.

반면 교양 있고 활동적인 사람들은 명예를 선택하는데, 이것이 사실상 정치적인 삶의 목적이기 때문이다. 하지만 이것은 우리가 추구하고 있는 것보다는 더 피상적인 것처럼 보인다. 왜냐하면 그것은 명예를 부여받는 사람보다는 명예를 부여하는 사람에게 달려 있는 것으로 생각되는 반면, 우리는 직감적으로 좋음은 누군가 자신에 속하는 어떤 것이며 그로부터 떼어내기 어려운 것이라고 생각하기 때문이다. 게다가 사람들은 명예를, 자신들이 좋다는 확신을 가지기 위해서 추구하는 것 같다. 어쨌든 그들은 현명한 사람들로부터, 그들을 아는 사람들 가운데에서, 그리고 그들의 덕 때문에 명예를 부여받기를 추구한다. 그렇다면 그들에 따르면 덕이 가장 좋은 것임이 분명하다. 아니 어쩌면 명예가 아니라 그것이 정치적 삶의 목적이라고 생각해야 할는지도 모른다. 하지만 이것조차도 다소 불완전해 보인다. 덕을 소유하

고 있으면서도 잠자고 있거나 평생을 활동하지 않을 수가 있으며, 거기에다가 가장 심한 불운을 겪고 맞이할 수도 있으니 말이다. 어느 누구도, 자신의 입장을 무작정 고집하지 않는다면, 이렇게 살아가는 사람을 행복하다고 말하지 않을 것이다. 이 문제에 관해서는 이것으로 충분하다. 이 주제에 관해서는 대중적인 논의들에서도 충분히 이야기되었으니 말이다.

세 번째의 삶은 관조적인 삶인데, 이것에 대해서는 나중에 다루게 될 것이다.

돈을 벌기 위한 삶은 필요에 의한 것이며, 부는 분명 우리가 찾고 있는 좋음이 아니다. 왜냐하면 그것은 유용한 것이고 다른 것을 위해 있는 것이기 때문이다. 그렇기 때문에 앞서 이야기되었던 것들이 더욱더 목적으로 간주될 것이다. 그것들은 그것들 자신 때문에 애호되기 때문이다. 그러나 그것들도 우리가 찾고 있는 것은 아닌 것처럼 보인다. 그럼에도 불구하고 그것을 옹호하는 많은 논변이 제시되어 왔다. 이것으로 논의를 마치도록 하자.

1-7

우리가 찾고 있는 좋음으로 다시 돌아가 그것이 도대체 무엇이겠는가를 생각해 보자. 우선 상이한 행위나 기술에는 상이한 좋음이 있는 것처럼 보인다. 의술에서, 전술에서, 그리고 그 밖의 기술들에서 모두 마찬가지로 말이다. 그렇다면 각각에 있어서 좋음은 무엇인가? 그것을 위해서 다른 일들이 행해지는 것이 아니겠는가? 이것은 의술에 있어서는 건강이고, 전술에 있어서는 승리이며, 집짓는 기술에 있어서는 집이고, 다른 것에 있어서는 또 다른 어떤 것일 텐데, 모든 행위와 선택에 있어서는 목적이다. 왜냐하면 이것을 위해서 모든 사람들은 다른 일들을 행하는 것이기 때문이다. 따라서 만일 모든 행위들에 대한 목적이 있다면 이것이 실천적 좋음일 것이고, 만일 그것이 여럿이라면 이것들이 그러할 것이다.

다른 경로를 거치고도 논의는 동일한 결론으로 귀결된 셈이다. 하지만 우리는 이것을 더욱더 명확히 이야기하려 해 보아야만 한다. 목적들은 여럿인 것처럼 보이고, 우리가 그것들 중 어떤 것을 (예를 들어 부, 피리, 그리고 일반적으로 도구들을) 다른 어떤 것 때문에 택하는 것이라면, 명백히 모든 목적들이 최종적인 것은 아니다. 그런데 최고의 좋음은 최종적인 어떤 것처럼 보인다. 그러므로 만일 최종적인 어떤 유일한 목적이 있다면, 그것이 우리가 찾고 있는 것이 될 것이고, 만일 그것이 여럿이라면 이것들 중 최종적인 것이 그것이 될 것이다. 우리는 그 자체로 추구되는 것을 다른 것 때문에 추구되는 것보다, 그리고 결코 다른 것 때문에 택해지지 않는 것을 그 자체로도 다른 것 때문에도 택해지는 것들보다 더 최종적이라고 말한다. 그리고 언제나 그 자체 때문에 택해지며 결코 다른 것 때문에 택해지지 않는 것을 단적인 의미에서 최종적인 것이라고 말한다.

다음과 같은 것이 무엇보다도 행복이라고 생각되는데, 우리가 이것들을 언제나 그것 때문에 택하고 결코 다른 것 때문에 택하지 않기 때문이다. 명예, 쾌락, 지성, 그리고 모든 덕을 우리는 그 자체 때문에도 택하고 (그것으로부터 아무것도 따라나오지 않아도 그것들 각각을 택할 것이니 말이다), 행복 때문에도, 그것들을 통해 행복해질 것이라는 생각에서, 택하는 것이다. 반면 누구도 행복을 이것들 때문에 택하지 않으며, 일반적으로 말해서 다른 어느 것 때문에도 택하지 않는다. 자족성과 관련해서도 같은 결론이 따라나오는 것으로 보인다. 왜냐하면 최종적인 좋음은 자족적이라고 생각되기 때문이다. 우리가 '자족적'이라고 말하는 것은 고립적인 삶을 살아가는 사람 자신 한 사람에게뿐만이 아니라 부모, 자녀, 아내, 그리고 일반적으로 벗들과 시민들에게도 그러하다는 뜻이다. 왜냐하면 인간은 본성상 폴리스적인 동물이기 때문이다. 그런데 우리는 여기에 어떤 제한을 부과해야 한다. 왜냐하면 만일 이 진행이 조상, 후손, 친구의 친구까지 확장된다면, 그것은 무한히 나아갈 것이기 때문이다. 그러나 이 점은 나중에 탐구되어야 한다. 우리는 그것만으로도 삶을 택할 만한 것으로 그리고 부족함 없이 만드는 것이라고 규정한다. 그리고 우리는 행복이 그러한 것이라고 생각한다. 게다가 우리는 모든 것 중에 가장 택할 만한 것이며, 여러 좋은 것들과 더불어 열거될 수 없는 것이라고 생각한다. 만일 그것이 더불어 열거된다면, 그것은 최소의 좋음이 덧붙여짐으로 해서 더욱더 택할만해질 것이다. 덧붙여진 것은 좋음의 초과분이 될 것이고, 좋음 중 더 큰 것이 항상 더 택할만한 것이니 말이다. 따라서 행복은, 행해지는 것들의 목적으로, 최종적이면서 자족적인 어떤 것으로 보인다.

행복이 최고의 좋음이라고 말하는 것은 동의된 사항으로 보이지만, 여전히 그것이 무엇인지를 좀 더 분명하게 이야기할 필요가 있다. 만일 우리가 인간의 일(ergon)을 파악한다면 혹시 그것이 이루어질 수 있을 것이다. 피리 부는 사람, 조각가, 그리고 일반적으로 어떤 일과 하는 바를 가지고 있는 사람에게 있어서, 그의 좋음과 잘(함)은 그 일에 있는 것으로 생각되며, 그것은 인간에게 있어서도, 만일 인간의 일이라는 것이 존재한다면, 마찬가지일 것이다. 그렇다면 목수와 제화공은 어떤 일과 하는 바를 가지고 있지만, 인간은 그렇지 않고 본성상 어떤 일을 가지지 않는 것일까? 눈, 손, 발, 그리고 일반적으로 신체의 부분들 각각이 어떤 일을 가지는 것으로 보이듯이, 인간에게도 이 모든 것들 이외에 어떤 일을 상정해야 하지 않겠는가? 그렇다면 과연 무엇이 그 일일 것인가? 삶은 식물에게도 공통적인 것 같은데, 우리가 찾고 있는 것은 인간에게 고유한 것이니 말이다. 그러니 영양섭취와 성장적 삶은 제쳐 놓아야 한다. 다음으로 지각적 삶이 있을 텐데, 이것 역시 말, 소, 그리고 모든 동물에게도 공통적이다. 그렇다면 남는 것은 영혼의 이성을 가진 부분의 어떤 실천적 삶이다. 이 부분 중 일부는 이성에 따른다는 점에서, 일부는 이성을 가지고 생각을 한다는 점에서 이성을 가진다. 이 삶 역시 두 가지 방식으로 이야기되므로, 우리는 우리가 의미하는 바가 활동이라는 관점에서의 삶임을 분명히 해야만 한다. 왜냐하면 이것이 보다 주된 의미에서의 삶이라고 이야기되기 때문이다.

만일 인간의 일이 이성을 따르는, 혹은 이성을 내포하는 영혼의 활동이라면, 그리고 특정 종류의 행위자의 일과 그런 종류의 뛰어난 행위자의 일이 같은 종류라면, 예를 들어 하프 연주자와 뛰어난 하프 연주자의 경우에 그러하고, 단적으로 모든 경우에, 덕에 있어서의 두드러짐이 일에 덧붙여짐으로 해서 그러하다면 (하프 연주자의 일은 하프를 연주하는 것이고 뛰어난 하프 연주자의 일은 하프를 잘 연주하는 것이니 말이다), 인간의 좋음은 덕에 따른 영혼의 활동이 되고, 만일 덕이 여럿이라면, 가장 좋고 가장 최종적인 덕에 따르는 활동이 된다.

그뿐만 아니라 그것은 완전한 삶 속에서의 그것일 것이다. 왜냐하면 제비 한 마리가 봄을 만들지는 않으며 그것은 단 하루조차도 이루지 못하는데, 마찬가지로 하루 혹은 짧은 시간은 한 사람을 복되고 행복하게 만들지 못하기 때문이다.

이제 이상을 좋음에 대한 개괄적 설명으로 삼도록 하자. 우리는 우선 대략적인 윤곽을 그리고 나서 차후에 세부를 채워야 할 것이니 말이다. 일단 윤곽이 잘 그려진 것은 누구라도 발전시키고 정교화할 수 있을 것이며, 그러한 것에 대해서는 시간이 좋은 발견자이자 협력자가 될 수 있을 것으로 생각된다. 기술의 진보 역시 이 사실로 말미암았던 것이다. 왜냐하면 부족한 것을 보충하는 일은 누구나 할 수 있는 일이기 때문이다. 우리는 또한 앞서 말했던 것을 기억해서, 모든 경우에 마찬가지의 정확성을 추구하는 것이 아니라, 각각의 경우에 주제에 맞고 주어진 탐구에 적합한 정도의 정확성을 추구해야만 한다. 목수와 기하학자는 다른 방식으로 직각을 탐구하니 말이다. 전자는 직각이 그의 일에 유용한 정도까지만 그것을 탐구하는 반면, 후자는 직각이 무엇이며 어떠한 것인가를 탐구하는 것이다. 후자는 진리를 관조하는 자이기 때문이다. 부수적 문제가 주된 과제 이상이 되지 않도록, 다른 문제에 있어서도 마찬가지의 방식을 취해야 한다. 또한 모든 것에 있어서 똑같이 원인을 요구해서도 안 된다. 원리들의 경우에서처럼, 어떤 경우에는 사실을 잘 보여주는 것으로 충분하다. 사실은 일차적인 것이자 원리인 것이다. 그런데 원리들 중 어떤 것은 귀납에 의해 파악되고, 어떤 것은 지각에 의해, 어떤 것은 습관화에 의해, 그리고 그 밖의 다른 것들은 또 다른 방식으로 파악된다. 우리는 각각의 원리들을 자연스러운 방식으로 탐구해야만 하며, 그것들을 잘 규정하도록 노력해야만 한다. 왜냐하면 이것들은 뒤이어 오는 것들에 큰 영향을 끼치기 때문이다. 시작은 전체의 반 이상으로 여겨지며, 우리가 추구하고 있는 문제들이 그것에 의해 명확해질 것이니 말이다.

1-13

행복은 완전한 덕에 따르는 영혼의 어떤 활동이므로 우리는 덕에 대해서 탐구해야만 할 것이다. 아마도 이렇게 해서 행복에 대해서도 우리가 더 잘 이해하게 될 것이니 말이다. 진정한 정치가 역시 다른 무엇보다 그것에 대해 힘을 쏟는 것 같다. 왜냐하면 그는 시민들을 더 훌륭하고 법을 준수하도록 만들기를 바라기 때문이다. 이것의 전형적인 예가 스파르타와 크레테의 입법자들, 그리고 그러한 다른 사람들이다. 이 탐구가 정치학에 속하는 것이라면, 명백히 그 탐구는 우리의 최초의 선택에 맞는 것이 될 것이다.

탐구되어야 될 덕이 인간적인 덕임은 분명하다. 우리는 인간의 좋음과 인간의 행복을 찾고 있기 때문이다. 그런데 우리가 말하는 인간적인 덕은 육체의 덕이 아니라 영혼의 덕이다. 그리고 우리는 행복을 영혼의 활동이라고 말한다. 그런데 만일 이렇다면, 정치가가 영혼에 대한 사항들을 어떤 식으로 알아야 함은 분명하다. 마치 눈을 고치려 하는 사람은 육체 전체에 대해서도 알아야 하는 것과 마찬가지로 말이다. 이것은 정치학이 의학에 비해 더 명예롭고 더 우월한 만큼 더더욱 그러하다. 의사들 중에서도 더 세련된 사람들은 육체에 대한 앎과 관련해 많은 노력을 기울이는 것이다. 그러므로 정치가도 영혼에 대해 고찰해야만 하는데, 고찰은 하되 자신의 특수한 목적을 위해서, 그리고 탐구되고 있는 것들과 관련해서 충분한 정도로 그렇게 해야 한다. 왜냐하면 이보다 더 정확성을 기하는 것은 아마도 주어진 목적 이상의 수고일 것이기 때문이다.

영혼에 관해서는 대중적인 논의들 속에서도 어느 정도 충분히 이야기가 되어 있으며 우리는 이것들을 이용해야만 한다. 예를 들어 그것에 따르면 영혼의 일부분은 비이성적인 반면, 일부분은 이성을 가진다. 이것들이 신체의 부분들이나 모든 부분을 가진 것과 같은 방식으로 나누어지는 것인지, 혹은 정의에 있어서는 둘이지만 본성상 분리되지 않는 것, 예를 들어 반원에 있어서의 오목함과 볼록함처럼 나누어지는 것인지의 여부는 우리 앞에 놓인 문제와 관련해서 차이를 발생시키지 않는다.

비이성적인 부분 중의 일부는 많은 것들에 공통적이며 식물적인 것으로 보인다. 내 말은 그것이 영양공급과 성장의 원인이라는 뜻이다. 영혼의 이러한 능력은 영양공급이 이루어지는 모든 것들과 배(胚)들에게 귀속될 것이고, 같은 능력이 완전히 성장한 생명체에도 귀속될 것이니 말이다. 이것이 그것들에 다른 능력을 부여하는 것보다 더 나은 설명일 것이니까.

그러므로 이것의 덕은 모든 종에 공유된 것이고 인간에 고유한 것은 아닌 것 같다. 이 부분과 이 능력은 잠자고 있을 때 가장 많이 활동을 하는 것 같은데, 좋음과 나쁨은 잠자고 있을 때 가장 덜 나타나니 말이다. (이 사실로부터 인생의 절반은 행복한 사람이나 불행한 사람이나 차이가 없다는 말이 생겨나는 것이다) 이런 일이 일어나는 것은 당연하다. 잠은 영혼이 좋거나 나쁘다고 이야기되는 측면에서 그것의 비활동이니 말이다. 혹 아주 작은 정도로 어떤 움직임들이 통과하는 것이 아니라면, 그리고 이런 식으로 훌륭한 사람이 임의의 어떤 사람보다 더 좋은 꿈을 가지게 되는 것이 아니라면 말이다. 하지만 이것에 대해서는 이상으로 충분하며 영양공급 부분은 제쳐 놓도록 하자. 그것은 본성상 인간적인 덕의 몫을 가지지 않으니 말이다.

그런데 또 다른 어떤 영혼의 비이성적 성격이 있는데, 그것은 그럼에도 불구하고 이성을 어떤 식으로 분유하고 있는 것처럼 보인다. 우리는 자제력 있는 사람과 자제력 없는 사람의 이성과 영혼에서 이성을 가진 부분을 칭송하니 말이다. 왜냐하면 그것은 그들을 올바르게 그리고 가장 좋은 것을 향하도록 촉구하기 때문이다. 그러나 그들 안에는 본성상 이성에 거스르는 또 다른 어떤 것이 있어서, 그 이성에 맞서고 저항하는 것 같다. 왜냐하면 마치 마비된 수족이 우리가 그것들을 오른쪽으로 움직이려 할 때 반대로 왼쪽으로 돌아가는 것처럼, 영혼도 마찬가지여서 자제력 없는 사람 안의 충동들은 반대 방향으로 움직이기 때문이다. 그러나 육체에서는 제멋대로 움직이는 것을 우리가 보는 반면, 영혼 안에서는 그렇지가 않다. 하지만 그럼에도 불구하고 우리는 영혼 안에서도 역시 이성에 거스르는 어떤 것이 있어서, 그것에 반대하고 저항한다고 생각해야만 한다. 어떻게 이것이 다른가는 중요하지 않다. 그런데 우리가 이미 말했듯이, 이것 역시 이성을 분유하고 있는 것처럼 보인다. 어쨌든 자제력 있는 사람에서의 이것은 이성에 복종하며, 아마도 절제하는 사람이나 용감한 사람의 그것은 더 복종적일 것이다. 왜냐하면 그 안의 모든 것이 이성과 한소리를 내기 때문이다.

그렇다면 비이성적인 부분 역시 두 종류인 것처럼 보인다. 식물적 부분은 이성을 전혀 분유하지 않지만, 욕망적 부분, 아니 일반적으로 말해서 욕구적 부분은, 이성에 귀 기울이고 복종하는 한에서, 어떤 식으로 그것을 분유하기 때문이다. 이런 의미로 우리는 아버지나 친구의 말을 따른다고 말하는 것이며, 이것은 수학적 대상들과 관련해 같은 표현을 사용하는 것과는 다르다. 비이성적인 요소가 어떤 식으로 이성에 의해 설득된다는 사실은 충고나 모든 책망과 권고의 행위에서도 알 수 있다. 만일 이것 역시 이성을 가진다고 말해야 한다면, 이성을 가진 것 역시 둘이 될 것이다. 하나는 주된 의미로 그리고 그 자체로 그것을 갖고, 다른 하나는 아버지에게 그러하듯이 복종적인 어떤 것이라고 말이다.

이 차이에 상응하는 방식으로 덕 역시 구분된다. 우리는 어떤 덕들은 지성적이라고, 또 어떤 덕들은 품성적이라고 말하기 때문인데, 지혜, 이해력, 현명함은 지성적이고, 관용과 절제는 품성적인 것이다. 어떤 사람의 품성을 말할 때 우리는 '그가 지혜롭다' 혹은 '이해력이 있다'가 아니라 '그가 온화하고' '절제한다'를 이야기하기 때문이다. 그러나 우리는 여전히 지혜로운 사람을 그의 상태와 관련해 칭찬하는 것이며, 상태들 중 칭찬받을 만한 것들을 덕이라 부르는 것이다.

10-7

만일 행복이 덕을 따르는 활동이라면, 그것은 최고의 덕을 따르는 활동이어야 합당하다. 그런데 이 덕은 가장 좋은 부분의 덕일 것이다. 이것이 지성이든, 혹은 다른 어떤 것이든, 그 자체도 신적인 것이든, 혹은 우리 안에 있는 것 중 가장 신적인 것이든, 그것은 본성상 지배하고, 인도하며, 고귀하고, 신적인 것에 대한 인식을 가진다고 여겨진다. 자신에게 고유한 덕에 따르는 이것의 활동이 완전한 행복일 것이다. 이것이 관조적인 활동임은 이미 우리가 말한 바 있다.

이렇게 말하는 것은 우리가 앞서 말한 바와도 일치하고, 진리와도 일치한다고 생각된다. 왜냐하면 이것이 최고의 활동이기 때문이다. 지성은 우리 안에 있는 것들 중 최고의 것이며, 지성의 대상은 알려지는 것들 중에 최고의 것이니 말이다. 또 그것은 가장 연속적이기도 하다. 우리는 어떤 일보다도 관조하는 일을 더 연속적으로 할 수 있으니 말이다. 게다가 우리는 쾌락이 행복과 섞여 있어야 한다고 생각한다. 그리고 지혜에 따르는 활동이 덕에 따르는 활동 중에 가장 즐거운 것임은 일반적으로 받아들여지는 사실이다. 어쨌든 철학[지혜에 대한 사랑]은 그 순수함과 견고함에 있어서 경탄할 만한 즐거움을 가지는 것처럼 보이며, 앎을 가지고 있는 사람들이 그것을 추구하는 사람들보다 더 즐거운 삶을 영위할 수 있다는 것은 이치에 맞는 일이다. 또 소위 자족성이라는 것도 무엇보다 관조적 활동에서 발견될 것이다. 왜냐하면 지혜로운 사람, 정의로운 사람, 그리고 그 밖의 다른 덕을 가진 사람들 모두가 삶에 필수적인 것들을 필요로 하지만, 이런 것들이 충분히 있다 하더라도 정의로운 사람은 정의로운 행동을 할 대상과 그것을 더불어 할 사람들이 필요하고, 절제 있는 사람, 용기 있는 사람, 그리고 그 밖의 다른 경우 각각에 있어서도 마찬가지인데, 지혜로운 사람은 스스로도 관조할 수 있을 뿐 아니라 더 지혜로울수록 더 그럴 수 있으니 말이다. 혹 그가 함께 할 수 있는 사람이 있으면 더 나을 수는 있지만, 그는 여전히 가장 자족적이다. 이 활동만이 유일하게 그 자체 때문에 애호되는 것으로 여겨진다. 왜냐하면 이것으로부터는 관조함 이외에 어떤 것도 생기는 것이 없는 반면, 행위와 관련된 덕들로부터는 우리가 많건 적건 행위 외의 다른 것을 얻게 되기 때문이다. 또 행복은 한가함 속에 있는 것으로 보인다. 왜냐하면 우리는 한가함을 얻기 위해서 분주한 것이며, 평화를 얻기 위하여 전쟁을 하는 것이기 때문이다. 그런데 행위와 관련된 덕의 활동은 정치나 전쟁에서 나타나는 것이고, 이것에 관련된 행위들은 한가함을 결여한 것처럼 보인다. 특히 전쟁에서의 행위는 전적으로 그래 보인다. 왜냐하면 아무도 전쟁을 하기 위해서 전쟁을 택하거나 걸지는 않기 때문이다. 만일 전쟁과 살인이 발생하도록 하기 위해서 친구들을 적으로 만드는 사람이 있다면 그 사람은 완전히 살인광으로 생각될 것이다. 정치가의 행위 역시 한가함을 결여하고 있다. 그것은 그 행위 자체 외에도 전제적 권력과 명예 혹은 자신과 시민들의 행복을 목표로 삼는다. 이 행복은 정치적 행위와는 다른 것이며 분명 그것과는 다른 것으로서 추구되고 있는 것이다. 따라서 만일 덕을 따르는 행위 가운데에서 정치적 행위와 군사적 행위가 그 고귀함과 비중에 있어 앞선다 하더라도, 그것들이 한가함을 결여하고 있고, 무언가를 목표로 하고 있지 그 자체 때문에 택해지는 것이 아니라면, 그리고 그에 반해 지성의 활동은, 관조적인 것으로서, 그 중대성에 있어 다른 것들과 구분되고 그 자체 외의 어떤 것을 목표로 삼지 않으며, 그 자체에 고유한 쾌락을 가지고 있어 이것이 그 활동을 증대시킨다면, 그리고 자족성, 한가함, 피로하지 않음 (이것이 인간에게 가능한 한에서), 그리고 지복을 누리는 사람에게 부여되는 모든 것들이 분명 이 활동에 관련되어 있다면, 이것이 인간에게 있어서 완전한 행복일 것이다. 만일 온전한 길이의 삶이 허용된다면 말이다. 행복의 속성들 중 어떤 것도 불완전하지 않으니 말이다.

그러나 아마도 이러한 삶은 인간적인 것이기에는 너무 차원이 높은 것이리라. 왜냐하면 사람이 이러한 삶을 살 수 있는 것은 인간인 한에서가 아니라, 그의 안에 신적인 어떤 것이 있는 한에서이기 때문이다. 그리고 이 신적인 것이 복합적 본성보다 더 우월한 것인 만큼 이것의 활동은 다른 덕을 따르는 활동보다 우월하다. 그러므로 지성이 인간과 비교해 볼 때 신적인 것이라면, 마찬가지로 지성의 삶은 인간적인 삶과 비교해 볼 때 신적이다. 따라서 우리는 인간이니 인간적인 것을 생각하라든지, 우리는 죽을 수밖에 없으니 죽을 수밖에 없는 것을 생각하라고 권고하는 사람들을 따라서는 안 된다. 오히려 우리는 할 수 있는 데까지 불사적이 되도록 하고, 우리 자신 속에 있는 최선의 것에 따라 살도록 전력을 기울여야 한다. 왜냐하면 이것은 비록 크기에 있어서는 작지만, 그 힘과 가치에 있어서는 다른 모든 것을 능가하기 때문이다. 더욱이 이 부분은 각각의 사람 자신이라고 생각될 수 있는 것이다. 그것이 각 사람에게 있어서 지배적이고 우월한 부분이라면 말이다. 그렇다면 만일 어떤 사람이 자신의 삶이 아니라 다른 사람의 삶을 택한다면 그것은 이상한 일일 것이다. 그리고 앞서 우리가 이야기한 것이 여기에도 적용될 것이다. 즉 각각에 고유한 것은 본성상 그것에게 최선의 것이고 가장 즐거운 것이다. 따라서 지성에 따르는 삶이 인간에게 최상이며 가장 즐거운 것이다. 다른 무엇보다도 지성이 바로 인간이라면 말이다. 그러므로 지성을 따르는 삶이 가장 행복한 삶이다.

_전헌상(서강대학교 철학과 교수) 옮김

4

키케로

법의 기초로서의 자연

[14] 마르쿠스[1] : 자 저쪽 우리들의 산책로를 따라 앉을 자리가 있는 곳으로 걸어가 볼까? 충분히 걷고 나면 쉴 수 있을 것일세. 그리고 우리들이 차근차근 문제를 풀어 나간다면 틀림없이 우리들에게는 부족함이 없는 기쁨이 있을 걸세.

아티쿠스[2] : 우리야 좋지. 그리고 괜찮다면, 이쪽으로 해서 리리스 강[3] 쪽으로 기슭을 따라 나 있는 길로 가 보세. 그런데 이제부터 설명을 시작해 보게. 시민법(ius civile)에 관하여 자네는 무슨 생각을 하고 있는지를 말일세.

마르쿠스 : 내 생각 말인가? 내 생각에는 우리 국가에는(in civitate) 최고의 사람들이 있었는데, 그들은 일삼아서 그것을 민중들에게 설명하고 상담을 해 주었는데, 말로는 대단한 일을 공언해 놓았지만, 실제로는 사소한 일에만 몰두해 왔던 것 같네. 사실 국가의 법(ius civitatis)만큼이나 중요한 것이 무엇이 있겠나? 반면 법률 조언을 하는 사람들의 일만큼이나 사소한 것이 또 무엇이 있겠나? 아무리 민중들에게 꼭 필요한 일이라고 해도 말일세. 사실 난 그 일에 앞장섰던 사람들이 법 일반(universi iuris)에 대한 인식이 부족하다고는 생각하지 않네. 하지만 그들은 이른바 이 시민법이라는 것을 그들이 생각하기에 민중들에게는 이 정도만 베풀면 되겠지 하는 만큼만 다루었다고 생각하네. 하지만 그것은 지식 차원에서는 얄팍한 것이지만, 실행 차원에서는 꼭 필

1 마르쿠스는 이 글의 저자인 마르쿠스 툴리우스 키케로(Marus Tullius Cicero)를 가리킨다. 마르쿠스는 키케로의 개인 이름(praenomen)이다.

2 아티쿠스는 키케로의 친구인 티투스 폼포니우스 아티쿠스(Titus Pomponius Atticus)를 가리킨다. 대화 중간에 키케로는 아티쿠스라는 가문 이름(cognomen) 대신 폼포니우스라는 씨족 이름(nomen)으로 부른다. 키케로와 나눈 396편의 편지가 남아 있다.

3 키케로의 영지를 흐르던 강의 이름. 캄파니아(Campania) 경계선을 흐르며, 피브레누스(Fibrenus) 강과 함께 삼각주를 이루는데, 바로 그 삼각주가 키케로의 영지였다.

요한 것이겠지. 그런데 자네는 무엇 때문에 나를 불렀나? 뭘 권하는 거지? 낙수물받이의 법이나 집의 벽에 관한 법을 다루는 작은 책이라도 쓰라는 건가? 아니면 계약(stipulatio)이나 소송(iudicium)의 법조문(formulas)을 짜보라는 건가? 그것들은 이미 많은 사람들에 의해서 열심히 작성되었지. 그런데 그것들은 우리들이 기대하고 있다고 내가 생각하는 것들보다는 하찮은 것들이라네.

[15] 아티쿠스 : 내가 뭘 기대하는지 자네가 물으니까 하는 말인데, 자네가 공화국(res publica)의 가장 훌륭한 체제에 관해 글을 쓴 적이 있으니까, 법률에 관해서도(de legibus) 똑같이 써야 한다는 것은 당연한 귀결로 보인다는 것일세. 사실 자네의 그 플라톤이, 자네가 경탄해 마지않고, 누구보다도 더 낫게 여기며, 가장 사랑하고 있는 그가 그렇게 했다는 것을 내가 똑똑히 알거든.[4]

마르쿠스 : 그러니까 자네는, 마치 그가 크레타 섬에서 클레이니아스와 스파르타 사람 메길로스와 함께, 그가 묘사한 대로라면, 여름 어느 날 크노소스의 실편백나무 숲이 우거진 산책로에서 쭉 걸어가며 가끔씩 쉬면서 국가(정체)의 제도와 가장 훌륭한 법률에 관하여 이야기를 나누었던 것처럼,[5] 그렇게 우리들도 이 키 큰 포플러 나무 사이 푸르게 그늘진 강기슭을 거닐며, 또 때때로 쉬어가면서 그가 다루었던 똑같은 주제에 관하여, 법정에서의 실행(forensis usus)이 요구하는 것보다

[4] 플라톤은 『국가-정체(*politeia*)』편을 통해 이상국가의 조건과 본질에 관해 글을 쓴 후, 말년에 다시 『법률(*nomoi*)』편을 저술했다. 마르쿠스 키케로가 전에 『공화정(*de re publica*)』이라는 글을 썼으니, 플라톤처럼 이제는 『법률에 관하여(*de legibus*)』를 써야 하는 것이 아니냐고 아티쿠스가 말하는 것이다.

[5] 이것은 플라톤의 『법률』편에 나오는 등장인물과 대화가 이루어지는 장소를 설명한 것이다.

훨씬 더 풍부한 무엇인가를 탐구해 보자는 것이로군.

[16] 아티쿠스 : 바로 그걸세. 난 정말 듣고 싶네.

마르쿠스 : 퀸투스, 자네 생각은 어떤가?

퀸투스[6] : 다른 어떤 주제보다도 그게 더 낫습니다.

마르쿠스 : 솔직히 그 말이 맞네. 사실 자네들도 부디 마음에 잘 새겨두어야 할 것일세. 다른 어떤 종류의 논의에서도 자연(natura)이 인간에게 부여한 것이 무엇인지, 인간의 정신(mens humana)은 가장 좋은 것들을 얼마나 풍부하게 지니고 있는지, 어떤 일을 실천하고 결실을 맺기 위하여 우리가 태어났고 이 세상의 빛을 보고 있는 것인지, 인간들의 유대관계(coniunctio)는 어떤 것인지, 인간 자신들 사이에는 어떤 자연적인 연합관계(naturalis societas)가 있는 것인지가 그 논의에서만큼 또렷하게 드러날 수는 없다는 것을 말일세. 사실 이것들이 해명될 때, 비로소 법률(lex)과 법(ius)의 원천이 밝혀질 수 있기 때문이지.

[17] 아티쿠스 : 그러니까 자네는 법학(iuris disciplinam)이 대다수의 사람들이 생각하듯이 법무관의 칙령에서부터(a praetoris edicto), 그리고 선조들이 생각하였듯이 12표법으로부터(a duodecim tabulis)가 아니라 심오한 철학으로부터(ex intima philosophia) 이끌려 나와야 한다고 생각한다는 말인가?

마르쿠스 : 그렇지, 폼포니우스. 왜냐하면 우리가 이 대화에서 (탐구하는 것은) 어떤 방법으로 우리가 법 안에서(in iure) 보호를 받을 수 있는지, 법률적인 질문에 대해 일일이 무슨 대답을 해야만 하는지의 문

6 퀸투스는 키케로의 친동생인 퀸투스 툴리우스 키케로(Quintus Tullius Cicero)를 가리킨다. 네 살 아래다. 아티쿠스의 처남이기도 하다. 대화를 나누는 세 사람은 이와 같이 친구이며, 형제, 처남-매부의 관계로 맺어져 있다. 세 사람은 학문적으로도 인연이 깊다. 그들은 당대 최고의 웅변가였던 크라수스에게 수사학을 배웠다.

제는 아니니까 말일세. 물론 그런 일도 중요할 수 있겠지. 사실 그렇기도 하고. 그 일은 예전에 많은 유명한 사람들에 의해 계속 행해졌고, 그리고 지금은 권위와 학식을 갖춘 사람에 의해 계속되고 있지. 하지만 우리들은 바로 이 논의에서 법 일반과 법률의 전체 사안들을 아울러야만 하네. 마치 우리들이 말하는 그 시민법을 어떤 작고 좁은 장소 안에 몰아넣듯이 말일세. 정말로 법의 본성(natura iuris)을 우리는 해명해야만 하네. 또 그것은 인간의 본성(hominis natura)으로부터 밝혀져야만 하네. 그리고 국가를 다스리는 데 반드시 필요한 법률들이 고찰되어야만 하네. 그러고 나서 이미 작성되어 성문화된 민중의 법과 법규들(iura et iussa populorum)을 다루어야만 하네. 바로 그것들 안에서 우리 민중의 시민법이라 불리는 것들이 제 모습을 드러낼 것일세.

[18] 퀸투스 : 우리가 탐구하고 있는 것을 형님께서는 정말 깊게, 그리고 당연한 일이지만, 근본부터 밝혀 보려고 하시는군요. 하지만 다른 사람들은 시민법을 가르친다고 하면서, 형님과는 달리, 정의를 바로 세울 방법보다는 소송을 다루는 방법들(litigandi vias)을 더 많이 가르치고 있더군요.

마르쿠스 : 그렇지는 않네, 퀸투스. 법에 대한 지식(scientia)보다는 오히려 무지(ignoratio)가 소송을 일으키는 법이거든. 하지만 이 문제는 나중에 다루도록 하고, 지금은 법의 원리들을 보도록 하세.

가장 학식 있는 사람들은 법률로부터 시작하기를 더 좋아했는데, 어쩌면 그것이 옳을지도 모르겠네. 만약 그들이 똑같이 정의했던 것처럼, 법률(lex)이 자연 안에 자리잡고 있으며, 무엇을 해야만 하는지를 명령하고 그 반대의 것들을 금지하는 최고의 이성(ratio summa)이라고 한다면 말일세. 바로 그 이성이 인간의 정신 속에 확립되고 완성되는 경우에 그것이 바로 법률일세. [19] 그래서 그들은 사리분별(prudentia)

이 곧 법률이며, 그것의 힘이란 올바로 행동하도록 명령을 내리고 잘못된 행동을 금지하도록 하는 데 있다고 생각하고 있지. 그들은 또 바로 그것이 그리스 말로는 '각자에게 자기 몫을 나눠 준다'는 데서 그런 이름을 갖게 된 것이라고 생각하네.[7] 왜냐하면 저들은 법률 안에다 공평함(aequitatis)의 뜻을 놓는 것처럼, 우리들은 선택(dilectus)의 의미를 놓고 있기 때문이네. 하지만 둘 다 법률의 고유한 특성임에는 틀림없지. 그들이 그 문제에 관하여 말을 잘했다고 한다면, 난 사실 대체로 그렇다고 보고 있는데, 법(ius)은 법률(lex)로부터 이끌려져 나와 시작되는 것임에 틀림없지. 왜냐하면 그것은[8] 자연의 힘이며, 사리분별력이 있는 사람의 이성(ratio)과 정신(mens)이며, 법(ius)과 불법(iniuria)의 기준이기 때문일세. 하지만 대중적인 이성 안에 우리들의 모든 담론(oratio)[9]이 깃들어 있기 때문에, 이따금씩 대중적으로 말하는 것, 그리고 그 의도하는 바를 명령이나 금지의 형태로 성문화하여 규정해 놓은 것을 법률이라고 부르는 것이 필수적인 것일세. 보통 대중이 그렇게 부르는 것처럼 말일세. 정말로 법이 성립하는 기원을 그 어떤 성문화된 법

[7] 그리스 말에서 법률을 뜻하는 말은 nomos인데, 이 말의 원래 뜻은 '몫'이다. 이로부터 각 사람에게 합당한 권력과 재화, 책임과 의무를 '몫'으로 공정하고 고르게 분배하는 기준과 원리를 담은 '법률'이라는 개념이 만들어진다.

[8] 즉 '법률은'. 법(ius)과 법률(lex)의 관계는 다소 복잡하다. 대자연의 원리와 이치(ratio)는 법률(lex)로 규정되며, 그것으로부터 법(ius)이 나온다. 법(ius)으로 새겨진 유스(ius)는 관례로 통상 인정되는 '권리'와 '정당성'으로 옮겨질 수 있다. 이 내용이 성문화되어 나타날 때, 이를 다시 법률이라고 한다. 유스(ius)와 렉스(lex)는 이렇게 여러 층위를 오가며 복잡하게 규정된다.

[9] 담론(oratio)은 언어적 표현 일반을 가리키는데, 대중적으로 말할(populariter loqui) 경우 흔히 '연설'이 된다. 이것은 인간의 정신(mens), 특히 이성(ratio) 안에 깃들어 있다가 '말'로써, 즉 '연설'의 형태로 드러나 청중에게로 전해진다. 이와 같이 ratio와 oratio는 발음의 유사성만큼이나 서로 긴밀하게 연결된다.

률이 있기 전에, 아니 국가라는 것이 확실하게 세워져 있던 모든 시대 이전에 태어난 그 최고의 법률로부터 찾아서 하세.

[20] **퀸투스** : 그것이 정말 우리가 시작한 대화의 취지에 더 잘 맞고 더 현명한 것 같습니다.

마르쿠스 : 그러니까 자네는 우리들이 법 자체의 발생을 그 원천으로부터 밝혀 보기를 원한다는 거로군. 그게 발견만 된다면야 우리들이 탐구하고 있는 것을 어디에 맞추어 보아야만 하는지 하는 문제도 의심할 바 없이 풀리게 될 것일세.

퀸투스 : 저는 정말로 그렇게 해야만 한다고 생각합니다.

아티쿠스 : 나도 역시 자네 동생의 생각에 찬성하는 것으로 해두게.

마르쿠스 : 그러면 그 여섯 권의 책 속에서 스키피오[10]가 최상이라고 가르쳤던 공화국의 체제를 우리들이 유지하고 지켜야만 하며, 모든 법률은 바로 그런 종류의 국가에 맞추어져야만 하네. 또한 관습들이(mores) 뿌리내려야 하되, 그 모든 것이 문자화된 형태로 규정되어서는 안 되기 때문에, 나는 법(ius)의 뿌리를 자연(natura)으로부터 밝혀낼 것이며, 자연을 길잡이 삼아 우리들은 논의 전체를 전개해 나가야만 하네.

아티쿠스 : 정말 옳은 말일세. 그리고 바로 그 자연이 길잡이가 되는 한 실수하는 일은 절대로 없을 걸세.

[21] **마르쿠스** : 그렇다면 자네는 이런 점에 대해 우리에게 동의하는가, 폼포니우스? (퀸투스의 생각은 내가 알고 있기 때문에 자네에게

10 스키피오는 키케로의 『국가론』을 이끌어 나가는 중심 등장인물이다. 두 차례 통령을 역임하였으며, 카르타고와 누만티아를 정복하는 데 혁혁한 공을 세웠다. 그는 스토아 사상에 영향을 받아 로마법을 발전시켰으며, 공화국 체제를 지지하였다.

만 묻는 것일세.) 불멸하는 신들의 힘(vis), 본성(natura), 이성(ratio), 능력(potestas), 정신(mens), 의지(nemen) 아니면 내가 원하는 바를 좀 더 명확하게 의미할 수 있는 다른 어떤 낱말이 있다면, 그것에 의해 자연 전체가 통치되고 있다는 사실에 관해서 말일세. 왜냐하면 만약 자네가 이 사실을 인정하지 않는다면, 무엇보다도 우리는 바로 이 사실에서부터 논의를 시작해야만 하기 때문일세.

아티쿠스 : 물론 자네가 주장한다면 나도 동의하겠네. 사실 새들의 저 합창소리와 물 흐르는 소리 때문에 나와 같은 학파[11]에 속한 사람들 가운데 누군가가 듣게 되리라고는 걱정하지 않거든.

마르쿠스 : 하지만 조심해야만 하네. 왜냐하면 그들은 훌륭한 사람들의 습성인 양, 습관적으로 화를 내는 법이니까. 그리고 만약 그들이 자네가 그 가장 훌륭한(최고의) 책 첫 머리 부분,[12] 즉 "신께서는 자신의 일이든 다른 사람들의 일이든 아무것도 신경 쓰지 않는다"라고 쓰여 있는 부분을 저버렸다는 사실을 듣게 된다면 정말로 참지 않을 걸세.

[22] 아티쿠스 : 부탁이네만, 계속해 보게. 왜냐하면 내가 자네에게 용인하는 바가 도대체 어디까지 이르게 될는지 기대가 되거든.

11 에피쿠로스 학파. 아티쿠스는 자연 전체를 섭리하는 신적인 존재를 믿지 않는 유물론자다. 에피쿠로스 학파는 데모크리토스의 원자론적 유물론에 기반을 두기 때문에, 에피쿠로스 학파에 속하는 아티쿠스는 키케로의 전제를 받아들이긴 힘든 처지다. 하지만 키케로의 전제부터 걸고넘어진다면, 법과 법률에 관한 논의보다는 자연 전체를 통치하는 신적 존재가 있느냐 없느냐는 존재론적인 논쟁에 빠지게 된다. 따라서 아티쿠스는 일단 키케로의 전제를 받아들이기로 동의하기로 한다. 만약 에피쿠로스 학파가 이런 이야기를 엿듣는다면 아마도 아티쿠스를 비판했을 텐데, 새소리와 물소리 덕택에 그런 일은 없을 것이라고 아티쿠스는 능청스럽게 대꾸한다.

12 '가장 훌륭한 책 첫머리 부분'의 저자는 바로 아티쿠스가 속한 학파의 창시자 에피쿠로스다.

마르쿠스 : 더 길게는 않겠네. 바로 여기까지 이르게 될 것일세. 앞을 내다볼 줄 알고, 지혜롭고, 다재다능하며, 예리하고, 기억력이 좋고, 이성과 계획을 풍부하게 갖추고 있는 우리가 인간이라 부르는 바로 이 동물이 뭔가 돋보이는 조건을 갖추고 최고의 신에 의해 태어났다는 사실에 이르게 되지. 왜냐하면 인간이란 그토록 많은 종류의 생명체와 자연물 가운데서 이성(ratio)과 사고력(cogitatio)을 가진 유일한 존재이기 때문일세. 다른 모든 것은 그런 것이 없는 반면에 말일세. 그런데 인간 안에, 아니 모든 하늘과 땅 안에 이성보다도 더 신적인 것이 있다고 말할 수가 있을까? 이성이 성장하여 완숙해질 때, 그것을 지혜(sapientia)라고 부르는 것이 옳다네. [23] 그러므로 그 어떤 것도 이성보다 더 좋지 않고, 또한 그것이야말로 인간에게도 신에게도 있는 것이기에, 신과 인간에게 첫 번째 연합관계(societas)는 이성에 의한 연합관계인 셈이지. 그런데 이성을 함께 가지고 있는 존재들 사이에는 또한 올바른 이성이 함께 있다네. 바로 그것이 법률인 한, 인간인 우리들은 법률에 의해서 또한 신들과 함께 연합관계를 맺고 있다고 생각해야만 하네. 더 나아가 법률(leges)을 함께 가지고 있는 존재들 사이에는 법(ius) 또한 함께 가지고 있지. 그런데 그것들을 함께 가지고 있는 존재들은 또한 동일한 국가에 속한다고 생각해야만 한다네. 만약 그들이 실로 동일한 명령(imperium)과 권력(potestates)에 복종한다면 훨씬 더 그래야 한다네. 하지만 그들이 저 천상의 질서(discriptio)와 신성한 정신, 그리고 뛰어난 권능의 신에게 복종하고 있지. 그래서 이제 이 세계 전체는 신들과 또 인간들이 함께 이루는 하나의 국가(civitas)라고 해야만 하는 것이라네. 그리고 국가들에 있어서는 어떤 방법으로—이 방법에 관해서는 적당한 자리가 되면 논의하게 될 것이네만—가족들의 혈연관계에 의해 신분(status)이 구별된다는 것, 이것은 대자연의 본성

상(in rereum natura) 사람들이 신들과 혈연관계나 동족관계를 유지하는 만큼 그만큼 더 장엄하고 그만큼 더 돋보이는 것이라네. [24] 왜냐하면 인간의 본성에 관하여 탐구가 이루어질 때, 통상 논의되는 바 — 확실히 말해 그 논의되는 바는 사실인데 — 영원한 궤적과 천상의 운행 가운데 인간 종이 파종되는 어떤 적절한 시기가 등장했고, 그 인간 종은 땅에 뿌려져 파종되었을 때, 영혼(animus)의 신성한 선물이 덧붙여졌다고들 하네. 그리고 인간들을 구성하였던 다른 것들은 나약하고 순간적이며 죽을 수밖에 없는 종에서 취해졌지만, 영혼만은 신에게서 생겨났다고 하네. 이로부터 우리들과 천상의 존재들 사이에는 실로 혈연관계 또는 종족이나 가문이라고 이름 붙일 수 있는 관계가 성립되었다네. 그러므로 그렇게 많은 종 가운데 인간을 제외하고는 신에 관한 그 어떤 지식을 가진 생명체는 없으며, 또 인간들 자체에서도, 비록 어떤 신을 섬기는 것이 적당한지는 모르더라도, 신을 섬겨야 한다는 사실을 모를 만큼 고도로 길들여져 있거나 야만스런 종족이란 없지. [25] 이로부터 다음과 같은 결론을 끌어낼 수 있네. 즉 인간이란, 어디로부터 자신이 나왔는지를 거의 기억하며 알고 있기에, 신을 알고 있다는 것. 게다가 동일한 덕(virtus)이 인간과 신에게는 함께 있으나, 그 밖의 다른 어떤 종에도 있지 않다네. 하지만 덕이란 최고의 수준까지 완성되고 완결된 본성이지. 따라서 인간은 신과의 유사성을 갖게 된다네. 사실이 이러한데, 도대체 어떤 친족관계가 이보다 더 가깝고 더 분명하겠나? 따라서 인간들의 편의(commoditates)와 사용(usus)을 위해 자연은 아주 풍요로운 사물들을 제공해 주었지. 생겨난 그 모든 것은 계획(consultum)에 따라 우리들에게 주어진 것이며, 우연히 생겨난 것 같지는 않네. 비옥한 땅이 과일이나 곡식으로 쏟아낸 것들뿐만 아니라, 또한 짐승들도 — 그것은 분명한 사실인데 — 어떤 것은 인간들의 사용을 위하여, 어떤 것은 즐거움(fructum)을 위하여, 어떤 것은 음식을 위해 창조된 것 같네. [26] 실로 헤아릴 수 없이 많은 기술들이(artes) 자연의 가르침에 의해 드러나게 되었으며, 자연을 모방한 이성은 삶에 꼭 필요한 사물들을 솜씨 좋게 마련하였지. 그런데 자연은 같은 방법으로 인간 자신을 정신의 기민함으로 장식하였을 뿐만 아니라, 호위병이나 전령 노릇을 하는 감각을 부여해 주었으며, 또한 수많은 사물에 대한 어둡고 충분히 밝혀지지 않은 관념들을(intellegentias), 뭐랄까 마치 지식의(scientiae) 어떤 근거가 되도록 드러내 주었고, 게다가 능숙하고 인간 본래 능력(ingenium humanum)에 잘 맞는 모습의 신체를(figuram corporis) 주었다네. 실제로 다른 생명체는 음식물을 향해 구부러지게 만들었지만, 인간만은 곧게 세웠으며, 하늘을, 말하자면 친족 관계에 있으며 이전의 집이었던 곳을 바라볼 수 있도록 일으켜 세웠던 것이지. 거기다 속에 깊숙이 감추어진 품성을(mores) 드러낼 수 있도록 얼굴 모양을 빚어 주었지. [27] 왜냐하면 표현력이 아주 뛰어난 눈은 우리들이 영혼으로 겪는 바가 어느 정도인지를 말해 주며, 인간 이외의 다른 어떤 생명체 안에는 있을 수 없는 얼굴 표정(vultus)이라 불리는 것이 우리들의 품성을 나타내 주기 때문이지. 그것의 의미를 그리스인들은 알고는 있었지만, 이름은 전혀 갖고 있지 않다네. 난 신체의 나머지 부분들의 적절함과 능숙함, 목소리의 조절 능력과 인간사회를 가장 훌륭하게 화해시켜 주는 연설(oratio)의 힘은 빼고 넘어가겠네. 왜냐하면 이 모든 것은 지금 이 시간의 논의의 주제가 아니고, 이 논제들은, 내가 생각하기에는, 자네들이 읽었던 그 책[13]에서 스키피오가 충분하게 표현했다고 보네. 이제 신은 인간이 나머지 사물들의 우두머리가 되

[13] 키케로가 스키피오를 주인공으로 해서 쓴『국가론』을 가리킨다.

기를 원했기에 탄생하도록 하였고 장식해 주었기 때문에 다음과 같은 사실은 명백하다네. 즉 자연은, 물론 모든 것을 상세하게 논하지는 않겠지만, 스스로의 힘으로 더 멀리 나아간다는 사실. 자연은 어느 누구의 가르침도 없이, 최초에 가동된 지성(intellegentia)으로부터 그 부류들을 알게 된 바의 것들로부터 시작하여 자신의 힘으로 이성을 확립하고 완성한다네.

[28] 아티쿠스 : 불멸의 신들이시여! 자넨 법의 기원을 밝히려고 너무나 멀리 간 것은 아닌가! 그래도 난 내가 자네에게 시민법에 관하여 기대하고 있던 것들을 재촉하지 않을 뿐만 아니라, 자네가 이 날을 통째로 자네가 시작한 이 대화에 다 써버린다고 해도 기꺼이 참아낼 수 있을 만큼 좋네. 아마 다른 이야기를 하려고 자네가 꺼냈던 바로 이 주제들이 사실 그 주제를 꺼내게 만들었던 원래 주제 자체보다도 훨씬 중요하기 때문이지.

마르쿠스 : 정말로 중요하다네. 지금 짧게 다룬 이 내용들 말일세. 하지만 학식이 높은 사람들이 다루는 모든 논의 가운데 그 어떤 것도 우리들이 법의 체제(iustitiam)를 위하여 태어났으며, 법(ius)이란 사람들의 의견(opinio)에 의해서가 아니라 자연(natura)에 의해서 구성된다는 사실을 분명하게 이해하는 것보다 더 가치있는 일은 없다네. 이제 이 사실은 곧 밝혀질 걸세. 만약 자네가 인간들 사이에서 이루어지는 연합관계(societas)와 유대관계(coniunctio)를 통찰하게 된다면 말일세. [29] 사실 어떤 것도 하나가 다른 하나에 대해, 우리 인간들이 우리 자신들끼리 비슷하고 동등한 만큼 그만큼 비슷하고 어울리는 것은 없네. 그런데 만일 비뚤어진 습관들과 허황된 의견들이 허약한 영혼들을 뒤틀지 않고 그 어디로 가기 시작했든지 간에 그곳을 향해 구부리지 않는다면, 모든 사람이 서로 비슷한 그만큼 그 어느 누구도 자기 자신과 비슷하

지는 않을 걸세. 따라서 인간에 대한 정의(hominis definitio)가 그 무엇이 되든지, 한 사람에 대한 정의는 모든 사람에 대해서도 유효하게 된다네. [30] 이 사실은 인간 종 사이엔 그 어떤 상이성(dissimilitudo)도 있지 않다는 주장을 하는 데 충분한 근거가 된다네. 만약 상이성이 있다면, 한 사람에 대한 정의는 모든 사람들을 포괄할 수는 없게 되지. 사실 이성, 그것 하나로 우리들은 동물을 뛰어넘고, 그것을 통해 우리가 추정을 할 수 있으며, 논증하고 반박하며, 논의하고 뭔가를 추론하여 결론을 이끌어 내는 그 이성은 확실히 (모든 인간에게) 공통된 것이지. 비록 학식을 기준으로 한다면 다르겠지만, 진정 배우는 능력에 있어서는 동등하니 말일세. 왜냐하면 감각을 통해 모든 것이 이해되며, 그리고 감각을 발동시키는 것들은 또한 똑같이 모든 사람의 감각을 발동시키기 때문이라네. 그리고 영혼 속에 각인되는 것들, 그것들에 관해서는 내가 앞에서 이미 말한 최초에 가동된 지성들이(inchoatae intellegentiae), 비슷한 방식으로 모든 영혼 속에 각인되며, 정신의 해석(interpres mentis)이라 할 수 있는 담론(oratio)은 말 자체에 있어서는 차이가 있지만 그 의미는 서로 일치하기 때문이지. 또한 인간 종족들 가운데 지도자를 얻고도 덕에 이르지 못할 종족은 전혀 없기 때문이지. [31] 올바름에서뿐만 아니라 삐뚤어짐에서도 역시 인간 종족의 유사성(similitudo)은 뚜렷하네. 왜냐하면 모든 사람이 쾌락에도(voluptate) 사로잡히기 때문인데, 쾌락이란 비록 악행의 미끼이긴 하지만, 자연적인 선함과 유사한 무엇인가를 또한 가지고 있긴 하지. 사실 쾌락은 그 경쾌함과 달콤함으로 즐거움을 주지 않는가? 그래서 정신이 실수할 경우, 쾌락은 마치 유익한 무엇인 양 받아들여지곤 하지. 그리고 그 비슷한 무지함 때문에 죽음은 자연의 해체인 양 기피의 대상이 되며, 생명은 그것이 우리를 우리가 태어난 곳 안에 잡아두기 때문에 추구의 대상이 되고, 고통은 그 혹독함 때문에 또한 자연의 파괴가 뒤따르는 것으로 보이기 때문에 가장 중대한 해악으로 꼽히고 있다네. [32] 그리고 신망(honestas)과 명예(gloria)의 유사성 때문에 칭송을 받는 사람들은 행복해 보이지만, 명성을 누리지 못하는 사람은 불쌍해 보이는 것이라네. 걱정과 기쁨, 욕망, 고통이 모든 사람의 정신에 똑같이 침투하지. 서로 간에 생각이 각각 다르다고 하더라도, 그 때문에 개와 고양이를 신으로 섬기는 사람들이 다른 종족들을 괴롭히는 똑같은 미신에 사로잡히지 않는 것은 아니라네. 아니 도대체 어떤 민족이 정중함과 자애로움, 감사하는 마음과 선행을 기억하는 마음을 좋아하지 않겠는가? 어떤 민족이 오만한 자들과 못된 자들을, 잔인한 자들과 배은망덕한 자들을 경멸하고 미워하지 않겠는가? 이런 사실들로부터 인간 종족 전체가 그들 사이에서 하나의 연합관계를(sociatum) 이룬다는 사실을 이해할 때, 바로 이것이 최종적인 결론이 된다네. 즉 올바르게 살고자 하는 이성이(recte vivendi ratio) 사람들을 더욱 훌륭하게 만든다는 사실. 이것에 자네들이 동의한다면 나머지 이야기를 계속하겠네. 하지만 만일 뭔가 아쉬운 점이 있다면, 그것을 먼저 우리가 풀어나가 보도록 하겠네.

아티쿠스 : 우린 정말 아무것도 아쉽지 않네. 우리 두 사람 가운데 내가 대표로 대답해도 된다면 말일세.

[33] 마르쿠스 : 그러면 그 다음에 이어지는 내용은 이렇다네. 즉 우리들은 자연에 의하여 한 사람이 다른 사람과 함께 법을 공유하고(participandum) 모든 사람 사이에 상의하도록(communicandum) 만들어졌다는 것이지. 그런데 이 전체 논의에서 나는 이 점이 이렇게 이해되길 원하네. 즉 내가 자연(natura)이라고 말하는 것, 그것이 바로 자연에 의해 우리 안에 뿌리박힌 본성이라고.[14] 그런데 나쁜 습성으로부터 타락

이 나오게 되는데, 그게 얼마나 큰지, 자연에 의해 주어진, 비유해서 말한다면 불꽃들이 바로 그것에 의해 꺼져 버리고, 그 반대되는 악덕함(vitia)이 생겨나 확고하게 자리를 잡게 된다는 것이지. 하지만 만일 자연이 존재하는 방식대로 그렇게 인간들이 판단하여, 시인이 말하듯이 "인간적인 어떤 것도 인간 자신에 대해 낯선 것은 없다"라고 생각한다면,[15] 법이란 모든 사람들에 의해 똑같이 존중될 것이네. 이 모든 사람들에게는 자연으로부터 이성이 주어졌으니, 바로 그들에게 또한 올바른 이성도 주어졌기 때문이네. 따라서 명령하며 금지하는 데에 적용되는 올바른 이성인 법률 또한 주어졌던 것이라네. 만약 법률이 주어졌다면 법 또한 주어졌다고 해야겠지. 그리고 모든 사람들에게 이성도 말일세. 따라서 법은 모든 사람에게 주어졌던 것이라네. 그러니 소크라테스가 법에서부터 유용성을(utilitatem) 떼어냈던 최초의 사람을 습관적으로 비난했던 것은 옳다고 봐야 하네.[16] 그는 그렇게 되면 모든 재난이 시작된다고 한탄하곤 했네. 사실 우정(amicitia)에 관하여 저 유명한 피타고라스가 낸 목소리가 어디에서 온 것이겠는가? …
[34] …[17] 이로부터 명백해진다네. 지혜로운 사람이 이토록 넓고 길게

14 이 부분은 라틴어 원문이 파손되어 있어 의견이 엇갈린다. 위의 번역은 발렌(Vahlen)의 추정에 따른 것이다. 이와는 달리 피어스(Pearce)와 투르네부스(Turnebus)는 "내가 자연이라고 부르는 것이 바로 법(ius)이다"라고 읽는다.

15 테렌티우스의 희극 「자책하는 사람」(1.1.77)에 비슷한 구절이 나온다. "나도 인간이어서, 인간이 저지르는 못된 것치고 내가 못할 것이 아무것도 없습니다."

16 법(ius)에서 유용성을 떼어낸다면, 법은 손해를 보게 만드는 것이 된다. 따라서 실리를 추구하는 사람은 법을 어길 수밖에 없다. 플라톤의 대화편 『국가』에서 소피스트인 트라쉬마코스는 "정의(키케로 용어로는 ius, 즉 법)는 강자의 이익"이라고 정의를 내리며, 또 다른 대화자인 글라우콘은 정의가 그 자체로는 좋은 것이 아니라고 할 때, 소크라테스는 이들의 주장에 반박하면서 정의는 그 자체로도 좋고 그 결과도 좋다고 한다. 같은 맥락으로 이해될 수 있다.

퍼져 나가는 이 호의(benivolentia)를 자신과 똑같은 덕을 부여받은 다른 사람에게 베풀었을 경우, 바로 그때 어떤 사람들에게는 믿을 수 없는 것으로 보이지만, 피할 수 없는 사실, 즉 그 사람은 다른 사람보다도 자기 자신을 결코 더 많이 사랑하는 것은 아니라는 사실이네. 실제로 모든 것이 똑같은데 차이를 나게 하는 것이 무엇이겠는가? 만약 뭔가 아주 작은 것이라도 우정 안에서 차이가 날 수 있게 된다면, 우정이란 이름은 이미 사라져 버릴 것일세. 우정의 의미란 다른 이가 제 자신보다 다른 어떤 것을 더 좋아하게 되는 순간 동시에 없어져 버리는 그런 것이기 때문이지. 이 모든 이야기는 법(ius)이란 자연 안에 놓여 있다라는 사실을 좀 더 쉽게 이해할 수 있도록 하기 위하여, 우리들의 남은 대화와 논의에 앞서서 먼저 끌어낸 것이네. 이 주제에 관해선 내가 조금만 더 이야기해 놓고, 바로 이 모든 담론이 생겨나게 만든 주제인 시민법 쪽으로 가보겠네.

[35] 퀸투스 : 형님께서는 정말 조금만 말씀하도록 하세요. 왜냐하면 이미 말씀하신 것들로부터, 저에게는 분명히 그렇고, 아티쿠스 형님께서도 법이란 자연으로부터 나온 것이라고 생각하고 있기 때문이지요.

아티쿠스 : 설마 나만 다르게 생각하겠는가? 이미 다 논의가 끝났는데 말이야. 제일 먼저 우리들이, 이를테면 신들의 선물로 다 완비되어 갖추어졌다는 사실과, 두 번째로 인간들 사이에는 살아가는 데 필요한 동일하고 공통된 하나의 원리가 있다는 사실, 그 다음으로 모든 사람은 그 어떤 타고난 관대함(indulgentia)과 호의(benivolentia)로, 그리고 또

17 이 부분의 텍스트가 파손되어 정확한 내용을 알기 어렵다. 우정에 관해 피타고라스가 한 말 가운데 유명한 것 두 가지를 꼽는다면 다음과 같다. "친구의 것은 공동의 재산이다." "친구는 또 다른 나다." 이런 말이 파손된 부분에 있었으리라 추정해 볼 수 있다.

한 법의 연합관계로 서로 유대관계를 맺고 있다는 사실 말일세. 내가 생각하기엔, 이런 것들이 참된 것이라고 우리가 모두 올바르게 인정했으니, 이제 우리들이 어떻게 법률(leges)과 법(iura)을 자연(natura)으로부터 떼어낼 수 있겠는가?

_김헌(서울대학교 인문학연구원 HK연구교수) 옮김·주달기

5

캔터베리의 안셀무스

프로슬로기온

제2장: 하느님은 진실로 존재하신다.

신앙에 이해를 부여하시는 주여, 당신이 적당하다고 판단하시는 만큼 제가 이해할 수 있게 해 주소서. 당신이 존재하신다는 것을 그리고 우리가 믿는 바로 그러한 분이시라는 것을. 그런데 우리는 당신을 그보다 더 위대한 존재는 사유될 수 없는 분으로 믿고 있습니다.

혹시 어리석은 자들이 제 속으로 하느님이 계시지 않는다고 말하기에[1] 그러한 본성(natura)은 존재하지 않는 것입니까? 그렇지만 바로 그 어리석은 자라도 제가 말하는 것을 들을 때면, 즉 '그보다 더 위대한 것이 사유될 수 없는 어떤 것'이란 말을 들으면 자신이 들은 바를 이해할 것입니다. 그리고 그가 이해한 것은 그의 이해 속에(in intellectu) 있습니다. 비록 그가 그것이 존재한다는 것을 이해하지는 못한다 할지라도 말입니다.

물론 이해 속에 존재한다는 것과 사물이 존재한다는 것을 이해하는 것은 서로 별개의 일입니다. 어떤 화가가 무엇을 그려야 할지 미리 사유하는 동안 그는 [그것을] 자신의 이해 속에 갖고 있긴 하지만 그가 아직 그리지 않은 것이 존재한다고 생각하는 것은 아닙니다. 그가 다 그리고 난 후에야 그는 자신의 이해 속에도 가지고 있고 그가 이제 만들어 낸 것이 존재한다는 것을 이해하는 것이니까요.

따라서 어리석은 자들이라 할지라도 '그보다 더 위대한 것이 사유될 수 없는 어떤 것'이 적어도 이해 속에는 존재한다는 사실을 승인할 수밖에 없습니다. 왜냐하면 그가 듣는 것을 그는 이해하고, 무엇이든 이해된 것은 이해 속에 존재하니까요.

[1] 시편 14:1, 53:1 어리석은 자, 마음 속으로 "하느님은 없다" 말하네.

그런데 확실히 '그보다 더 위대한 것이 사유될 수 없는 것'이 이해 속에만 존재할 수는 없습니다. 만약 오직 이것이 이해 속에만 존재할 경우, [이것이 이해 속에서뿐만 아니라] 실제로도 존재하는 사태가 사유될 수 있는데, 이것이 더 위대합니다. 따라서 '그보다 더 위대한 것이 사유될 수 없는 것'이 이해 속에만 존재할 경우, '그보다 더 위대한 것이 사유될 수 없는 것' 자체보다 더 위대한 것이 사유될 수 있습니다. 그런데 분명히 이런 일은 있을 수 없기 때문입니다.

따라서 그보다 더 위대한 것이 사유될 수 없는 어떤 것은 의심의 여지 없이 이해 속에서뿐만 아니라 실제로도 존재합니다.

제3장: 그것의 비존재는 사유될 수 없다는 것

그것은 존재하지 않는다고 생각될 수 없을 정도로 그렇게 진실하게 존재합니다. [우리가 사유할 수 있는 존재들 중] 어떤 것은 그것이 존재하지 않을 수도 있다고 생각되는 것들이 있습니다. 이것들보다 더 위대한 것은, 그것이 존재하지 않는다고 생각될 수는 없는 방식으로 그것의 존재가 사유되는 것입니다. 그런 까닭에 만약 '그것보다 더 위대한 것이 사유될 수 없는 것'이 존재하지 않을 수도 있다고 사유된다면, '그것보다 더 위대한 것이 사유될 수 없는 것'은 '그것보다 더 위대한 것이 사유될 수 없는 것'이 아니게 됩니다. 이런 일은 그런데 있을 수 없습니다. 따라서 '그것보다 더 위대한 것이 사유될 수 없는 것'은 그것이 존재하지 않을 수도 있다고 사유될 수 없을 정도로 그렇게 진실하게 존재합니다.

주님, 바로 이러한 존재가 바로 우리의 하느님인 당신이십니다. 나의 하느님, 당신은 존재하지 않는다고는 사유될 수 없도록 그렇게 진실하게 존재하십니다. 그것도 충분한 이유를 가지고 말입니다. 만약 그 어떤 정신이 당신보다 더 나은 어떤 것을 사유할 수 있었더라면 피조물이 창조주 위로 오르는 것이며 창조주에 대해서 판단하는 것이겠지요. 이것은 정말 말도 안 되는 일입니다.

사실 당신 한 분을 제외한 모든 것은 그것이 존재하지 않는다고 사유될 수 있습니다. 그러니 만물 중 오직 당신만이 가장 진실되고 또 그런 만큼 만물을 능가하는 최대의 존재를 가지고 계시는 것입니다. 다른 것들은 무엇이건 그렇게 진실되게 존재를 가지지 않고 그런 만큼 부족한 존재를 가지고 있는 것이니까요.

그러면 왜 저 어리석은 사람들은 속으로 하느님이 계시지 않는다고 말하는 겁니까? 당신이 모든 것을 능가해서 최대로 존재하신다는 것이 이렇듯 명백하게 이성적 정신에 드러나는데 말입니다. 그들이 멍청하고 어리석어서라는 이유가 아니면 도대체 어떤 이유에서이겠습니까?

제4장: 어리석은 자는 어떻게 사유될 수 없는 것을 속으로 했다는 것인가?

어리석은 자는 도대체 어떻게 사유될 수 없었던 것을 속으로 말한 것입니까? 아니 속으로 말하는 것과 사유하는 것이 같을진대, 어떻게 속으로 말한 그것을 사유할 수 없었단 말입니까?

만약 그가 속으로 말했기에 진실로 사유한 것이라 해도 (더 정확하게 말하자면 속으로 말했기 때문이 아니라 진실로 사유했기 때문에 어리석은 자가 진실로 사유한 것이겠지요), 또 사유될 수 없는 것이었기에 속으로 말한 것은 아니라 해도,[2] 각각의 경우마다 오직 한 가지 방식으로만 속으로 말해지거나 사유되는 것은 아닙니다. 사물을 의미하는 음성이 사유의 대상이 될 때 사유되는 것이 다르고 [의미되는] 사물 자체가 사유될 때 사유되는 것이 또 다르기 때문입니다. 전자의 경우라면 하느님이 존재하지 않는다고 사유될 수 있지만 후자의 경우라면 절대 그럴 수 없습니다.

하느님이 어떤 분인지를 이해하는 사람은 하느님이 존재하지 않는다고 생각할 수가 없습니다. 그가 이 말들을 속으로 말하면서 아무런 외적인 의미(extranea significatio)[3]를 끌어오지 않아도 또 그 어떤 외적인

2 문제는 일상적 수준의 관찰(어리석은 자는 하느님은 존재하지 않는다고 실제로 사유)과 철학적 수준의 통찰(하느님은 존재하지 않는다고 사유될 수 없다) 사이에서 발생한다. 어리석은 자가 실제로 하느님의 비존재를 사유했다면 하느님의 비존재가 사유될 수 없다는 철학적 통찰에 모순이기에 어리석은 자가 한 사유는 사유가 아니라고 하거나 철학적 통찰이 틀렸거나 둘 중의 하나다.

3 외적인 의미(extranea signficatio): 안셀무스보다 한 세대 뒤의 인물인 페트루스 아벨라르두스(Petrus Abailardus, 1079–1142)의 의미론에 따르면, 인간은 자신의 의사소통상의 필요에 따라, 사물의 본성 중 자신이 주목하고자 하는 한 측면을 고정시키고 다른 사람에게 표현하기 위해 말을 만들 수 있는 존재다. 물론 인간은 사적인 개인이 아니라 그러한 의미를 만들고 통용시키는 언어공동체다. 한 단어가 만들어질 때 표현하려 했던 애초의 의미, 그리고 일차적으로 그러한 의미로 언어공동체에서 통용되는 바로 그 의미가 한 단어의 내적 의미(impositio, institutio)이며 이 맥락을 벗어나는 의미를 그 단어의 외적 의미로 이해할 수 있겠다. 이러한 설명에 따르면 '인간'이란 단어는 그 단어가 지칭하는 사물들의 '이성성'(rationality), '가사성'(mortality), '동물성'(animality)을 표현하기 위해 만들어졌고 그 의미로 통용되고 있다. 아벨라르두스는 바로 이런 내적인 의미에 근거해서 인간은 동물이다와 같은 명제의 필연적 성격을 설명한다. 안셀무스의 맥락에서 '하느님'이라는 단어의 애초의 의미, 그것에 기초해서 의미의 공통성 내지 보편성이 설명되는 의미는 '그것보다 더 위대한 것이 사유될 수 없는 존재'라는 것이다. 하느님에 관한 외적 의미의 한 예로 '나의 간절한 기도를 외면했던 하느님'과 같은 것을 들 수 있겠다.

의미를 끌어오더라도 그럴 수 없습니다. 하느님은 그보다 더 위대한 것이 사유될 수 없는 분이시기 때문입니다. 이것을 제대로 이해하는 사람은 그러한 존재가 사유에 있어서조차 존재하지 않을 수 없을 정도로 그렇게 존재하신다는 것을 이해합니다. 따라서 하느님이 이렇게 존재하심을 이해하는 사람은 그분이 존재하지 않는다고 사유할 수가 없습니다.

감사하나이다, 좋으신 주님, 감사하나이다.
이전에는 당신이 선물로 주신 신앙을 내가 믿었다면
이제는 당신이 비추시는 것을 내가 이해하기에.
내가 당신이 계시지 않다고 믿고 싶더라도
[당신이 계시다는 것을] 이해하지 않을 수 없기에.

_강상진(서울대학교 철학과 교수) 옮김·주달기

6

토마스 아퀴나스

신학대전

피조물들의 하느님으로부터의 발출과 모든 유[萬有]의 제1원인[1]에 대하여

하느님의 위격들의 고찰을 마친 다음 하느님으로부터 피조물들의 발출에 대한 것이 고찰되어야 할 것으로 남는다.[2]

이 고찰은 세 부분으로 나누어지겠다.

그 첫째는 피조물들의 산출에 대한 것이고, 둘째는 피조물들의 구별에 대한[3] 것이고 셋째, 보존과 통치에 대한[4] 것이게 된다. 첫째에 관해서는 (또다시) 세 가지가 고찰되어야 한다. 그 첫째로는 무엇이 유(有, 萬有)의 제1원인인가이고 둘째로는 피조물들의 제1원인으로부터의 발출의 양태에 대한[5] 것이고 셋째로는 사물들의 지속의 근원 즉 지속의 시작에 대한[6] 것이다.

첫째에 관해서는 네 가지가 물어진다.

1. 하느님이 모든 유[萬有]의 능동인인가.
2. 제1질료(第1質料)는 하느님으로부터 창조되었는가, 아니면 하느님과 대등하게 배열된 근원인가.
3. 하느님은 사물들의 원형인(모형인, 표본인)인가, 아니면 하느님과는 다른 원형인(모형인, 표본인)들이 있는가.
4. 하느님은 사물들의 목적인(目的因)인가.

[1] 원인 설명은「신학대전」제39문제 제2절 제5이론에 대한 해답(라틴-한글 대역판, 제5권, 바오로딸, 1997, 57-58쪽) 참조.

[2] 제2문제 서문 참조.

[3] 제47문제

[4] 제103문제

[5] 제45문제

[6] 제46문제

제1절: 모든 유[萬有]가 하느님으로부터 창조된 것은 필연적인가

병행문헌: 제65문제 제1절; 「명제집 주해」 제2권 제1구분 제1문제 제2절 및 제37구분 제1문제 제2절; 「대이교도대전」 제2권 제15장; 「능력론」 제3문제 제5절; 「신학개요」 제68장; 「소저작」(「소작품」 혹은 「소론집」) XV: 「천사론」 제9장; 「신명론」 제5장 제1강.

첫째에 대해서는 다음과 같이 진행된다. 모든 유(有)가 하느님으로부터 창조된 것은 필연적이 아닌 것으로 생각된다[그 이유는 다음과 같다].

1. 사실 사물이 발견되기(존재하기) 위해서는, 그 사물의 특질(特質, ratio)에 속하지 않는 것이 존재하지 않아도 아무런 지장이 없다. 그것은 예컨대 사람이 존재하기 위해서는 흰색[白色]이 없어도(존재하지 않아도) 아무런 지장이 없는 것과 같은 것이다. 그런데 원인된 것의 원인에 대한 관계는 유(有)들의 특질에 속하는 것이 아닌 것으로 생각된다. 그것은 이런 관계 없이도 어떤 유(有)들이 인식될 수 있기 때문이다. 따라서 이런 유(有)들은 그런 관계 없이도 존재할 수 있는 것이다. 그러므로 어떤 유(有)들이 하느님으로부터 창조되지 않았어도 아무런 지장이 없는 것이다.

2. 그밖에도 어떤 것이 능동인을 필요로 하는 것은 그것이 (현실적으로) 있기 위해서이다. 그러므로 존재하지 않을 수 없는 것은 능동인을 필요로 하지 않는다. 그런데 필연적인 것은 그 어떤 것이든 다 존재하지 않을 수 없다. 그것은 존재하는 것이 필연적인 것은 존재하지

않을 수 없기 때문이다. 그렇다면 사물계에는 (실제로) 필연적인 것들이 많기 때문에 모든 유[萬有]가 다 하느님에 유래된다고는 생각되지 않는다.

3. 그밖에도 어떤 원인을 갖는 것은 그 어떤 것에 있어서도 그 원인을 통해 논증이 이루어진다. 그런데 수학의 영역에서는 작용인에 의해 논증이 이루어지지 않는다. 이것은 아리스토텔레스가 「형이상학」 제3권[7]에서 명백히 하는 바와 같다. 그러므로 만유(萬有)가 다 작용인으로서의 하느님에 유래되는 것은 아니다.

그런데 다음과 같은 반론(反論)이 있다.

「로마인들에게 보낸 편지」 제11장 제36절에서는 "모든 것인 그분에게서 비롯하고 그분으로 말미암아 있으며 그분 안에 있다"고 한다.

나는 이상의 것에 답하여 다음과 같이 말하여야 한다.

어떤 양태로 있든 있는 모든 것은 그 존재가 하느님에 유래한다고 하여야 한다. 사실 어떤 것이 분유(分有, 참여)를 통해 어떤 것 안에 즉한 존재 안에 발견된다면 그것은 본질적으로 적합한 것으로부터 필연적으로 원인되어야 한다. 그것은 마치 쇠[鐵]가 불에 의해 달구어지는 것과 같은 것이다.[8] 그런데 위에서 하느님의 단순성에 대해 논할 때 제시된 바와 같이[9] 하느님은 자존(自存)하는 존재 그 자체이다. 그뿐만 아니라 이런 자존하는 존재는 하나일 수밖에 없다. 그것은 예컨대 흰

7 제2장: 996a 21-b 1; 「성 토마스의 주해」 제4강 372-375.

8 제2문제 제3절 주문(하느님의 존재 논증 '제4의 길').

9 제3문제 제4절.

빛[白色]이 자존한다고 가정한다면 그것은 하나일 수밖에 없을 것과 같은 것이다. (사실) 백색이 다수화되는 것은 그것을 받아들이는 것들에 의한 것이다. 이런 것도 벌써 제시된 것이다.[10] 그러므로 하느님 이외의 모든 것은 자기 존재, 즉 스스로의 존재가 아니고 존재를 분유하고 있을 뿐, 즉 존재에 참여하고 있을 뿐이라는 귀결이 된다. 그러므로 존재를 각기 다르게 분유함으로써 다양화되는 모든 것은 즉 완전성을 더 많게 혹은 더 적게 (차지하며) 존재하는 것들은 그 어떤 것이든 다 필연적으로 가장 완전하게 존재하는 하나의 제일유(第一有)로부터 원인되어야 한다. 그러므로 플라톤은 필연적으로 일성(一性)을 모든 다수성에 선행시켜야 한다고 하였다.[11] 또 아리스토텔레스는 「형이상학」 제2권[12]에서 최고도로 유(有)이며 최고도로 진(眞)인 것은 모든 유(有)와 모든 진(眞)의 원인이다. 그것은 마치 최고도로 뜨거운 것이 모든 뜨거움의 원인인 것과 같다고 한다.

1. 그러므로 첫째에 대해서는 다음과 같이 말하여야 한다. 원인과의 관계는 그것이 원인된 유(有)라 할지라도 유(有)의 정의(定義)에는 들어 있지 않지만 그러나 유(有)의 특질에 속하는 것들에 수반된다. 그 이유는 어떤 것이 분유(참여)로 말미암아 유(有)라는 데서 그것이 타자(他者)로부터 원인된 것이라는 귀결이 되기 때문이다. 그러므로 이런 양태의 유(有)는 원인된 것으로가 아니고는 존재할 수가 없다. 그것은 마치 사람이 웃을 수 있는 것으로서가 아니고는 존재할 수 없는 것과 같

10 제7문제 제1절 제3이론에 대한 해답; 같은 문제 제2절.

11 「파르메니데스」 제26장: 164 C–165 E.

12 제1장: 993 b 19–31; 「성 토마스의 주해」 제2강 290–298.

다. 단적으로 유(有)의 특질(본질)에는 원인된 것이 속하지 않기 때문에 어떤 원인되지 않는 유(有)가 발견되는 것이다.

2. 둘째에 대해서는 다음과 같이 말하여야 한다. 이런 이유에서 어떤 사람들은 필연적인 것은 원인을 갖지 않는다고 주장하기에 이르렀다. 그것은 「자연학」 제8권[13]에서 말하는 바와 같다. 그러나 이런 것이 거짓임은 논증학들에서 드러난다. 즉 논증적 학문들에서는 필연적인 전제들 즉 필연적인 근원명제들이 필연적인 결론들의 원인이다. 그러므로 아리스토텔레스는 「형이상학」 제5권[14]에서 그 필연성의 원인을 (자기 안에) 갖는 어떤 필연적인 것들이 있다고 한다. 따라서 작용인(행동인)이 요구되는 것은 결과가 존재하지 않을 수 있다는 이유 때문만이 아니고 오히려 원인이 없으면 결과가 존재하지 않을 것이라는[15] 이유 때문이다. 사실 이런 가언적 명제(假言的命題)는 전건(前件)이나 후건(後件)이 가능한 것이건 불가능한 것이건 관계없이 참[眞]이다.

3. 셋째에 대해서는 다음과 같이 말하여야 한다. 수학적인 것들은 개념적으로 추상된 것들로 이해되는 것이고 결코 존재적으로 추상된 것들로 이해되지 않는다. 그런데 어떤 것이든 그것이 존재를 갖는 한에 작용인을 갖는 것이 그것에 적합하다. 그러므로 수학적인 것들이 작용인을 갖고 있을지라도 그것들이 수학자의 고찰의 대상이 되는 것은 작용인들에 대해 갖는 관계에 따른 것이 아니다. 그러므로 수학적

13 제1장: 252 a 32–b 6; 「성 토마스의 주해」 제3강 5 이하.

14 제5장: 1015 b 6–11; 「성 토마스의 주해」 제6강 838 이하.

15 제1부 제2문제 제2절 주문 참조. 즉 "어떠한 결과에서든 그 결과의 고유한 원인이 존재한다는 것을 우리는 논증할 수 있다. 그것은 결과가 원인에 속하는 것이기 때문에 결과가 주어지는 한 원인이 선재(先在)해야 하는 것은 필연적이기 때문이다." 또한 제104문제 제1절 주문 참조. 즉 "모든 결과는 그 원인에, 이것이 그 원인인 한에 속한다."

학문들에서는 사물이 작용인을 통해 논증되지 않는다.[16]

제2절: 제1질료(第一質料)는 하느님으로부터 창조되었는가[17]

병행문헌: 「대이교도대전」 제2권 제16장; 「능력론」 제3문제 제5절; 「신학개요」 제69장; 「자연학」 제8권 제2강.

둘째에 대해서는 다음과 같이 진행된다. 제1질료는 하느님으로부터

16 제1부 제5문제 제3절 제4이론에 대한 해답 참조.

17 제1질료는 같은 것으로 지속하는 제1주체 즉 제1기체(primum subiectum)이다. 이런 기체에서 모든 물체적 사물이 이루어지고, 어떤 규정되어야 할 것인 것처럼(tanquam ex aliquo deternabili) 이런 기체에서 그런 사물들이 내부적으로 구성된다. 아리스토텔레스를 참조하면 "질료(materia)는 첫 번째 즉 제1기체(primum subiectum)인데 그런 기체에서 사물이 우유적으로가 아니고(non secundum accidens) 제1차적으로(primo) 즉 실체적으로 이루어진다. 또한 그것은 사물이 소멸될 때 그리로 돌아가는 마지막 주체 즉 기체이다." 「자연학」 제1권 제9장: 192 a 31 참조. "일반적으로 제1질료라 불리는 것은 다음과 같은 것이다. 즉 그것은 실체의 유(類) 안에서(in genere substantiae) 어떤 가능태로(ut potentia quaedam) 이해되며 모든 종(omnis species)과 형상(形相, forma) 밖에 있다. 그러나 그것은 형상(形相)들과 결여(缺如)들(privationes)을 받아들일 수 있는 어떤 가능태이다." 「영성적 피조물에 대하여」 제1절 주문 및 「형이상학」 제7권 제3장: 1029 a 20 참조.
사실 성 토마스가 말하는 제1질료는 규정되지 않은 물리적 기체(il sustrato fisico indeterminato)이다. 아리스토텔레스는 이런 개념을 작업하였으며 완성하였다. 그러나 신 플라톤주의자들이나 그노시스주의자들 그리고 마니케아파 사람들은 질료적 근원과 악의 근원을 일치시킴으로써 질료가 하느님으로부터 직접 산출되었다는 것을 제외시킨다. *La Somma Teologica*(서문에서 인용된 책) I, q. 44, a. 2, pp.26–27, 각주 2 참조.

창조되지 않은 것으로 생각된다. [그 이유는 다음과 같다.]

1. 사실 생성되는 모든 것은 주체 즉 기체(基體)와 또 다른 어떤 것으로부터 합성된다. 이것은 「자연학」 제1권[18]에서 말하는 바와 같다. 그런데 제1질료의 주체(기체)가 되는 것은 아무것도 없다. 그러므로 제1질료는 하느님으로부터 만들어진 것일 수 없다.

2. 그밖에도 능동과 수동은 상호 대립적으로 구별된다. 그런데 제1의 능동적 원리 즉 근원이 하느님인 것처럼 제1의 수동적 원리 즉 근원은 질료다. 그러므로 하느님과 제1질료는 상호 대립적으로 구분되는 두 원리 즉 두 근원이다. 그것들 중 어느 것도 다른 것에 유래하지 않는다.

3. 그밖에도 모든 행동자 즉 능동자는 자기와 같은 것을 만든다. 이렇게 모든 행동자(능동자)는 현실태로 있는 한에 작용하는 것이니 만들어진 것은 그 어떤 것이든 다 어떤 양태로 현실태에 있다는 귀결이 된다. 그런데 제1질료는, 그것이 제1질료인 한 다만 가능태에 있다. 그러므로 제1질료가 만들어졌다는 것은 제1질료의 특질에 반대된다.

그런데 다음과 같은 반론이 있다.

아우구스티누스는 「고백록」 제12권[19]에서 "주여 당신은 두 가지를 만드셨으니 하나는 당신께 가까이 (즉 천사를) 또 하나는 무(無)에 가까이 (즉 제1질료를) 만드셨습니다"라고 한다.

18 제7장: 190 a 31-b 17; 「성 토마스의 주해」 제12강 10-12.

19 제7장: 「라틴교부전집」 32권, 828-829.

나는 이상의 것에 답하여 다음과 같이 말하여야 한다.

옛 철학자들은 조금씩, 말하자면 한발 한발 진리의 인식에로 들어갔다. 사실 처음에 그들은 보다 조잡한 편이어서 감각적인 물체적 유(有)들만을 인정하였다.[20] 그런 물체계에 운동을 인정한 이들 중 어떤 이들은 운동을 어떤 우유적인 것들(附帶的인 것들)에 의해서만, 예컨대 희박과 응축과 집합 그리고 분리 등에 의해서만 고찰하였다. 이렇게 그들은 물체들의 실체 자체를 창조되지 않은 것으로 상정하여 이런 종류의 우유적 변화들의 어떤 원인들을, 예컨대 사랑과 다툼,[21] 지성[22]이나 이와 같은 어떤 것에 돌렸던 것이다.

그런데 그들은 더 나아가 지성의 인식을 통해 실체적 형상(形相)과 질료를 구별하기에 이르렀으며 질료를 창조되지 않은 것으로 파악하게 되었다. 그리고 그들은 물체계에서의 변화가 본질적인 형상(形相)들에 의해 일어난다는 것을 인식하게 되었다. 그들은 이런 생성변화의 보다 보편적인 원인들을 아리스토텔레스[23]를 따라서는 경사궤도(傾斜軌道)로서 설정하였고 혹은 또 플라톤[24]을 따라서는 이념들로서 설정하였다.

그러나 우리는 다음과 같은 것에 유의해야 한다. 질료는 형상(形相)에 의해 규정된 종, 즉 특정의 종에로 수렴된다는 점이다. 그것은 어떤

20 이런 옛 철학자들은 원소들을 사물들의 근본원리들로 고찰하였다. 이렇게 탈레스(Thales)는 물을, 아낙시메네스(Anaximenes)는 공기를, 헤라클리투스(Heraclitus)는 불을, 또 다른 사람들은 세계의 첫 근원으로서 다른 것을 인정하였다.

21 엠페도클레스

22 아낙사고라스

23 여기서 말하는 경사궤도(obliquus circulus)는 황도대(黃道帶, zodiacus)를 말한다. 아리스토텔레스, 「생성소멸론」 제2권 제10장: 336 a 31–34.

24 「티메우스」 제18장: 48 E–51 B.

종 즉 어떤 일정한 종에 속하는 실체가 그것에 첨가되는 우유성을 통해 특정의 존재양태에로 수렴되는 것과 같은 것이다. 이런 경우는 '사람'이 '흰색'을 통해 수렴되는 것과 같은 것이다. 그러므로 이런 철학자들은 양쪽 다 유(有)를, '이 유(有)'인 한에라든가 혹은 '그런 유(有)'인 한에라든가의 어떤 특수한 고찰로 고찰하였다. 이렇게 하여 그들은 사물들에 특수한 작용인들을 배정하였다.

더 나아가 어떤 사람들은 유(有)인 한에서의 유(有)를 고찰하는 데까지 자기들을 높여갔다. 그들은 사물들의 원인을 그것들이 '이런 것들' 혹은 '그런 것들'인 데 따라 고찰할 뿐만 아니라 오히려 그것들이 '유(有)들'인 데 따라 고찰하였다. 그러므로 유(有)들인 한에 사물들의 원인인 것은 다만 우유적 형상(形相)들에 의해 '그러한 것들'이거나 혹은 실체적 형상(形相)들에 의해 '이것들'이라는 데 따라 사물들의 원인일 뿐만이 아니라 또한 그것은 어떤 양태로든 그런 것들의 존재에 속하는 모든 것에 따른 사물들의 원인이어야 한다. 이렇게 우리는 제1질료도 유(有)들의 보편적 원인으로부터 창조되었다는 것을 인정하여야 한다.

1. 그러므로 첫째에 대해서는 다음과 같이 말하여야 한다. 아리스토텔레스가 「자연학」 제1권에서 말하는 것은 특수하게 되는 것에 대한 것인데 그것은 형상(形相)에서 형상(形相)에로 되어가는 데 대한 것 즉 이 후자의 형상(形相)이 우유적인 형상(形相)이건 실체적 형상(形相)이건 간에 되는 것에 대한 것이다. 그런데 우리는 지금 사물들의 존재의 보편적 근원으로부터의 유출(流出)에 관한 한에서의 사물들에 대해 말하고 있다. 이런 유출에서는 질료도 제외되지 않는다. 비록 됨에 혹은 만듦에 있어 첫번째 양태에서는 제외될지라도 그런 것이다.

2. 둘째에 대해서는 아래와 같이 말하여야 한다. 수동은 행동 즉 능동의 결과이다. 그러므로 제1의 수동적 근원이 제1의 능동적 근원의 결과라는 것 또한 합리적이다. 그것은 모든 불완전한 것은 완전한 것으로부터 원인되기 때문이다. 사실 제1근원은 최고로 완전한 것이어야 한다. 이것은 아리스토텔레스가 「형이상학」 제12권[25]에서 말하는 바와 같다.

3. 셋째에 대해서는 다음과 같이 말하여야 한다. 그런 논지(論旨)는 질료가 창조되지 않았다는 것이 아니고 오히려 질료가 형상(形相) 없이는 창조되지 않았다[26]는 것이다. 사실 창조된 모든 것이 현실태에 있지만 그러나 순수현실태 즉 순수현실존재는 아니다. 그러므로 만일 그것의 존재에 속하는 전체가 창조된 것이라면 가능태를 부분으로 하여 있게 되는 그것도 역시 창조된 것이어야 한다.

제3절: 모형인(模型因) 혹은 원형인(原型因)[27]은 하느님과는 다른 어떤 것인가

병행문헌: 위의 제15문제; 「명제집 주해」 제36구분 제2문제; 「대이교도대전」 제1권 제54장; 「진리론」 제3문제 제1절과 2절; 「신명론」

25 제7장: 1072 b 30-1073 a 5; 「성 토마스의 주해」 제8강, 2545-2547.

26 제1부 제45문제 제4절 참조.

27 causa exemplaris는 모형인, 표본인, 원형인 등으로 번역할 수 있는데 하느님께 대해서는 원형인으로 번역함이 더 적절한 것으로 생각된다. 「신학대전」 제39문제 제2절 제5이론에 대한 해답(라-한 대역판, 제5권, 정의채 역, 바오로 딸, 1998, 58-59쪽) 참조.

제5장 제3강; 「형이상학」 제1권 제15강.

셋째에 대해서는 다음과 같이 진행된다. 모형인 즉 원형인은 하느님과는 다른 어떤 것으로 생각된다. [그 이유는 다음과 같다.]

1. 사실

모조품(模造品)은 모형(혹은 원형)에의 유사를 갖는다. 그런데 피조물은 하느님의 유사로부터는 [거리가] 멀다. 그러므로 하느님은 피조물의 원형인이 아니다.

2. 그밖에도 분유(分有, 참여)에 의해 있는 것은 어느 것이든 다 벌써 위에서[28] 말한 바와 같이 그 자체로 존재하는 어떤 것에로 환원된다. 이것은 예컨대 불[火]로 뜨거워진 것이 불에 환원되는 것과 같다. 그런데 감각적인 사물계에 존재하는 것은 그 어떤 것이든 다 어떤 종(種)을 분유함으로써만 존재한다. 이것은 다음과 같은 것에서 분명하다. 즉 감각적인 것들 중 그 어떤 것에 있어서든 종(種)의 특질에 속하는 것만이 발견되는 것이 아니라 오히려 종의 근원적 요소들에 개별화하는 근원적 요소들[29]이 결부된다. 그러므로 예컨대 '인간 자체', '말 자체' 등등과 같이 자체적으로 존재하는 종 자체들은 인정하여야 한다. 이런 것들이 모형 혹은 원형들이라 불린다. 그러므로 모형 혹은 원형들은 하느님과는 다른 어떤 사물들이다.

3. 그밖에도 학문들과 정의(定義)들은 종 자체들과 관련되는데 이런 종들은 특수한(개별적인) 것들 안에 존재하는 데 따른 것이 아니다.

28 제1절.

29 제1부 제3문제 제3절 주문 참조.

그것은 특수한 것 즉 개별적인 것은 학문도 아니고 정의(定義)도 아니기 때문이다. 그러므로 개별적인 것들 안에 있지 않는 유(有)들이나 종들인 어떤 유(有)들이 있어야 한다. 이런 것들은 모형 혹은 원형들이라 불린다. 그러므로 전의 것과 같은 결론이 된다.

4. 그밖에도 디오니시우스가 말하는 바에 의해서도 같은 결론이 되는 것으로 생각된다. 그는 「신명론(神名論)」 제5장[30]에서 '그 자체에 의한 존재 즉 존재 자체인 것'은 '그 자체로 생명인 것 즉 생명 자체인 것'과 '그 자체로 지혜인 것 즉 지혜 자체인 것'에 선행한다고 한다.

그런데 다음과 같은 반론이 있다.

모형 혹은 원형은 이데아와 같은 것이다. 그런데 이데아들은 아우구스티누스가 「83문제집」[31]에서 말하는 바에 따르면 "하느님의 지식 안에 내포되어 있는 근원적 형상(形相)들"이다. 그러므로 사물들의 모형 혹은 원형들은 하느님 밖에 있는 것이 아니다.

나는 이상의 것에 답하여 다음과 같이 말하여야 한다.

하느님은 만물(萬物)의 제1모형인, 제1원형인이다. 이것의 명증(明證)을 위해 다음과 같은 것이 고찰되어야 한다. 즉 사물의 산출을 위해 원형이 필요한 것은 결과가 특정의 형상(形相)을 따라야 하기 때문이다. 사실 공작자는 그가 바라보는 모형 혹은 원형 — 그것이 외부에서 보는 모형 혹은 원형이든 내부적으로 정신으로 말미암아 회임된 것이든 간에 — 이 있음으로 해서 질료 안에 특정의 형상을 산출한다. 그런

30 「그리스교부전집」 3권 820 A; 「성 토마스의 주해」 제1강.

31 제46문제; 「라틴교부전집」 40권 30.

데 자연(본성)적으로 발생하는 것들은 (각기) 특정한 형상(形相)을 따라 되는 것이 명백하다. 그런데 형상(形相)들의 이런 결정은 하느님의 지혜를 제1근원으로 하여 이것에 귀속되는 것이어야 한다. 이런 하느님의 지혜는, 사물들의 구별 안에 성립되는 우주의 질서를 창안(創案)하였다. 그러므로 우리는 하느님의 지혜 안에 모든 사물의 이념들이 있는 것으로 말하여야 하며 이런 이념들을 우리는 위에서[32] '이데아들'이라 불렀다. 즉 그런 것들은 하느님의 정신 안에 존재하는 모형적 혹은 원형적 형상(形相)들이다. 그것들은 사물들과 관련되는 데 따라 다수화되지만 실제로는 하느님의 본질과 다른 것들이 아니고 하느님의 본질의 유사가 각기 다른 것들에 의해 각기 다른 양태로 분유될 수 있는 것이다. 그러므로 하느님 자신이 만물의 제1모형 혹은 제1원형이다. — 또한 피조물계에서 어떤 것들이 다른 것들의 모형들이라고 할 수 있는데 그것은 양쪽이 그 종(種)을 같이하는 데 따라서이거나 혹은 어떤 모방(imitatio)에 의한 유비(類比)에 따라 어떤 것들이 다른 것들의 유사인 한에서다.

1. 그러므로 첫째에 대해서는 다음과 같이 말하여야 한다. 피조물이 각기의 본성을 따라 그 종(種)의 유사성으로 말미암아 — 마치 낳음을 받는 인간이 낳는 인간과 유사한 것처럼 — 하느님과 유사함에는 미치지 못할지라도 그러나 그것들이, 하느님의 지성 안에 있는 이념을 표현하는 데 근거하여 하느님과의 유사성에 도달한다. 그것은 마치 질료 안에 있는 집이 건축사의 정신 안에 있는 집에 대한 것과 같다.[33]

[32] 제15문제 제1절.
[33] 제1부 제4문제 제3절 주문 참조.

2. 둘째에 대해서는 다음과 같이 말하여야 한다. 인간이 질료 안에 있다는 것은 인간의 특질에 속하는 것이다. 따라서 질료 없는 인간이 발견될 수 없다. 그러므로 [개체적인] 이 사람은 종의 분유에 의한 것이라 할지라도 그러나 그것은 같은 종 안에 그 자체로 존재하는 어떤 것에로 환원될 수 없고 분리실체들 [즉 질료 없는 실체들]과 같이 초월하는 종에로 환원될 수 있겠다. 그리고 이와 같은 것이 다른 감각적인 것들에 대해서도 해당된다.

3. 셋째에 대해서는 다음과 같이 말하여야 한다. 어떠한 학문과 정의(定義)도 다 유(有)들과만 관련될지라도 그렇다고 존재함에 있어서의 사물이, 지성이 인식함에 있어서와 같은 양태를 가져야 하는 것은 아니다. 사실 우리는 능동지성의 힘으로 말미암아 보편적인 종들을 특수한 (개별적) 조건들에서 추상한다. 보편적인 것들이 특수적인 것들의 모형 혹은 원형들로서 특수한 것들과는 독립적으로 자존(自存)하여야 하는 것은 아니다.

4. 넷째에 대해서는 다음과 같이 말하여야 한다. 디오니시우스가 「신명론(神名論)」 제11장[34]에서 말하는 '생명 자체'와 '지혜 자체'는 어떤 때는 하느님 자신을 또 어떤 때는 사물 자체들에 부여된 힘들을 지칭하는 것이어서 옛 사람들이 인정한 바와 같이 자존(自存)하는 사물들을 지칭하는 것이 아니다.

[34] 「그리스교부전집」 3권 953 B; 「성 토마스의 주해」 제4강.

제4절: 하느님이 만물의 목적인(目的因)인가

병행문헌: 아래의 제65문제 제2절 및 제103문제 제2절; 「명제집 주해」 제2권 제1구분 제2문제 제1절과 제2절; 「대이교도대전」 제3권 제17장과 제18장; 「신학개요」 제100장과 제101장.

넷째에 대해서는 다음과 같이 진행된다. 하느님이 만물의 목적인이 아닌 것으로 생각된다. [그 이유는 다음과 같다.]

1. 사실 목적 때문에 행동한다는 것은 목적을 필요로 하는 어떤 것의 것으로 생각된다. 그런데 하느님은 어떤 것도 필요로 하지 않는다. 그러므로 목적 때문에 행동한다는 것은 하느님께 적합하지 않다.

2. 그밖에도 낳음의 목적과 낳아지는 자의 형상(形相) 그리고 행동자는 수(數)적으로 동일하지 않다. 이것은 「자연학」 제2권[35]에서 말하는 바와 같다. 그것은 낳음의 목적이 낳아지는 자의 형상(形相)이기 때문이다. 그런데 하느님은 만물의 제1작용자, 제1행동자이다. 그러므로 하느님은 만물의 목적인이 아니다.

3. 그밖에도 만물은 목적을 욕구한다. 그런데 만물이 다 하느님을 욕구하는 것은 아니다. 그것은 만물이 다 하느님을 인식하는 것이 아니기 때문이다. 그러므로 하느님은 만물의 목적이 아니다.

4. 그밖에도 목적인은 원인들 중 첫째 것이다. 그런데 만일 하느님이 작용인, 능동인이며 목적인이라면 하느님 안에는 더 먼저 것과 더 후의 것이 있게 된다는 귀결이 된다. 이것은 불가능한 것이다.

[35] 제7장: 198 a 24-27; 「성 토마스의 주해」 제11강 2.

그런데 다음과 같은 반론이 있다.

「잠언」 제16장 제4절에서 "주님은 온갖 것을 당신을 위해 만드셨다"고 한다.

나는 이상의 것에 대하여 다음과 같이 말하여야 한다.

모든 행동자(능동자)는 목적 때문에 행동한다. 그렇지 않다면 능동자의 행동에서 저것이 아니고 이것이 결과될 것이며 그것은 우연에서가 아니면 이루어지지 못할 것이다.[36] 그런데 능동자와 수동자는 바로 그런 것인 한에 그 목적을 같이하는 것이다. 그러나 각기 그 양태를 달리한다. 사실 능동자가 각인(刻印)하려고 의도하는 것과 수동자가 받으려고 의도하는 것은 하나이며 같은 것이다.[37] 그런데 어떤 것들은

36 "만일 행동자(능동가)가 어떤 특정의 결과를 지향하는 것이 아니라고 가정한다면 모든 결과는 그 행동자에 대해 무차별적인 것들(indifferentes)이 될 것이다. 그런데 많은 것[多]과 무차별적으로 관련을 갖는 경우 그 많은 것들 중 다른 것보다도 (어떤) 하나에 작용을 미친다는 것은 있을 수 없는 것이다. 즉 둘 중 어떤 것에 대해서도 가능한 것으로부터는 그것이 어떤 것으로 말미암아 하나에로 결정되지 않는 한 어떤(일정한) 결과가 결과되어 올 수 없다. 그러므로 행동자가 행동한다는 것은 불가능할 것이다. 따라서 모든 행동자는, 행동자의 목적이라고 하는 어떤 특정의 결과를 지향한다." 「대이교도대전」 제3권 제2장. 또한 여기서 말하는 '우연(casus)'은 의지적으로 행위하는 인간에 있어서뿐만 아니라 다른 활동들에서도 발견되는 데(「자연학」 제2권 제10강 7) 대해 '행운, 요행(fortuna)'은 지성을 갖는 것에만 적용된다(같은 책 제8강 10). 아리스토텔레스의 「자연학」 제2권 제6장: 197 a 36-b 38 참조; 제116문제 제1절 주문 참조.

37 움직여 주는 것(movens)과 움직여지는 것(motum)의 행동(actus)은 같은 것이다. "기실 움직여 주는 것(movens)은 어떤 것을 (능동적으로) 행하는 한에서 움직여 주는 것으로, 움직여지는 것(motum)은 (수동적으로) 받는 한에서 움직여지는 것으로 불린다. 그러나 움직여 주는 것이 (능동적으로) 행동함으로써 원인주는 것과 움직여지는 것이 수동적으로 받는 것은 같은 것이다. (아리스토텔레스가) 말하는 것은 다음과 같은 것이다. 즉 움직여 주는 것은 움직일 수 있는 것의 능동적인 것(activum mobilis)이다. 즉 움직일 수 있는 것의 행동(actus mobilis)을 일으킨다. 다시 말해 원인준다. 그러므로 (같은) 하나의 행동이 둘 다의 것이어야 한다. 즉 움

능동하며 동시에 수동한다. 이런 것들은 불완전한 능동자들이다. 이런 능동자들에게는 행동함에 있어서도 어떤 것을 획득하려고 의도한다는 것이 적합하다. 그런데 능동자일 뿐인 제1능동자(제1작용자)에게는 어떤 목적을 달성하기 위해 행동한다는 것은 적합하지 않다. 그러나 그런 작용자 즉 능동자는 오로지 자기의 완전성 즉 자기의 선성(善性)을 전달하려고 의도한다. 그리고 각 피조물은, 하느님의 완전성과 선성과의 유사인 자기의 완전성에 도달하려고 의도한다. 그러므로 하느님의 선성은 모든 사물의 목적이다.

1. 그러므로 첫째에 대해서는 다음과 같이 말하여야 한다. 필요 때문에 행동하는 것은, 불완전한 능동자, 즉 능동하며 수동하는 것이 그 본성인 불완전한 능동자(능동인)의 것이다. 그런데 이런 것은 하느님께 적합하지 않다. 따라서 하느님만이 최고로 관대하다. 그것은 하느님은 자기 유익 때문에 행동하지 않고 오로지 자기 선성 때문에 행동하기 때문이다.[38]

2. 둘째에 대해서는 다음과 같이 말하여야 한다. 낳아지는 자의 형상(形相)이 낳음의 목적인 것은 이런 형상이 낳는 자의 형상의 유사이며 낳는 자는 이런 자기의 유사를 전달하려고 의도하는 한에 그런 것이다. 그렇지 않으면 낳아지는 자의 형상이 낳는 자보다 더 고상할 것이다. 그것은 목적이 목적을 향하는 것보다도 더 고상한 것이기 때문이다.

직여 주는 것과 움직여지는 것 둘 다의 것이어야 한다. 사실 작용인 즉 능동인(causa agens)으로서의 움직여 주는 것으로부터 있는 것과 수동적으로 받는 것으로서의 움직여진 것 안에 있는 것은 같은 것이다." 「자연학」 제3권 제4강 10.

38 제1부 제19문제 제2절 제3이론에 대한 해답 참조.

3. 셋째에 대해서는 다음과 같이 말하여야 한다. 만물은 어떤 선이든 욕구함으로써 그것이 지성적 욕구이든 감각적 욕구이든 혹은 인식을 수반하지 않는 자연적 욕구이든 간에 욕구함으로써 하느님을 목적으로 하여 욕구한다. 그것은 어떤 것이든 하느님의 유사를 분유하지 않는 한 선과 가욕구적(可欲求的)인 것의 성격을 갖지 못하기 때문이다.[39]

4. 넷째에 대해서는 다음과 같이 말하여야 한다. 하느님은 모든 사물의 능동인, 모형인, 목적인이며 제1질료도 하느님으로부터 있는 것이기 때문에 모든 사물의 제1근원은 실재적으로 하나뿐이라는 귀결이 된다. 그러나 이런 것에는, 하느님 안에서 개념적으로는 다(多)가 생각되고 그런 것들 중 어떤 것들이 다른 것들보다도 더 먼저 우리 지성에 들어온다는 것을 방해할 것이란 아무것도 없다.[40]

_정의채(서강대학교 석좌교수, 몬시뇰) 옮김·주달기

[39] 제2부의 1 제1문제 제8절 참조.

[40] 제1부 제19문제 제2절 제2이론에 대한 해답 참조.

7

토마스 아퀴나스

존재자와 본질에 관하여

서론

존재(ente) 및 본질(essentia)이란 명칭은 무엇을 의미하며, 또 존재 및 본질은 여러 가지 사물 가운데 어떻게 발견되며, 논리학상의 제 개념, 예컨대 유(類)·종(種)·종차(種差) 등에 대해서는 어떤 관계를 갖는가?

그러나 우리는 비교적 쉬운 것부터 시작해서 이 연구를 보다 친숙한 것이 되게 하기 위하여, 합성체로부터 출발하여 단순자를 파악하도록 하고, 보다 뒤의 것으로부터 보다 더 앞의 것으로 나아가지 않으면 안 된다. 그리하여 이 경우, 먼저 존재개념에서 출발하여 본질개념에로 올라가지 않으면 안 된다.

1. 존재 및 본질의 의미

그러므로 우리는, 그 철학자[토마스가 철학자라고 할 때는 아리스토텔레스를 가리킨다]가 그의 『형이상학』 제5권에서 설명하고 있는 바와 같이, 존재하는 것으로서의 존재에는 두 가지 의미가 있음을 알아야 한다. 하나는 열 개의 유[범주]로 구별되는 존재이고, 다른 하나는 제명제의 진리를 언표하는 존재다.[1][전자는 언표할 수 있는 만큼의 존재이고, 후자는 '……이다'라는 진의 명제로서의 존재이다. 단 비존재는 거짓임을 전제한다.] 이 두 가지는 서로 다르다. 그 까닭은, 두

[1] 본문은 "ens per se dicitur dupliciter"라 되어 있어서 일반적 독법으로 하면 ens per se를 '제 자신에 의존하는 존재', 즉 실체로서 'ens per accidens'(우유)와 구별되는 것으로 해석할 수 있다.

번째의 의미로 본다면, 그것이 사물 속에 아무것도 정립하지 않는 경우일지라도, 만일 그것에 관하여 긍정명제가 형성될 수 있다면, 그런 것은 모두 존재라고 불려질 수 있기 때문이요, 이런 의미로 결여 및 부정을 존재라고 한다. 왜냐하면, 우리는 부정의 모순을 긍정[2]이라 하고, 또 소경의 맹성(盲性)도 눈 안에 있다고 하기 때문이다. 그러나 첫 번째 의미로 본다면, 사물 가운데 무엇인가를 정립하는 것이 아니면 존재라고 불려질 수 없다. 그러므로 소경의 맹성이나 이와 유사한 것은 첫 번째 의미의 존재는 아니다.

따라서 본질이라는 명칭은 두 번째 의미의 존재에서 나오지 않는다. 왜냐하면, 결여의 예로 보아 분명하듯이, 본질을 가지고 있지 않는 것이 두 번째 의미의 존재라고 불려지기 때문이다. 본질은 첫 번째 의미의 존재에서 발견되는 것이다. 그리하여 주석가[토마스가 주석가라고 할 때는 으레 아베로에스를 가리킨다]는 같은 곳에서 이렇게 말하고 있다. "첫 번째 의미의 존재가 사물의 본질을 의미한다"고.

상술한 바와 같이, 첫 번째 의미의 존재는 열 개의 유에 의해 구별되므로, 본질은 제 존재를 제각기의 유와 종으로 배치하는 성질에 공통하는 어떤 것이라야 한다. 예컨대 인간의 본질은 인간성(humanitas)인 것과 같다.[3]……

또 사물은 정의를 통해서 본래의 유와 종에 결정적으로 배치되는데, 그것은 "그 사물은 무엇인가?"를 설명하는 정의를 통하여 언표된

2 부정은 긍정의 반대근거(fundamentun remotum)를 갖는다는 뜻.

3 humanitas란 개념에는 '생기 있는 것'(animatum)이란 의미와, '이성적'(rationalis)이란 두 가지 의미가 포함된다. 전자는 인간을 '동물'이라는 유에 배치하고, 후자는 인간을 '이성적'이라는 종에 배치한다.

다. 따라서 본질이란 명칭은, 철학자들에 의하여, "무엇인가를 언표하는 것"[quidditas = 통성원리]으로 바꿔 놓게 되었다. ……또는 아비켄나가 그의 『형이상학』 제2권에서 말하는 바와 같이, 각각의 사물의 확실성이 형상에 의하여 언표되는 경우, 그 경우에 한해서, 형상이라고도 일컬어진다. 나아가서, 보에티우스가 그의 『두 나투라에 관하여』에서 나투라(natura)를 사태로 나눠 보고 있는데,[4] 그 제1태, 즉 어떠한 방식으로든 오성에 의하여 파악되는 것이라고 나투라를 해석한다면, 본질이란 말은 나투라라고도 말할 수 있다. 왜냐하면, 사물은 정의와 본질을 통해서만 오성으로 파악될 수 있기 때문이다. 그리하여 철학자도 그의 『형이상학』 제5권에서 "모든 실체는 나투라다"라고 말하고 있다. 이런 의미의 **'나투라'**라는 명칭은, 그것이 사물의 고유한 활동에 관련되는 한,[5] 사물의 본질을 언표한다고 생각된다. 모든 사물은 자기의 고유한 활동을 가지고 있으므로.

그런데 저 **퀴디타스**(quidditas)는 물론 정의를 통해서 언표되는 것이다. 그러나 그것이 본질이라고 불리는 것은, 사물이 **그것에 의해서**, 또 **그것 안에서** 존재를 갖는 경우에 한한다.

[4] 1. 어떠한 방식으로든 오성에 의하여 파악되는 것.
2. 실체만을 의미하는 것.
3. 운동의 원리가 되는 것.
4. 종차로서의 나투라.

[5] 나투라는 어떤 것의 생기의 목적(telos)이 되는 것이다. 즉 본래 있어야 할 것으로 있는 것이다. 따라서 나투라는 생기의 목적한계다. 목적은 어떤 생기의 고유한 활동의 목적이다. 그러므로 고유한 활동에 관련되는 한 목적(자연)은 본질적이다.

2. 실체의 본질과 우유(偶有)의 본질, 단순실체와 합성실체

그러나 존재는 절대적 및 본래적으로는 실체를 말하고, 부의적 및 상대적으로는 속성을 말한다. 따라서 본질은 본래적이고 참된 의미로는 실체 가운데 있으며, 어떤 의미 즉 종속적으로는 우유 가운데 있게 된다.

실체 중 어떤 것은 단순하고 어떤 것은 합성되어 있다. 본질은 양자에 다 있다. 그러나 단순실체가 보다 승우(勝優)한 존재를 가지고 있는 이상, 본질은 단순실체 가운데 보다 참되고 보다 승우적으로 있다 — 단순실체는 합성실체의 원인이기 때문에. 이러한 사정은 적어도 가장 단순한 실체인 신에 관해서는 확실히 말할 수 있다. 하지만 이러한 단순실체의 본질은 우리에게는 감추어져 있기 때문에, 비교적 쉬운 것에서부터 출발함으로써 이 연구를 잘 전진시키기 위해서는, 먼저 합성실체의 본질부터 착수하는 것이 온당하다.

예를 들면 인간에 있어서의 정신과 육체처럼, 합성실체의 경우에는 형상과 질료가 구별된다. 하지만 이 중의 하나만을 본질이라고 할 수는 없다. 왜냐하면, 오직 질료만이 본질이 아님은 분명하기 때문이다. 그뿐만 아니라, 사물은 그 본질 때문에 인식될 수 있고, 또 종과 유로 배치될 수 있기 때문이다. 그런데 질료는 그러한 인식의 원리도 아니며, 또 어떤 것이 질료에 의해서 종이나 유로 결정되지도 않는다. …… 다음으로, 형상도 역시 그것만으로는 합성체의 본질이라고 할 수 없다. 설사 그렇게 설명을 강행하는 사람이 있다 하더라도. 왜냐하면, 상술한 바와 같이, 본질은 명백하게 사물의 정의를 통해서 언표되는 것이고, 또 자연적 실체[=합성실체]의 정의는 형상뿐만 아니라 질료도 포함하기 때문이다. 나아가서 질료를 포함하지 않는다고 한다면, 자연적 실체의 정의와 수학적 정의 사이에는 구별이 없게 될 것이다. 그렇다고 해서 또 자연적 실체의 정의에 있어서 질료는 실체의 본질에 덧붙여진 것, 혹은 실체의 본질 이외의 존재라고도 생각할 수 없다. 이러한 방식의 정의는 완전한 본질을 갖지 않은 우유에만 알맞는 것이기 때문에. 그러므로 우유를 정의함에 있어서는, 우유의 유 이외의 기체를 받아들이지 않으면 안 된다. —따라서 본질이 질료와 형상을 다같이 함유하고 있음은 분명하다. 그러나 본질이 형상과 질료와의 관계 또는 이 양자 위에 덧붙여진 어떤 것을 의미한다고 주장할 수도 없다. 그 까닭은 그러한 첨가물은 필연적으로 우유이고, 그리하여 사물의 밖에 있을 수밖에 없으며, 또 관계라고 하는 것은 본질과 완전히 일치하는 사물을 인식하는 데는 무연하기 때문이다. 나아가서 질료의 실현인 형상에 의해서 질료는 현실적 존재 또는 규정된 **이것**이 된다. 따라서 덧붙여지는 것은 질료에 대하여 절대적 의미에 있어서의 현실적 존재를 부여하는 것이 아니다. 오히려 부여되는 것은 우유가 만들어 내는 현실적 존재다. 예컨대, **백색**이 현실적으로 **흰것**을 만들어 내는 것과 같다. 그리하여 이런 의미의 형상은 절대적으로가 아니라 종속적으로 현실적 존재로 된다고 한다.

이제 남은 것은 본질이란 명칭이 합성실체에 있어서는 질료와 형상으로부터 합성된 것을 의미한다는 것뿐이다. 이 주장에 공명하는 것은 저 『범주론주석』에서 우시아(ousia, 본질)는 합성체를 의미한다고 말한 보에티우스다. 그 이유는, 그가 자신의 『두 나투라에 관하여』에서 주장한 바와 같이 그리스 사람들이 말하는 우시아는 우리가 말하는 본질과 동일하기 때문이다. 뿐더러 아비켄나도 합성실체의 본질은 형상과 질료와의 합성물이라고 말하고, 주석가도 아리스토텔레스의 『형이상학』 제7권을 주석하면서 "종이 피조적 사물 가운데 가지고 있는 본질은 중화적인 것, 즉 형상과 질료로부터 합성된 것이다"[6]고 말하고 있다. 이 또한 이치에 맞는다. 왜냐하면, 합성체의 존재는 형상에만 속하거나 질료에만 속하는 것이 아니라, 오히려 합성체 [양자의 결합] 자체에 속하기 때문이며, 그리하여 나아가서 본질은 그것 때문으로 해서 사물이 존재라고 불려지는바 그것이기 때문이다.

그러므로, 그것 때문으로 해서 사물이 존재라고 불려지는바 본질은, 설사 존재의 형상만이 특수한 방법으로 존재의 원인이라 하더라도, 결코 한갓된 형상이거나 한갓된 질료가 아니오, 오히려 그 둘 다가 아니면 안 된다. 그 까닭은, 많은 원리(principium)로 구성되어 있는 여타의 사물은 그 원리 중의 한쪽으로부터서만 명칭을 얻는 게 아니라, 많은 원리를 다 포괄하는 것으로부터 명명되고 있음을 우리가 알기 때문이다. 이러한 사정은 맛의 예를 보면 분명하다. 즉 단맛은 액체를 분해하는 열의 활동에서 생기기는 한다. 그러나 설사 그 열이 단맛의 원인이라 하더라도 이 열만을 가지고 물건이 단 것은 아니다. 단맛은 열과 액체를 포괄하는 맛에서 생기는 것이다.

그러나 개별화의 원리가 질료라고 한다 해서 다음과 같은 귀결이 나오는 것은 아닌지, 즉 본질은 자기 안에 형상과 질료를 동시에 포괄하기 때문에 단지 개별적인 것일 뿐이오 보편적이 아니다. 그러므로 본질이 정의를 통해서 언표되는 것이라면, 보편자는 정의를 갖지 않는다고. 바로 이 때문으로 해서, 우리는 임의의 질료가 다 개별화의 원

6 토마스가 인용하고 있는 것은, Averr. Met. VII comm. 27, ed. Venet.VIII, 214인데 이 부분을 Rudolf Allers는 "Die Natur, welche die Art in den wandelbaren [dem Werden unterwor-fenen] Dingen besizt, ist..."라고 번역하고 있다. 이것을 우리는 "피조적 사물……"이라고 하였다.

리가 아니라, 특정한 질료7에 한해서만 이 원리는 타당하다는 것을 알지 않으면 안 된다. 여기에서 내가 특정질료라고 하는 것은 한정된 차원 아래 생각되는 질료를 말한다. 그런 질료는, 예컨대 인간인 한에 있어서의 인간에 관한 정의 속에는 정립되지 않으며, 오히려 만일 소크라테스를 정의한다고 한다면, 이 소크라테스의 정의 속에 정립돼야 하는 그런 것이다. 이에 반하여 인간의 정의 속에 정립되는 질료는 특정되지 않은 질료다. 왜냐하면, 인간의 정의에 있어서는 이 뼈라든가, 이 살이 정립되는 게 아니라, 인간의 특정되지 않은 질료, 즉 절대적인 뼈 및 살이 정립되기 때문이다.

3. 유·종·개체의 본질, 유·종·종차의 정의

그러므로 인간의 본질과 소크라테스의 본질은 특정되었는가 안 되었는가에 의하여 구별됨이 명백하다. 그리하여 주석가는 아리스토텔레스의 『형이상학』 제7권을 주를 달아 말하길, "소크라테스는 '동물'이라는 것 및 '이성을 가지고 있다는' 것 이외의 아무것도 아니다. 이것이 그의 본질이다"라고 한다. 이와 마찬가지로, 유의 본질과 종의 본질도 —규정의 방식은 서로 다르다 하더라도— 규정되었는가 안 되

7 본질은 형상과 질료의 합성자다. '인간'의 질료는 예컨대 '뼈 일반' '살 일반'이지, 이 사람의 '이 뼈' '이 살'이 아니다. 그런데 '인간'을 개별화해서 '이 사람' 예컨대 '소크라테스'라고 한다면, 그의 질료는 '뼈 일반' '살 일반'이 아니라 '이 뼈' '이 살'이다. 이를 특정된 차원에 의하여 한정된 질료, 즉 특정된 질료(materia signata)라 한다. 그리하여 특정질료는 가장 근원적인 의미에서 개별화의 원리(principia individuorum)인 것이다.

었는가에 의하여 구별된다. 왜냐하면, 종을 고려해서 개물을 특정하는 것은 차원에 의해서 결정된 질료에 의존하기 때문이다. 그러나 유를 고려해서 종을 특정하는 것은, 사물의 형상으로부터 얻어지는 규정적 종차를 통해서 행하여진다. ―나아가서 인간과 동물과의 관계도 이와 같다. 동물이 다른 완성을 차단하고, 자체 내의 원리에 의해서 감각하고 운동할 수 있는 것만을 의미한다고 가정한다면, 이 경우 그 이상의 다른 어떤 완성이 가해진다 하더라도, 그 첨가물은 동물에 대하여 부분이라는 관계에 서게 될 뿐, 결코 동물이라는 개념에 내향적으로 보지된다는 관계에는 서지 않게 된다. 그렇게 되면 동물은 유가 아니다. 그런데 실지로는 동물은, 그 형상이(다만 감각적 영이든 감각적이면서 동시에 이성적 영이든 관계없이), 감각과 운동이 거기로부터 나올 수 있는 어떤 것을 의미하는 한, 유인 것이다. 따라서 유는 종 가운데 있는 것 전체를 비한정적으로 의미하는 것이다. 유는 단지 질료만을 의미하지는 않기 때문이다.

그와 마찬가지로, 종차도 다만 형상만을 의미하지 않고, 종 가운데 있는 것 전체를 의미한다. 정의도 종도 전체를 의미한다. 그러나 그 의미양식에 각각 차이가 있다. 그 까닭은 유는, 사물 가운데 고유적 형상에 의한 한정 없이 질료자로서 있는 것을 규정하는 명칭으로서, 전체를 의미하기 때문이다. 따라서 유는 질료는 아니지만 질료에서 나온다. 때문에, 육체가 자체 안에 삼차원을 특정할 수 있는 완성을 가지고 있음으로 해서 유로 불려지는 것은 자명하다. 즉 이러한 완성은 그 이상의 완성에 대하여, 말하자면 질료적 완성이라는 관계를 갖는다. 그런데 종차는 이와 반대로, 그 제1개념상 한정된 질료라는 점을 제하면, 규정된 한정으로부터 얻을 수 있는 어떤 한정으로서 있다. 이는 우리가 **아니마툼**(animatum) 즉 '정신을 가지고 있는 것'이라는 말을 사용할 때 명료하다. 왜냐하면, 이 '아니마툼'이 무엇인가, 즉 육체인가 아니면 그밖에 다른 것인가 하는 것이 미결로 있기 때문이다. 그리하여 아비켄나는 말한다. "유는 종차의 본질의 부분으로서가 아니라 오히려 본질 이외의 존재로서만 종차 가운데 있다고 생각된다"고. 그것은 기체도 양태의 개념에 속하는 것과 같은 사정이다. 그리하여 철학자가 말하고 있는 바와 같이(『형이상학』 제3권 및 『토피카』 제4권), 확실히 기체가 양태의 술어가 되는 것과 같은 방법이 아니고서는, 유는 그것만으로서는 종차의 술어가 될 수 없다. 따라서 정의 혹은 종에는, 양자 즉 유라는 명칭이 의미하는 한정된 질료와 종차라는 명칭이 의미하는 한정된 형상이 다 포괄되는 것이다.

상술한 바로서, 유·종차·종과 자연 가운데 있는 질료·형상·합성체가 비록 동일한 것은 아니라 하더라도, 왜 비례적 관계를 갖는가 하는 것이 판명된 셈이다. 즉, 유는 질료는 아니지만, 전체를 표시하는 것으로서 질료로부터 나온 것이며, 종차는 형상은 아니지만, 전체의 표시자로서 형상으로부터 나온 것이다. 그리하여 예컨대, 인간이 정신과 육체로 구성되어 있다고 할 때, 인간을 이성적 동물이라고는 말할 수 있지만, 인간은 '동물'과 그리고 **'이성적인 것'**으로 되어 있다고는 말할 수 없는 것이다. 그 까닭은, 인간이 육체와 정신으로 구성되어 있다고 하는 것은, 이 두 가지로부터 이 둘 중의 어떤 것도 아닌 제3의 것이 구성되었다는 뜻이기 때문이다. 즉 인간은 정신만도 아니며 육체만도 아니기 때문이다. 그런데 만일, 어떤 의미로, 인간이 **'동물'**과 **'이성적인 것'**으로 구성되었다고 말할 수 있다고 한다면, 그것은, 이 두 가지로부터 제3의 것이 구성되었다는 의미에서가 아니라, 두 개념에서 제3의 개념이 나온다는 의미에서인 것이다. 나아가서, 동물이라는 개념은, 그 위의 완성에서 보면, 질료적인 것이며, 이 점에서 볼 때,

종적 형상에 의하여 한정됨이 없이, 사물의 본질을 표명하고 있기 때문이다. 그런데 '이성적'이라는 종차 개념은 종적 현상의 한정 속에서 성립된다. 그리하여 이 두 개념에서 종 또는 정의의 개념이 구성되는 것이다. 바로 이런 까닭으로 해서, 어떤 사물들로 구성된 사물이 그 구성적 제 사물의 술어를 받아들이지 않는 것과 마찬가지로, 개념도 또한 그것을 구성하고 있는 제 개념의 술어를 받아들이지 않는다. 뿐더러 우리는 정의를 유 또는 종차라고 하지 않는다.

하지만 설사 유가 종의 본질 전부를 의미한다 하더라도, 같은 유에 속하는 다수의 종이 오직 하나의 존재만을 가져야 할 필요는 없다. 왜냐하면, 유가 하나라고 하는 성질은, 유 자신의 비한정성 자체, 또는 유가 아직 종차로 나뉘어지지 않았다는 성질에서 연유하기 때문이다. 그러나 그것은 유가 가리키는 것이, 각각의 종 가운데 있는 본질이 수적으로 **하나**라는 것 때문인 것은 아니다. 그러한 본질에 대해서는, 마치 수적으로 **하나**인 질료를 형상이 한정하듯이, 유를 한정하는 종차에 해당하는 다른 어떤 것이 가해질 것이다. 아니, 오히려 그것은 유가 어떤 형상을 의미함이 틀림없다 하더라도, 종차 — 즉 유에 의해서 비한정적으로 의미되었던 형상 자신인바 종차 — 가 한정적으로 표시하고 있는 **이** 형상 또 **저** 형상을 한정적으로는 의미하지 않는다는 이유에 의한 것이다. 바로 이 때문으로 해서, 주석가는 그의 『형이상학』 제11권에서 "제1질료는 모든 형상을 제각하기 때문에 **하나**라고 일컬어진다"고 한 것이다. 그러나 유는 특정된 형상의 공통성 때문에 **하나**인 것이다. 그러므로, 종차를 첨가하기 때문에 유의 단일성의 원인이었던 저 비한정성이 제거된다면, 본질상 상이한 제종이 거기에 잔유하는 것은 분명하다. 전술한 바와 같이, 유의 본질이 종에서 볼 때 비한정적인 것과 마찬가지로, 종의 본질은 개물에서 볼 때 비한정적이다. 따라서 유가 — 종의 술어가 될 때 — 그 의미상, 비한정적일망정, 종 가운데 한정적으로 있는 모든 것을 내포하고 있는 것과 마찬가지로, 종도 — 개체의 술어가 될 때 — 비한정적일망정 개물 가운데 본질적으로 있는 모든 것을 의미하지 않으면 안 된다. 그리하여 종의 본질은 인간이라는 명칭으로 언표되고, 따라서 인간은 소크라테스의 술어가 되는 것이다. 만일 종의 본질이, 의미상 개별화의 원리인 특정적 질료를 차단한다고 하면, 그때 종은 부분의 역할을 하게 될 것이다. 그리하여 그 경우 종의 본질은 인간성이라는 명칭으로 표시된다. 왜냐하면, 인간성이란 인간의 인간 된 소이를 의미하기 때문이다. 그런데 특정적 질료는 인간이 인간으로 되는 소이는 아니다. 따라서 이 질료는 인간의 인간 된 소이를 간직하는 것에는 결코 포함되어 있지 않다. 그러므로 인간성이란 개념이 인간의 인간 된 소이를 간직하고 있는 것만을 포함하고 있다면 특정적 질료는 분명히 인간성이란 의미에서는 배제되고 차단된다. 그리고 부분은 전체의 술어가 될 수 없기 때문에, 인간성은 인간이나 또는 소크라테스의 술어가 될 수 없다. 그러므로 아비켄나는 "본질 자체는 합성되어 있더라도, 합성체의 본질은 그 본질을 가지고 있는 합성체 자체가 아니다"라고 말한다. 예컨대 인간성은 사실 합성된 것이기는 하지만 합성된 것이라고 해서 인간인 것은 아니다. 인간성은 오히려 특정적 질료인 어떤 것 가운데 수용된 것이라야 한다. 그렇건만 전술한 바와 같이, 유에 의거해서 종을 규정하는 것은 형상을 가지고 하지만, 이에 반하여 종에 의거해서 개물을 규정하는 데는 질료를 가지고 한다. 따라서 종을 완성하는 특정적 질료를 차단하고, 유의 본질을 근거지우는 것의 명칭은 —예컨대 몸뚱이가 인간의 질료적 부분이듯이 — 전체 가운데의 질료적 부분을 의미하지 않으면 안 된다. 그런데 특정적 질료를 차단하고, 형상의 본질을 근거지우는 것을 의미하는 명칭은 형상적 부분을 의미한다. 따라서 인간성은 일종의 형상으로서 언표될 수 있다. 그리하여 전체의 형상, 예컨대 '집'이라는 형상 — 집을 구성하는 부분 위에 첨가되듯이 질료 및 형상이라는 본질적 부분 위에 첨가된 것으로 생각되는 형상이 아니라, 전체인 형상 — 은 질료와 형상을 다같이 포괄하면서도 그로 인해 질료가 특정되어야 할 것을 차단하는 그런 형상을 말하는 것이다. 그러므로 인간의 본질은, 인간이라는 명칭으로도, 또 인간성이라는 명칭으로도 표시되지만, 전술한 바와 같이 그것은 상이한 방법에 의한 것임이 분명하다. 왜냐하면, 인간이라는 이 명칭은 질료의 한정은 차단하지 않고, 오히려 — 앞에서 유는 종차를 내포한다고 말한 경우와 마찬가지로 — 내함적 및 비판명적으로 질료를 내포하고 있는 한, 인간의 본질을 전체적으로 표시하고 있기 때문이다. 바로 이 때문에, **인간**이라는 명칭은 개체의 술어가 되는 것이다. 그러나 **인간성**이라는 명칭은 인간의 본질을 부분적으로 의미한다. 왜냐하면, 그 의미 가운데에는 인간인 한에 있어서의 인간에 속하는 것만을 내포하고 있으며, 질료에서 오는 모든 한정을 차단하기 때문이다. 따라서 그것은 인간의 개체의 술어가 될 수 없다. 사정이 이렇기 때문에, **본질**이라는 명칭은 때로는 사물의 술어가 됨을 본다. 소크라테스는 일종의 본질이라고 보기 때문에. 또 때로는, 예컨대 소크라테스의 본질은 소크라테스가 아니라고 하는 경우에 있어서와 같이, 사물의 술어가 되지 않는 수도 있다.

4. 합성체의 본질과 유·종·종차

합성실체에 있어서 본질이 무엇을 의미하는가는 판명되었다. 이제 유·종·종차라는 개념과 본질은 어떤 관계를 갖는가를 살펴야 한다. 유·종·종차의 개념은 특정된 **이** 개물의 술어가 되는 것에 상응하기 때문에, 보편적 개념 즉 유나 종이 — 예컨대 인간성 또는 동물성이라는 명칭의 경우와 같이 — 부분이라는 의미로 표현된다면, 본질에 적합할 수는 없다. 그리하여 아비켄나는 "이성을 가지고 있다는 성질은, 종차가 아니라 종차의 원리다"라고 말한다. 이와 같은 이유로 해서, 인간성은 종이 아니며, 동물성도 유가 아니다. 플라토니스트들이 말하는 바와 같이, 본질이 개물 밖에 있는 어떤 것이라고 한다면, 그러한 본질은 유나 종의 개념과 합치한다고 주장할 수도 없다. 왜냐하면 그들이 말하는 바와 같이, 유와 종은 **이** 개물의 술어가 될 수 없기 때문이다. 사실 소크라테스는 소크라테스로부터 괴리된 어떤 것이 아니다. 이렇게 괴리시키는 일은 **이** 특정적 개물을 인식하는 데 아무런 효과도 없다. 따라서 결론으로 남는 것은, 유 또는 종의 개념이 — 예컨대, 인간 혹은 동물이라는 명칭에 있어서와 같이 — 전체라는 뜻으로 표현되는 한, 개물 가운데 있는 그 전체까지도 내함적 및 비판명적으로 포괄한다는 사정 하에, 본질과 합치한다는 것이다.

그러나 이렇게 이해된 본질에는 두 가지 뜻이 있다. 첫째는 본래적인 개념에 따르는 경우 즉 다른 것에 의존함이 없이 절대적으로 생각되는 경우인데, 이런 조건 하에서는 본질에 합치하는 것만이 그 본질에 관하여 참이라고 말할 수 있다. 그러므로 다른 어떤 것이 거기에 부가된다 하더라도 그러한 부가는 모두 허위다. 예를 들면 이성적인 것, 동물적인 것, 기타 인간의 정의 속에 들어오는 것들은 인간의 인간됨에 합치한다. 이와 반대로, 희다든지 검다든지 또는 인간성의 개념에 속하지 않는 것들은 인간의 인간됨에 합치하지 않는다. 그러므로 그런 의미의 본질이 하나일 수 있는가, 다일 수 있는가 하는 것이 문제될 경우, 우리는 그중의 어느 것도 용인해서는 안 된다. 왜냐하면, 양자는 다 인간성의 개념 밖에 있으며, 그러면서도 양자 다 인간성에 관해서 일어날 수 있기 때문이다. 인간성의 개념에 속한다면, 인간성은 결코 하나일 수는 없겠으나, 그럼에도 불구하고 인간성이 소크라테스 안에 현전하고 있는 한 **하나**의 인간성일 것이다. 이와 마찬가지로, 만일 하나라는 성질이 인간성의 개념에 속한다면, 그때 소크라테스와 플라톤의 본질은 **하나**로서 동일한 것이 되는데, 다수자 속에 다수화된다고 하는 것은 불가능한 일이다. 둘째의 본질은, 그것이 **이것** 또는 **저것**이라는 개물 속에 존재를 가지고 있는 한에서 고찰되는 본질이다. 이때는 본질을 가지고 있는 어떤 것의 성질이 우유적으로 진술(술어)된다. 가령, 희다는 것은 인간의 인간됨에는 합치하지 않건만 소크라테스가 희기 때문에 인간은 희다고 말하게 되는 경우와 같다.

_정의채(서강대학교 석좌교수, 몬시뇰) 옮김·주달기

8

쿠자누스

가려 계신 하느님

어느 비신자와 그리스도인 두 사람의 "가려 계신 하느님"에 관한 대화

1

[비]신자가 말문을 열었다: 나는 당신이 경의를 다해 엎드려 흐느끼지 않으면서도 진심으로 사랑의 눈물을 흘리는 것을 보았는데, 묻겠습니다. 당신이 누군지?

[그]리스도인이 답했다: 나는 그리스도인입니다.

[비] 당신은 누구에게 간구하는 것입니까?

[그] 하느님이지요.

[비] 당신이 간구하는 '하느님'이 누굽니까?

[그] 모릅니다.

[비] 모르는데 어찌 그다지 진지하게 간구하는 것입니까?

[그] 모르기 때문에 [이토록] 간구하는 것이지요.

[비] 모르는 그 누군가에게 마음을 빼앗긴 사람을 나는 이상하다(mirus)고 생각합니다.

[그] 스스로 안다고 여기는(se scire putat) 그 무언가에 마음을 빼앗긴 사람을 나는 더 이상하다(mirabilius)고 생각하지요.

[비] 어째서 그렇습니까?

[그] 왜냐하면 자신이 모르고 있음을 아는 것보다도 스스로 안다고 여기는 그것을 더 알지는 못하기 때문이지요.[1]

[비] [왜 그런지] 설명을 부탁합니다.

[그] 누구든 어떤 것을 스스로 안다고 생각하는 자는 [실제] 그 어떤

[1] 이에 대한 쿠자누스의 입장은 뒤에 소개되고 있다. 예컨대 '마치 눈먼 소경이 색깔에 대해 안다고 여기는 것'처럼 "어리석어" 보이는 소위 세상 사람들의 '상식 및 견문'에 비해 "하느님(신)에 대한 믿음"은 훨씬 더 확실하여 진리 안에(in veritate) 놓여 있다고 말이다.

것도 전혀 알려질 수 없겠기 때문에(cum nihil sciri possit), 나에겐 어리석어(amens) 보인다는 것입니다.

[비] 나에겐 '아무것도 알려질 수 없다'고 말하는 당신이 온통 정신 나간 것으로 보입니다.

[그] 지식(scientia)을 통해 진리를 통찰(通察)한다고 나는 생각합니다. [그런데] 스스로 안다고 말하는 자는 진리를 스스로 통달했다(veritatem se apprehendisse)고 말하는 셈이지요.

[비] 나도 그렇게 생각합니다.

[그] 그러면 어떻게 진리 자체를 통하지 않고 [스스로] 진리를 통달할 수 있을까요? 만일 통찰하는 자가 먼저 있고 그 뒤에 통찰되는 것이 있게 된다면, 결코 [진리를] 통달할 수는 없겠지요.

[비] 나는 그렇게 생각하진 않아요. [다시 말해] 진리 자체를 통해서가 아니라면 진리를 통달할 수 없다고 보진 않습니다.

[그] 당신은 [그와] 다르게(aliter) 또 다른 것을 통해(in alio) 통달할 수 있다고 생각하는 것입니까?

[비] 그렇습니다.

[그] 당신은 명백히 잘못 생각하고 있습니다. 왜냐하면 진리를 떠나(extra veritatem) 어떤 진리도 존재하지 않으며, 원형(圓形)을 떠나 어떤 원(圓)도 존재하지 않으며, 인간성을 떠나 어떤 인간도 존재하지 않기 때문이지요. 그러므로 결코 그(=진리)와 다르게 또 그와 다른 것을 통해 진리가 발견되지는 않을 것입니다.[2]

[2] 참고 Nikolaus, *De non-aliud*, Prop. X: "한정된 것이 한정된 것 외에 다른 것이 아닌 것임을 알아보는 사람은 또한 무한한 것이 무한한 것 외에 다른 것이 아닌 것임을 알아보며, 나아가 가시적인 것과 비가시적인 것, 셈할 수 있는 것과 셈할 수 없는 것, 측정 가능한 것과 측정 불가능한 것, 개념적인 것과 비개념적인 것, 상상 가능

2

[비] 그러면 어떤 인간이나 어떤 돌[石]이든 또 그 밖의 개별적인 것들이 어떻게 나에게 알려졌다는 것이오?

[그] 당신은 그것들에 대해 전혀 모르면서도 그러나 알고 있다고 착각하는 것입니다. 왜냐하면 만일 당신이 알고 있다고 여긴 그 어떤 것의 본질(quidditas)에 대해서 묻게 된다면, [정작] 당신이 (묻는) 그 어떤 인간 혹은 그 어떤 돌의 진리 자체를 형용할(exprimere) 수 없다는 사실을 수긍할 것이기 때문입니다. 한편 당신은 어떤 인간도 돌이 아님을 알고 있으나, 그것은 당신이 인간과 돌의 차이(differetntia)를 [엄밀히] 알아보는 그런 지식으로부터 유래한 것이 아니라, 우연적인 것(경험)들로부터, 곧 당신이 실제 구별해 내는 한에서 다양한 이름을 부여할 수 있게 해 주는 [저들의 서로 다른] 행동들 및 모습들의 다양함으로부터(ex diveristate) 유래한 것이겠지요. 구별해 내는 이성의 움직임이 [저마다에게] 이름을 부여하기에 말입니다.

[비] 진리는 하나입니까 아니면 여럿입니까?

한 것과 상상 불가능한 것, 이성적인 것과 비이성적인 것 등등 그와 같은 모든 것들에 대해서도 동일한 방식으로 이해할 수 있다. 나아가 '다른 것이 아니신 분'으로 표지되는 하느님을 한정된 것을 따라서도 혹은 무한한 것을 따라서도 규정할 수 없다는 사실을 깨닫는 사람은 또한 측정 가능한 잣대로나 더더욱 측정 불가능한 잣대로도 측정할 수 없고, 셈할 수 있는 수(數)의 척도로나 더더욱 셈할 수 없는 수의 척도로도 셈할 수 없으며, 그와 마찬가지로는 개념화할 수 없고, 상상할 수 없으며, 지적으로 파악할 수 없으며, 명명할 수 있는 그 어떤 이름으로는 물론 명명할 수 없는 이름으로도 명명할 수 없다는 사실을 알아보니, 이는 비록 하느님이 상기한 모든 방법 가운데 그 어떤 것이든지 또한 [달리] 일컬을 수 있는 또 다른 방법들 가운데 그 어떤 것이든지 그것들과 관련하여 다르게 취하지 않으실지라도 그러하다."

[그] 오직 하나일 뿐입니다. 오직 하나의 단일성/하나됨/일자(unitas)가 있을 뿐이며, 일자가 하나라는 것이 참인 만큼 진리는 일자와 일치하기 때문입니다. 수 안에서 하나의 일자 이외에는 발견되는 것이 없듯이, 그렇게 다수의 사물들 사이에서 하나의 진리 이외에는 발견되는 것이 없습니다. 전자의 경우 일자를 파악하지 못하는 사람은 수에 대해 알지 못하게 되고, 후자의 경우 진리를 일자 안에서 파악하지 못하는 사람은 아무것도 진정으로 알 수 없습니다. 그래서 설령 스스로 올바로 안다고 여기는 자일지라도, 그렇듯 스스로 안다고 생각하는 그것 자체가 더 올바로(verius) [자신을] 알릴 것이라고 아주 손쉽게 말할 수 있을 것입니다. 왜냐하면 가시적인 것은 당신이 본 것보다도 — 훨씬 더 예리한 눈이 더 올바로 볼 수 있는 것처럼 — 스스로가 그 자신을 더 올바로 [내]보일 수 있겠기 때문이지요. 그러므로 [어떤] 가시적인 것이 정말 존재하는 그대로 당신이 알아볼 수는 없지 않겠습니까! 그와 마찬가지로 듣는 것(청각)이나 그 밖의 감각들에 대해서도 말할 수 있겠지요. 그러나 만일 알려져 있으면서도 그로써 [올바로] 알려질 수 있는 그런 지식이 아니라면 그 모든 것은 올바로 알려지지 않은 것이니, 차라리 '그와 다르게 또 다른 방식으로' — 이때 다르게 또 다른 방식으로라는 말은 진리 자체가 알리는 방식과는 다른 방식으로서 [결국] 진리를 알리지 못한다는 것을 함의하겠는데 — 알려진다고 말해야겠지요(Sed cum onme id, quod scitur et non ea scientia, qua sciri potest, non sciatur in veritate, sed aliter et alio modo (aliter autem et in alio modo a modo, qui est ipsa veritas, non scitur veritas).). 이에 근거하여 나는 스스로 어떤 것을 올바로 알고 있다고 여김으로써 [정작] 진리를 외면하는 자를 어리석다고 하는 것입니다. 이는 [마치] 색깔에 대해 본 적이 없으면서도 다채로운 색깔들에 대해 스스로 안다고 여기는 소경처럼 어리석다고 판단되

지 않을까요?

3

[비] [당신 말대로] 만일 아무것도 알려질 수 없다면, 어떤 인간이 '깨달은(sciens) 자'일까요?

[그] 여기서 헤아리는 깨달은 자란 스스로 무지하다는 것을 아는(scit se ignorantem) 자요, 그래서 진리(자체) 없이는 아무것도 스스로 통달할 수 없음을 알 뿐만 아니라 스스로 존재하거나 살아가거나 인식하는 것도 불가능하다는 것을 알고 진리를 받드는(veneratur veritatem) 자일 것입니다.

[비] 그것(진리를 받든다는 것)은 혹시 당신을 간구하도록 끌어당긴 그것과 관련이 깊은가요? 그러니까 소위 진리 안에 존재하고자 하는 간절함(desiderium essendi in veritate) 말이오.

[그] 당신이 지적한 것이 맞습니다. 왜냐하면 나는 [간구하도록 나를 끌어당기시는] 하느님을 흠숭하는데, 그분은 당신과 같은 백성들이 자못 스스로 안다고 여기며 (이름을) 부르는 그런 분이 아니라, 형용할 수 없는 진리 자체로 계신 분이기 때문이지요.

[비] 형제여(frater), 청하거니와 당신이 진리 자체라고 여기는 '하느님'을 흠숭한다지만 우리 역시 진리 안에 계시지 않는 신이라면 기꺼이 공경하지 않을 것이니, 당신들과 우리 사이의 차이가 무엇인가요?

[그] 그 차이는 많습니다. 그러나 당장 한 가지 가장 큰 것을 말한다면, 우리는 절대적이고 혼합되지 않고 영원하면서도 형용할 수 없는 진리 자체를 공경하는 데 반해 당신들은 절대적으로 그 자체로 존재

하는 진리 자체가 아니라, 그의 [다양한] 작용을 통해 드러나는 것들에 사로잡혀 공경하기에, 절대적인 하나-됨이 아니라 수적으로 그리고 다양한 것들을 통해 하나-됨을 고려한다는 것이 크게 다르지요(non unitatem absolutam, sed unitatem in numero et multitudine.). 그로써 당신들은 그르치게 되었으니, 그것은 하느님과 하나인 진리(자체)가 [그 자체로가 아니면] 다른 것으로 소통될 수는 없겠기 때문입니다.

[비] 형제여, 또 청하거니와 당신이 당신의 신에 대해 사유하는(intelligere) 것을 나도 사유할 수 있을 때까지 나를 이끌어 주시오. 당신이 간구하는 그분에 대해 무엇을 아는지 나에게 답해 주시오.

[그] 나는 내가 알고 있는 그 모든 것이 하느님이 아니라는 사실과 나아가 내가 알아들은 모든 것이 그분과 같지 않고 오히려 그분 자신은 그 모든 것을 초월하여 계신다(exsuperare)는 사실을 알고 있습니다.

[비] 그렇다면 당신의 신은 무(nihil)인 셈이군요.

[그] 무(無)는 아닙니다. 왜냐하면 그러한 무 자체는 이미 '무'란 이름(nomen)을 가지고 있으니 말이오.

[비] 무가 아니라면, 그러면 결국 어떤 것(ailud)이란 말입니까?

[그] 어떤 것도 아닙니다. 왜냐하면 '어떤 것'은 '모든 것'(omne)이 아니기 때문이지요. 하느님은 '모든 것'이다 하고 말하기보다 '어떤 것'이다 하고 말하는 것이 더 그르치는 것입니다.

[비] 당신이 간구하는 신은 나에게 기이하게만 보입니다. '무'도 아니요, '어떤 것'도 아니라고 하니 말입니다. 결국은 인간의 그 어떤 이성도 파악하지 못한다는 말이군요.

[그] 하느님은 '무'나 '어떤 것'을 초월하십니다. 왜냐하면 무조차 그분께 복종하여 어떤 것으로 창조되기에 말입니다. 이는 곧 그분의 전지전능함을 가리킵니다. 그 능력으로써 존재하거나 존재하지 않거나

그 모든 것을 뛰어넘으시니, 존재하는 것이 그러하듯 존재하지 않는 것도 그분께 복종하지요. 왜냐하면 그분은 '비존재'(non-esse)를 존재 안으로 건너가게(ire in esse) 하며, 또한 존재를 비존재 안으로 건너가게 하시기 때문입니다. 그러므로 그분 자신은 그분 아래 놓여 있으면서 그분의 전지전능함으로 섭리되는 그 모든 것들 가운데 하나는 아닙니다. 또한 그런 이유로 모든 것들이 그분께로부터 생겨났기에 그분 외에 그런 것들 가운데 하나를 가지고 더 잘 말해 낼 수는 없을 것입니다.

[비] [당신이 믿는] 신의 이름을 부를 수 없다는 말인가요?

[그] 이름이 불린다는 것은 [그만큼] 작은 것입니다. 그에 비해 그분의 위대함(magintudo)은 결코 [낱낱이] 파악되지 않습니다. 그분은 [우리에게] 형용할 수 없는 채로 머물러 계시지요.

[비] 그러면 그분은 '형용할 수 없는'(ineffabilis) 분인가요?

[그] 그분은 '형용할 수 없는 분'도 아니랍니다. 그럼에도 형용할 수 있는 그 모든 것들을 초월하여 계시지요. 왜냐하면 그분은 일컬을 수 있는 그 모든 것들의 원인(causa)이시기 때문이지요. 그러니 [그분으로부터 생겨난 그 모든 것들 가운데] 어떤 이름을 그분에게 붙인다면, 어찌 이름 없이(sine nomine) 계신 그분께 합당할까요?

[비] 그렇다면 당신의 신은 형용할 수 없는 분이면서 동시에 형용할 수 있는 분이군요.

[그] 그것도 아닙니다. 왜냐하면 우리의 하느님은 모순의 근간이 아니라 그 모든 근간들에 앞서 단순하신 분(simplicitas ante omnem radicem)이기 때문이오. 그러니 그렇게, 다시 말해 형용할 수 없는 분이면서 동시에 형용할 수 있는 분이라고 일컬어서는 아니 되겠지요.

4

[비] 그러면 당신은 그분에 대해서 무엇을 말할 수 있습니까?

[그] (그분은) 불려진다고도 말하지 말고 안 불려진다고도 말하지 말며, 나아가 [모순처럼] 불려지면서 동시에 안 불려진다고 말하지도 말고, 차라리 일치나 모순을 따라 구별하거나 연결하여 말할 수 있는 그런 모든 것들이 그분의 무한하신 탁월함으로 말미암아(propter excellentiam infinitatis eius) 그분께 어울리지 않는다고 해야겠지요. 그로써 그분에 대해 형식적으로 생각할 수 있는 그 모든 것들에 앞선(ante) 하나의 원리(unum principium)로나 말할 수 있겠지요.

[비] 그렇다면 이제 당신의 신에겐 존재(esse)조차 어울리지 않는다는 것이군요.

[그] 당신은 제대로 말했습니다.

[비] 그러면 그것은 '무'지요.

[그] 무는 아닙니다. 왜냐하면 그분은 존재하지 않는 분도 아니며 더욱이 존재하거나 존재하지 않거나 하는 그 모든 것을 능가하기에, 차라리 존재하거나 존재하지 않는(essendi et non-essendi) 그 모든 원리들의 샘(fons)이요 기원(origo)이라고 보아야겠지요.

[비] 그러면 당신의 신은 '존재하거나 존재하지 않는 원리들의 샘'이군요?

[그] 아닙니다.

[비] 방금 전에 그렇게 당신이 말했을 텐데요.

[그] 내가 앞서 [긍정하여] 말한 것도 옳고 지금 내가 부정하여 말하는 것도 옳습니다. 왜냐하면 하느님이 그것들을 앞서 섭리하시는(praevenire) 한, 존재하거나 존재하지 않는 것들의 원리들이 어떻게든 존

재해야 할 것이기 때문입니다. 한편 '비-존재'(non-esse)는 존재하지 않는 원리가 아니라 존재하는 원리를 취해야겠지요. 왜냐하면 '비-존재'가 앞으로 존재하기 위해선 (존재)원리를 필요로 하기 때문입니다. 결국 '비-존재'가 [제] 원리 없이는 존재할 수 없다고 보기 때문에, 비-존재의 원리는 바로 그와 같다고 봅니다(Sed non-esse non habet principium non-essendi, sed essendi. Indiget enim non-esse principio, ut sit. Ita igitur est principium non-essendi, quia non-esse sine ipso non est.).

[비] 그러면 당신의 신은 진리가 아닐 수도 있다는 것인가요?

[그] 그것은 아닙니다. 다만 모든 진리에 앞서 계신다는 것이지요.

[비] [결국] 진리와는 다르다는 것 아닌가요?

[그] 그것은 아닙니다. 왜냐하면 그분에게 '다름'(alternitas)은 결코 어울리지 않겠기 때문입니다. 차라리 그분은 우리에게 진리로 이해되고 또 불려지는 그 모든 것들에 앞서(ante) 무한히(in infinitum) 탁월하신 분이지요.

[비] 당신들은 신을 가리켜 '하느님'이라고 부르지 않습니까?

[그] 그렇게 부릅니다.

[비] 그러면 당신들은 올바르게 말한 것인가요 아니면 잘못 말한 것인가요?

[그] 그 두 가지 가운데 하나도 아니며 그 둘 다도 아닙니다. 왜냐하면 우리는 '이것이 그의 이름이다' 하고 올바르게 말하지도 못할 뿐더러 잘못 말하지도 못하기 때문이지요. 그 까닭은 '이것이 그의 이름이다' 하고 말해도 그것이 잘못된 것만은 아니기 때문입니다. 또한 우리는 올바르게 말하면서 동시에 잘못 말할 수도 없습니다. 왜냐하면 그분의 단순하심은 [도대체] 이름이 불려질 수 있든 없든 그 모든 것들에 앞서 계시기(antecedere) 때문입니다.

5

[비] 어째서 당신들은 그분의 이름을 알지도 못하면서 '하느님'이라고 부릅니까?

[그] 그분의 완전성과 닮아있음 덕분이겠지요.

[비] 설명을 부탁합니다.

[그] '하느님'(Deus)은 [그리스어] θεωρώ(theoro)에서 비롯되었는데, 그것은 '내가 본다'(video)는 뜻이지요. 왜냐하면 하느님은 이미 우리의 활동영역(regio) 안에 계시면서 [우리가 보게 되는] 그 모든 색(色)의 영역을 [꿰뚫어] 보시리라고 믿기 때문입니다. 색깔은 눈(眼, visus)이 아니면 달리 알아보지 못하며 나아가 모든 색을 자유로이 알아볼 수 있으려면 이 때 눈의 중심에는 색깔이 없어야 할 것입니다. 그러므로 색의 영역에선 눈이 발견되지 않겠지요. 왜냐하면 눈엔 아무런 색이 없을 테니까요. 그런 점에서 색의 영역에서 눈은 '어떤 것'이라기보다는 오히려 '무'라고 해야겠지요. 왜냐하면 색의 영역은 자신의 영역 바깥에 존재하는 것을 전혀 알아보지 못하고, 다만 자신의 영역 안에 존재하는 그 모든 것(만)을 수긍할 터인즉, 거기엔 눈이 발견되지 않겠기 때문입니다. 그렇듯 눈은 색깔 없이 존재하므로 색의 영역에선 [무엇으로도] 일컬어질 수 없다고 해야겠지요. 왜냐하면 눈에게는 그 어떤 색의 이름도 어울리지 않을 테니까요. 그런데 한편 눈은 색을 구별하면서 모든 색에다 이름을 부여할 것입니다. 그런 점에서 색의 영역에 존재하는 모든 것(색)들의 지명(nominatio)이 눈에 달려 있는 셈이죠. 그러나 정작 그(눈)의 이름은 그런 모든 (색의) 이름과는 달리 '어떤 것(색)'이라기보다는 차라리 '무'로 이해해야겠지요. 그와 같이 눈이 가시적인 것(색깔)들에 대해 관련을 맺는 것처럼, 하느님 역시 그 모든

것(존재하는 것이든 존재하지 않는 것이든 그 모든 것)들에 대해 관련을 맺고 있다고 보아야 할 것입니다.

[비] 당신이 앞서 설명해 준 것이 마음에 듭니다. 나도 모든 피조물들의 영역 안에서 신이 발견되지 않고 또 그의 이름조차 부를 수 없다는 것을 똑똑히 알겠습니다. 또한 신이 우리가 알아들은 것들 가운데 어떤 것으로 수긍되기보다는 오히려 그 모든 개념들과는 멀리 떨어져 계신다(aufugere)는 사실을 납득하겠습니다. 왜냐하면 피조물들의 영역에서는 그분이 피조물의 조건들을 취하지 않으시는 만큼 발견되지 않겠기 때문이지요. 그것은 마치 복합적인 것들의 영역에선 비-복합적인 것(순수한 것)이 발견되지 않는 이치와 같을 것입니다. 그렇듯 불려지는 모든 이름들은 복합적인 것들에 속합니다. 복합적인 것들은 그 자체로부터 존재하지 않고 그런 복합적인 모든 것들에 앞서 존재하는 그것(원인?)으로부터 존재하겠지요. 또 설령 복합적인 것들의 영역이든 복합적인 모든 것들이든 그들이 그 자체로부터 지금 존재하는 그대로 존재하게 되었다손 치더라도, 신은 복합적인 분이 아니기 때문에 복합적인 것들의 영역에서는 인식되지 않는다고 보아야 할 것입니다. 그러므로 '하느님'은 세상의 모든 현자들의 눈에 가려 계신(absconditus) [탁월하신] 분으로서 세세대대로 찬양 받으실 것입니다.

_조규홍(한국중세철학회 회원) 옮김·주달기

9

데카르트

방법서설

이성을 잘 지도하고
학문에서 진리를 찾기 위한
방법에 관한 글

본 서가 한 번에 읽기에 너무 길다고 생각된다면 여섯 부분으로 나누어서 읽어도 좋다. 본서의 제1부는 학문에 관한 다양한 고찰을 다루었고, 제2부는 저자가 찾아낸 방법의 주요 규칙들을 다루었으며, 제3부는 저자가 이 방법으로부터 이끌어 낸 도덕규칙들을 다루었고, 제4부는 저자가 자신의 형이상학의 기초인바 신 존재와 인간 영혼 존재를 증명했던 근거를 다루었으며, 제5부는 저자가 탐구했던 일련의 물리학적 문제들, 특히 심장 운동과 같은 의학적 난제에 관한 설명과 인간의 정신과 동물의 정신 간의 차이 등을 다루었다. 그리고 마지막 제6부는 이제껏 존재하지 않았던 자연에 관한 탐구에서 우리가 더욱 앞으로 나아가기 위해 요구된다고 생각되는 몇 가지 사항과 저자가 본서를 쓰게 된 이유를 다루었다.

제1부

이 세상에서 그 어느 것보다도 가장 평등하게 분배되어 있는 것은 양식(良識, Le bon Sens)이다. 이는 우리들 각자는 자기 자신이 양식을 많이 갖고 있다고 생각하고 있고, 그리하여 다른 문제와 관련해서는 좀체 만족하기 어려운 사람조차도 대개 자신이 이미 갖고 있는 것 이상으로 양식을 갖고자 하지는 않는다는 점을 보면 알 수 있다. 이 점에서 사람들이 잘못 생각하고 있는 것 같지는 않다. 오히려 이는 제대로 판단하고 참과 거짓을 식별하는 능력, 즉 사람들이 양식 또는 이성(Le raison)이라고 고유하게 부르는 이 능력이 모든 인간에 자연적으로 평등하다는 것, 또 우리 의견들 간의 다양성은 어떤 사람이 다른 사람보다 더 이성적이기 때문에 발생하는 것이 아니라 단지 우리가 사유를 다양한 방식으로 이끌고 있기 때문에, 또 고찰 대상이 다르기 때문이라는 것을 알려준다. 왜냐하면 좋은 정신을 갖는 것으로는 충분치 않으며 중요한 것은 이 정신을 적용하는 것이기 때문이다. 가장 위대한 영혼은 가장 커다란 덕을 행할 수도 있지만 가장 커다란 악을 행할 수도 있다. 매우 천천히 걸어가는 사람이라고 해도 올바른 길만 쫓아간다면 올바른 길을 멀리하고서 달려가는 사람보다 더욱 많이 앞으로 전진할 수 있다.

나 자신에 관해 말하자면, 나는 내 정신이 보통 사람보다 조금이나마 더 완전하다고 여겼던 적이 한 번도 없다. 오히려 종종 나는 내가 남들만큼 민첩하게 생각하고 정확하고 뚜렷하게 상상하며 많은 것을 생생하게 기억할 수 있기를 희망했다. 내가 알기로 이런 특성들이야말로 정신을 완벽하게 만드는 것들이다. 왜냐하면 이성 내지 판단력을 보자면, 오직 이성 내지 판단력만이 우리를 인간으로 만들어 다른 야수와 구분시켜 준다는 점에서 나는 이성 내지 판단력은 우리들 각각에 온전하게 있다고 믿고 싶기 때문이다. 이 점에서 나는 철학자들의 통상적인 의견에 따른다. 철학자들은 말하기를, 많고 적음의 문제는 우연적인 것과 관련해서만 생기는 것이고 동일한 종에 속하는 개체들의 형상이나 본성과는 무관하다.

그러나 서슴없이 고백하건대, 내 생각에 나는 매우 운이 좋았다. 나는 젊은 시절에 어떤 길에 마주쳤는데, 이 길은 나를 몇 가지 고찰과 격률로 인도했고 나는 이 고찰과 격률로부터 하나의 방법을 만들어

내었다. 아마도 이 방법의 도움으로 지식을 점차 증진시키면 나의 지식은 나의 평범한 정신과 짧은 생이 허용하는 높이까지 점차 향상되리라고 생각된다. 이렇게 말할 수 있는 까닭은 내가 이미 이 방법을 사용하여 결실을 거두어들였기 때문이다. 나는 비록 나 자신에 대해 판단할 때에는 늘 거만한 쪽보다는 겸허한 쪽으로 기울고자 하며, 인간의 모든 행동과 사업을 철학자의 눈으로 보아 모두 다 헛되고 쓸모없다고 간주하지만, 진리 탐구에서 나 자신이 이미 이루어 낸 진보에 매우 만족해하고 있다. 또한 나는 장래에 대한 희망 역시 매우 커서 인간이 행하는 갖가지 직업들 중 정말로 좋고 중요한 것이 있다면 그것은 내가 선택한 바로 이 직업일 것이라고 생각한다.

물론 내가 잘못 생각하는 것일 수도 있다. 아마 내가 금이나 다이아몬드로 간주하는 것이 실은 구리나 유리에 지나지 않는 것일 수도 있다. 나는 우리가 우리 자신과 관련된 일에서 얼마나 잘못 알고 있을 수 있는지, 우리가 마음에 드는 친구에 대해 내리는 판단이 얼마나 의심스러운 것인지를 잘 알고 있다. 그러나 나는 이 서설에서 내가 좇았던 길을 보여줌으로써 나의 삶을 흡사 하나의 그림을 보듯이 제시할 터인데, 내가 이렇게 하는 까닭은 각자가 그 길에 관해 스스로 판단할 수 있게 함으로써 사람들이 그 길에 관해 어떻게 생각하는지를 알아내어 이를 이제까지 내가 사용해 왔던 수단들에 덧붙여 나 자신을 가르치는 새로운 수단으로 삼기 위해서다.

따라서 여기서 내 계획은 각자가 자신의 이성을 잘 지도하기 위해 좇아야만 하는 방법을 가르치려는 것이 아니다. 나는 단지 어떤 방법으로 내가 내 자신의 이성을 지도하려고 해왔는가를 보여주고자 한다. 남에게 교훈을 주고자 하는 사람은 교훈을 받는 사람보다 스스로를 더 유능하다고 평가해야 하는 법이다. 만약 교훈을 주고자 하는 사람이 실수를 저지른다면, 이 실수가 가장 미미한 문제에 관한 것이라고 해도, 그는 이 실수로 인해 비난될 수 있다. 그러나 나는 이 글을 단지 하나의 역사, 또는 당신이 괜찮다면, 하나의 우화로 제시할 뿐이다. 역사나 우화로서의 이 글에 나오는 어떤 본보기는 모방될 만한 것이지만 더 많은 다른 본보기는 추종하지 말아야 할 이유가 있는 것들이다. 이렇게 이 글을 단지 하나의 역사나 우화로 제시함으로써 나는 이 글이 그 누구에게도 해가 되지는 않으면서 어떤 사람들에게는 유용하기를, 그리하여 모든 사람이 내게 내 솔직함을 고마워하기 바란다.

나는 어렸을 때부터 학문을 접하면서 자랐다. 사람들이 나로 하여금 삶에 유용한 모든 것에 관한 명석하고 확실한 지식을 학문을 통해 얻을 수 있으리라고 믿게 했던 까닭에 나는 학문을 배우고자 하는 열렬한 욕구를 갖고 있었다. 그러나 공부 과정을 다 마친 후 남들처럼 식자(識者)의 반열에 끼게 되는 순간 내 생각은 통째로 바뀌었다. 나 자신이 너무나 많은 의심과 오류에 빠져 있다는 사실에 당황했기 때문이었다. 배우고자 노력했지만 내 노력은 자신의 무지를 점점 더 많이 발견하게 된 것 말고는 다른 아무런 이득도 갖다 주지 않았던 것으로 보였다. 그래도 나는 유럽에서 꽤 유명한 학교에 다녔다. 내 생각에 세상에 학식 있는 사람이 있다면 이 학교에서 찾아야 한다고 생각했을 정도였다. 나는 학교에서 다른 사람들이 배우는 것은 모두 다 배웠다. 또 나는 학교에서 가르치는 학문에는 만족하지 못하여 사람들이 가장 흥미진진하고 진귀하다고 여기는 것들에 관해 쓰여진 책은 손에 들어오는 대로 모두 다 하나도 빠짐없이 읽었다. 그러면서 나는 남들이 나에 관해 내리는 판단에 대해 알게 되었는데, 비록 우리 중에는 이미 선생님들의 후임자로 임명된 친구들도 있었지만 사람들은 나를 내 동료들보다 못하다고 평가하지는 않았다. 마지막으로 내 눈에 비친 현대는 앞선 그 어느 시대만큼이나 번창하는 세기이자 훌륭한 정신의 소유자들로 가득찬 시대였다. 이상이 내가 왜 다른 모든 사람들에 관해 나 혼자 자유롭게 판단하게 되었는지, 그리고 사람들이 이전에 나로 하여금 배우기를 열망하게 했던 가르침 따위는 이 세상에 존재하지 않는다는 결론을 내리게 되었는지에 관한 이유다.

하지만 나는 학교에서 가르치는 교과목에 대한 존경은 늘 지니고 있었다. 나는 학교에서 가르치는 언어는 옛날 책을 이해하기 위해 필수적이며, 유쾌한 우화는 사람의 마음을 일깨워 주고, 기억에 남을 행적을 기록한 역사책은 마음을 고양시키고 만약 분별력 있게 읽는다면 판단력 형성에 도움을 준다는 것을 알고 있다. 또한 좋은 책을 읽는다는 것은 책의 저자이기도 한 지난 세기의 가장 성실한 사람들과 나누는 대화, 그것도 저자가 자신의 생각들 중 가장 좋은 것들만을 보여주는 진지한 대화다. 또한 웅변에는 비할 데 없는 힘과 아름다움이 있으며, 시에는 마음을 빼앗는 섬세함과 달콤함이 있고, 수학에는 기술의 발전을 촉진하여 인간의 수고를 줄이는 데 적잖이 기여하는 동시에 호기심 강한 이들을 만족시켜 주는 매우 미묘한 고안물들이 있다. 또한 도덕을 다루는 책에는 매우 유용한 많은 가르침과 덕에 대한 권장이 담겨 있으며, 신학은 천국에 가는 길을 가르쳐 주고, 철학은 모든 것에 관해 흡사 진리인 양 보이는 것을 말하여 무지한 이들로부터 존경을 얻는 수단을 제공해 준다. 법학과 의학 등의 학문은 이것들을 연마하는 사람에게 명예와 부를 갖다준다. 끝으로 이들 학문을 연구하는 것은 좋은 일이다. 아무리 미신으로 가득 찬 거짓 학문이라고 해도 그 정당한 가치를 알게 되어 속지 않기 위해서는 연구해 보는 것이 좋다.

그러나 나는 나 자신이 이미 언어를 공부하고 옛날 책을 읽는 데, 역사와 이야기를 공부하는 데 충분한 시간을 들였다고 본다. 다른 시대와 교제하는 것은 흡사 여행하는 것과 같다. 여러 민족의 풍습을 아는 것은 우리 자신의 풍습을 더욱 건전하게 판단하는 데, 그리고 마치 과문한 사람들이 생각하듯이 그렇게 우리가 사는 방식에 상반되는 것은 모두 다 부조리하다거나 이성에 반하는 것이라고 생각하지 않도록 하는 데 좋은 일이다. 그러나 여행에 지나치게 많은 시간을 투자하다 보면 정작 자기 나라에서는 이방인이 되는 법이다. 과거에 행해진 일에 지나친 호기심을 갖는 사람은 현재 행해지는 일에 대해서는 대개 매우 무지한 자로 남게 된다. 게다가 우화는 가능하지 않은 많은 사건을 가능한 사건으로 상상하게끔 한다. 심지어 가장 진실성 있는 역사책이라고 해도, 그리고 사건을 더욱 읽을 만하게 만들기 위해 사건의 가치를 왜곡하거나 과장하지는 않는다고 해도, 저열하고 덜 혁혁한 사정은 늘 빼먹기 마련이다. 그리하여 현재 남아 있는 역사란 있는 그대로의 실재와는 다른 모습이다. 따라서 자신의 행동거지를 역사적인 사례를 통해 규제하고자 사람은 로망스에 나오는 방랑기사의 황당무계함에 빠져 자신의 힘에 부치는 일을 계획하기 쉽다.

나는 웅변을 매우 높이 평가했고, 시학을 사랑했다. 하지만 내 생각에 이 둘은 정신의 타고난 소질이지 연구의 결실은 아니었다. 비록 브르타뉴 사투리로밖에는 말하지 못하고 수사학을 배워 본 적이 없는 사람이라도 가장 힘있게 논증하는 사람, 즉 자신의 생각을 명쾌하고 알아들을 만하게 잘 전개하는 자는 자신의 주장을 설득력 있게 제시할 수 있다. 시학의 기예는 알고 있지 못해도 사람을 즐겁게 하는 생각을 최대한 꾸며 달콤하게 표현할 줄 아는 사람은 늘 최상의 시인이다.

나는 무엇보다도 수학에서 논증의 확실성과 명증성으로 인해 기쁨을 느꼈다. 하지만 나는 아직 수학의 진정한 쓰임새는 전혀 깨닫지 못했다. 수학의 쓰임새가 기계학에 국한된다는 점을 볼 때 나는 사람들이 이토록 굳건한 토대 위에 더욱 숭고한 건물을 짓지 않는다는 사실에 놀라움을 금치 못했다. 하지만 나는 수학의 경우와는 반대로 도덕을 다루는 고대 이교도들의 책들이란 한갓 모래와 진흙 위에 지어진 가장 화려하고 장엄한 궁전과 다를 바 없다고 생각했다. 그 책들은 덕들을 최상으로 간주하여 이 세상에서 가장 가치있는 것으로 보이게끔 하지만 덕들을 깨닫기에 충분한 가르침을 주지는 않으며, 덕이라는 미명 하에 자주 무정함이나 교만, 좌절, 부친살해를 거론한다.

나는 신학을 존경했고, 남들과 마찬가지로 천국에 가기를 바랐다. 하지만 천국에 가는 길이 가장 박학한 자에게나 무지한 자에게나 똑같이 열려 있으며 우리를 천국으로 이끄는 계시 진리는 우리의 지성 너머에 있다는 것을 가장 확실하게 파악하고 나서는 나는 계시 진리를 감히 내 미약한 추론능력 하에 두어서는 안 된다고 생각했다. 나는 우리가 계시 진리를 성공적으로 검사하기 위해서는 하늘로부터의 특별한 도움을 얻어 인간을 넘어서야 한다고 생각했다.

철학에 관해 할 말은 별로 없다. 단지 나는 그토록 오랜 세월 동안 가장 탁월한 정신의 소유자들이 철학을 연구했음에도 어느 것 하나 논쟁의 대상이 아닌 것이 없고 의심스럽지 않은 것이 없음을 보면서 나는 내가 철학에서 남들보다 더 잘 성공할 수 있으리라는 희망은 전혀 갖지 않았다. 진리란 하나 이상 있을 수 없음에도 같은 문제에 대해 매우 다양한 견해가 있을 수 있고 또 이 견해 모두가 식자들에 의해 지지된다는 것을 고려해 보고 나서 나는 단지 개연적인 것 모두를 거의 거짓과 다름없는 것들로 간주했다.

다음으로 철학에서 그 원리를 빌려오는 여타의 학문들에 대해 보자면, 나는 이토록 굳건하지 못한 철학을 토대로 삼아서는 그 누구도 공고한 건물을 지을 수 없다고 생각했다. 또 이들 학문이 보장하는 명예나 부는 나로 하여금 그것들에 종사토록 하는 계기가 되지 못했다. 신의 은총 덕택으로 나는 재산 증식을 위해 학문을 업으로 삼지 않아도 되었다. 또한 나는 비록 시닉학파처럼 영광을 경멸하노라고 대놓고 공언하지는 않았지만 오직 허명(虛名)을 통해서만 얻을 수 있는 것에 대해서는 아무런 존경심도 갖고 있지 않았다. 마지막으로 사이비 교설에 대해 말하자면, 나는 내가 이것들을 잘 알고 있고, 그리하여 연금술사의 약속이나 점성술사의 예언, 마술사의 속임수, 그밖에 알지 못하는 것을 안다고 공언하는 사람의 술수나 허풍에 속지 않는다고 생각했다.

이상이 왜 내가 나이가 차서 더는 선생님에게 복종하지 않아도 되자 곧 공부를 그만두었는지에 대한 이유다. 나는 나 자신 안에서 발견되는 학문 이외의, 적어도 세상이라는 커다란 책 안에서 발견되는 학문 이외의 다른 학문은 추구하지 말자고 결심했다. 나는 내 남은 젊은 시절을 여행하는 데 썼다. 나는 궁정과 군대를 보았고, 다양한 기질과 상황의 사람들과 교제했으며, 다양한 경험을 쌓았고, 운명이 마련해주는 만남 가운데에서 나 스스로를 시험했으며, 마주치는 일들에서 어떤 이득을 이끌어 낼 것인가를 늘 궁리했다. 내가 나의 젊은 시절을 이런 일들에 썼던 까닭은 내가 보기에 진리는 학자가 서재 안에서 행하는 추론보다는 각자가 자신에게 중요한 사건, 즉 만약 잘못 판단하게 되면 그로 인해 곧장 벌이 내려지는 사건에 관해 행하는 추론에 더욱 많이 담겨 있기 때문이다. 학자의 논증이란 아무런 효과도 낳지 않는 사색에 관한 것이고, 이 사색이란 그것이 상식과 동떨어지면 질수록 그것을 그럴 듯하게 만드는 데 더 많은 정신과 기예가 동원되므로 더 많은 허영심을 가질 수 있다는 점 외에는 학자 자신에게는 전혀 중요하지 않다. 또한 내게는 진리와 허위를 구분할 수 있게 되고자 하는 넘치는 욕구가 늘 있었다. 이는 선명하게 보면서 행동하고, 삶에서 확신을 갖고 전진하기 위해서였다.

사실 나는 남들이 어떻게 사는지를 고찰하는 동안 확신이 가는 것은 전혀 발견하지 못했다. 이전에 철학자들의 의견에서 보았던 다양성을 여기서도 목격했다. 이 고찰에서 얻은 가장 큰 유익은 비록 우리 눈에는 매우 이상하고 우스꽝스럽게 보일지라도 다른 큰 나라에서는 흔한 것으로 수용되고 승인되는 많은 것이 있다는 사실을 깨달으면서 나 자신 실례와 관습을 통해 설득된 것을 맹신하지 않는 법을 배운 것이다. 이렇게 하여 나는 점차 나 스스로를 오류로부터, 우리의 자연적인 빛을 흐리게 하여 우리로 하여금 이성에 덜 기울이게끔 만드는 오류로부터 해방시켰다. 하지만 이렇게 몇 해인가를 세상이라는 책에서 공부하고 경험을 쌓는 데에 보내고 난 어느 날 나는 나 자신에 대해서도 연구해야겠다고, 앞으로 내가 가야 할 길을 선택하는 데 모든 정신력을 기울여야겠다고 결심했다. 만약 내가 조국과 책을 한 번도 떠나본 적이 없었다면 이러한 일들에서 그렇게 많은 성공을 거두지 못했을 것이라고 생각한다.

제2부

나는 그때 독일에 있었다. 아직 전쟁이 끝나지 않은 덕분에 나는 독일에 소환되어 가 있었다. 황제 대관식을 마치고 군대로 복귀하는 중에 마침 겨울이 시작되었고 나는 그만 막사에 갇힌 신세가 되었다. 관심을 끌만한 교제도 없었고, 혼란스럽게 하는 걱정이나 정념도 다행히 없었다. 나는 화로가 놓인 방에 홀로 들어앉아 온종일을 보내면서 매우 한가롭게 생각에 잠겼다. 맨 처음에 든 생각은 다음과 같은 사실을 고려해 보자는 것이었다. 즉 여러 조각으로 구성되고 여러 장인의 손으로 만들어진 작품은 한 사람이 노고를 기울여 만든 작품보다 그 완전성에서 떨어진다. 따라서 여러 명의 건축가가 달라붙어 각기 다른 용도로 지어진 벽들을 수리하여 세운 건물보다는 한 명의 건축가가 계획하고 세운 건물이 대개는 더욱 아름답고 질서 정연하다.

마찬가지로 애초에는 촌락에 불과하던 것이 시간이 흘러 크게 된 고도(古都)는 한 명의 설계자가 자신의 상념을 쫓아 구상한 계획도시와 비교했을 때 대개의 경우 그 짜임새에서 떨어진다. 전자는 부분적으로 하나하나 보자면 후자에 못지않거나 더 많은 기술을 과시한다. 하지만 크고 작은 건물이 뒤섞여 있는가 하면 거리는 비좁고 구불구불하다. 도시가 이런 배치를 갖게 된 것은 이성을 사용하는 사람의 의지를 통해서가 아니라 우연을 통해서라고 말할 수 있을 것이다. 개인 소유의 건물들을 감독하여 도시 전체의 미관에 기여하는 임무를 맡은 공무원이 늘 있었음에도 이런 일이 발생한다는 점을 생각해 보면, 우리는 다른 사람이 이미 만들어 놓은 것을 갖고 정말 완전한 것을 만들어 내기란 얼마나 어려운 일인지 알 것이다. 또 나는 이전에는 반(半)야만 상태였다가 점차 문명화되면서 범죄와 분쟁이 발생할 때마다 필요에 의해 법률을 제정해 왔던 민족은 아예 처음 사회를 형성할 때부터 지혜로운 입법자가 고안한 헌법을 준수해 온 민족만큼 그렇게 잘 규율 잡히지는 못할 것이라는 생각을 했다. 이는 신이 단독으로 율법을 만든 참된 종교가 확실히 여타의 종교보다 비교할 수 없을 정도로 질서 정연한 것과 같다. 또한 인간사에 대해 보자면, 나는 스파르타가 초기에 매우 번창했던 것은 스파르타의 법률 하나하나가 탁월해서가 아니라 —사실 스파르타의 많은 법률은 기묘하고 비도덕적이기까지

했다 — 한 사람에 의해 단일한 목표를 위해 입법되었기 때문일 것이라고 생각했다. 또한 나는 이와 마찬가지로 책에 나오는 수많은 개인에 의해 점진적으로 집적되어 개연적인 추론만 있을 뿐 논증은 없는 학문은 한 명의 상식인이 스스로에게 현전하는 바를 직접 주시하면서 행하는 단순한 추론보다 진리에 덜 가깝다는 생각을 했다. 또한 나는 우리들 모두는 어른이 되기 전까지는 어린아이였으며, 오랜 동안 욕망과 선생님들의 지배 — 우리의 욕망과 선생님들의 가르침은 서로 어긋났으며, 양자가 항상 우리에게 최선의 것을 충고해 준 것은 아니었다 — 를 받아야 했으므로, 우리의 판단력은 만약 우리가 태어날 때부터 이성을 완전하게 사용하여 오직 이성에 의해서만 이끌리는 것보다 뛰어나거나 공고하기는 거의 불가능하다는 생각을 했다.

사실 우리는 도시의 모든 주택을 재건하여 시가지를 아름답게 만들고자 주택을 허무는 경우는 찾아볼 수 없다. 하지만 붕괴 위험이 있고 토대가 안전치 않은 경우 많은 사람들이 하는 수 없이 재건축을 하기 위해 주택을 허무는 것은 자주 본다. 이런 예에 비추어 보았을 때, 나는 한 개인이 국가의 모든 토대를 바꾸어 재건축을 하기 위해 전복시키는 방식으로 개혁하고자 하는 계획을 세우는 것은 전혀 설득력이 없다고 확신했다. 또한 나는 한 개인이 학문 전체 또는 학교에서 학문을 가르치기 위해 확립된 질서를 개혁하려는 계획을 세운다는 것 역시 전혀 아무런 설득력이 없다고 확신했다. 그러나 내가 그때까지 믿어 왔던 모든 의견에 대해 말하자면, 이 의견들을 일단 없앤 후 다른 더 좋은 의견들을 받아들이거나 아니면 이전의 의견을 이성의 수준에 맞게 조정하여 다시 받아들이는 작업에 착수하는 것이 나로서는 가장 잘 할 수 있는 일이었다. 나는 이렇게 함으로써 내가 어린 시절에 설득되었던 원리들이 진리인지의 여부를 한 번도 검사해 보지 않고 그것들에게 의존하는 것보다 내 삶을 더 잘 성공적으로 이끌 수 있을 것이라고 굳게 믿었다. 그 까닭은 나는 비록 이 일에 여러 난점이 뒤따른다는 것을 깨닫기는 했지만, 이 난점들이 결코 치유책이 없는 것은 아니었고, 또 공공 업무와 관련된 사소한 일들의 개혁에서 발견되는 난점들과는 비할 바가 아니었기 때문이었다. 대규모의 공조직은 일단 무너지면 다시 세우기도 어렵거니와 한번 흔들거리면 그대로 유지하기도 어려우며, 그 전복은 황량한 결과만을 낳을 뿐이다. 공조직의 결함—공조직이 매우 여러 가지라는 사실만 보아도 우리는 많은 공조직에 결함이 있음을 충분히 확신할 수 있다—에 대해 보아도, 비록 공조직에 결함이 있다고 해도 조직의 이용은 결함을 많이 완화시켜 또한 우리가 숙고를 통해서는 할 수 없을만치 상당한 정도로 부지불식간에 결함을 피하고 교정하여 결국 공조직의 결함은 거의 언제나 결함의 변경보다 더 견딜만한 것이게 된다. 이는 마치 산을 빙 에워가는 큰 길도 사람들이 많이 지나다니다 보면 점차 평탄해져서 결국에는 그 길을 택하는 것이 직선 경로를 택해 암벽을 기어오르고 절벽을 내려가는 것보다 훨씬 나은 것과 같다.

이것이 내가 조용할 날 없는 선동가들을 왜 조금도 인정할 수 없는지에 대한 이유다. 이들은 태어난 신분이나 운명의 여신의 도움으로는 공무에 소명되지 못했으면서 항상 공사를 새로이 개혁하려는 생각을 갖고 있다. 만약 본 서에서 이런 종류의 어리석음이 조금이라도 의심되는 구석이 발견된다면, 나는 본 서가 출판되는 것을 매우 유감스럽게 생각했을 것이다. 나의 계획은 나 자신의 생각을 혁신하여 전적으로 나의 것인 토대 위에 세우는 것을 결코 넘어서지 않는다. 비록 나 스스로 본 서에 만족하며 또한 독자가 본 서에서 하나의 모델을 보기를 원하지만, 그렇다고 내가 그것을 모방하라고 충고하는 것은 아니다. 신의 은총을 더 많이 받은 사람은 더욱 원대한 계획을 가지겠지만, 나는 본 서의 계획조차도 많은 사람에게는 매우 어렵지 않을까 하는 걱정을 갖고 있다. 이전까지 자신이 믿었던 모든 견해를 떨쳐 버리겠다는 결심은 그 하나만으로도 모든 사람이 따라야 하는 모델은 아니다. 세상에는 이런 결심이 전혀 어울리지 않는 두 종류의 정신의 소유자들이 있다. 첫번째 종류의 사람들을 보면, 이들은 자신을 실제보다 더 유능하다고 믿는다. 이들은 성급한 판단을 내리는 것을 자제하지 못하고, 자신의 생각을 질서정연하게 지도하기 위한 충분한 인내심도 갖지 못한다. 일단 자신이 이전까지 받아들였던 모든 원리를 의심하여 통상적인 길을 버리는 자유를 누리게 되면, 이들은 더 곧은길로 가기 위해 택해야 하는 오솔길을 유지할 수 없게 되어 일생 동안 길을 잃고 헤맨다. 또 다른 종류의 사람들은 자신이 진리와 허위를 구분하는 데 유능하지 않다는 것을 판단할 정도의 이성과 중용은 갖고 있는 사람들이다. 이들은 진리와 허위를 구분하는 법을 자신보다 유능한 자들로부터 교육받을 수 있으며, 스스로 더 나은 의견을 탐구하기보다는 이런 자들의 의견을 따르는 데 만족해야만 한다.

나 자신에 대해 말하자면, 만약 내가 여러 선생님들로부터 배워 본 적이 없었거나 학식 있는 사람들 간에 항상 존재하는 의견 차이에 대해 알지 못했다면, 나는 확실히 두 번째 부류에 속했을 것이다. 그러나 나는 아무리 상상할 수 없을 정도로 기이하고 믿기 어려운 것이라고 해도 이미 어떤 철학자에 의해서인가는 말해졌다는 것을 대학시절에 깨달았다. 또 대학을 졸업한 후 여행하면서 우리와 정반대인 생각을 가진 사람들 모두가 야만적이라거나 원시적이지 않으며, 오히려 많은 경우 우리와 똑같은 정도로, 또는 더 많이 이성을 사용한다는 것을 알았다. 나는 동일한 영혼의 소유자가 어렸을 때 프랑스인이나 독일인에 의해 양육되는 경우 중국인이나 식인종에 의해 양육되는 경우와 얼마나 다르게 될 것인지, 그리고 우리가 옷 입는 방식에서도 십 년 전에는 우리를 즐겁게 했고 아마도 앞으로 십 년이 지나가기 전에 다시금 우리를 즐겁게 함 직한 것이 현재 우리 눈에는 얼마나 기묘하고 우스꽝스럽게 보이는지를 생각해 보았다. 그리하여 우리를 설득하는 것은 확실한 인식이 아니라 관습이나 사례이며, 또한 찾아내기 어려운 진리는 모든 사람이 아닌 한 사람에 의해 발견될 가능성이 더 크므로 진리의 증거가 되지 못한다고 생각했다. 하지만 나는 여타의 그러한 의견보다 선호할 만한 것으로 보이는 의견의 소유자를 찾지 못했고, 어쩔 수 없이 나 스스로가 나를 지도하는 일에 착수하게 되었다.

하지만 나는 어둠 속에서 홀로 걸어가는 사람처럼 천천히 가기로, 모든 것을 의심의 눈길로 살펴보기로, 그리하여 조금씩밖에는 전진하지 못한다고 해도 적어도 넘어지지 않게끔 나 자신을 지킬 것을 결심했다. 또한 나는 충분한 시간을 들여 내가 시작하려는 일의 계획을 세우기 전까지는, 그리고 나의 정신이 도달할 수 있는 모든 인식에 도달하기 위한 참된 방법을 탐구하기 전까지는 이성을 통해 검토되지 않은 채 내게 가르쳐지고 믿어졌던 견해들 중 그 어느 하나라도 거부하는 일을 시작하지 않았다.

젊은 시절에 나는 철학의 여러 분야 중 논리학을, 수학에서는 분석기하와 대수를 조금씩 공부했다. 이 세 가지 기예 내지 학문은 분명히 내 계획에 무엇인가 기여할 것처럼 보였다. 하지만 이들 학문을 검토하면서 나는 다음과 같은 점들에 주목했다. 우선 논리학에 대해 보자면, 삼단논법 및 대부분의 지침들은 무엇인가를 새로이 알아내는 데보다는 자신이 이미 알고 있는 것을 남에게 설명하는 데, 달리 말하자면, 룰루스 기법에서와 같이 자신이 모르는 것에 대해 아무런 진위 판단 없이 말하는 데 적합하다. 물론 논리학에는 정말 참되고 좋은 가르침이 많이 담겨 있다. 하지만 이런 가르침들은 아무런 쓸모없는 피상적인 가르침들과 섞여 있어서 이것들을 분리해 내기란 마치 다듬어지지 않은 대리석에서 다이아나나 미네르바의 결을 끄집어 내는 것만큼이나 어려운 일이다. 다음으로 고대 분석기하 및 현대 대수에 대해 보자면, 이것들은 추상적인 문제에만 한정되어 있고 도대체 아무 쓸모도 없는 것같이 보인다는 점 외에도 분석기하에서는 항상 도형을 고려하도록 되어 있어서 지성의 사용에서 우리의 상상력을 많이 지치게 한다는 결함을 갖고 있다. 현대 기하를 보자면, 이제까지 사람들이 만들어 낸 기하는 정신을 계발하는 학문이 아니라 규칙과 부호에 종속되어 그만 정신을 당황스럽게 만드는 혼란스럽고 불명료한 기예였다.

이상의 이유로 해서 나는 이 세 학문 각각의 이점은 갖고 있으면서도 그 결함으로부터는 면제된 다른 방법을 찾아야겠다고 생각했다. 나는 마치 법조문의 수가 많은 경우 대개는 사악함에게 변명거리를 마련해 주는 결과를 초래할 뿐이고 오히려 소수의 법조문이 매우 엄격히 준수될 때 국가가 더 잘 다스려지기 마련이듯이 한 번이라도 지키기를 게을리 하지 않겠다고 굳게 결심한다면 논리학의 수많은 지침 대신 다음 네 가지 지침으로 충분하다고 생각했다.

첫번째 지침은 명증하게 진리라고 인식하지 않은 것은 그 어느것도 진리로 받아들이지 말라는 것이다. 다시 말해서, 경솔함과 편견을 조심스레 피하여, 다른 기회가 와도 의심할 수 없을 정도로 정신에 명증하고 판명하게 나타나는 것만을 판단에 포함하라는 것이다.

두 번째 지침은 검토 대상인 각각의 난문을 더 잘 해결하기 위해서는 가능한 한 부분들로 필요한 만큼 나누라는 것이다.

세 번째 지침은 생각을 다음 방식으로 질서 있게 지도하라는 것이다. 즉 가장 단순하고 인식하기 쉬운 대상에서 시작하여 조금씩 점진적으로 가장 복합적인 것에 관한 인식에 도달하라, 그리고 자연적으로는 서로 전혀 앞서거나 뒤서거나 하지 않는 것들 중에도 이러한 선후 질서를 상정하라는 것이다.

마지막 지침은 하나도 빠트리지 않았다고 확신할 수 있을 정도로 매우 완전하게 열거하고 일반적으로 재검토하라는 것이다.

나는 어려운 기하학 문제의 증명에서 늘 가장 단순하고 쉬운 추론이 연이어진다는 것을 깨닫고는 인간 인식에 들어오는 것들 모두는 이와 동일한 방식으로 연결되어 있다고, 우리가 진리가 아닌 것은 진리로 받아들이지 않고 항상 하나에서 다른 하나를 이끌어 내는 질서를 지킨다고 전제했을 때 결국 우리가 발견하지 못할 만큼 깊숙이 숨겨진 진리는 없을 것이라고 생각했다. 또한 나는 어디에서 시작해야 할지를 탐색하는 수고는 하지 않아도 되었다. 나는 가장 단순하고 가장 쉽게 인식되는 것에서 시작해야 한다는 것을 이미 알고 있었다. 과거에 학문에서 진리를 찾아낸 이들은 오직 증명을 발견할 수 있었던 수학자들에 국한된다는 점을 고려했을 때 나는 수학자들이 검토했던 바로 그것들에서 내가 시작해야 한다는 것을 전혀 의심하지 않았다. 이를 통해 내가 원했던 유익은 오직 나의 정신을 진리가 스스로 나타나는 데 익숙하게 하고, 허위 추론에 만족하지 않게 하는 것뿐이었다. 그렇다고 내가 사람들이 흔히 수학으로 거론하는 모든 개별 학문을 파악하고자 했던 것은 아니었다. 나는 수학의 개별 분야가 비록 그 대상에서는 다르지만 다양한 관계 내지 비례만을 고려한다는 점에서는 모두 일치한다는 사실에 주목했다. 나는 내가 비례의 일반적인 측면만을 검토하는 것이 좋겠다고, 그리하여 비례에 관한 인식을 쉽게 얻도록 도움을 주는 대상 안에서만 비례를 고찰하는 것이 좋겠다고, 하지만 나중에 내가 비례를 그것이 어울리는 또 다른 대상에 더 잘 적용할 수 있기 위해서는 비례를 오직 이렇게 비례에 관한 인식에 도움을 주는 대상에만 국한시키지는 말아야 한다고 생각했다. 또한 나는 우리가 비례를 인식하기 위해서는 각각의 비례를 하나하나 마음에 담아두거나 여럿을 함께 파악할 필요가 있다는 점에 주목했다. 나는 각각의 비례를 더 잘 파악하기 위해서는 비례를 선분을 통해 상정해야 한다고 생각했는데, 이는 선분보다 단순한 것은 발견하지 못했거니와 선분은 내가 상상과 판단력에 가장 판명하게 재현할 수 있는 것이었기 때문이었다. 다른 한편 나는 비례를 마음에 담아두거나 여럿을 함께 파악하기 위해서는 가능한 한 가장 짧은 기호를 통해 설명해야 한다고 생각했다. 이상과 같이 함으로써 나는 분석기하와 대수로부터 각각의 이점은 차용하면서 각각의 결함은 수정한다고 생각했다.

실로 감히 말하건대, 나는 내가 택했던 위의 몇 안 되는 지침을 통해 이 세 학문이 적용되는 모든 문제를 쉽게 해결했고, 이들 문제를 검토하는 두세 달 동안 가장 단순하고 일반적인 것에서 출발하여 앞서 발견한 각각의 진리를 나중에 다른 진리를 발견하는 데 사용하면서, 이전에는 정말 어렵다고 판단했던 여러 가지 문제를 해결했을 뿐 아니라 마지막에 가서는 답을 모르는 문제에서도 어떤 수단을 통해 어느 정도까지 해결할 수 있는가를 결정할 수 있을 정도까지 되었다. 아마도 독자는 내가 이 점에서 공연한 호기를 부리고 있다고 여기지는 않을 것이다. 진리는 오직 하나만 있지만 누구든 진리를 발견하는 사람은 인간이 진리에 관해 알 수 있는 모든 것을 알고 있는 것이다. 예를 들어 셈을 배우는 아이가 셈 규칙에 따라 차근차근 더했다면 아이는 자신이 검토하고 있는 합과 관련해서 인간 정신이 발견할 수 있는 모든 것을 발견했노라고 스스로 확신할 수 있다는 점을 생각해 본다면 말이다. 참된 질서를 쫓는 것을 가르치고, 탐구 대상의 모든 사항을 정확히 열거하는 것을 가르치는 방법은 셈 규칙에 정확성을 부여하는 모든 것을 담고 있기 때문이다.

그러나 내가 이 방법에서 가장 만족스러웠던 점은 이 방법을 통해 내가 나의 이성 모두를 비록 완전하게는 아니더라도 적어도 내 능력에 닿는 최선으로 사용한다는 것을 확신했다는 점이었다. 더 나아가 나는 실제로 나의 정신이 점차 대상을 더욱 깨끗하고 더욱 판명하게 개념화하는 데 익숙해지는 것을 느꼈다. 또한 나는 이 방법을 특수한 문제에 국한시키지 않고 기하학의 난제에 적용하는 것만큼이나 유익하게 다른 학문의 난제에도 적용할 것을 기약했다. 그렇다고 내가 눈앞에 보이는 모든 난제를 검토하고자 했던 것은 아니다. 그렇게 하는 것은 방법이 처방하는 질서에도 어긋나는 일이다. 대신 나는 이들 학문의 원리들은 전부 철학에서 차용된 것들이지만 철학에 확실한 아무것도 발견되지 못한다는 사실에 주목했다. 그리하여 나는 무엇보다도 우선 철학에 확실한 것을 세워야 한다고 생각했다. 또 이 일은 이 세상에서 가장 중요한 일이고, 이 일에서는 경박함과 편견이 가장 경계되어야 할 것들이므로, 그때 나이 스물셋이던 나는 성숙한 나이가 되기 전까지는 이 일을 시작하는 것을 미루어야 한다고 생각했다. 그리하여 나는 내가 여태 받아들였던 모든 그릇된 의견을 마음에서 뿌리째 뽑아 버리고 스스로 처방한 방법을 연습하면서, 훗날 추론에 적절하게 쓰여질 다양한 경험을 쌓으면서, 이 방법을 더욱 잘 사용할 수 있게끔 나 자신을 훈련시킴으로써 그때를 준비해야 한다고 생각했다.

제3부

하지만 거주할 집을 다시 짓기 시작하기 전에 우리가 해야 할 일은 단지 집을 허물고 자재를 마련하고, 건축가를 구하거나 아니면 스스로 건축 기술을 실행하여 집의 디자인을 숙고하는 것만으로는 충분하지 않다. 우리는 새 집을 짓는 기간 동안 편히 거주할 다른 집을 마련해야 한다. 마찬가지로 나는 이성이 내게 아무런 단호한 판단도 내리지 말 것을 강요하는 기간 동안 단호하게 행동하기 위해서, 또한 계속해서 최대한 행복하게 살기 위해서, 나 자신에게 내가 당분간 따라야 할 삶의 방침을 마련했다. 이 방침은 서너 개의 격률로 이루어져 있는데, 다음에서는 이 격률을 독자에게 소개하겠다.

첫번째 격률은 조국의 법과 관습에 복종하라는 것이다. 즉 신앙의 문제에서는 신의 은총 덕택에 내가 어릴 적부터 배워온 종교에 한결같이 충성을 다하고, 여타의 문제에서는 나와 함께 살아가는 사람들 중 가장 좋은 판단력을 갖춘 이들이 통상적으로 받아들이고 실행하는 바 가장 온건하고 가장 덜 극단적인 의견을 따르라는 것이다. 이 격률을 마련한 까닭은 나 자신이 지닌 모든 의견을 검토해 볼 요량으로 이것들을 아무것도 아닌 것으로 간주하기 시작했으니만큼 최선의 판단력을 갖춘 이들의 의견을 쫓는 것이 나로서는 가장 잘 하는 일이라고 확신했기 때문이었다. 물론 좋은 판단력을 갖춘 사람들은 페르시아인이나 중국인 중에도 있을 것이지만, 나는 나와 함께 살아가는 사람들을 쫓아 나를 규제하는 것이 가장 유익하다고 보았다. 또한 나는 어떤 의견이 좋은 판단력을 갖춘 사람들의 의견인지를 알기 위해서는 말보다 행동에 주목해야 한다고 생각했다. 이는 단지 우리의 삶의 방식이 부패하여 자신이 믿는 바를 모두 말하고자 하는 사람들이 거의 없어서 때문만은 아니었다. 이는 많은 사람이 자신이 무엇을 믿는지 모르고 있기 때문이기도 했다. 어떤 것을 믿는 사유 작용과 자신이 어떤 것을 믿고 있다는 것을 아는 사유 작용은 별개인 까닭에 종종 이 두 사유 작용은 상대방이 없어도 발생하기 때문이다. 그리고 나는 좋은 판단력을 갖춘 사람들이 받아들이고 있는 여러 의견 중에서 가장 온건한 의견만을 택했다. 이는 두 가지 이유에서였다. 한 가지 이유는 가장 온건한 의견은 실천하기에도 늘 가장 편하거니와 무릇 모든 지나침은 나쁘기 마련이므로 가장 온건한 의견이 또한 가장 좋은 의견인 것처럼 보였기 때문이다. 또 한 가지 이유는 어떤 극단적인 의견이 옳은 의견이어서 내가 이 의견을 택해야 했지만 그만 내가 잘못 판단하여 이 의견을 택하지 않은 경우를 대비해서였다. 이런 경우 만약 내가 애초에 온건한 의견을 택했다면 애초에 또 다른 극단적인 의견을 택했을 때보다 올바른 길을 덜 우회해도 좋을 것이었다. 특히 나는 내 자유를 어느 정도라도 줄이는 모든 약속을 극단적인 것으로 간주했다. 이는 내가 미래에 대한 좋은 계획을 갖고 있어도 자칫 동요되기 쉬운 약한 마음으로 인해 안정적인 실행이 방해받는 현상을 치유하기 위해 계획의 준수를 강제하는 서약이나 계약을 해야 한다는 법률을 인정하지 않아서는 아니었다. 나는 좋지도 않고 나쁘지도 않은 계획의 경우에도 거래상의 안전을 위해서라면 계획의 준수를 위한 이런 법률이 있어야 한다고 생각한다. 하지만 나는 이 세상에서 항상 동일한 상태에 머무는 것은 보지 못했으며, 특히 나와 관련해서 보자면, 나는 내 판단력을 점차 완전하게 만들겠다고, 적어도 더 나쁘게 만들지 않겠다고 스스로에게 약속했다. 나는 만약 내가 이전에 어떤 것을 인정했다는 이유로 나중에 그것이 더 이상 좋지 않게 되거나 더 이상 좋다고 여겨지지 않게 될 때에도 그것을 여전히 좋은 것으로 간주해야만 한다면 이는 상식에 반하는 커다란 잘못을 범하는 것으로 여겨지리라고 생각했다.

나의 두 번째 격률은 가능한 한 최대로 단호하게 행동하고, 만약 가장 의심스러운 의견일지라도 일단 따르기로 결정한 후에는 진짜 확실한 의견을 따르는 것에 못지않게 한결같이 따르라는 것이었다. 이는 숲에서 길을 잃었을 때 이쪽저쪽 갈팡질팡 돌아가거나 한 곳에만 가만히 머물러 있는 잘못을 범하지 않고 대신 항상 가능한 한 가장 곧게 한쪽 길로만 걸어가는 여행자들의 예를 모방한 것이었다. 이들은 비록 처음에는 단지 우연히 길을 택한 것이었어도 사소한 이유만으로는 경로를 변경하지 않는다. 이들은 비록 자신이 바라는 곳에는 정확하게 도달하지는 못해도 적어도 숲의 어느 한쪽 끝에는 도달할 것이고, 이는 숲 한가운데 남아 있는 것보다는 더 나은 것이기 때문이다. 이와 마찬가지로 인생의 행동에서도 지체가 허용되지 않는 경우가 자주 있으므로, 가장 참된 의견을 가려내는 것이 우리의 능력을 벗어나는 경우 우리는 가장 개연적인 의견을 좇아야 하며, 또 어느 의견이 더 개연적인지를 알지 못하는 경우에도 우리는 무슨 의견이든지 좌우지간 어떤 의견을 따르기로 결정해야 하고 일단 어떤 의견을 따르기로 결정한 다음에는 의견이 실천과 관련되는 한에서는 더 이상 의견을 의심스러운 것으로서가 아니라 매우 참되고 확실한 것으로 간주해야 한다. 적어도 우리가 이 의견을 따르기로 결정한 이유는 가장 참되고 확실한 것이었기 때문이니까 말이다. 이 두 번째 격률은 지금은 좋다고 행하는 것을 나중에는 나쁘다고 판단하는 나약하고 흔들리기 쉬운 마음을 지닌 사람들의 양심을 괴롭히는 후회와 통한에서 나 자신을 구제하기에 충분했다.

나의 세 번째 격률은 늘 운명보다는 나 자신을 정복하고자 하며, 세상의 질서를 변화시키기보다는 나 자신의 욕구를 변화시키라는 것이다. 즉 나 자신의 생각 이외의 다른 모든 것은 내 힘을 벗어나 있다고 믿는 데 스스로 익숙해져서 내가 최선을 다했음에도 얻지 못한 외부의 것에 대해서는 나로서는 절대로 얻을 수 없는 것으로 여기게끔 되라는 것이었다. 내가 보기에 이 격률은 나로 하여금 내가 얻지 못할 것에 도달하려는 욕구를 전혀 갖지 않게 하여 스스로 만족하게 하는 데 충분했다. 본성 상 의지는 지성이 어떻게든 가능하다고 정신에게 표상해 주는 것만을 욕구하도록 되어 있다. 따라서 만약 우리가 외부에 있는 모든 좋은 것을 다 똑같이 우리 힘에서 멀리 떨어져 있는 것으로 간주한다면, 출생 시에 우리 것으로 주어졌다고 보이는 것을 우리가 하등의 잘못도 범하지 않았는데 빼앗기는 경우 애석한 마음이 들지는 않을 것이다. 마치 우리가 중국이나 멕시코의 왕국을 갖지 못했다고 해서 애석한 마음이 들지 않듯이 말이다. 마찬가지로 만약 우리가 속담에서처럼 필요를 덕으로 만든다면, 병에 걸렸으면서 건강하기를 바라거나 감옥에 있으면서 자유롭기를 바라지는 않게 될 것이다. 이는 마치 우리가 지금 다이아몬드만큼이나 썩지 않는 물질로 된 신체를 갖기를 바라지 않는 것이나 새처럼 날기 위해 날개를 갖기를 바라지 않는 것과 같다. 하지만 나는 우리가 이런 시각에서 모든 사물을 보기 위해서는 많은 연습과 자주 반복되는 성찰이 있어야 한다는 사실을 인정한다. 나는 과거에 스스로를 운명의 왕국에서 구원하여 환병과 가난에도 불구하고 신과 더불어 행복을 논할 수 있었던 철학자들의 비밀 역시 주로 이러한 사실에 있었다고 본다. 이들은 자신에게 처방된 자연적인 한계를 끊임없이 고려한 결과 오직 생각만이 자신의 힘 안에 있다고 스스로에게 완전히 확신시켰고, 이는 이들로 하여금 생각 이외의 다른 것들에 아무런 애착도 갖지 않도록 하는 데 충분했다. 이들은 자신들의 생각에 관한 한 절대적인 지배자였고, 이런 점에서 보았을 때 이들이 이런 사람들보다, 즉 자연과 운명으로부터 최대한의 사랑은 받았지만 이들이 갖고 있는 철학은 갖고 있지 않아서 얻고자 하지만 얻을 수 없는 것들에 대해 이들 철학자들처럼 처리하지 못했던 사람들보다 자신들이 더욱 부유하고 더욱 유능하고 더욱 자유롭고 더욱 행복하다고 평가했던 데에는 그 나름의 이유가 있었던 셈이다.

마지막으로, 이 도덕의 결론으로 나는 가장 좋은 직업을 택하기 위해 인간이 이 세상에서 가질 수 있는 온갖 직업을 한번 훑어보라고 스스로에게 충고했다. 남들의 직업에 대해 뭐라고 말할 생각은 없지만, 나는 내가 지금 하고 있는 이 일을 계속해서 행하는 것이 나로서는 가장 잘 하는 것이라고, 즉 스스로 처방했던 저 방법을 쫓으면서 내 삶의 전부를 나 자신의 이성을 계발하는 데 쏟고 진리 인식에서 내가 할 수 있는 만큼 전진하는 것이 나로서는 가장 잘 하는 것이라고 생각했다. 나는 이 방법을 사용하기 시작한 이후 내내 만족해했는데, 이는 그 누구도 삶에서 이보다 달콤하고 순수한 것을 맛볼 수 없으리라고 생각할 정도였다. 나는 매일 이 방법을 통해 내게는 충분히 중요하지만 남들은 보통 무시해 온 진리들을 발견했고, 나는 이로부터 여타의 것은 전혀 나를 감동시키지 못할 정도로 내 정신을 가득 채우는 만족감을 느꼈다. 또한 앞서의 세 가지 격률은 내가 나 자신을 계속해서 가르친다는 계획과 부합하는 것이었다. 신은 우리에게 진리와 허위를 구별하는 빛을 주었고, 따라서 만약 적당한 기회가 되면 나 스스로의 판단력을 통해 남들의 의견을 검토해 보리라고 마음먹지 않았더라면, 나는 단 한순간이라도 남들의 의견에 만족한 채로 있어야 한다는 생각을 하지 않았을 것이기 때문이다. 또한 만약 더 좋은 의견이 있는 경우 그것을 찾는 기회를 잃지 않고자 하는 의향을 갖고 있지 않았더라면, 나는 아무런 의심 없이 남들의 의견에 따를 수는 없었을 것이다. 끝으로 만약 내가 쫓아가는 길이 나로 하여금 내가 얻을 수 있는 모든 인식을 얻게 해주고 또한 내 힘에 닿는 모든 참된 좋음을 얻게 해준다고 확신하지 않았더라면, 나는 내 욕망에 한계를 지울 수도 없었을 것이고 만족감을 느낄 수도 없었을 것이다. 또한 우리의 의지는 지성이 의지에게 좋은 것이라거나 나쁜 것이라고 표상하는 바에 따라 추구하거나 회피하므로, 잘 행동하기 위해서는 잘 판단하는 것만으로 충분하며, 가장 잘 판단하는 것은 한 사람이 할 수 있는 최선의 것, 즉 그가 획득할 수 있는 모든 덕과 좋음을 획득하게 하는 데 충분하다. 자신이 가장 잘 판단하고 있다는 확신이 들 때면 언제나 우리는 만족감을 얻게 된다.

이렇게 나 스스로 이 격률들에 대해 확신하고 격률들을 내 믿음에서 항상 가장 우선시되었던 신앙의 진리들과 한편에 놓고 난 다음, 나는 내가 나머지 모든 내 의견을 나 자신으로부터 떨쳐 버릴 수 있게 되었다고 확신했다. 나는 이 목표의 달성을 위해 내가 이 모든 생각에 잠겼던바 화로가 놓인 방에 갇혀 오래 머물러 있기보다는 사람들과 대화하는 것이 낫다고 생각했고, 그리하여 겨울이 끝나기 전에 다시 여행을 시작했다. 이후 9년 동안 나는 세상 여기저기를 돌아다니는 일 말고는 아무것도 하지 않았고, 세상에서 공연되는 그 모든 희극에서 배우가 아닌 구경꾼으로 지내고자 했다. 나는 내가 부딪히는 모든 문제에서 어떤 점이 문제를 의심스럽게 만들고 우리에게 잘못을 범할 여지를 주는가를 반성해 보면서 과거에 내 마음 안으로 부지불식간에 들어와 있던 모든 오류를 뿌리째 뽑아 버렸다. 그렇다고 의심을 의심하면서 늘 아무 결심도 하지 않는 척 했던 회의주의자[1]를 모방했던 것은 아니다. 내 계획은 이들과는 반대로 단지 나 스스로 확신을 얻는 것에만, 흩날리는 흙이나 모래는 다 털어 버리고 대신 암석이나 진흙을 찾는 것에만 있었기 때문이다. 나로서는 내가 이 일에서 매우 성공적이었다고 본다. 내가 성공할 수 있었던 것은 검토 대상이었던 의견의 허위나 불확실성을 허술한 추측이 아닌 명석하고 확실한 추론을 통해 발견하고자 했고, 또 그로부터 충분하게 확실한 그 어떤 결론을 끌어낼 수 없을 정도로 의심스러운 의견은 하나도 발견하지 못했기 때문이었다. 비록 이 충분하게 확실한 결론이란 것이 이 의견에는 확실한 점이 조금도 없다라는 것이었지만 말이다. 또한 마치 우리가 낡은 주택을 허물고 난 건물 잔해를 새 주택을 건축하는 데 쓰려고 보관하듯이, 나는 잘못 토대 지어져 있다고 판단했던 의견 모두를 파괴하면서 다양한 고찰을 행했고 많은 경험을 쌓았다. 이들 고찰과 경험은 내가 나중에 더욱 확실한 의견을 정립하는 데 도움이 되었다. 더 나아가 나는 내가 처방했던 방법을 계속하여 연습했다. 나는 내 생각 일반을 저 세 가지 규칙에 따라 이끌려고 신경 썼거니와 그 외에도 몇 시간씩 짬짬이 틈을 내어 특별히 수학의 난제들이나 수학의 난제들과 흡사한 형태로 될 수 있는 다른 학문의 난제들을 풀었다. 이 마지막 일은 난제들에서 수학 이외의 다른 학문에서 온 바 내가 알기에 충분히 확고하지 않은 원리들을 모두 떨쳐 버림으로써 가능했다. 독자들은 본 서에서 그와 같은 사례들을 다수 발견할 것이다. 이렇듯 내가 영위했던 삶은 달콤하고 순수한 삶을 영위하는 것 말고는 딱히 하는

1 고대 회의주의 학파였던 피론주의자들을 말한다. 근대 철학, 특히 근대 인식론은 고대 회의주의의 방법과 결론에 많은 직·간접적인 연관성을 지니고 있는데, 데카르트의 철학 역시 예외는 아니다. 피론주의자들은 모든 문제에서 우리가 아무런 결정이나 판단, 믿음도 갖지 않을 때 행복한 상태에 이른다고 주장했다.

일이 없이 쾌락과 악을 구분하는 데에는 열심이지만 권태롭지 않은 여가를 위해서라면 모든 신사다운 오락거리는 마다하지 않는 사람들의 삶과 외면적으로는 전혀 다르지 않았다. 이렇게 살면서 나는 내 계획을 추구했고, 진리의 인식을 증진시키기를 게을리 하지 않았으며, 그 결과 만약 책만 읽었다거나 학자들만 찾아다녔더라면 깨달았을 것보다 훨씬 더 많은 진리를 깨달았다.

그럼에도 9년이란 세월은 내가 학자들 사이에서 늘 논박되어 왔던 난제와 관련하여 아무런 결정적인 역할도 수행하기도 전에, 기존 철학보다 더욱 확실한 철학의 기초를 찾는 일을 시작하기도 전에 지나가 버리고 말았다. 나처럼 확실한 철학의 기초를 찾으려는 계획을 갖고는 있었지만 성공하지는 못했던 많은 탁월한 정신의 소유자들의 사례는 나로 하여금 이 계획을 달성하는 데 매우 큰 어려움이 있으리라는 생각을 하게 했고, 몇몇 사람들이 내가 목표를 이루었다고 하는 풍문을 내지만 않았어도 나는 결코 이토록 일찍 이 계획의 수행에 착수하지는 않았을 것이다. 사람들이 어떤 근거로 저런 풍문을 만들었는지는 모르겠다. 만약 이 풍문을 만드는 데 나 스스로 한 이야기가 일조했다면, 그것은 어떤 학설을 자랑하는 중에 나온 이야기가 아니라, 좀 공부했다고 하는 사람들이 보통 하는 것보다는 더 솔직하게 내 무지를 고백하는 도중에 나온 이야기였을 것이고, 남들은 확실하다고 평가하는 많은 것을 나는 어떤 근거에서 의심하는지를 말하는 도중에 나온 이야기였을 것이다. 하지만 나는 남들이 나를 내 실제 모습과 다르게 생각하기를 원치 않을 만큼 선량했기에 모든 수단을 동원해서라도 남들이 내게 부여하는 명성에 걸맞게 되려고 노력해야 한다고 생각했다. 이런 바람으로 인해 내가 지인(知人)들이 있을지도 모르는 곳에서는 멀리 떨어져 있어야겠다고 결심하여 이 나라[2]로 물러난 지 정확히 8년이 지났다. 오랜 동안의 전쟁을 치른 후 확립된 사회질서 덕분인지 군대의 유일한 소임은 거주자들로 하여금 평화의 과실을 매우 안심하고 향유하도록 하는 데 있는 것 같은 이 나라에서 나는 남의 일에 호기심을 갖기보다는 자신의 일에 더 많이 신경을 쓰는 위대하고도 매우 활동적인 사람들에 둘러싸여 가장 번화한 도시에서나 누릴법한 편의는 모두 다 누리면서도 멀리 떨어져 있는 사막에서만큼이나 고독하게 뒤로 물러나서 살 수 있었다.

_양선숙(경북대학교 법학전문대학원 부교수) 옮김·주달기

2 네덜란드를 말한다.

10

로크

관념의 기원

1권 1장: 정신 속에는 어떤 본유적 원리도 없다

1. 우리가 지식을 얻는 방법이 증시(證示)된다면, 그것이 본유적이지 않음은 충분히 증명된다.

어떤 **본유적 원리**들, 즉 영혼이 맨 처음 생겨날 때에 받아서 세계 속으로 가지고 들어오는 약간의 일차적 개념, 공통개념(koina ennoiai), 말하자면 인간의 정신에 찍힌 문자와 같은 것이 있다는 것은 일부 사람들 사이에서는 확립된 견해다. 그러나 이러한 가정의 그릇됨을 선입견 없는 독자들에게 설득하는 것은, 어떻게 사람이 자신의 자연적인 능력만을 사용하여 어떠한 본유적인 인상의 도움 없이 자신이 가진 모든 지식을 획득하며, 그러한 근원적인 개념이나 원리 없이도 확실성에 도달하는지를 보이는 것만으로(나는 이 논구의 이후의 부분들에서 이렇게 하려고 한다) 충분할 것이다. 신이 시각을 부여했고 눈을 통해 외적 대상으로부터 색을 받아들이는 능력을 부여한 피조물에게 색의 관념이 본유적이라고 가정하는 것이 부적절하리라는 것은 누구나 쉽게 인정할 것이라고 생각되기 때문이다. 그리고 어떤 진리들을 마치 그것들이 정신에 각인되어 있는 것처럼 쉽고 확실하게 인식할 수 있는 적절한 능력들이 우리 속에서 관찰될 수 있음에도 불구하고, 그러한 진리들을 자연적이고 본유적인 문자의 덕택으로 돌리는 것도 마찬가지로 불합리할 것이다.

(……)

2. 일반적인 동의가 중대한 논거다.

전 인류가 보편적으로 동의하는 **사변적인 원리**와 **실천적인 원리**들이(두 가지 원리 모두 이야기된다) 있다는 것보다 일반적으로 당연하게 받아들여지는 것은 없다. 따라서 그들의 주장에 따르면, 이 원리들은 어떤 타고난 능력만큼이나 필연적이고 실제적으로 인간의 영혼이 처음 생겨날 때에 받아서 세계 속으로 가지고 들어오는 항상적인 인상임에 틀림없다.

3. 보편적 승인은 어떤 본유적인 것도 증명하지 못한다.

전 인류가 동의하는 어떤 진리가 있다는 것이 사실상 참이라 할지라도, 사람들이 승인하는 것에 대한 보편적인 동의에 이를 수 있는 다른 방법이 증시된다면, 보편적 승인으로부터 이끌어 낸 이러한 논증은, 그 진리들이 본유적이라는 것을 증명하지 못한다는 불행한 운명을 지니고 있다.

4. "어떠한 바의 것은 어떠하다"(What is, is)와 "같은 것이 어떠하면서 그러하지 않다는 것은 불가능하다"(It is impossible for the same thing to be, and not to be)는 보편적으로 승인되지 않는다.

그런데 설상가상으로, 본유적인 원리를 증명하기 위한 이러한 보편적 승인의 논증은 내게는 오히려 그러한 원리가 없다는 것을 증명하는 것으로 보인다. 전 인류가 보편적으로 승인하는 원리는 없기 때문이다. 나는 사변적인 원리부터 시작하여, "어떠한 바의 것은 어떠하다"와 "같은 것이 어떠하면서 그러하지 않다는 것은 불가능하다"라는 사람들에게 칭송받는 증명의 원리들을 예로 들겠다. 내 생각에, 이들은 다른 모든 원리 중에서도 본유성을 요구할 자격이 가장 많이 인정된다. 보편적으로 받아들여지는 공리라는 이들의 명성은 워낙 확고하여서, 누군가가 이에 대해 의문을 제기하는 듯이 보인다면 이상하게 생각되리라는 것은 의심할 여지가 없다. 그러나 나는 감히, 이 명제들은 전혀 보편적 승인을 받고 있지 않으며, 인류의 대부분은 이를 알지도 못한다고 말하겠다.

5. 어린이, 백치 등에게는 알려져 있지 않으므로 정신에 자연적으로 각인되어 있지 않다.

먼저, 모든 어린이와 백치는 이 원리들에 대한 이해나 생각을 전혀 가지고 있지 않기 때문이다. 이러한 결핍은 모든 본유적 진리에 필연적으로 동반해야만 하는 보편적 동의를 파괴하기에 충분하다. 영혼이 지각하거나 이해하지 못하는 진리들이 영혼에 각인되어 있다고 말하는 것은 내게는 거의 모순으로 보인다. 각인이라는 것이 무엇인가를 의미한다면, 그것은 어떤 진리가 지각되도록 하는 것에 다름 아니다. 정신에 무언가를 각인했는데 정신이 그것을 지각하지 못한다는 것은 내게는 거의 이해될 수 없는 것으로 보이기 때문이다. 따라서 어린이와 백치가 영혼, 정신 및 그에 각인된 인상들을 가지고 있다면, 그들은 불가피하게 그 인상들을 지각해야 하며, 필연적으로 이러한 진리들을 알고 그에 동의해야 한다. 그렇지 않으므로, 그러한 인상이 없다는 것은 명백하다. 그것이 자연적으로 각인된 개념이 아니라면, 어떻게 그것이 본유적일 수 있겠는가? …… 정신이 아직 알지 못하고 아직 의식하지 못한 어떤 명제도 정신 속에 있다고 말할 수 없다. 그렇게 말할 수 있다면, 참이면서 정신이 동의할 수 있는 모든 명제는 같은 이유에서 정신 속에 있고 각인되어 있다고 말할 수 있을 것이기 때문이다. 아직 알려지지 않은 어떠한 것이 정신 속에 있다고 말할 수 있다면, 그것은 오직 정신에게 그것을 알 능력이 있음에 틀림없다는 이유로 그러하기 때문이다. 그리고 이것은 정신이 언젠가는 알게 될 모든 진리에 대해서도 마찬가지다. 그뿐만 아니라, 그에 따르면 정신이 알지도 못했고 영영 알지도 못할 진리도 정신에 각인되어 있을 수 있다. 어떤 사람이 오래 산다 해도, 결국은 그의 정신이 알 수 있었고 그것도 확실하게 알 수 있었던 많은 진리들을 모른 채로 죽을 수 있기 때문이다. 그러므로 인식 능력이라는 것이 가령, 주장되고 있는 자연적 각인이라면, 어떤 사람이 알게 될 모든 진리 각각은 바로 그 점으로 인하여 본유적이다. …… 그러므로 지성 속의 본유적 개념들에 관해 지껄이는 사람들은 (이를 통해 그가 진리의 어떤 특정한 distinct 유형을 의도하기는 했다면) 그러한 진리들이 지각되지 않고 아직 전혀 알려지지 않은 채로 지성 속에 있음을 뜻할 수 없다. 이러한 말("지성 속에 있다 to be in the understanding")이 어떤 적절성을 가지고 있다면, 그것은 이해되고 있다(to be understood)는 것을 의미하기 때문이다. 따라서 지성 속에 있으면서 이해되지 않는다는 것, 정신 속에 있으면서 지각되지 않는다는 것은 어떤 것이 정신이나 지성 속에 있으면서 있지 않다고 말하는 것과 같다. 그러므로 "어떠한 바의 것은 어떠하다"와 "같은 것이 어떠하면서 그러하지 않은 것은 불가능하다"라는 두 명제가 자연적으로 각인되어 있다면, 어린이들이 그것을 모를 수가 없다. 유아와 영혼을 가진 모두는 필연적으로 저 명제들을 지성 속에 가지고 있어야 하며, 저 명제들의 진리를 알아야 하며, 그에 동의해야 한다. ……

2권 1장: 관념 일반과 그 기원에 관하여

1. 관념은 생각의 대상이다.

모든 사람은 자신이 생각한다는 것을 스스로 의식하고 있으며, 생각하는 중에 그의 정신이 향하는 것은 거기에 있는 관념이므로, 사람들이 자신의 정신 속에 **하양, 단단함, 달콤함, 생각, 운동, 사람, 코끼리, 군대, 취태**(醉態) 등의 단어로 표현되는 여러 관념을 가지고 있다는 것은 의심의 여지가 없다. 따라서 첫 번째로 탐구되어야 할 것은, **인간이 어떻게 그러한 관념을 얻는가** 하는 문제다. 내가 알기로는, 인간은 처음 생겨날 때부터 그의 정신에 찍힌 타고난 관념과 근원적 문자들을 지니고 있다는 것은 인정된 학설이다. 나는 이미 이러한 견해를 전체적으로 검토하였다. 그리고 내 생각에는, 지성이 자신이 가진 관념을 어디에서 획득하는지, 그리고 이 관념들이 어떠한 방식과 어떠한 정도로 정신 속으로 오는지를 내가 보인다면, 이 책의 이전 부분에서 내가 말한 것은 더 쉽게 인정될 것이다. 이를 위해서 나는 모든 사람 각자에게 고유한 관찰과 경험에 호소할 것이다.

2. 모든 관념은 감각이나 반성에서 온다.

그러면 정신이 말하자면 아무 문자도 없고 아무 관념도 없는 백지라고 가정해 보자. 정신은 어떻게 관념을 갖추게 되는가? 정신은, 인간의 분주하고 한없는 상상력이 거의 무한히 다양하게 정신에 그려놓은 저 광대한 더미를 어디에서 획득하는가? 이성과 지식의 모든 **재료**를 정신은 어디에서 가지게 되는가? 이에 대해서 나는 한 마디로, **경험**으로부터라고 대답한다. 우리의 모든 지식은 경험에서 수립되며, 경험으로부터 궁극적으로 유래한다. 외적인 감각적 사물에 대해 사용된 관찰이나, 우리 자신에 의해 지각되고 반성된 우리 정신의 내적인 작용에 대해 사용된 관찰이 우리의 지성에 생각의 모든 **재료**를 공급하는 것이다. 이 두 가지 것이, 우리가 가지고 있거나 자연적으로 가질 수 있는 모든 관념들이 솟아나오는 지식의 근원이다.

3. 감각의 대상은 관념의 한 가지 원천이다.

첫째로, 개별 감각적 대상에 관계하는 우리의 감관은, 저 대상들이 지각을 촉발하는 다양한 방식에 따라서 사물에 대한 여러 구별되는 지각을 정신 속으로 전달한다. 그래서 우리는 **노랑, 하양, 뜨거움, 차가움, 부드러움, 단단함, 씀, 달콤함**에 대한 저 관념들 및 우리가 감각적 성질이라고 부르는 모든 관념을 획득한다. 감관이 이것을 정신 속으로 전달한다고 말할 때 내가 뜻하는 바는, 정신 속에 이러한 지각을 생산하는 무언가를 감관이 외적인 대상으로부터 정신 속으로 전달한다는 것이다. 전적으로 우리의 감관에 의존하며 감관으로부터 유래하여 지성으로 들어온 관념들, 즉 우리가 가진 대부분의 관념들의 이 거대한 원천을 나는 **감각**이라고 부른다.

4. 우리의 정신의 작용은 관념의 다른 한 가지 원천이다.

둘째로, 경험이 지성에 관념을 제공하는 다른 근원은, 우리의 정신이 자신이 획득한 관념을 다룰 때 그 정신이 우리 안에서 하는 작용에 대한 지각이다. 영혼이 반성하고 숙고하게 되면, 이 작용은 지성이 외부의 사물들로부터는 획득할 수 없었을 다른 일련의 관념을 지성에 제공한다. 그러한 관념들은 **지각, 생각, 의심, 믿음, 추론, 인식, 의지**와 우리 자신의 마음의 모든 다양한 활동이다. 우리가 이들을 의식하고 있고 우리 자신 속에서 관찰하고 있기에, 우리가 우리의 감관을 촉발하는 물체들로부터 관념을 받아들일 때처럼 우리는 이러한 관념들을 판명한 관념으로서 지성 속으로 받아들인다. 모든 사람들은 관념의 이러한 원천을 전적으로 자기 안에 가지고 있다. 이것은 외적 대상과 무관하므로 감관이 아니지만, 감관과 아주 비슷하므로 내적 감관이라고 부르는 것도 적절할 것이다. 그러나 나는 다른 원천을 감각이라고 부르듯이 이 원천을 반성이라고 부른다. 이것이 제공하는 관념은 정신이 자기 자신 안에서 일어나는 자신의 작용을 반성함으로써 획득하는 것일 따름이기 때문이다. 그러므로 이후 본 논고에서 반성이라는 말은, 정신이 자신의 작용과 작용의 방식에 기울이는 주의, 이러한 작용에 대한 관념이 지성 속에 생기는 근거가 되는 주의를 뜻하는 것으로 이해되어야 할 것이다. 내게는 이들 둘, 즉 **감각**의 대상으로서 외적인 물질적 사물과 **반성**의 대상으로서 우리 자신의 내적인 정신의 작용만이 우리의 모든 관념이 시작되는 기원이다. 나는 여기서 **작용**이라는 말을, 관념들에 대한 정신의 활동만이 아니라, 어떤 생각에서 야기되는 만족이나 불안처럼 때때로 저러한 활동으로부터 야기되는 일종의 정념들도 포함하는 넓은 의미에서 사용한다.

5. 우리의 모든 관념은 이들 중 하나에서 나온다.

지성은 이들 두 원천 중 하나에서 받은 것이 아닌 어떤 관념에 대해서도, 최소한의 어렴풋한 앎조차 갖지 못하는 것으로 보인다. **외적인 대상**이 정신에 제공하는 것은 감각적 성질이 우리 안에 생산하는 모든 저 다양한 지각들인 감각적 성질의 관념이다. 그리고 **정신**은 자기 자신의 작용에 대한 관념을 지성에 제공한다.

이 두 가지 관념과 이들의 다양한 양태, 결합, 관계를 충분히 조사한다면, 우리는 이것들이 우리의 관념의 전체 무리를 담고 있음을, 그리고 우리 정신 속에는 이 두 방법 중 하나로 들어오지 않은 것은 전혀 없음을 알게 될 것이다. 누구에게든 자신의 생각을 검토하고 자신의 지성을 철저하게 탐색하도록 한 다음, 그가 가지고 있는 모든 근원적인 관념들이 그의 감관의 대상에 대한 관념이나 그의 반성의 대상으로서 고찰된 자신의 정신의 작용에 대한 관념 이외의 관념인지 아닌지를 말하게 해 보라. 그러면 그가 정신에 얼마나 많은 지식들이 수용되어 있다고 생각하든 간에, 엄밀한 관점을 취한다면 그는, 우리가 이후에 볼 것처럼 지성에 의해 합성되고 확대된 무한히 다양한 것들이 있다 하더라도, 이들 두 원천 중 하나가 각인하지 않은 어떤 관념도 자신의 정신에 있지 않다는 것을 보게 될 것이다.

(……)

24. 우리의 모든 지식의 기원

조만간 정신은 감각에 의해 관념에 대한 자신의 작용을 반성하게 되며, 그리하여 내가 반성의 관념이라고 부르는 새로운 관념의 집합으로 자신을 채운다. 우리의 정신에 외재적인 바깥의 대상에 의해 우리의 감관에 만들어진 인상들과, 내재적이고 정신 자신에 고유한 힘으로부터 진행되며 자기 자신에 의해 반성된다면 정신의 고찰의 대상이 되기도 하는 정신 고유의 작용이, 내가 말했듯이, 모든 지식의 기원이다. 따라서 인간 지성의 첫 번째 능력은, 감관을 통해 바깥의 대상에 의해 만들어졌든 반성을 할 때 정신 고유의 작용에 의해 만들어졌든 간에 정신은 자신에 의해 만들어진 인상을 받아들이기에 적합하다는 것이다. 이것은 인간이 어떤 것이든 발견하기 위해 내딛는 첫 발짝이요, 그가 이 세계에서 자연적으로 가지게 될 모든 저 개념들을 건설하기 위한 토대다. 구름 위로 솟아올라 하늘 자체만큼이나 높은 곳에 이르는 저 모든 숭고한 사유들도 여기에서 발생하고 여기에 기반을 둔다. 정신은 저 머나먼 사변 속의 광대한 범위를 방랑하면서 고상해진 듯이 보이지만, **감관**이나 **반성**이 고찰을 위해 제공한 저 관념들을 넘어서는 조금도 나아가지 않는다.

25. 단순 관념을 수용하는 경우, 지성은 대체로 수동적이다.

이 부분에서 지성은 그저 수동적이다. 지성이 이러한 단초를, 말하자면 인식의 재료를 가질 것인가 그렇지 않을 것인가 하는 것은 지성 자신의 힘에서 비롯되는 것이 아니다. 우리의 감관의 대상 중 다수는 우리가 의지하든 하지 않든 간에 자신의 개별적인 관념을 우리의 정신에 강요하며, 우리의 정신의 작용은 우리가 적어도 그 작용에 대한 어떤 흐릿한 개념이라도 가지지 않을 수 없도록 하기 때문이다. 누구도 자신이 생각할 때 자신이 하는 것에 대해 전적으로 무지할 수 없다. 거울이 자기 앞에 놓인 대상들이 거울에 만드는 상이나 형상(idea)을 거부할 수도, 변형할 수도, 제거할 수도 없듯이, 이러한 단순 관념들이 정신에 제공되면, 지성은 더 이상 그것을 가지기를 거부할 수도, 그것이 각인될 때 그것을 변형할 수도, 그것을 없애고 새로운 것을 스스로 만들 수도 없다. 우리를 둘러싸고 있는 물체들이 여러 방식으로 우리의 기관을 촉발하면, 정신은 인상을 받아들일 수밖에 없으며, 이 인상들과 결부된 관념을 지각하기를 피할 수 없다.

2권 2장: 단순관념에 관하여

1. 비복합적인 현상

우리의 지식의 본성, 방식, 범위를 더 잘 이해하기 위해서, 우리가 가진 관념들에 관해서 주의 깊게 관찰되어야 할 것이 하나 있다. 그것은, 그들 중 어떤 것은 **단순**하고 어떤 것은 **복합**적이라는 것이다.

우리의 감관을 촉발하는 성질들은 사물 자체 안에서는 잘 통일되고 혼합되어 있어서 그들 사이에 분리도 거리도 없지만, 그들이 정신 속에 생산하는 관념들은 감관을 통해 단순하고 혼합되지 않은 채로 들어온다는 것은 분명하다. 시각과 촉각은 종종 동시에 같은 대상으로부터 상이한 관념들을 받아들이지만 — 어떤 사람이 같은 밀랍 조각에서 운동과 색을 동시에 보고, 손으로 부드러움과 따뜻함을 느낄 때처럼 — 그렇게 같은 감각 범주 속에 결합되어 있는 단순관념들은 상이한 감관을 통해 들어오는 관념들만큼이나 완벽하게 구별되기 때문이다. 얼음 조각에서 느끼는 차가움과 단단함은 백합의 향기와 하양만큼이나, 또는 설탕의 맛과 장미의 향기만큼이나 정신 속에서는 구별되는 관념들이다. 그리고 인간에게 이러한 단순관념에 대해 가지는 명석판명한 지각보다 더 분명한 것은 없다. 단순관념은 각각이 그 자체로 비복합적이어서 **정신 속의 하나의 균일한 현상이나 개념**만을 자기 안에 포함하며, 상이한 관념들로 구별되지 않는다.

2. 정신은 단순관념을 만들 수도 없앨 수도 없다.

이들 단순관념, 곧 우리의 모든 지식의 재료는 위에서 언급한 바 있는 두 방식, 즉 감각과 반성을 통해서만 정신에 제안되고 제공된다. 일단 지성이 이러한 단순관념을 갖추게 되면, 지성은 거의 무한히 다양하게 이들을 반복하고, 비교하고, 통일하는 힘을 가지게 되며, 그리하여 원하는 대로 새로운 복합관념을 만들 수 있다. 그러나 가장 칭송받는 지혜나 확장된 지성의 힘으로도, 생각의 어떠한 기민함이나 다양함으로도, 앞에서 언급된 방법을 통해 받아들여지지 않은 단 하나의 새로운 단순관념도 **창안**하거나 **고안**할 수는 없다. 또한 지성의 어떠한 힘도 거기 있는 것들을 **없앨** 수 없다. 자기 자신의 지성의 이 작은 세계에서 인간의 주권은 가시적 사물들의 거대한 세계에서 인간의 주권과 아주 똑같다. 어떤 기술과 능력으로 다루어지든 간에 거대한 세계에서 인간의 힘은 그의 손에 들어온 물질들을 합치거나 나누는 것 이상에 이르지 못하며, 새로운 물질의 최소한의 입자를 만들거나 이미 존재하는 것의 원자를 파괴하기 위한 일은 아무것도 할 수 없다. 자신의 지성 속에 감관을 통해서 외적 대상으로부터도, 반성을 통해서 외적 대상에 대한 자기 자신의 정신의 작용으로부터도 받아들인 것이 아닌 어떤 단순관념을 자기 지성 속에 형성하려 시도하는 사람은 누구나 자기 안에서 이와 똑같은 무능력을 발견할 것이다. 누구든 자신의 미각을 촉발하지 않은 맛을 상상해 보거나, 맡아 본 적 없는 냄새의 관념을 고안하도록 노력해 보기를 바란다. 그렇게 할 수 있다면, 눈이 먼 사람이 색의 **관념**을 가지고 있으며, 귀가 먼 사람이 소리에 대한 참되고 판명한 개념을 가지고 있다고 나도 결론 내릴 것이다.

(……)

2권 12장: 복합관념에 관하여

1. 단순관념으로부터 정신에 의해 만들어진다.

우리는 지금까지 정신이 단지 수동적으로 받아들이기만 하는 관념, 즉 앞서 말한 감각과 반성으로부터 받아들이는 단순관념에 대해서 고찰했다. 정신은 이러한 관념을 스스로 만들 수 없으며, 전적으로 이러한 관념들로 이루어지지 않은 어떤 관념도 가질 수 없다. 그러나 정신은 모든 단순관념을 받아들이는 데에 있어서는 전적으로 수동적이지만, 자신의 단순관념을 재료와 기초로 하여 그로부터 다른 관념들을 만들어 내는 여러 가지 고유한 작용을 수행하기도 한다. 정신이 자신의 힘을 자신의 단순관념에 행사하는 활동은 주로 다음 세 가지다. (1) 여러 단순관념을 하나의 합성된 관념으로 결합한다. 모든 **복합관념**은 이렇게 만들어진다. (2) 두 번째 활동은 단순관념이든 복합관념이든 두 관념을 모아서 나란히 배치하여, 그들을 하나로 통일시키지는 않고 동시에 바라보는 것이다. 이러한 방법으로 정신은 모든 **관계의 관념**을 얻는다. (3) 세 번째 활동은 관념을 실제적인 현존에 있어서 그 관념에 수반되는 다른 모든 관념으로부터 고립시키는 것이다. 이것은 추상이라고 불린다. 이렇게 정신의 모든 **일반적 관념**이 만들어진다. …… 단순관념들은 여러 가지 결합 속에서 함께 통일되어 존재하는 것으로 관찰되므로, 정신은 함께 통일되어 있는 여러 단순관념을 하나의 관념으로 고찰하는 힘을 갖는다. 그것도 단순관념들이 외적인 대상 속에서 통일되어 있는 것으로서만이 아니라, 정신 자신이 결합시킨 것으로서 고찰한다. 이렇게 여러 단순관념이 합해져서 만들어진 관념을 나는 **복합관념**이라고 부른다. 미, 감사, 인간, 군대, 우주와 같은 것들이 그러하다. 이것은 다양한 단순관념들 또는 단순관념들로 이루어진 복합관념들이 얽혀 있는 것이지만, 정신이 원한다면 이들 각각은 독자적으로 하나의 온전한 것으로서 고찰될 수 있으며, 하나의 이름으로 표현될 수 있다.

2. 자의(自意)적으로 만들어진다.

자신의 관념들을 반복하고 함께 결합하는 이러한 능력에 있어서, 정신은 감각이나 반성이 제공한 것을 무한히 넘어서서 자신의 사유의 대상들을 변화시키고 증가시킬 수 있는 큰 힘을 갖는다. 그러나 이 모든 것은 여전히 정신이 저 두 원천으로부터 받으며 정신의 모든 합성 작용의 최종적 재료인 저 단순관념들에 제한되어 있다. 단순관념은 사물 자체로부터 오며, 이들에 대해서 정신은 정신에 제안된 것보다 더 가질 **수도**, 그것과 다르게 가질 **수도** 없기 때문이다. 정신은 감관을 통해 외부로부터 들어오는 것이 아닌 다른 어떤 감각적 성질의 관념도 가질 수 없고, 자신 안에서 발견하는 것이 아닌 다른 종류의 사유 실체의 작용의 관념도 가질 수 없다. 그러나 정신이 일단 이들 단순관념을 갖기만 하면, 정신은 관찰이나 외부로부터 제공되는 것에 거의 제약되지 않는다. 정신은 자기 고유의 힘으로 자신이 가진 관념들을 합쳐서, 전혀 통일된 채로 받아들인 적이 없는 새로운 복합관념을 만들 수 있다.

3. 양상이거나 실체이거나 관계다.

복합관념이 아무리 합성되고 다시 합성되었다 해도, 무한한 수와 끝없는 다양성으로 인간의 사유를 채우고 즐겁게 해 준다 해도, 나는 복합관념들이 모두 이 세 항목으로 환원될 수 있다고 생각한다.

1. **양상**
2. **실체**
3. **관계**

4. 양상의 관념

첫째로, 아무리 복합되어 있다 하더라도, 자기 속에 스스로 존립한다는 가정을 포함하고 있지 않으며 실체에 의존하거나 실체의 변용으로 생각되는 복합관념을 나는 **양상**이라 부른다. 예를 들어 삼각형, 감사, 살인 등의 단어로 표현되는 관념들이 그러하다.

(……)

6. 단일실체와 집합적 실체

두 번째로, **실체**의 관념은 독자적으로 존립하는 개개의 **특수한** 사물을 표상하는 것으로 생각되는 단순관념들의 결합이다. 그중에서 있는 그대로의 실체의 가정되거나 혼잡한 관념이 언제나 첫 번째이고 주된 관념이다. 따라서 어떤 흐릿한 희끄무레한 색의 단순관념이 어느 정도의 무게, 경도, 유연성, 가용성(可鎔性)과 함께 실체에 합쳐진다면 우리는 납의 관념을 가지게 된다. 어떤 종류의 형상의 관념들이 운동의 힘, 사유와 추론과 함께 실체에 결합되면 인간의 통상적인 개념이 만들어진다. 그런데 실체에는 또한 두 종류의 관념이 있다. 하나는 한 사람이나 한 양과 같이 분리되어 존재하는 **단일** 실체의 관념이며, 다른 하나는 사람들의 무리나 양들의 떼처럼 이러한 것들 여러 개가 합쳐진 관념이다. 이렇게 여러 실체들이 합쳐진 **집합적** 관념들 각각은 한 사람이나 한 단위의 관념만큼이나 단일한 관념이다.

7. 관계

세 번째로, 복합관념의 마지막 종류는 우리가 **관계**라 부르는 것인데, 이것은 한 관념을 다른 한 관념과 함께 고찰하고 비교하는 것으로 이루어진다. ……

8. 가장 심원한 관념도 이 두 원천으로부터 나온다.

우리의 정신의 진보를 추적하고, 정신이 어떻게 감각이나 반성으로부터 받은 자신의 단순관념들을 반복하고, 함께 더하고, 통일시키는지를 주의 깊게 관찰한다면, 우리는 처음에 우리가 상상했던 것보다 더 멀리 나아가게 될 것이다. 그리고 내가 믿는 바로는, 우리의 개념의 기원을 신중하게 관찰한다면, **가장 심원한 관념조차도**, 그것이 감관이나 우리 자신의 정신의 작용과 아무리 멀어 보이더라도, 지성이 감관의 대상으로부터 또는 그에 대한 자기 자신의 작용으로부터 가지게 된 관념들을 반복하고 함께 결합함으로써 자신에게 만들어 낸 관념에 불과하다는 것을 우리는 알게 될 것이다. 그리하여 저 거대하고 추상적인 관념들조차도 감각이나 반성으로부터 유래한 것이다. 이들은, 감관의 대상으로부터 받은 관념이나 이들에 대한 작용으로부터 받은 자기 자신 안에서 발견되는 관념들에 적용되는 정신 자신의 능력을 정신이 통상적으로 사용함으로써 획득할 수 있고 실제로 획득하는 것 이외의 것이 아니기 때문이다.

_최일만(서울대학교 철학과 박사과정) 옮김

11

라이프니츠

모나드론

1. 우리가 여기서 말하려는 **모나드**는 복합된 것 속에 포함되어 있는 단순한 실체에 다름 아니다. 단순하다 함은 부분이 없다는 뜻이다(『변신론』 10절).

2. 복합된 것이 존재하므로 단순한 실체들이 존재하지 않으면 안 된다. 왜냐하면 복합된 것은 단순한 것들의 집적 또는 **집합체**에 다름 아니기 때문이다.

3. 그런데 부분이 없는 곳에서는 연장도, 형태도, 분할도 불가능하다. 따라서 모나드들은 자연의 진정한 원자이고—한 마디로 말하면—사물의 요소다.

4. 또한 그들의 해체를 염려할 필요도 없다. 그리고 단순한 실체가 자연의 과정에서 어떻게 소멸하는지는 전적으로 이해할 수 없다.(『변신론』 89절)

5. 동일한 이유에서, 단순한 실체들이 집적을 통하여 형성되어질 수 없기 때문에, 하나의 단순한 실체가 자연적 과정에서 생성될 수 있다는 것도 이해할 수 없다.

6. 이에 의하면, 모나드들은 단지 한 번에 생성되거나 소멸될 수 있다고, 즉 그들은 단지 창조를 통해서만 생성되고 파괴를 통해서만 소멸된다고 말할 수 있다. 이에 대해 복합된 것은 부분으로부터 생성되고, 부분으로 소멸된다.

7. 그뿐만 아니라, 우리는 모나드 내부에 어떤 것도 전달할 수 없고, 그 안에서조차도, 부분들 상호간에 관계의 변화가 가능한, 복합된 사물들에게서와는 달리 그 안에서 야기되고, 전달되고, 증가하거나 감소될 수 있는 어떤 내부운동도 생각할 수 없기 때문에, 어떻게 하나의 모나드가 어떤 다른 피조물에 의해 그의 내부에 영향을 받거나 변화될 수 있는지를 설명할 수 있는 가능성이 존재하지 않는다. 모나드들은 어떤 것이 그 안으로 들어가거나 그 안에서 밖으로 나올 수 있는 창문을 가지고 있지 않다. 우유적 속성(accidens)들은 실체들로부터 분리될 수도 없고, 이전에 스콜라 철학자들의 감각적 형상(species sensibiles)이 그랬던 것처럼, 실체의 외부에서 떠돌아다닐 수도 없다. 따라서 실체도 우유적 속성도 외부로부터 모나드의 내부로 들어갈 수는 없다.

8. 그렇지만 모나드들은 그 어떤 고유한 성질들을 소유해야만 한다. 그렇지 않으면 그들은 전혀 존재가 아닐 것이기 때문이다. 왜냐하면, 복합된 것에게서 일어나는 것은 단지 그의 단순한 구성요소들로부터만 유래하므로 단순한 실체들이 그들의 고유한 성질을 통하여 구별되지 않는다면 사물에 있어서의 어떤 변화를 밝혀 낼 방법이 전혀 존재하지 않을 것이기 때문이다. 따라서 만일 모나드들이 고유한 성질이 없고 결과적으로 서로 구별이 불가능하다면 — 왜냐하면 그들에게는 양적인 구별도 또한 존재하지 않기 때문이다 —, 공간이 빈틈없이 충만되어 있다는 전제 하에, 운동이 일어날 때 모든 장소는 항상 지금까지의 내용과 동일하게 될 단 하나의 내용만을 수용하게 될 것이다. 이로써 사물들의 한 상태는 다른 상태와 전혀 구별이 불가능하게 될 것이다.(『변신론』 서문)

9. 그뿐만 아니라 모든 개별적인 모나드들은 모든 다른 모나드들과 구별되지 않으면 안 된다. 왜냐하면 자연에는 서로 완전히 동일하고 내적이거나 내적인 규정에 근거한 차이가 발견될 수 없는 두 개의 사물은 결코 존재하지 않기 때문이다.

10. 나아가서 나는, 모든 창조된 존재는, 따라서 창조된 모나드도 마찬가지로, 변화하도록 되어 있고, 이러한 변화는 모든 모나드에게서 연속적으로 일어난다는 것이 사실로 인정된 것으로 간주한다.

11. 이미 언급한 사실로부터, 외부의 원인은 모나드의 내부에 어떠한 영향도 미칠 수 없기 때문에, 모나드들의 자연적인 변화는 **내적인 원리**로부터 일어난다는 사실이 밝혀진다.(『변신론』 396, 400절)

12. 그러나 변화의 원리 외에도 또한, 그것을 통하여 어떤 단순한 실체들의 특수화와 다양성이 생기게 되는 **변화하는 것의 특수성**이 존재해야 한다.

13. 이 특수성은 필연적으로 단일성 또는 단순성 속에 다수성을 포함한다. 왜냐하면 모든 자연적인 변화는 점진적으로 일어나는 까닭에 항상, 변화하는 것도 있고, 변화하지 않는 것도 있기 때문이다. 따라서 비록 단순한 실체는 부분을 포함하지 않지만 그 안에는 다수의 특성과 관계가 존재하지 않으면 안 된다.

14. 단일성 또는 단순한 실체 안에서 다수성을 포함하고 그것을 표현하는 일시적인 상태가 사람들이 **지각**(perception)이라고 부르는 것 외

에 다른 것이 아니다. 이 지각은, 아래에서 보게 되듯이, 통각(apperception) 또는 의식과 구별되지 않으면 안 된다. 데카르트주의자들은 사람들이 의식하지 못하는 지각들을 아무것도 아닌 것으로 간주했는데, 바로 이 점에서 그들은 커다란 실수를 범하였던 것이다. 그것은 또 그들로 하여금 단지 정신만이 모나드이고 동물의 영혼도 또 다른 엔텔레키도 존재하지 않는다고 하는 가정에 이르게 하였다. 따라서 그들은 또한 대중의 견해와 마찬가지로 장기적인 실신 상태를 본래적인 의미에서의 죽음과 혼동하였고, 이로써 그들은 다시 전적으로 육체를 갖지 않는 영혼들이 있다고 하는 스콜라 철학자들의 편견에 빠지게 되었다. 그것은 심지어 영혼의 불멸성에 관하여 잘못된 견해를 주장하는 사람들의 입장을 강화시켜 주었다.

15. 변화 또는 한 지각으로부터 다른 지각으로의 이행을 야기시키는 내부원리의 활동은 **욕구**라고 불릴 수 있다. 여기서 욕구는 얻고자 애쓰는 지각에 항상 완전하게 도달하는 것은 아니다. 그렇지만 그것은 항상 부분적으로는 성취되며, 이리하여 새로운 지각에 이르게 된다.

16. 우리가 의식하는 가장 사소한 생각이 대상 안에 있는 다양성을 포괄한다는 사실을 발견할 때, 우리 자신이 단순한 실체 안에 있는 다수성을 경험한다. 이에 따라 영혼을 단순 실체로 인정하는 모든 사람들은 모나드 내부에 있는 이 다수성을 시인하지 않으면 안 된다. 그리고 베일 씨도, 그의 백과사전 로라리우스(Rorarius) 항에서 그랬듯이, 여기서 어떠한 어려움도 발견하지 못할 것이다.

17. 그밖에도 우리는 **지각**과 그에 의존하고 있는 것은 **역학적인 근**

거로부터, 즉 형태와 운동으로부터는 **설명될 수 없다**는 사실을 필연적으로 인정하지 않으면 안 된다. 사유하고, 감각하고 그리고 지각할 수 있도록 만들어진 기계를 생각해 보자. 그러면 우리는 풍차 안으로 들어가듯이 그 안으로 들어갈 수 있도록 비례적으로 확대된 기계를 상상할 수 있을 것이다. 이렇게 전제한다면, 우리는 그 내부를 둘러볼 때 서로 부딪치는 개개의 부분품 외에는 어떠한 것도 발견할 수 없고 지각을 설명할 수 있을 그 어떤 것도 발견할 수 없을 것이다. 따라서 우리는 지각을 단순한 실체 안에서 찾아야 하고 복합체나 기계 안에서 찾아서는 안 된다. 또한 단순한 실체 안에서는 이것, 즉 지각들과 그들의 변화 외에는 어떠한 것도 발견될 수 없다. 단순한 실체의 내적 활동은 단지 이들 안에만 존재할 수 있다.(『변신론』 서문)

18. 우리는 모든 단순한 실체들 또는 창조된 모나드들에게 엔텔레키라는 이름을 부여할 수 있을 것이다. 왜냐하면 그들은 모두 자신 안에 어떤 완전성을 가지고 있기 때문이다(exousi to enteles). 그들은 자신을 자신의 내적 활동성의 근원으로 그리고 소위 비물질적인 자동기계로 만드는 일종의 자족성(autarkeia)을 가지고 있는 것이다.(『변신론』 87절)

19. 우리가 내가 위에서 설명했던 것과 같은 일반적인 의미에서 **지각**과 **욕구**를 가지고 있는 모든 것을 "영혼"이라고 부른다면, 모든 단순한 실체 또는 창조된 모나드들은 영혼이라 불릴 수 있을 것이다. 그러나 감각은 단순한 지각보다 더 많은 어떤 것이기 때문에 단지 지각만을 가지고 있는 단순한 실체들에게는 일반적인 명칭인 "모나드" 또는 "엔텔레키"로 충분할 것이다. 이에 대해 **영혼**이란 명칭은 지각이 판명하고 기억에 의해 동반되는 모나드들을 위해 사용하는 것이 좋을 것이다.

20. 우리는 우리 자신 안에서 어떤 것도 기억하지 못하고 어떤 구별되는 지각도 갖지 않는 상태, 따라서 예를 들면 기절이나 꿈을 꾸지 않는 깊은 수면을 경험한다. 이러한 상태에서는 영혼은 단순한 모나드와 명백히 구별되지 않는다. 그러나 이러한 상태는 오래 지속되지 않고 영혼이 다시 그러한 상태로부터 벗어나기 때문에, 영혼은 단순한 모나드보다는 더 많은 어떤 것이다.(『변신론』 64절)

21. 그러나 이로부터 단순한 실체가 어떠한 지각도 갖지 않는다는 결론이 나오는 것은 아니다. 이것은 이미 위에서 언급한 이유에 의해 불가능하다. 왜냐하면 그들은 소멸될 수도 없지만, 그러나 자신들의 지각에 다름이 아닌 어떤 활동 없이는 또한 존속할 수도 없기 때문이다. 그러나 그 안에서 어떤 것도 명확히 식별되지 않는, 아주 많은 미세한 지각들이 존재한다면, 우리가 동일한 방향으로 계속해서 맴돌 때, 그를 통하여 의식을 잃을 수 있고 어떤 것도 구별하지 못하게 하는 어지럼을 느끼는 것처럼, 우리는 혼미한 상태에 있는 것이다. 죽음은 동물을 잠시 동안 이러한 상태로 옮겨 놓을 수 있다.

22. 그런데 단순한 실체들의 모든 현 상태는 그들의 앞선 상태의 자연스런 결과이고 따라서 현재는 미래를 자신 안에 품고 있다.(『변신론』 360절)

23. 나아가서 우리가 마취 상태에서 깨어날 때 우리의 지각들을 **의식하기** 때문에 비록 우리가 그것을 의식하고 있지는 못했더라도 그 바로 직전에 이미 우리는 지각을 가지고 있었어야만 한다. 왜냐하면 운동은 자연히 운동으로부터만 발생할 수 있듯이, 지각은 자연히 다

른 지각으로부터만 발생할 수 있기 때문이다.(『변신론』 401-403절)

24. 이로부터 우리가 우리의 지각 안에서 어떤 뚜렷한 특징과 어떤 보다 높은 감각을 갖지 않는다면, 우리는 항상 마취 상태에 있게 될 것이라는 것을 알게 된다. 실제로 이것은 아주 단순한 모나드들의 상태다.

25. 다량의 광선이나 공기진동을 집중함으로써 그들이 결합하여 작용할 수 있도록 하기 위하여 자연이 동물에게 감각기관을 부여했다는 사실로부터 우리는 또한 자연이 동물에게 어떤 탁월한 지각들을 부여했다는 사실을 알 수 있다. 이것은 후각과 미각, 촉각, 그리고 우리에게 알려지지 않은 많은 다른 감각에 있어서도 마찬가지다. 영혼에서의 과정이 감각기관 안에서 일어나는 일을 어떻게 표현하는지에 대해서는 곧 설명할 것이다.

26. 기억은 영혼에게, 이성을 모방하기는 하지만 그것과는 구별되어야 하는 일종의 **추리**를 제공한다. 따라서 우리는 동물들이, 그들에게 인상을 주었고 이에 관해 그들이 전에 이미 유사한 지각을 가졌던 어떤 것을 지각할 때, 기억을 통하여 전에 이러한 지각과 결합되었던 어떤 것을 기대하고 또한 그들이 그때와 유사한 감정으로 유발될 것이라고 하는 것을 기대한다는 것을 안다. 예를 들어 개에게 막대기를 보여주면, 그는 그것이 그에게 야기시켰던 고통을 기억하고 울부짖으며 그로부터 도망치는 것이다.(『변신론』 서론적 논문 65절)

27. 이때 그를 자극하고 움직이는 강한 감각적 표상은 선행하는 지

각의 크기나 양에 기인한다. 왜냐하면 강한 인상은 종종 한 번에 오랜 **습관**이나 여러 번 반복된 중간 정도로 강한 지각들과 같은 결과를 산출하기 때문이다.

28. 사람들이 전적으로 기억의 원리를 통하여 그들의 지각으로부터 추론을 하는 한 인간은 동물과 같이 행동하는 것이다. 이때 그들은 단지 실습만 하고 이론은 가지고 있지 않은 경험적 의사와 비슷하다. 우리들도 또한 전체 행동의 4분의 3의 경우에는 순수한 경험론자처럼 행동한다. 예를 들어 우리가 내일 다시 낮이 돌아올 것이라고 기대한다면, 이것이 지금까지 항상 그래 왔으니까 우리는 경험적으로 그렇게 하는 것이다. 단지 천문학자만이 이에 대해 이성적 근거에 따라 판단하는 것이다.

29. 그러나 필연적이고 영원한 진리의 인식은, 우리를 자신과 신을 인식하도록 끌어올림으로써 우리를 단순한 동물들과 구별해 주고 이성과 학문을 소유한 상태로 인도한다. 이것이 바로 우리가 우리 내부에서 이성적 영혼 또는 **정신**이라고 부르는 것이다.

30. 필연적 진리의 인식과 그의 추상화를 통하여 우리는 자신을 또한, 우리로 하여금 **나**에 대한 생각을 품도록 하고 이것 또는 저것이 우리 안에 있다고 숙고하도록 하는, **반성적 행**위로 고양시킨다. 이와 같이 우리가 자신에 대하여 사유함으로써 우리들은 동시에 존재와, 단순한 것이든 복합적인 것이든 실체, 비물질적인 것, 그리고 우리 안에서 제한되어 있는 것이 그의 안에서는 무제한하다는 것을 파악함으로써 신 자체에로 우리의 생각을 향하도록 하는 것이다. 그리고 이에

따라 이러한 반성적 행위들은 우리에게 이성적 인식의 주된 대상들을 제공한다.(『변신론』 서문)

31. 우리의 이성적 인식들은 **두 가지의 큰 원칙**에 기인한다. 첫 번째 원칙은 **모순율**인데, 우리는 이것을 통하여 모순을 포함하는 모든 것은 **거짓**이라고 판단하고 거짓인 것과 대립되거나 모순되는 모든 것을 참이라고 판단하는 것이다.(『변신론』 44, 169절)

32. 두 번째로, 이성적 인식들은 충족이유율에 기인하는데, 이를 통하여 우리는, 비록 대부분의 경우에는 우리에게 그 근거들이 알려지지 않는다 해도 어떤 것이 왜 이래야 하고 달리 되어서는 안 되는지에 대하여 충분한 근거가 존재하지 않는다면 어떤 사실도 진실 또는 존재하는 것으로 증명될 수 없고 어떠한 명제도 참으로 증명될 수 없다고 생각한다.(『변신론』 44, 196절)

33. 나아가 두 가지 종류의 **진**리, 즉 **이성진리**와 **사실진리**가 존재한다. 이성진리는 필연적이고 그 반대는 불가능하다. 사실진리는 우연적이고 그 반대가 가능하다. 어떤 진리가 필연적이라면 우리는, 이 진리를 근원적인 관념과 진리에 도달할 때까지 단순한 관념들과 진리들로 분해함으로써 그 근거를 분석을 통하여 발견할 수 있다.(『변신론』 170, 174, 189, 280–282, 367 그리고 반박의 개요, 세 번째 반박)

34. 이와 같은 방식으로 수학자에게 있어 **이론적인 정리들**과 **실천적인 규칙들**은 분석을 통하여 정의와 공리, 그리고 공준으로 환원된다.

35. 이때 우리는 최종적으로 더는 정의할 수 없는 단순한 관념들에 도달하게 된다. 우리는 또한 공리들과 공준들 또는, 한 마디로 말하면, 증명될 수 없고 어떠한 증명도 필요하지 않는 근원적인 원리들에 도달하게 되는데, 이들이 그것을 부정하면 명시적인 모순을 포함하게 되는 **동일명제들**이다.

36. 그러나 **충분한 이유**는 **우연한 진**리 또는 **사실진리**에 있어서도, 즉 모든 창조된 사물들의 결과나 연관 속에도 존재해야 한다. 여기서는 자연사물들이 매우 다양하고 물체는 무한히 분할 가능하기 때문에 개별적인 근거로의 분해가 제한 없이 계속될 수 있다. 현재 나의 저술 행위에 대한 작용원인을 이루는 현재와 과거의 상황들과 운동들은 무한히 많이 존재하며, 그의 목적인들을 이루는 내 영혼의 현재와 과거의 작은 경향들과 성향들도 무한히 많이 존재한다.(『변신론』 36, 37, 44, 45, 49, 52, 121, 122, 337, 340, 344 참조)

37. 그런데 이 모든 **개별적 원인**들은 다시금, 그들을 정당화하기 위해서 다시 동일한 분석을 요구하는 더욱 구체적이고 선행하는 다른 **우연적인 것들**을 포함하고 있기 때문에, 우리는 이러한 방법으로는 충분한 원인을 발견할 수 없게 된다. 따라서 그 계열이 아무리 무제한적으로 계속된다 하더라도, 충분한 또는 최종 근거는 우연한 개별적 사물들의 연속 내지는 계열 외부에 놓여야 한다.

38. 따라서 사물의 최종근거는 필연적인 실체 안에 놓여야 한다. 이 실체 안에서는 변화들의 세부사항들이 그 근원 안에서와 같이 단지 현저한 방식으로만 포함되어 있는 것이다. 이러한 실체를 우리는 **신**

이라고 부른다.(『변신론』 7절)

39. 이 실체는 서로 빈틈없이 연결되어 있는 모든 개별적인 것들에 대한 충분한 근거이기 때문에 **단지 하나의 신만이 존재하고, 이 신은 충분하다.**

40. 나아가, 이 최고 실체의 외부에는 그로부터 독립적인 어떠한 것도 존재할 수 없으며 그것은 가능한 존재의 단순한 결과이기 때문에, 우리는 유일하고 모든 것을 포괄하며 필연적인 이 최고의 실체는 어떠한 제한도 가질 수 없으며 가능한 한 많은 실재성을 가져야 한다고 추론할 수 있다.

41. 이로부터 신은 절대적으로 완전하다는 결론이 나온다. **완전성**이란, 우리가 실재성을 가지고 있는 사물들의 한계나 제한을 도외시할 때 얻는, 적극적 실재성 그 자체의 크기에 다름 아니기 때문이다. 그리고 어떠한 제한도 없는 곳, 즉 신 안에서는 완전성은 절대적으로 무한하다.(『변신론』 22절, 서문)

42. 이로부터 또한, 피조물들은 신의 영향 덕분에 그들의 완전성을 얻고 있지만, 그들의 불완전성은 제한이 없을 수 없는 그들의 고유한 본성에 기인한다는 사실이 도출된다. 왜냐하면 바로 이를 통하여 그들은 신과 구별되기 때문이다.(『변신론』 20, 27-31, 153, 167, 377 이하, 이 피조물의 근원적 불완전성은 육체의 자연적인 타성 안에서 발견된다. 이에 대해서는 30, 380, 그리고 반박에 대한 개요, 다섯 번째 반박)

43. 그렇지만 신은 존재의 근원일 뿐만 아니라, 그것이 실재적인 한에 있어서 본질의 근원 또는 가능적인 것 안에서 실재적으로 포함되어 있는 것의 근원이기도 하다. 왜냐하면 신의 오성은 영원한 진리 또는 그것이 의존하고 있는 관념들의 영역이기 때문이다. 따라서 신의 오성이 없이는 가능적인 것들 안에 어떤 실재적인 것도 존재할 수 없게 될 것이다. 따라서 신이 없이는 존재하는 어떠한 것도 없을 뿐만 아니라 가능한 것도 아무것도 없게 될 것이다.(『변신론』 20절)

44. 왜냐하면 본질이나 가능적인 것 안에 또는 영원한 진리 안에 실재성이 존재한다면, 이 실재성은 어떤 현존하는 것 그리고 실제적인 것, 따라서 그에게 있어서는 본질이 존재를 포함하는, 그리고 현실적이기 위해서는 가능한 것으로 충분한, 필연적인 존재의 현존 안에서 그 근거를 가져야만 하기 때문이다.(『변신론』 184, 189, 335)

45. 따라서 신(또는 필연적 존재)만이 그가 가능하다면 필연적으로 존재하게 되는 특권을 갖는다. 그런데 아무것도 어떠한 제약과 어떠한 부정 그리고 그 결과로 어떠한 모순도 포함하지 않는 것의 가능성을 저지할 수 없으므로, 이것만으로도 이미 신의 현존을 **선험적으**로 인식하기에 충분하다. 우리는 이미 그러한 존재를 또한 영원한 진리의 실재성을 통하여 증명한 바 있다. 그러나 우리는 신의 현존을 이미, 그들의 최후의 또는 충분한 근거를 단지 자신의 존재근거를 자신 안에 가지고 있는 필연적 존재 안에서만 가질 수 있는 우연적 존재의 현존으로부터 **후험적으로** 증명한 바 있다.

46. 그러나 우리는, 몇몇 사람들이 그랬듯이, 영원한 진리가 신에 의

존하고 있다는 이유로 자의적이고 그의 의지에 의존하고 있다고 생각해서는 안 된다. 이것은 분명히 데카르트와 후에 푸와레도 가정했던 생각이다. 이것은 단지 그 원리가 **적절성** 또는 **최선**의 선택에 있는 우연적 진리에만 해당된다. 이에 대해 필연적 진리는 단지 신의 오성에만 의존하고 그의 내적 대상이다.(『변신론』 180–184, 185, 335, 351, 380)

47. 이에 따르면 신만이 근원적인 단일성 또는 근원적인 단순실체다. 모든 창조된 또는 파생된 모나드들은 그의 산출물이고, 말하자면 매 순간 신성이 끊임없이 번개와 같이 방사됨으로써 생성된다. 이때 그들은 본성에 의해 제약된 피조물의 수용성을 통하여 제한된다.(『변신론』 382–391, 398, 395)

48. 신 안에는 모든 것의 근원인 **능력**이 있고, 개별적인 관념들을 포함하는 **인식**이 있고, 그리고 마지막으로 최선의 원리에 따라 변화 또는 창조를 가능하게 하는 **의지**가 있다. 이것은 창조된 모나드에게 있어서의 주체 또는 기제, 지각능력, 그리고 욕구능력에 해당한다. 그러나 신에게 있어서 이들 속성들은 절대적으로 무한하거나 완전하다. 반면에 모나드 또는 엔텔레키(또는 헤르몰라우스 바르바루스 Hermolaus Barbarus의 번역에 따르면 완전성 보지자)에 있어서 이들은 단지 그들의 완전성의 정도에 따른 차등을 갖는 모방일 뿐이다.(『변신론』 7, 149, 150, 87절)

49. 우리는 어떤 피조물이 완전성을 가지고 있을 때 그것은 외부로 **작용한다**고 말하고, 또 다른 불완전한 피조물에 대해서는 그것이 **작**

용을 받는다고 말한다. 이렇게 우리는 모나드에 대하여 그것이 판명한 지각을 갖는 한 **활동성**을 부여하고, 그것이 모호한 지각을 가지고 있는 한 **수동성**을 부여한다.(『변신론』 32, 66, 386절)

50. 우리가 어떤 피조물 안에서, 다른 것으로의 이행을 **선험적으로** 해명할 수 있는 어떤 것을 발견한다면, 이 피조물은 다른 피조물보다 더 완전하다. 이런 의미에서 우리는 그것이 다른 것에 영향을 미친다고 말한다.

51. 그러나 단순한 실체들에 있어서 한 모나드가 다른 모나드에 미치는 영향은 단지 관념적 영향만이 가능하다. 이 관념적 영향은 단지, 한 모나드가 신의 관념들 안에서, 신이 태초에 다른 모나드들을 조정할 때 이미 그를 고려하였다고 정당하게 요구하는 한에 있어, 신의 매개를 통해서만 작용된다. 왜냐하면 창조된 모나드는 다른 모나드의 내부에 어떠한 물리적 영향도 행사할 수 없으므로, 이러한 방법으로만 하나의 모나드가 다른 모나드에 의존할 수 있기 때문이다.(『변신론』 9, 54, 65, 66, 201, 반박의 개요, 세 번째 반박)

52. 이렇게 피조물들에게서 **능동**과 **수동**은 상호적이다. 왜냐하면 신은 두 단순한 실체들을 비교함으로써 그들 각각에게서 한 실체에게 다른 실체를 순응시키도록 자신을 강요하는 근거들을 발견하기 때문이다. 따라서 어떤 관점에서 능동적인 것은 다른 측면에서 바라보면 수동적이다. 다른 피조물 안에 발생하는 사건의 근거로 간주되는 것이 그 안에서 판명하게 인식되면 그것은 **능동적**이고, 다른 피조물 안에서 판명하게 인식되는 것 안에서 그 안에 발생하는 것에 대한 근거

를 찾을 수 있는 경우에 그것은 **수동적**이다.(『변신론』 66절)

53. 그런데 신의 관념은 무한한 수의 가능적 세계를 포함하고 있고 그중에서 단지 하나의 세계만이 존재할 수 있으므로, 이러한 신의 선택에 있어, 그로 하여금 하나의 세계를 다른 세계들보다 더 선호하도록 규정하는 충분한 근거가 있어야 한다.(『변신론』 8, 10, 44, 173, 196-197, 225, 414-416절)

54. 이 근거는 오로지 적절성 내지는 이 세계들이 포함하고 있는 완전성의 정도 안에서 찾아질 수 있다. 모든 가능적인 것은 자신 안에 포함되어 있는 완전성의 정도에 따라 존재를 요구할 수 있는 권리가 있다.(『변신론』 74, 167, 350, 201, 130, 352, 345 이하, 354절)

55. 그리고 신의 지혜를 통하여 인식되고, 그의 선을 통하여 선택되고, 그의 능력을 통하여 창조되는 최선의 것이 존재하게 되는 원인은 여기에 있다.(『변신론』 8, 78, 80, 84, 119, 204, 206, 208 및 반박의 개요, 첫 번째와 두 번째 반박)

56. 모든 창조된 사물들을 개별자 각각에, 그리고 각 개별자들을 다른 모든 것에 결합 또는 순응시킨 결과, 모든 단순한 실체는 다른 실체들의 총체를 표현하는 관계를 포함하고 그 결과로 그는 살아 있고 영속하는, 우주의 거울이 된다.(『변신론』 130, 360절)

57. 그리고 상이한 측면에서 바라보면 하나의 동일한 도시가 전혀 다르게, 말하자면 다양한 모습으로 나타나듯이, 무한히 많은 단순한

실체들로 인하여 그만큼 많은 상이한 세계가 존재한다. 그러나 이 세계들은 단지 각 모나드의 상이한 관점들 중의 한 관점에서 보여진 하나의 동일한 세계에 대한 조망들이다.(『변신론』 147절)

58. 이와 같이 하여 우리는 가능한 최고의 질서를 갖는, 가능한 한 가장 큰 다양성을 얻게 된다. 즉 우리는 이와 같이 하여 가능한 한 가장 큰 완전성을 얻게 된다.(『변신론』 120, 124, 241 이하, 214, 243, 275절 참조)

59. 따라서 우리는 이러한 가정을 통해서만이 (이에 대해서 나는 그것이 입증되었다고 감히 말하고자 한다) 신의 위대함을 올바로 이해할 수 있다. 베일 씨도 그가 자기 **사전**에서 (로라리우스 항목) 내가 심지어 신에게 너무 많은 것을 그리고 가능한 것보다 더 많은 것을 부여하였다고 반론을 제기했을 때 이를 인정하였다. 그러나 그는 왜, 모든 실체로 하여금 자신이 그들에 대해서 가지고 있는 관계를 통하여 모든 다른 실체들을 정확하게 표현하도록 하는 저 보편적 조화가 불가능해야 하는지에 대해서 어떠한 근거도 제시할 수 없었다.

60. 그 밖에도 우리는 이로부터 왜 사물들이 다른 어떤 경과를 취할 수 없는지에 대하여 **선험적인** 근거를 통찰할 수 있다. 신은 전체의 질서를 정함에 있어서 모든 개별적인 부분들과 특히 본성에 의해 표상하도록 창조된 모든 개별적인 모나드들을 고려하였기 때문에, 비록 세계의 개별적 사물들과 관련해서는 이 표상이 모호하고 단지 사물의 아주 작은 부분에서만, 즉 그 모나드에게 가장 가깝거나 가장 큰 사물에서만 판명하기는 하지만 — 왜냐하면 그렇지 않다면 모든 모나드는

바로 신일 것이기 때문이다—, 이들로 하여금 사물의 단 한 부분만을 표상하도록 제한할 어떤 것도 존재하지 않는다. 따라서 대상에서가 아니라 대상에 대한 상이한 종류의 인식에서 모나드들은 그들의 제한을 가지고 있다. 그들의 관계는 모두 모호한 방식으로 무한한 곳까지, 즉 전체에까지 미친다. 그러나 그들은 지각의 판명성의 정도를 통하여 한계를 가지고 있고 서로 구별되는 것이다.

61. 그리고 이 점에서 복합된 것은 단순한 것을 상징적으로 표현한다. 즉 모든 것은 충만되어 있고 이를 통하여 모든 물질이 서로 연결되어 있기 때문에, 그리고 충만된 공간 안에서 모든 운동은 멀리 떨어진 물체에게 거리에 상응하여 영향을 미치고, 따라서 모든 물체는 자신과 직접 접촉하고 있는 것과 관계를 맺고 어떤 점에서 그들에게 발생하는 모든 것을 느낄 뿐만 아니라, 이들을 매개로 그와 직접 접촉하고 있는 것을 접촉하는 물체들의 영향도 또한 감지하기 때문에, 이러한 관계는 임의로 멀리 떨어진 모든 물체들에게도 미친다는 사실이 밝혀진다. 그 결과 마치 모든 것을 보는 사람은 그가 현재의 것 안에서 시간 또는 공간적으로 멀리 떨어진 것을 인식함으로써 모든 개별적인 것에게서 모든 곳에서 발생하는 것, 심지어 발생한 것 또는 발생하게 될 것을 읽을 수 있는 것과 마찬가지로, 모든 물체는 세계 안에서 일어나는 모든 것을 감지한다: 히포크라테스는 σΰμπνοια πάντα라고 말한다. 그러나 영혼은 자기 자신 안에서 단지 판명하게 표상되는 것만을 읽을 수 있다. 그는 자신의 모든 주름을 한 번에 다 펼 수는 없다. 왜냐하면 그것이 무한히 펴지기 때문이다.

62. 따라서 비록 모든 창조된 모나드는 전 우주를 표상하기는 하지

만, 자신에게 특별히 지정되고 자신은 그의 엔텔레키가 되는 육체를 특히 판명하게 표상한다. 그리고 충만된 공간 안에 있는 모든 물질의 결합을 통하여 이 육체가 전체 우주를 표현하듯이, 영혼은 자기에게 고유하게 귀속된 육체를 표상함으로써 우주를 표상하는 것이다.(『변신론』 400절)

63. 그의 엔텔레키 또는 영혼인 한 모나드에 귀속되는 육체는 엔텔레키와 결합하여 우리가 **생명체**라고 부르는 것을 구성하고, 영혼과 결합하여 **동물**이라고 부르는 것을 구성한다. 그런데 생명체 또는 동물의 이 육체는 항상 유기적이다. 왜냐하면 모든 모나드는 각각에 고유한 방식으로 우주를 표상하는 거울이고, 우주는 완전한 질서에 따라 규정되어 있으므로, 표상하는 것 안에, 즉 영혼의 지각 안에 그리고 이와 함께 또한, 그에 따라 영혼 안에 우주가 표상되는 육체 안에도 마찬가지로 하나의 질서가 존재해야 하기 때문이다.(『변신론』 403절)

64. 따라서 모든 생명체의 유기적 육체는 일종의 신적인 기계 또는 모든 인공적 자동기계를 무한히 능가하는 자연적인 자동기계다. 왜냐하면 사람의 기술을 통하여 만들어진 기계는 그 부분들 각각에 있어서도 기계인 것은 아니기 때문이다. 따라서 예를 들면 놋쇠바퀴의 톱니는, 우리에게 더는 인공적인 것이 아니고, 그 바퀴가 사용되는 기계에 관하여 더 이상 아무것도 감지하도록 하지 못하는 부분 또는 조각을 가지고 있다. 그러나 자연의 기계 또는 살아 있는 육체는 그의 가장 작은 부분에 있어서조차도 무한에 이르기까지 기계다. 바로 여기에 자연과 인공 사이, 즉 신적인 기술과 우리의 기술 사이의 차이가 존재한다.

65. 자연의 창조주만이 이 신적이고 무한히 놀라운 예술품을 창조할 수 있었다. 왜냐하면 물질의 각 조각은, 옛 사람들이 올바로 인식했듯이, 무한히 분할 가능할 뿐만 아니라, 실제로 끝없이 계속하여 분할되어 있고, 각 부분은 다시 부분으로 분할되어 있기 때문이다. 이 부분들 중의 각각은 각자에게 고유한 운동을 가지고 있다. 왜냐하면 그렇지 않으면 물질의 각 조각이 전 우주를 표현한다는 것이 불가능할 것이기 때문이다.(『변신론』 서론적 논문 70절, 그리고 195절)

66. 이로부터 우리는, 물질의 가장 작은 부분 속에 피조물들의 세계, 생명체들의 세계, 동물들의 세계, 엔텔레키들의 세계가 존재함을 안다.

67. 물질의 각 조각은 식물들로 가득 찬 정원 그리고 물고기로 가득 찬 연못처럼 이해될 수 있다. 그러나 이 식물들의 각 가지, 동물의 각 지체, 그 체액의 각 방울은 다시금 그와 같은 정원 또는 연못이다.

68. 그리고 비록 정원의 식물들 사이에 있는 땅과 공기, 또는 연못의 물고기들 사이에 있는 물 자체는 식물도 물고기도 아니지만, 그들은 다시 그런 식물 또는 물고기들을 포함하고 있고, 대부분의 경우에는 우리가 식별할 수 없을 정도로 섬세한 종류의 것들을 포함하고 있다.

69. 따라서, 우리가 약간 멀리 떨어져서 연못을 바라보면 연못 안에 있는 물고기들 자체는 식별하지 못하고 물고기들의 혼돈된 운동이나 집단만을 보게 되는 것과 같이 외관상으로만 그러할 뿐, 실제 우주 안에는 어떠한 황폐한 것도, 어떠한 불임의 것도, 어떠한 죽은 것도, 혼돈도, 혼란도 존재하지 않는다.(『변신론』 서문)

70. 이로부터 우리는 모든 살아있는 육체는 하나의 지배적인 엔텔레키를 가지고 있다는 사실을 알 수 있다. 이 지배적인 엔텔레키는 동물에게서는 영혼인 것이다. 그러나 이 살아 있는 육체의 지체들은 다시 다른 생명체들, 식물, 동물들로 가득 차 있고, 이들 각각은 다시금 그의 엔텔레키 또는 지배적인 영혼을 가지고 있다.

71. 그러나 우리는 몇몇 사람들이 나의 이론을 오해함으로써 그랬던 것처럼, 각 영혼이 그에게 영구히 배정된 한 덩어리의 물질 또는 어떤 물질 조각을 가지고 있고, 따라서 영혼이 항상 그를 섬기도록 규정된 다른 낮은 생명체를 가지고 있다고 생각해서는 안 된다. 왜냐하면 모든 육체는 강물처럼 영속하는 흐름 속에 있고, 부분들이 끊임없이 들어오고 나가기 때문이다.

72. 이에 따르면 영혼은 점차로 서서히 그의 육체를 바꾼다. 따라서 그것은 결코 한 번에 그의 모든 기관들을 박탈당하지 않는다. 그리고 종종 동물들에게서는 변형(metamorphose)이 일어난다. 그러나 결코 윤회(metempsychose)가 일어나지는 않는다. 마찬가지로 육체가 없는 순수한 정신과 같이 전적으로 **분리된 영혼**은 존재하지 않는다. 신만이 전적으로 육체로부터 분리되어 있다.(『변신론』 90, 120)

73. 그 결과로 전적으로 새로운 번식과, 엄밀한 의미에서 육체로부터 영혼의 분리를 의미하는 전적인 죽음은 존재하지 않는다. 그리고 우리가 **죽음**이라고 부르는 것이 퇴화와 감소이듯이, 우리가 **번식**이라고 부르는 것은 발전과 성장이다.

74. 철학자들은 형상, 엔텔레키 또는 영혼의 근원에 대하여 항상 당혹스러워 했다. 그러나 식물, 곤충 그리고 다른 동물들에 대한 정밀한 연구를 통하여 자연의 유기적 육체가 결코 혼돈이나 부패로부터 생겨나는 것이 아니라 항상 어떤 **예비적 형태**(preformation)가 분명히 그 안에 들어 있는 정자로부터 생겨난다는 사실이 알려진 오늘날, 우리는 단지 유기체적 육체만 정자 안에 수태 전부터 이미 들어 있었던 것이 아니라 이 육체 안에 있는 영혼도, 한마디로 말하면 동물 자체가 그 안에 들어 있었다는 결론에 이르렀다. 수태를 통하여 이 동물은 단지, 그것을 통하여 다른 동물이 될 수 있는 큰 변형을 할 수 있는 능력만을 획득한 것이다. 번식의 경우 외에 이와 유사한 어떤 것을 우리는 구더기가 파리로, 그리고 애벌레가 나비로 될 때, 볼 수 있다.(『변신론』 86, 89, 90, 187, 188, 397, 403, 서문)

75. 그들 중의 몇몇이 수태를 통하여 보다 큰 동물의 단계로 상승되는 **동물**을 우리는 **정충**이라고 부를 수 있다. 그러나 정충들 중에서 그 상태에 계속 머무르게 되는 것들, 즉 다수는 다른 큰 동물과 마찬가지로 생성되고, 증식되고, 소멸된다. 그리고 단지 선택된 소수만이 더 큰 무대로 이행하는 것이다.

76. 그러나 이것은 진리의 절반에 불과하다. 따라서 나는 동물이 자연 과정에서 결코 생성되는 것이 아니라면, 마찬가지로 그것은 자연 과정에서 소멸되지 않고, 따라서 엄밀히 말하면 산출도 존재할 수 없을 뿐만 아니라 전적인 파괴와 죽음도 또한 존재하지 않는다고 결론지었다. 이러한 **후험적**이고 경험을 통한 숙고는 위에서 **선험적**으로 연역된 나의 원리들과 전적으로 일치한다.(『변신론』 90)

77. 따라서 우리는 파괴가 불가능한 우주의 거울로서의 영혼만이 파괴 불가능한 것이 아니라, 그의 기계가 가끔 부분적으로 파멸되기도 하고 유기체적인 육체를 벗거나 입기는 하지만, 동물 자체도 파괴 불가능하다고 말할 수 있을 것이다.

78. 이러한 원리들은 나로 하여금 영혼의 유기적 육체와의 조화 또는, 더 적절하게 말하자면, 일치를 자연스럽게 설명할 수 있도록 하였다. 영혼은 그의 고유한 법칙을 따르고 육체도 마찬가지로 자기 자신의 법칙을 따른다. 그러나 양자는, 실체들이 모두 하나의 동일한 우주를 표현하기 때문에 모든 실체 사이에 예정된 조화를 통하여, 서로 합치되는 것이다.(『변신론』 서문, 340, 352, 353, 358)

79. 영혼은 욕구 및 목적과 수단을 통하여 목적인의 법칙에 따라 작용한다. 육체는 작용인 또는 운동의 법칙에 따라 작용한다. 그리고 이 두 왕국, 즉 작용하는 원인의 왕국과 목적인의 왕국은 서로 조화를 이룬다.

80. 데카르트는, 물질 안에 있는 힘의 크기는 항상 동일하기 때문에, 영혼이 육체에게 어떠한 힘도 전달할 수 없다는 사실을 알았다. 그러나 그는 영혼이 육체의 운동방향은 변화시킬 수 있는 것으로 믿었다. 그러나 이것은 단지, 그의 시대에는 물질에 있어서 전체 방향의 운동량 보존에 관한 자연법칙이 알려져 있지 않았기 때문에 그럴 수 있었다. 만일 그가 이것을 알았더라면, 그는 나의 예정조화의 체계에 이르게 되었을 것이다.(『변신론』 서문, 9, 22, 60, 61, 63, 66, 345, 346 이하, 354, 355)

81. 이 체계에 의하면 육체는 마치 (그것이 불가능하지만) 영혼이 전혀 존재하지 않는 것처럼 작용하고, 영혼은 마치 육체가 존재하지 않는 것처럼 작용한다. 그리고 양자 모두 마치 한 쪽이 다른 쪽에 영향을 미친 것처럼 작용한다.

82. 정신 또는 이성을 가진 영혼으로 말하면, 위에서 말한 바와 같이 나는 모든 생명체나 모든 동물은 근본에 있어서는 동일하다고 (즉 동물과 영혼은 단지 세계와 함께만 생성될 수 있고 또한 단지 그와 함께만 소멸될 수 있다고) 생각하지만, 이성을 가진 생명체들은, 그들의 작은 정충들이 그들이 단지 정충인 한, 다만 통상적인 또는 감각적인 영혼만을 가지고 있지만, 그러나 이렇게 말해도 된다면, 선택된 정충들이 실제적인 수태를 통하여 인간적인 본성을 얻게 되자마자, 그들의 감각적인 영혼은 이성의 단계로 그리고 정신으로 고양되는 특권을 가지고 있다.(『변신론』 91, 397)

83. 내가 이미 부분적으로 언급한, 통상적인 영혼과 정신들 사이의 다른 차이들 외에도, 영혼 일반은 피조물로 구성된 우주의 살아있는 거울 또는 모사이지만, 정신들은 그 외에도 신 또는 자연의 창조자 자체의 모사라고 하는 차이가 존재한다. 그들은 우주의 체계를 인식할 수 있고, 자신이 가지고 있는 체계구축기술을 시험하기 위하여 우주의 체계를 모방할 수 있는 능력이 있다. 왜냐하면 모든 정신은 자신의 영역에서 말하자면 하나의 작은 신과 같기 때문이다.(『변신론』 147)

84. 이것은 정신들로 하여금 신과 함께 일종의 공동체를 구성할 수 있게 한다. 그리고 신은 그들에게 (신의 다른 피조물에 대한 관계가

그렇듯이) 단지 그의 기계에 대한 발명자와 같은 존재가 아니라, 그의 신민에 대하여 군주와 같은 존재, 심지어 그의 자녀에 대하여 아버지와 같은 존재다.

85. 이로부터 우리는, 모든 정신의 총체는 신국을, 즉 모든 군주 가운데서 가장 완전한 군주의 통치 하에서만 가능한 가장 완전한 국가를 형성한다고 쉽게 추론할 수 있다.(『변신론』 146, 두 번째 반박의 개요)

86. 이 신국, 이 진정으로 보편적인 군주국은 자연적인 세계 안에 있는 도덕적인 세계이고, 신의 작품들 중에서 가장 고귀하고 가장 신적인 작품이다. 이 신국 안에 진실로 신의 영광이 존재한다. 왜냐하면 그의 위대함과 그의 선이 정신들에 의해서 인식되지 않고 찬미되지 않는다면, 신은 어떠한 영광도 가지지 않게 될 것이기 때문이다. 그의 지혜와 능력은 도처에서 알려지는 데 반해 신은 원래 이 신적인 국가와 관련해서만 비로소 선을 갖는다.

87. 우리가 위에서 두 개의 자연적 왕국, 즉 작용인의 왕국과 목적인의 왕국 사이에 완전한 조화를 확립한 것처럼, 여기서는 물리적인 자연의 왕국과 도덕적인 은총의 왕국, 즉 우주기계의 기술자로서의 신과 정신들로 이루어진 신적인 국가의 군주로서의 신 사이에 존재하는 또 다른 조화를 본다.(『변신론』 62, 74, 112, 118, 130, 247, 248)

88. 이 조화는 사물들이 자연의 경과를 통하여 스스로 은총에 이르도록 하고, 예를 들면 이 지구가, 어떤 정신에게는 벌을 주고 다른 정신에게는 보상을 주기 위하여 정신들의 통치가 요구될 시점에, 자연

과정을 통하여 파괴되었다가 다시 복구되도록 한다.(『변신론』 18 이하, 110, 244, 245, 340)

89. 그 밖에도 우리는, 건축사로서의 신은 입법자로서의 신을 모든 점에서 만족시키고, 따라서, 비록 이것이 항상 즉시 발생할 수 있고 또 그래야만 하는 것은 아니지만, 죄는 바로 자연의 질서와 사물의 역학적 구조 자체를 통하여 그에 합당한 벌을 받게 되고, 마찬가지로 선한 행위는 육체와 관련하여 자연 과정을 통하여 그에 합당한 보상을 받게 된다고 말할 수 있다.

90. 따라서 마지막으로, 이렇게 완전한 통치 하에서는 보상을 받지 못하는 어떠한 선한 행위도, 벌을 받지 않는 어떠한 나쁜 행위도 존재하지 않게 될 것이고, 모든 것은 선한 사람들, 즉 이 거대한 국가 안에서 불만스러워 하지 않으며 그들의 의무를 다한 후에 예견을 신뢰하고 모든 선의 창조자를 정당하게 사랑하고 본받으며 우리로 하여금 우리가 사랑하는 것의 행복에서 기쁨을 느끼게 하는 진정하고 **순수한 사랑**의 본성에 따라 그의 완전성을 바라보는 데서 기쁨을 느끼는 사람들의 복리를 위해 이바지해야 한다. 이것이 지혜롭고 덕 있는 사람들이 신의 추측할 수 있는 의지, 또는 선행하는 의지와 일치하는 듯이 보이는 모든 것을 실현하려고 하지만, 그럼에도 불구하고 신이 그의 알려지지 않고, 후속하며, 결정하는 의지를 통하여 실제로 일어나도록 한 것에 만족하는 이유다. 즉 그들은 우리가 우주의 질서를 충분히 이해하게 된다면, 신이 실제로 일어나도록 한 것이 가장 지혜로운 자들의 모든 소망을 능가한다는 것과, 일반적인 전체와 관련해서뿐만 아니라, — 건축사와 우리 존재의 작용인으로서뿐만 아니라 우리 의지의

전 목적이어야만 하고, 홀로 우리의 행복을 실현할 수 있는 우리의 주인과 최종목적으로서의, 전 우주의 창조자에게 정당한 방법으로 우리가 승복하는 경우에, — 특히 우리들 자신과 관련하여 이 세계를 현재의 세계보다 더 잘 창조하는 것은 불가능하다는 것을 발견하게 될 것이라는 것을 인정하였던 것이다.(『변신론』 134, 끝부분, 서문, 278)

_윤선구(서울대학교 기초교육원 강의교수) 옮김

12

흄

관념의 기원

우리의 마음에 일어나는 모든 지각(perception)은 인상(impression)과 관념(idea)이라는 두 개의 상이한 종류로 구분된다. 인상과 관념은 우리의 마음과 접하여 각기 상이한 힘(force)과 활성(活性, liveliness)을 갖고 사유나 의식의 대상이 되는데, 이때 그 힘과 활성이 어느 정도인지에 따라 양자가 구분된다. 힘과 활성의 강도가 가장 높은 지각을 인상이라 부르겠는데, 우리의 모든 감각적 지각, 정열과 감정 등이 이에 속한다. 이에 반하여, 관념이란 일단 마음속에 들어온 인상이 사유 과정이나 추리 과정이 다시 나타날 때 생기는 희미한 상(像)을 의미한다. 예컨대, 내가 지금 이 논의를 하고 있을 때, 시각과 촉각에 의하여 직접적으로 발생한 지각이나 때에 따라 일어날 수 있는 직접적인 쾌·불쾌감 등을 제외한 모든 지각이 관념에 속한다. 인상과 관념 간의 이러한 차이점을 설명하기 위하여 더 이상의 많은 말을 늘어놓을 필요는 없으리라 믿는다. 모든 사람은 쉽게 저절로 느낌과 생각함의 차이를 지각할 것이다. 느낌과 생각함이 서로 가깝게 접근될 수 있음이 특별한 경우를 제외하고는 불가능하지는 않지만, 일반적으로 말하여 양자의 정도 차는 쉽게 구분될 것이다. 우리가 잠을 잘 때, 고열을 앓고 있을 때, 극히 노해 있을 때, 또는 어떤 격렬한 감정에 휘말려 있을 때 갖게 되는 관념은 인상과 크게 다를 것이 없을 것이며, 또 한편으로 인상이 너무 희미하고 그 강도가 너무 낮아 관념과 구분이 될 수 없을 경우도 가끔 생길 것이다. 그러나 몇몇 극소의 경우에 인상과 관념이 서로 매우 유사함에도 불구하고 일반적으로는 분명히 서로 구분되기 때문에, 그 차이점을 분명히 하기 위하여 각기 상이한 이름을 붙였고 또 이렇게 다른 이름을 붙여 인상과 관념을 구분하자는 데 불만을 품는 사람은 없을 것이라 믿는다.

지금까지 말한 바보다 더 쉽게 이해할 수 있는 또 다른 지각의 양분법이 있는데, 이 방법에 의하면 모든 지각은 단순한(simple) 것과 복합적인(complex) 것으로 양분된다. 이 양분법은 인상에도 또 관념에도 모두 적용될 수 있다. 단순한 지각 또는 단순한 인상, 그리고 단순한 관념은 그 자체 구분되거나 분리될 수 없는 것들이며, 복합적인 인상과 관념은 이와 반대로 여러 가지 부분으로 구분되어질 수 있는 것들이다. 하나의 사과에 뭉쳐져 있는 여러 성질들, 이를테면 일정한 색깔, 맛, 냄새 등은 하나의 개체에 속해 있지만, 서로 각자 상이한 것들로 쉽게 구분될 수 있다.

이러한 양분법들에 의하여 지각의 대상들의 질서와 배열을 확인한 다음, 이제 우리가 할 일은 그러한 대상들의 성질과 관계를 좀 더 면밀히 검토해 보는 일이다. 우선 주목을 해야 할 점은, 인상과 관념이 그 활성(活性)의 강도 차만 제외한다면 어떤 경우에 있어서는 매우 유사하다는 점이다. 양자가 너무 비슷해서 어떤 때는 하나가 다른 것의 투영(投影)에 불과한 것같이 보일 때도 있으며, 따라서 마음의 모든 지각이 인상이면서 동시에 관념이기도 한 이중적(二重的) 성격을 띠는 것 같아 보이기도 한다. 내가 지금 눈을 감고 나의 사무실을 생각할 때, 머릿속에 떠오르는 관념은 바로 사무실에 대한 나의 인상을 그대로 표상한 것이다. 나의 사무실에 대한 인상을 갖지 않고 사무실의 관념을 가질 수 없다. 사무실에 대한 지각이 아닌 다른 지각들을 보더라도 인상과 관념 간에 유사성과 표상관계가 있음을 알 수 있다. 관념과 인상이 항상 서로 대응하는 것 같아 보인다는 점이 현재 나의 주관심사이다.

그러나 이 유사성은 언뜻 보기에 그럴 뿐이지 더 면밀히 검토해 보면 그렇지 않음이 밝혀진다. 그래서 우리의 모든 관념과 인상은 서로 유사하다는 일반적인 결정을 유보하기 위하여, 지각을 단순한 것과 복합적인 것으로 나누는 구분법을 여기서 사용해야겠다. 가만히 살펴보면, 우리가 가진 복합적인 관념 중에는 그에 상응하는 인상을 갖고 있지 않는 관념도 많으며 또 복합적인 인상 가운데에는 정확히 관념으로 복사(複寫)되지 않는 것들도 많음을 알 수 있다. 내가 한 번도 본 적은 없지만, 모든 보도(步道)가 황금으로 만들어지고 모든 벽이 루비로 만들어진 신(新)예루살렘이라는 가공(架空)의 도시를 상상해 볼 수 있다. 반면, 내가 실제로 파리를 구경한 적이 있다고 할 때, 그렇다고 해서 내 머릿속에 형성된 파리의 관념이 그 도시에 있는 모든 거리와 모든 집들을 샅샅이 있는 그대로 표상한 것이라 할 수 있겠는가?

따라서 복합인상과 복합관념 사이에는 일반적으로 상당한 유사성이 있다고 할 수 있으나 그 양자가 정확한 복사관계에 있다고는 할 수 없겠다. 단순지각의 경우는 어떤지 고찰해 보자. 이 경우 — 단순인상과 단순관념 사이에는 예외 없이 정확한 복사관계가 성립하는 것 같다. 즉 모든 단순관념은 그것과 유사한 단순인상을 가지며 단순인상은 그에 상응하는 단순관념을 가진다. 어둠 속에서 우리가 형성하는 붉은색의 관념과 햇빛 속에서 우리의 눈에 나타나는 붉은색의 인상은 서로 다르지만, 그 차이는 정도 차에 지나지 않으며 본질적인 차이는 아니다. 모든 개별적인 관념과 단순인상이 모두 이와 같다고 증명하기란 어렵다. 가능한 많은 경우들을 살펴보는 것으로 만족할 수밖에 없다. 그러나 단순인상과 단순관념 간의 이러한 보편적 유사관계를 부인하고자 하는 사람이 있다면, 그를 설득시킬 수 있는 유일한 방법은 어떠한 단순관념, 또는 어떠한 단순인상일지라도 그에 대응되는 인상이나 관념을 갖지 않을 수 있겠는가라고 물어보는 방법일 것이다. 그가 만약 이 물음에 답변을 회피한다면 — 그는 분명히 답변을 할 수 없을 것이다 — 바로 이 사실로부터, 즉 그가 묵묵부답한다는 사실로부터 우리의 결론은 입증된다.

따라서 모든 단순관념과 단순인상은 상호유사관계가 있음을 확인한 셈이다. 동시에 복합인상과 관념은 단순관념과 인상들이 모여 형성되기 때문에, 복합인상과 복합관념 사이에도 일반적으로 이와 비슷한 관계가 성립한다고 말할 수 있겠다. 인상과 관념 간에 이러한 관계가 있다는 사실은 이제 더 이상 검토할 필요는 없겠으나, 또 다른 어떤 성질이 그 관계에 포함되어 있는지도 생각해 보아야 하겠다. 인상과 관념이 도대체 어떻게 생겨나며 양자 사이에 인과관계가 있다면, 그중에 어떤 것이 원인이며 또 어떤 것이 결과인지를 고찰해 보자.

이 문제에 관한 완벽한(full) 검토가 바로 우리가 현재 논할 주제다. 우리는 여기서 다음과 같은 일반적일 명제를 정립시키고자 한다. 즉 모든 단순관념은 그것이 처음 생겨날 때 그것에 상응하고 또 그것과 정확한 표상관계에 놓여 있는 단순인상으로부터 나온 것이다.

이 명제를 증명하는 데에 밑거름이 될 제반현상(諸般現象)을 찾던 중, 나는 두 종류를 발견했는데 각 종류에 속하는 현상들은 모두 다양하고 분명하고 또 결정적인 것들이다. 우선 모든 단순인상들은 그에 상응되는 관념을 수반하며 또 모든 단순관념들은 단순인상들에 수반된다는 사실을 앞에서 주장한 바 있지만, 다시 한번 확실히 해두고 넘어가야 하겠다. 이 양자 사이의 부단한 계기적 수반(繼起的隨伴, constant conjunction) 현상이 일어난다는 사실로부터 즉각 도출되는 결론은 인상과 관념 간에 여하튼 큰 연관성이 있으며 인상의 발생이 관념의 발생에 상당한 영향력을 행사한다는 점이다. 셀 수 없이 무한히 일어나는 그러한 계기적 수반 현상은 결코 우연적으로 생기는 것이 아니다. 인상과 관념이 상호 의존하고 있다는 사실이 바로 이러한 현상으로부터 증명된다. 인상과 관념이 어떤 식으로 서로 의존하고 있는지, 즉 어느 것이 어느 것에 의존하고 있는지를 알기 위해서는 인상과 관념이 처음 발생할 때의 순서를 생각해 보아야 하겠다. 이 순서가 어떻게 되어 있는지 여러 경우를 비추어 살펴보면, 단순인상이 언제나 그에 상응하는 관념보다 먼저 생기지 결코 그 반대의 경우는 있을 수 없다는 점을 알 수 있다. 우리가 어린이에게 주홍색이나 노란색이 어떤 것인지, 또는 달거나 쓰다는 것이 어떤 것인지를 가르쳐 주기 위해서, 즉 색깔이나 맛에 대한 관념을 심어 주기 위해서 그에 해당되는 대상, 다시 말하여 그러한 인상을 먼저 제시해 주는 것이 보통이다. 그 반대의 방법, 즉 관념부터 억지로 형성시켜 놓고 그 다음 그에 해당되는 인상을 제시하는 방법은 불합리하다. 우리의 관념이 먼저 발생한 다음 이에 해당되는 인상이 따라오는 것이 결코 아니다. 예컨대, 어떤 색깔이나 또 다른 어떤 감각에 대해서 그것이 무엇인지 생각한 다음에, 즉 그것에 대한 관념을 형성시킨 다음에 그 색깔을 지각하고 또 그 감각을 느끼지는 않는다. 사실은 이와 정반대로, 마음이나 육체에 관한 어떠한 인상이든지 간에 인상이 먼저 생기고 난 다음에, 이와 유사하지만 그 활성도(活性度)가 약한 관념이 따라오는 것이다. 인상과 관념 간에 이러한 계기적 수반관계가 있다는 사실로부터 양자 사이에 어떤 인과관계가 있다는 점이 밝혀지며, 또 인상이 언제나 관념에 선행한다는 사실로부터 인상이 관념의 원인이지 관념이 인상의 원인은 아니라는 점도 밝혀진다.

이 점을 더욱 확고히 하기 위해서, 또 하나의 평범한 그러나 설득력 있는 현상을 고찰해 보자. 태어날 때부터 귀가 멀거나 눈이 먼 경우에서와 같이, 인상을 생성시키는 기관이 우발적인 사고로 그 기능을 상실하였을 때 이러한 사람의 마음에는 인상이 생성되지 않음은 물론 그에 수반될 관념조차도 생기지 않는다는 점이 바로 그것이다. 이러한 사실은 우리의 감각기관이 손상은 되지 않았지만 인상을 생성시키는 작업을 한 번도 해 본 적이 없을 때마저도 확인될 수 있다. 예컨대, 파인애플의 맛을 실제로 음미해 본 적도 없이 파인애플의 맛이 어떤지에 대한 관념을 형성시킬 수 없음은 자명하다.

그러나 위에서 언급한 현상과 모순되는 현상도 또한 있을 수 있는데, 이 현상에 의하면, 관념이 그에 상응하는 인상보다 먼저 생기는 경우가 전적으로 불가능하지 않음이 밝혀진다. 색깔들에 대한 우리의 관념은 각 색깔에 따라 비슷하지만, 동시에 서로 다를 것이며 또한 소리도 마찬가지일 것이다. 만약 상이한 색깔에 대해 상이한 관념이 형성된다면, 동일한 색깔에서도 여러 가지 색조(shade)가 구별될 수 있는바, 이 각 색조에 대해서도 서로 다른 관념이 생긴다고 보아야 하겠다. 만약 이 점이 부인된다면, 어떤 색깔이라도 그것과 가장 거리가 먼 색깔과 구별지어질 수 없다는 결론이 나온다. 왜냐하면 두 색깔 간에 구분되어져 있을 여러 색조의 등급이 서로 간에 관념상의 차이가 없다면, 양극단에 있는 두 색깔의 차이도 또한 없어질 것이기 때문이다. 예컨대 여기 한 사람이 있는데, 그는 30년이 넘게 그의 시력을 손상시킴이 없이 모든 종류의 색깔을 익히 알고 있으나 한 가지 청색에 관한 어떤 색조 하나만은 본 적이 없다고 가정해 보자. 그리고 지금 그의 눈앞에 모든 색깔이 가장 진한 것에서부터 가장 엷은 것에까지 남김없이 나열되어 있다고 가정해 보자. 이때, 그는 문제의 그 청색 색조가 차지하는 자리를 못 볼 것이며 따라서 그 청색 색조의 위, 아래의 자리를 차지하는 색조 간의 거리는 다른 어떤 것보다 크다고 생각할 것이다. 여기서 다음과 같은 질문이 생길 수 있다. 즉 그가 그 자신의 상상력에 의하여 그 빈자리를 메우고 그 자리에 있을 특정의 색조를 비록 한 번도 경험해 본 적은 없을지라도 그것이 어떤 것일지 상상에 의하여 관념을 형성하기란 불가능한가? 소수이긴 하겠지만, 불가능하지만은 않다고 생각하는 사람들이 분명 있을 것이라 보며, 바로 이런 이유에서 단순관념이 언제나 그에 해당되는 단순인상에서 비롯되는 것만은 아니라고 말할 수 있겠다. 그러나 이러한 경우는 특수하고 예외적이라 특별히 따로 논구할 가치가 없을 것이며, 따라서 바로 이 특수한 경우 때문에 우리의 일반적인 명제, 즉 모든 단순인상은 이에 상응하는 단순관념에 선행한다는 명제를 포기할 필요는 전연 없을 것이다.

위에서 언급한 예외적인 경우 외에도 인상이 관념에 선행한다는 원리에 대한 유보사항이 될 법한 것이 또 하나 있는데, 그것은 관념이 인상으로부터 형성된 제1차 상(像)이라 한다면 제1차 상에 대한 제2의 상도 형성될 수 있다는 점이다. 그러나 이 점은 정확하게 말한다면, 인상이 관념에 선행한다는 원리에 대한 예외라고 볼 수 없다. 관념들 스스로가 또 다른 관념을 생성시킬 수는 있겠지만 제1차 관념이 생성된 곳은 어디까지나 인상이므로, 모든 단순관념은 직접적으로든 또는 간접적으로든 그에 상응하는 단순인상에서 비롯된다는 일반적인 원리의 타당성에는 변함이 있을 수 없겠다.

이 원리가 바로 인간본성을 논구함에 있어서 내가 정립시키고자 하는 첫째 원리다. 이 원리가 우선 언뜻 보기에 매우 단순한 원리 같지만 그렇게 보인다고 해서 결코 가볍게 보아서는 안 된다. 왜냐하면 인상과 관념 간의 인과관계, 또는 선행관계에 대한 이 문제는 역사적으로 그렇게도 말이 많았고 논란이 많았던 문제, 즉 우리의 관념이 모두 감각(sensation)과 반성(reflexion)에서 나온 것인가, 아니면 본유관념(innate idea)이란 것이 있는가 하는 문제와 직결되기 때문이다. 알고 있다시피, 예컨대 연장(extension)이나 색깔에 관한 관념이 본유적(本有的)인 것이 아님을 증명하기 위하여 철학자들이 한 일이란 고작 그러한 관념들이 감각에서 나온 것이라는 점을 밝힌 것뿐이며, 또 정열이나 욕망에 관한 관념이 본유적인 것이 아님을 증명하기 위하여 사전(事前)에 우리가 그러한 감정적 체험을 하였다는 점을 밝혔을 따름이다. 이러한 논의를 주의 깊게 검토해 보면, 이러한 논의에서 밝혀진 점이라고는 관념에 선행하여 관념을 낳게 한 원인으로서 관념보다 더 활성적이고 활발한 또 다른 지각활동이 있다는 점뿐이다. 문제를 이와 같이 좀 더 명확히 기술함으로써 이 문제에 얽혀 있던 모든 논쟁점이 제거될 수 있으리라 바라는 바이며, 또한 이 논의에 앞서 말한 원리가 그 어느 때보다도 더 유용하게 사용되리라 믿는 바이다.

_김효명(전 서울대학교 철학과 교수) 옮김

13

흄

회의주의에 대하여

오성의 제 작용에 관한 회의론적인 의심

인간의 이성(理性) 또는 탐구의 모든 대상들은 두 종류, 즉 관념들의 관계들과 사실의 문제들로 나누어지는 것이 당연할 것 같다. 처음의 종류에는 기하학이나 대수학 그리고 산술학이 속한다. 요컨대 직관적으로나 논증적으로 확실한 일체의 단언이 그에 속한다. '직각삼각형의 빗변의 제곱은 다른 두 변들의 제곱의 합과 같다'는 것은 이러한 도형들 간의 한 관계를 나타내는 명제다. '5의 세 곱은 30의 반과 같다'는 것은 이러한 수들 사이의 한 관계를 나타낸다. 이러한 종류의 명제들은, 이 우주의 어디엔가에 존재하는 것에 의거함이 없이, 사유작용(思惟作用)만으로써 발견할 수 있다. 비록 자연 속에 원이나 삼각형이 없다 할지라도, 유클리드에 의하여 증명된 진리들은 언제까지나 그들의 확실성과 명증성을 보유할 것이다.

인간 이성의 두 번째 대상들인 사실적(事實的)인 것들은 앞서와 같은 식으로 확인될 수는 없는 것들이다. 뿐더러 이것들의 진리의 명증성은, 그것이 아무리 큰 것이라 할지라도, 앞서의 것과 같은 성질의 것은 못 된다. 무릇 사실적인 것에 있어서는 그 반대가 여전히 가능하다. 왜냐하면 그 반대의 것이라 해서 결코 모순을 내포할 수는 없고, 흡사 그것이 실재와 지극히 일치하는 것처럼 똑같이 쉽게 그리고 판명하게 정신에 의해 이해되겠기 때문이다. '내일은 해가 뜨지 않을 것이다'는 것은 '내일 해가 뜰 것이다'는 명제와 똑같이 알기 쉬운 명제일 뿐더러 모순 또한 내포하지 않는다. 그러므로 우리들이 그것의 거짓됨을 증명하려 해도 헛수고만 하게 되는 셈이다. 만약 그것이 확정적으로 거짓이라면, 그것은 모순을 내포할 것이며 따라서 정신에 의해서 판명하게 이해될 수가 결코 없을 것이다.

그러므로 우리들로 하여금 어떤 실재하는 존재(=實在)와 사실적인 것에 대한 확신을 갖게끔 해주는 그 명증성(明證性)의 본성이 무엇인가를, 현재의 우리들의 감각들의 증언이나 또는 우리들의 기억의 기록들을 넘어서서 알아보도록 한다는 것은 호기심을 가져볼 만한 하나의 주제일 것 같다. 이런 부문의 철학이 고대인들에 의해서도 그리고 현대인들에 의해서도 그다지 개발되지 않고 있다는 것은 유의해 볼만한 일이다. 그러기에, 그렇게 중요한 탐구를 수행함에 있어서는, 한편으로는 우리들이 아무런 안내도 방향도 없이 그처럼 험난한 길을 뚫고 나아가는 것이기는 하지만 우리들의 회의나 과오는 그만큼 더 면목이 서는 일일지 모른다. 회의나 과오는 호기심을 자극함으로써, 그리하여 모든 추리와 자유로운 탐구에 방해가 되는 맹신과 안일을 파괴함으로써, 심지어는 유용하게까지 될지도 모른다. 보통의 철학에 있어서의 결함의 발견은, 만약에 그런 것이 있다면, 그것은 낙담을 시키는 것이기는커녕, 으레 그렇듯, 일반인들에게 여태껏 제시된 것보다도 더 충분하고 만족스런 어떤 것을 시도하게끔 해주는 격려가 되는 것으로 나는 짐작한다.

사실적인 것에 관한 모든 추리는 원인과 결과의 관계에 근거를 갖고 있는 것 같다. 그 관계에 의해서만이 우리는 우리들의 기억과 감각의 명증성을 넘어설 수 있는 것이다. 만약에 여러분이 어떤 사람에게, 왜 그가 현재 있지 않는 어떤 사실적인 것을 믿는가 하고 묻는다면, 예컨대 그의 친구가 시골에 있다거나 또는 프랑스에 있다는 것을 어째서 믿는가라고 묻는다면, 그는 여러분에게 이유를 댈 것이다. 그런데 이 이유는 어떤 다른 사실일 것이다. 이를테면, 그로부터 받은 편지라든가 그의 과거의 결심이나 약속에 대한 지식이 그 이유일 것이다. 무인도에서 시계나 다른 어떤 기계 장치를 발견하는 사람은, 그 섬에는 한때 사람이 있었다는 결론을 내릴 것이다. 사실에 관련된 우리의 모든 추리들은 이와 같은 성질의 것들이다. 그리고 이 점에 있어서, 현재의 사실과 이로부터 추론된 것 사이에는 하나의 연관관계가 있다고 꾸준히 생각되어 온다. 그것들을 한데 결합시키는 것이 아무것도 없다면, 그 추론은 전적으로 근거가 박약한 것으로 될 것이다. 어둠 속에서 발음이 분명한 목소리나 이치에 맞는 이야기를 들으면 우리들은 누군가가 있음을 확신하게 된다. 왜 그럴까? 그것은, 이것들이 인간적 구조와 조직의 결과들이며 또 그것과 밀접하게 관련되어 있기 때문이다. 만약에 우리들이 이러한 성질의 다른 모든 추리를 해부해 본다면, 우리들은 이 추리들이 원인과 결과의 관계에 근거하고 있고, 또 이 관계는 가깝거나 먼 것, 또는 직접적이거나 부수적인 것임을 알게 될 것이다. 열과 빛은 불의 부수적인 결과들이며, 한 결과는 다른 결과로부터 추론해도 온당할 것이다.

그러므로 만약에 우리들이 우리들에게 사실적인 것들을 확신시켜 주는 그 명증성(明證性)의 본성에 관하여 분명히 해 두자면, 우리들은 원인과 결과의 지식에 우리들이 어떻게 하여 이르게 되는가를 알아보아야만 된다.

나는 예외를 허용하지 않는 일반적 명제로서, 감히 다음과 같이 단언을 하고자 한다. 즉 이 인과 관계(因果關係)의 지식은 그 어떤 경우에도 선험적(先驗的)인 추리에 의하여 얻어지는 것이 아니고, 어떤 특정의 대상들이 항시 서로 간에 연접(連接)하는 것을 우리들이 발견할 때의 전적으로 경험으로부터 생기게 되는 것임을 단언한다. 가령, 하나의 대상(對象)을 천성적으로 지극히 이성적(理性的)이며 유능한 어떤 사람에게 제시해 보라. 만약에 그 대상이 그에게 있어서 전적으로 낯선 것일 것 같으면, 그가 그것의 감각적 성질들을 아무리 자상하게 검토해 볼지라도, 그는 그것에 있어서의 단 하나의 원인이나 결과도 발견할 수 없게 될 것이다. 아담은 비록 그의 이성적인 능력들이 최초에는 전적으로 완벽하였다고 생각될지라도, 물의 액체성과 투명성으로부터 물이 자기를 질식시킬 거라든가 또는 불빛이나 불의 온기로부터 불이 자기를 태워 버릴 것이라는 것을 추론할 수는 없었을 것이다. 그 어떤 대상도 오관(五官)에 느껴지는 자신의 성질들에 의해서 그 대상을 야기한 원인들이나 또는 대상으로부터 비롯될 결과들을 나타내 보이는 일은 없다. 뿐더러, 우리들의 이성(理性) 또한 경험의 도움을 받지 않고서는 현실적인 존재나 사실적인 것에 관하여 아무런 추론도 할 수가 없는 것이다.

'원인과 결과는 이성에 의해서가 아니라 경험에 의해서 찾아낼 수 있다'는 이 명제는, 우리들이 기억하기로 우리들 자신에게 전혀 알려져 있지 않는 그러한 대상들에 관한 한, 이의 없이 시인될 것이다. 왜냐하면 우리들은 그러한 대상들로부터 어떤 일이 일어나게 될 것인지를 예측하기에는 우리들 자신이 전적으로 무능한 처지였음을 의식하고 있음이 틀림없겠기 때문이다. 가령, 두 조각의 매끄러운 대리석을 자연과학에 대한 지식이라고는 털끝만큼도 없는 사람에게 제시해 보라. 그는 그 대리석 조각들이 서로 접착하는 것이 그것들을 수직 방향으로 떼어놓기 위해서는 굉장한 힘을 필요로 하는 정도인 반면에, 측면 방향의 압력에 대해서는 아주 저항을 적게 한다는 사실을 알지는 못할 것이다. 자연의 통상적인 진행과는 그다지 유사하지 못한 이러한 일들은 경험에 의해서만 알게 된다는 것 역시 이의 없이 인정될 것이다. 뿐더러, 그 어떤 사람도 화약의 폭발이나 천연 자석의 인력이 선험적인 논증에 의해서 발견될 수 있을 것이라고 상상하지 않을 것이다. 마찬가지로, 어떤 결과가 복잡한 기계 장치나 알지 못하는 부분들의 구조로 인하여라고 여겨질 때엔, 그것에 대한 우리들의 모든 지식을 우리들은 쉽사리 경험에 귀착시킨다. 그 누가 자기는 우유와 빵이 사람을 위해서는 적절한 자양물이되 사자나 호랑이를 위해서는 그렇지 못한 것인 데 대한 궁극적인 이유를 댈 수 있다고 단언하겠는가?

그러나 위에서의 동일한 진리도 언뜻 보기에는 다음의 경우들에 있어서는, 즉 우리들이 처음 이 세상에 나올 때부터 우리들에게 친숙한 일들이나, 자연의 전체적 진행과 대단한 유사성을 지닌 일들, 그리고 또 대상들의 단순한 성질들에 의존하고 있을 뿐, 알지 못하는 부분들의 구조는 없다고 생각되는 그러한 것들의 경우에는 동일한 명증성을 지니지 못하는 것같이 보일 수도 있다. 우리들은 이러한 결과들을 경험 없이도, 단순히 우리들의 이성을 활용함으로써 알아낼 수 있을 것이라고 상상하기 쉽다. 우리들이 돌연 이 세상에 태어났다 하더라도, 우리들은 하나의 당구공이 다른 공에 충격을 주면 그 공이 운동하게 될 것이라는 것을 대번에 추론할 수 있을 것으로, 그리고 그것에 관해서 확언을 하기 위해서 실제로 그런 일이 일어나는 것을 우리들이 기다릴 필요도 없는 것으로 우리들은 상상한다. 그런 것이 습관(習慣)의 영향이니, 그 영향이 가장 심한 경우에는, 관습은 타고난 우리의 무지를 덮어 줄뿐더러 심지어 자신은 숨어 버리기까지 하여 그런 일이 생기지도 않는 것같이 보이게 되는데, 이는 그것이 가장 흔히 일어나는 일이기 때문일 뿐이다.

그러나 모든 자연 법칙은 그리고 모든 물체의 작용들은 예외 없이 경험에 의해서만 알려진다는 것을 우리들 자신에게 납득시키기 위해서는 아마도 다음의 것들을 돌이켜 생각해 보는 것으로 충분할 것이다. 가령 우리들에게 어떤 대상이 제시되었고, 우리들은 그것으로부터 나오게 될 결과에 관해서 과거의 관찰을 참고로 하는 일이 없이 말하도록 요구받았다고 해 보자. 그러기 위해서 마음을 어떤 방식으로 움직여야만 할까? 마음은 어떤 사건을 안출하거나 상상해야만 할 것이고, 이를 마음은 그 대상에 대한 결과로서 귀착시킬 것이다. 그런데 이 안출이 전적으로 임의적인 것임에 틀림없음은 명백하다. 아마도 마음은 결과를 아무리 자상한 조사와 검토에 의하여서도 가정된 원인 안에서 찾아낼 수는 없을 것이다. 왜냐하면 결과는 원인과 전적으로 다르고, 따라서 원인 안에서 찾아낼 수는 없는 것이기 때문이다. 둘째 당구공에 있어서의 운동은 첫째 당구공에 있어서의 운동과는 전혀 별개의 사건이다. 뿐더러 이들 중의 하나의 것 안엔 다른 것에 대해 조그마한 암시나마 주는 것도 없다. 공중으로 던진 하나의 돌이나 한 조각의 금속은 받쳐 주지 않고 그냥 두면 곧 떨어진다. 그러나 이 문제를 선험적으로 생각해 본들, 이 상황에 있어서 상향(上向)이나 또는 다른 방향의 운동 아닌 하향 운동의 관념을 낳게 해 줄 어떤 것을 돌이나 금속 안에서 우리들이 찾아낼 수 있기라도 할까?

그러기에, 모든 자연적인 작용에 있어서는 특정의 결과에 대한 최초의 상상이나 안출은 경험을 참작하지 않을 때에는 임의적이다. 원인과 결과를 맺어 주고 또 그 원인의 작용으로부터는 다른 어떤 결과도 나올 수 없게 하는 그러한 가정된 결합이나 연관도 역시 마찬가지의 것으로서 우리들은 간주해야만 한다. 예컨대, 하나의 당구공이 다른 공 쪽으로 직선 방향으로 움직이고 있는 것을 내가 본다고 생각해 보자. 더 나아가서 둘째 공에 있어서의 운동은 그것들의 접촉이나 충격의 결과인 것으로 우연히도 내가 생각하게 되었다고 가정해 보자. 그러나 그 원인으로부터는 백 가지의 상이한 결과가 또한 생길 수도 있다는 것을 내가 생각 못할까? 첫째 공이 직선으로 되돌아오거나 또는 어떤 방향으로든 둘째 공으로부터 튕겨 나오는 일은 없을까? 이 모든 가정들은 무리가 없고 또 생각할 수 있는 것들이다. 그렇다면 왜 우리들은, 그중의 어느 하나가 다른 것보다 더 조리가 닿거나 있을 법한 것도 아닌데도, 그 하나를 택하여야만 하는가? 우리들의 모든 선험적인 추리들은 이 선택에 대해서 그 어떤 근거도 우리들에게 제시해 줄 수 없을 것이다.

그렇다면, 한 마디로 말해서, 모든 결과는 그 원인과는 별개의 사건이다. 그러므로 결과가 원인 속에서 찾아질 수는 없으며, 결과의 선험적인 최초의 안출이나 상상은 완전히 임의적인 것임에 틀림없다. 그리고 결과가 생각난 뒤라고 할지라도, 그것을 그 원인과 결합시키는 것도 마찬가지로 임의적인 것으로 보일 것임에 틀림없다. 그것은 이성의 입장에서는 충분히 조리에 닿고 또 당연스런 것으로 보일 것임에 틀림없는 많은 다른 결과들이 언제나 있겠기 때문이다. 그러므로 관찰이나 경험 없이, 어떤 단일한 사태를 우리들이 정할 수 있는 듯이 주장하거나 또는 원인이나 결과를 추론할 수 있는 듯이 주장해 보았자, 그것은 헛일일 것이다.

이로부터 우리들은 합리적이며 겸허한 철학자는 그 누구도 어떤 자연적 작용의 궁극적 원인을 지정하거나 또는 우주에 있어서의 어떤 단 하나의 결과이든 그것을 야기하는 그 힘의 작용을 분명히 보여 주었노라고 하지 않는 까닭을 찾아낼 수 있을 것도 같다. 인간 이성의 최대한의 노력은, 유사성과 경험 및 관찰로부터의 추리에 의하여, 자연 현상들을 생기게 하는 모든 원리를 보다 단순한 것으로 환원하며 그리고 또 많은 특정의 결과들을 소수의 일반적 원인들로 귀착시키는 것이라는 것은 누구에게나 인정되고 있는 것이다. 그러나 이들 일반적 원인들의 원인들에 관해서는 우리들이 그것들의 발견을 시도해 본들 헛일이다. 뿐더러 그들에 대한 그 어떤 특정의 설명에 의해서도 우리들은 스스로 만족해 할 수 없을 것이다. 이들 궁극적 기원들이나 원리들은 인간의 호기심과 탐구로부터 전적으로 차폐되어 있다. 탄성, 중력, 부분들의 접착력, 충격에 의한 운동의 전달 등등의 이러한 것들은 아마도 우리들이 자연 속에서 발견해 낼 수 있는 궁극적인 원리들일 것이다. 따라서 만약에 우리들이 정확한 탐구와 추리에 의해 특정의 현상들을 추적해서 이러한 일반적인 원리들에 이르거나 아니면 가까이라도 갈 수만 있다면, 우리들은 우리들 자신을 무척 다행한 줄로 보아야 될는지 모른다. 자연계의 아무리 완벽한 철학이라 할지라도 우리들의 무지(無知)를 잠깐 동안 더 모면할 뿐이다. 어쩌면 도덕적인 또는 형이상학적인 종류의 아무리 완벽한 철학도 오직 무지의 보다 큰 부분들을 드러내 보이는 기여밖에 하지 못하듯, 이처럼 인간의 무지몽매함과 나약함을 목도하게 됨은 모든 철학의 결과이니, 그것을 모면하고 피하려는 우리들의 모든 노력에도 불구하고 우리들은 그것을 도처에서 만나게 되는 것이다.

설령 기하학이 자연과학의 도움을 받게 된다 할지라도, 그것이 당연히 명성을 얻고 있는 그 추리의 정확성에도 불구하고 이 결점을 제거해 주거나 또는 우리들을 궁극적 원인들의 지식에로 이끌어 줄 수는 결코 없을 것이다. 응용수학의 모든 부분은, 어떤 법칙들은 그 성질상 응용수학적 활용에 있어서 확립된다는 가정 아래 진행된다. 그리고 추상적인 추리들이 사용되는 것은, 경험을 도와서 이러한 법칙들을 발견하도록 하는 데에 있어서거나 또는 이러한 법칙들이 미치는 영향이 거리나 양(量)의 어떤 정확한 정도 차에 의존하고 있을 경우에, 그 법칙들이 특정한 사례들에 미치는 영향을 측정하는 데에 있어서다. 이처럼, 운동하고 있는 어떤 물체의 역률(力率)이나 힘은 그 물체의 체적과 속도에 복비례(複比例) 관계에 있다고 하는 것은 경험에 의해 발견된 하나의 운동 법칙이다. 따라서, 작은 힘이 엄청난 장애물을 움직이거나 또는 엄청난 무게를 들어올리는 것은, 만약에 우리들이 어떤 장치나 기계 장치에 의해서 그 힘의 속도를 더 빠르게 해서, 그것이 상대(相對)의 것을 압도하는 것으로 되게끔 해 줄 수 있으면, 가능하다고 하는 것도 역시 마찬가지이다. 기하학은, 기계류에 포함될 수 있는 모든 부분들과 모양들의 정확한 크기를 우리들에게 제공해 줌으로써, 이 법칙의 응용에 있어서 우리들을 도와준다. 그렇긴 하나, 법칙 자체의 발견은 오로지 경험으로 인하여서이며, 따라서 추상적인 추리를 아무리 한들 그것이 우리로 하여금 한 발짝이나마 그 지식에로 인도해 주지는 못할 것이다. 우리들이 선험적(先驗的)으로 추리를 할 때는, 그리고 어떤 대상(對象)이나 원인을 모든 관찰로부터 독립하여 그것이 마음에 떠오르는 대로만 생각할 때는 그것과 구별되는 별개의 대상에 관한 관념, 이를테면 그 결과 따위의 관념에 대해 우리는 아무런 시사도 받지 못할 것이다. 하물며 그들 간의 뗄 수 없는 그리고 깨뜨릴 수 없는 연관성을 보게 될 수는 더더구나 없을 것이다. 크리스털이 열의 결과이고 얼음은 추위의 결과라는 것을, 이러한 성질들의 작용에 의해 이전부터 익히 아는 바도 없이, 추리에 의해서 알아낼 수 있다면, 그 사람은 무척 총명한 사람임에 틀림없다.

[II] 그러나 우리들은 처음에 제기된 문제에 대해서 아직도 웬만큼의 만족이나마 얻지 못하고 있다. 각각의 해결은 앞서의 문제만큼이나 어려운 새로운 문제를 여전히 제기하며, 우리들을 새로운 탐구들로 이끌어 간다. 가령, '사실적인 것에 관한 우리들의 모든 추리들의 본성은 무엇인가' 하는 물음이 제기되었을 때는, 거기에 대한 적절한 대답은, 그것들은 인과관계(因果關係)에 근거하고 있다고 하는 것일 것 같다. 그리고 다시, '그 인과관계에 관한 우리들의 모든 추리들과 결론

들의 근거는 무엇인가' 하고 되묻게 되면, 거기에 대한 대답은 한 마디로 〈경험〉이라고 하는 것일 것이다. 그러나 우리들이 짓궂게 캐고 들기를 계속해서, '경험(經驗)으로부터 모든 결론들을 이끌어 내는 근거는 무엇인가' 하고 묻게 될 때, 이 물음은 하나의 새로운 문제를 의미하는 것이니, 이 문제는 보다 더 해결하기 힘들고 또 설명하기 힘든 것일지 모른다. 우월한 지혜와 능력을 지닌 체하는 철학자들은 그러한 철학자들을, 그들이 몰리게 되는 모든 궁지에서 그들을 몰아세우는데, 이들은 마침내 그들을 어떤 위험한 딜레마에 틀림없이 봉착시키고 만다. 이러한 당황을 미연에 막는 최선의 방편은 우리들의 주장을 겸허하게 하는 것이며, 더 나아가서는 그 곤란한 문제가 우리들에게 난점으로서 지적되기에 앞서서 우리들 스스로가 그것을 찾아내는 것이다. 이렇게 함으로써 우리들은 우리들의 다름 아닌 무지(無知)에 대해 일종의 자랑을 하게 되는 셈이다.

나는 이 절에 있어서는 쉬운 문제를 다루는 것으로 만족하겠으며, 그리고 여기에서 제기된 문제에 대해 소극적인 해답을 하는 양으로만 해 두겠다. 그러면 우리가 인과적 작용(因果的作用)들에 대한 경험을 하고 난 다음일지라도, 그 경험으로부터 우리들의 결론들은 추리나 또는 어떠한 오성(悟性)의 작용 과정에도 근거하지는 않는다고 나로서는 말한다. 이 해답은 우리들이 설명하고 옹호해야만 하는 것이다.

자연은 우리들을 자기의 모든 비밀들로부터 멀리 떼어놓고 있으며, 다만 대상(對象)들의 불과 몇 가지의 피상적인 성질들에 대한 지식만을 우리들에게 주었다는 것은 분명히 시인되어 마땅하다. 반면에, 자연은 그러한 대상들의 영향이 전적으로 의존하는 그러한 힘과 원리들을 우리들로부터 숨기고 있다. 우리들의 감각들은 우리들에게 빵의 빛깔과 무게 및 크기에 대해서 알려준다. 그러나 감각도 이성도, 빵으로 하여금 인체의 영양 내지 자양을 위해 적합한 것이게끔 해 주는 그러한 성질들에 관해서 알려줄 수는 결코 없다. 시각이나 촉감은 물체들의 실제적인 운동의 관념을 가져다준다. 그러나 운동하고 있는 물체로 하여금 영원히 계속되는 장소의 이동을 하게끔 해 주며 또 물체들이 그것을 잃는 일이 없이 그것을 다른 것들에 전달해 주는 바의 그 놀라운 힘의 경우를 보면, 이것에 관해서는 우리들은 지극히 어렴풋한 개념조차 형성하지 못한다. 하지만 자연적인 힘이나 원리들에 대한 이와 같은 무지(無知)에도 불구하고 우리들은, 우리들이 유사한 성질들을 보게 될 때는, 이 성질들은 우리들이 알지 못하는 유사한 힘을 지닌 것으로 으레 짐작하며 그리고 우리들이 경험한 것들과 똑같은 결과들이 그것들로부터 나올 것으로 기대한다. 만약에 우리들이 이전에 먹어 본 그 빵과 비슷한 색깔 내지 끈기의 물체가 우리들에게 제시되면, 우리들은 똑같은 경험을 하면서도 예사롭게 생각할 뿐이니, 우리들은 여전히 비슷한 영양 내지 자양을 확신을 가지고 예측한다.

그런데 이것은 마음이나 사유의 과정인데, 이의 근거를 나로서는 기꺼이 알고 있다. 감각적인 성질들과 우리들이 알지 못하고 있는 그 힘들 간에는 아무런 알려진 연관성도 없다는 것은, 따라서 마음은 자신이 그것들의 본질에 관해서 알고 있는 바의 그 어떤 것에 의해서도, 그것들의 항속적이며 규칙적인 결합에 관해서 그러한 결론을 이끌어내게 되지는 않는다는 것은 달리 시인되고 있다. 과거의 경험(經驗)으로 말할 것 같으면, 바로 그 대답들에 대해서는 직접적이며 확실한 보고가 가능하며, 그리고 그것을 낳고 있는 동안의 바로 그 기간에 대한 보고 또한 가능하다. 그렇지만 왜 이 경험이 미래에까지 그리고, 우리가 아는 한에서는, 오직 외관에 있어서만 유사할 뿐인 다른 대상들에까지 확대되어야만 하는 것인지, 이것이 내가 강조하고자 하는 주된 문제이다. 내가 전에 먹은 빵이 내게 자양분을 주었다. 말하자면 그와 같은 성질들의 한 물체가 그때에는 그러한 알지 못하는 힘을 지니고 있었다. 그러나 그렇다고 해서, 다른 때의 다른 빵도 역시 내게 자양분을 줄 것이며, 그리고 유사한 감각적 성질들은 알지 못하는 유사한 힘을 반드시 지니고 있다는 것으로 당연히 귀결되는 것인가? 결코 이 귀결이 필연적인 것 같지는 않다. 적어도 여기에는 마음에 의해 이끌어 내진 결론이 있다는 것이 인정되어야만 한다. 즉 어떤 절차가 취해졌다는 것, 설명을 요하는 사유 과정 그리고 추론 과정이 있다는 것이 인정되어야만 한다. 다음의 두 명제들은, 즉 '그러저러한 대상은 언제나 그러저러한 결과를 수반한다'는 명제와 그리고 '외관상 유사한 다른 대상들도 유사한 결과를 수반할 것으로 나는 예측한다'는 명제는 전혀 동일한 것이 못 된다. 만약에 여러분이 좋다면, 뒤의 명제가 앞의 명제로부터 당연히 추론될 수 있다는 것을 나는 시인한다. 아닌게 아니라, 실상 언제나 그렇게 추론되고 있다는 것을 나는 알고 있다. 그러나 만약에 여러분이 고집하기를 그 추론이 일련의 추리에 의해 된 것이라면, 나는 여러분이 그런 추리를 제시해 주기를 바란다. 이러한 명제들 간의 연관성은 직각적(直覺的)인 것이 아니다. 그러한 추론이 정녕 추리나 논증에 의해서 이끌어 내지는 것이라면 다음으로 하여금 그러한 추론을 할 수 있도록 해 주는 매개물이 요구된다. 그 매개물이 무엇인가는 나의 이해력을 넘어서는 것임을 나는 고백해야만 되겠다. 따라서 그러한 매개물을 제시할 의무가 있는 사람들은 그러한 것이 진실로 존재할 뿐더러, 그것이 사실적(事實的)인 것에 관한 우리들의 모든 결론들의 기원이 되는 것이라고 주장하는 사람들이다. 이러한 소극적인 논의는 세월의 경과와 더불어, 만약에 통찰력이 있고 유능한 많은 철학자들이 그들의 탐구를 이 방면으로 돌리지만 아무도 이러한 결론을 내림에 있어서 오성(悟性)을 도와주는 그러한 어떤 연결 명제나 중간 단계를 찾아낼 수 없게 되면, 전적으로 납득이 가게 될 것임이 분명하다. 그러나 이 문제는 아직 새로운 것이므로, 모든 독자가 어떤 논의가 자기의 관심거리를 벗어나는 것이라 해서 그렇기 때문에 그런 것이 진실로 있는 것은 아니라고 자신의 통찰력으로 하여금 대뜸 결론짓도록 하지는 않을 것이다. 이런 까닭으로, 보다 더 어려운 일을 착수할 필요가 있을 것 같다. 따라서 인간 지식의 모든 분야들을 나열함으로써, 그것들 중의 어떤 것도 그러한 논의를 해 줄 수 있는 것이 없다는 것을 보여주도록 할 필요가 있다.

모든 추리들은 두 종류로, 즉 논증적 추리 또는 관념들의 여러 가지 관계에 관한 추리와 개연적 추리(蓋然的推理)로 또는 사실적(事實的)인 것과 실재(實在)에 관한 추리로 나누어질 수 있겠다. 후자의 경우에는, 논증적인 논의가 있을 수 없음이 명백한 것 같다. 왜냐하면 자연의 진행 과정은 변경될 수도 있고, 또 보기에는 우리들이 이미 경험한 것들과 유사한 대상도 상이한 또는 반대되는 결과를 수반할 수도 있다는 것이 모순될 수는 없기 때문이다. 구름으로부터 떨어지는 어떤 물체가 그리고 다른 모든 점에서 눈을 닮은 물체가 그렇지만 소금 맛을 지니고 불의 느낌을 느끼게 한다는 생각을 내가 명석판명하게 하지 못할까? 모든 나무들은 12월과 1월에 무성했다가 오뉴월이면 잎이 진다고 주장하는 것 이상으로 명료한 명제가 있는가? 그런데 무엇이나 명료하고 따라서 판명하게 이해되는 것은 모순을 내포할 수 없고, 그리고 또 그 어떤 논증적인 논의에 의해서도 또는 그 어떤 선험적(先驗的)인 추상적 추리에 의해서도 거짓된 것으로 증명될 수 없다.

그러므로 우리가 이 과거의 경험을 신뢰하고 그것을 우리들의 미래의 판단의 규준으로 삼아야 함을 입증하려 할 경우, 이 논증들은 오직 개연적일 뿐인 것 또는 위에서 언급한 구분에 따라 사실적인 것과 실재하는 것에 관한 그러한 것임에 틀림없다. 그러나 이러한 종류의 입증은, 만약에 그러한 종류의 추리에 대한 우리들의 설명이 확고하고 만족스런 것으로 인정된다면, 있을 수 없는 것임이 분명해져야만 되겠다. 우리들은 현실적인 실재에 관한 모든 논증들이 인과관계에 근거를 두고 있다고 말했다. 그 관계에 관한 우리들의 지식은 경험으로부터 유리된다는 것도 말했다. 그리고 또 우리들의 모든 경험적인 결론들은 미래가 과거에 일치할 것이라는 가정 아래에서 진행된다. 그러므로 이 최후적인 가정을 개연적인 논증들이나 또는 실재에 관한 논증들에 의하여 증명하려 함은 분명히 순환적인 것이며 또 다름 아닌 문제되고 있는 바로 그 점을 당연한 것으로 받아들이는 것임에 틀림없다.

실재에 있어서, 경험으로부터 이끌어 내는 모든 논증들은 우리들이 자연적인 대상들 사이에서 발견하게 되는 유사성에 근거하고 있다. 그리고 우리들은 이 유사성에 의해서 그러한 대상들로부터 생기게 되는 것을 우리들이 발견하게 되는 그러한 결과들과 유사한 결과들을 기대하게끔 유도되는 것이다. 그리고 비록 바보나 미치광이 이외에는 그 누구도 경험의 권위를 반박하려 들거나 또는 인간의 삶에 있어서의 경험의 훌륭한 안내를 거부할 사람이 없겠지만, 그러나 경험에 대해서 이러한 강력한 권위를 부여해 줄뿐더러, 자연이 상이한 대상들간에 있게 한 그 유사성으로부터 어떤 편리한 점을 이끌어 내게끔 하는, 그 인간성의 원리를 적어도 철학자가 검토해 보고 싶어하는 호기심을 갖는 일만은 허용됨 직하다. 유사한 것같이 보이는 원인들로부터는 유사한 결과들을 우리들은 기대한다. 이것이 모든 우리들의 경험을 기초로 한 결론들의 골자다. 그런데 만일에 이 결론이 이성에 의해서 된 것이라면, 그것은 처음의 경우에 있어서처럼, 그리고 하나의 사례의 경우에 있어서처럼 나중에 오랜 경험의 과정에 있어서도 완벽한 것일 것임이 분명하다. 그러나 사정은 전혀 다르다. 알처럼 서로 비슷한 것은 없다. 그러나 아무도 이 외관상의 유사성 때문에 모든 알에서 동일한 맛을 기대하지는 않는다. 우리들이 특정의 어떤 사태에 관하여 확고한 신뢰와 보증을 얻는 것은, 어떤 종류의 경험이든 우리가 오랜 동안의 같은 형태의 경험의 과정을 거친 다음에야 되는 것이다. 그런데 하나의 사례로부터, 이 단일한 사례와 조금도 다를 바가 없는 백 가지의 사례들로부터 추론해 낸 것과는 아주 다른, 그러한 결론을 이끌어 내는 추론방식이 어떻게 성립할 수 있는 것이겠는가? 이 의문을 내가 제기하는 것은, 난점들을 제기하려는 의도에서 하는 것이기도 하지만 지식을 위해서이기도 하다. 나로서는 그러한 추론을 찾아볼 수도, 상상할 수도 없다. 그러나 만일에 누군가가 내게 고맙게도 가르침을 주고자 한다면, 나는 여전히 그 가르침을 받아들일 마음의 준비를 하고 있다.

설령 우리들이 감각적 성질들과 알지 못하는 힘들 간의 어떤 연관성을 추론해 내는 것은 같은 형태의 많은 경험들로부터라고 말할지라도, 이는 표현만 달리했을 뿐이지 동일한 난점인 것같이 보임을 나로서는 실토한다. 이 〈추론〉은 어떤 논증 방식에 근거하고 있는가 하는 의문은 여전히 되풀이하여 제기되는 것이다. 서로 간에 아주 동떨어진 명제들을 결합시키는 그 매개물(媒介物), 즉 개입되는 관념들은 어디에 있는가? 빵의 빛깔이나 끈기 그리고 그 밖의 감각적 성질들이 영양 내지 자양의 알지 못하는 힘들과 저절로 어떤 연관성을 갖게 되는 것 같지 않다는 것은 명백하다. 왜냐하면, 만약에 그렇지 않다고 할 것 같으면, 우리들은 이 알지 못하는 힘을, 경험의 도움 없이도, 이러한 감각적인 성질들이 처음 나타나 보이는 즉시로 추리할 수 있을 것이기 때문이다. 이런 일은 모든 철학자들의 생각에 어긋나며, 그리고 보통의 사실적인 것에 대해서도 어긋난다. 그렇다면 여기에서 모든 대상들의 힘과 영향에 관련된 우리들의 당연한 무지의 상태를 찾아볼 수 있는 것이다. 이것이 어떻게 해서 경험에 의해 교정되는가? 경험은 어떤 대상들로부터 생기는 여러 가지의 같은 형태의 결과들을 우리들에게 보여줄 뿐이며, 또 특정의 그 시각에 있어서 그들 특정의 대상들은 그러한 힘들을 지니고 있었다는 것을 우리들에게 가르쳐 줄 뿐이다. 유사한 감각적 성질들을 지닌 하나의 새로운 대상이 제시되면, 우리들은 유사한 힘을 기대하며 또한 유사한 결과를 기다린다. 빵과 비슷한 색깔과 끈기의 물체로부터는 역시 비슷한 영양과 자양을 우리들은 기대한다. 그러나 이는 설명을 요하는 마음의 한 단계나 과정임이 분명하다. 어떤 사람이 '나는 모든 과거의 사례들에서 그러저러한 성질들이 그러저러한 힘들과 결합되어 있는 것을 보았다'고 말할 경우, 그리고 또 그가 '유사한 감각적 성질들은 알지 못하는 유사한 힘들과 언제나 결합되어 있을 것이다'고 말할 경우, 그가 같은 말을 반복하는 실수를 저지른 것도 아니거니와 이 명제들이 어떤 점에서 동일한 것인 것도 아니다. 여러분은 뒤의 명제는 앞의 명제로부터 추리된 것이라고 말한다. 그러나 여러분은 이 추리가 직각적(直覺的)인 것이 아님을 시인해야만 한다. 그것은 논증적인 것도 아니다. 그렇다면 그것은 어떤 성질의 것인가? 그것은 경험에 의한 것이라고 말하는 것은, 문제되는 논점을 증명하지 않은 채로 암암리에 가정하고서 논하는 태도이다. 왜냐하면 모든 경험으로부터의 추리들은 그것들의 근거로서 가정하는 것이 있으니, 그것은 미래는 과거와 닮은 것이다는 것과 유사한 힘은 유사한 감각적 성질들과 결합되어 있을 것이다라고 하는 것이다.

만약에 자연의 진행 과정이 바뀔지도 모른다던가 과거가 미래의 척도로 되지는 못할지도 모른다는 어떤 의아심이 있게 되면 모든 경험은 무용하게 되고, 따라서 아무런 추리나 결론도 나오게 하지 못할 것이다. 그러므로 경험으로부터의 어떤 논증들도 과거의 미래에 대한 이 유사성(類似性)을 증명할 수는 없는 것이다. 그것은 이 모든 논증들이 그 유사성의 가정(假定)에 근거를 두고 있기 때문이다. 사물들의 진행 과정이 지금까지는 아주 규칙적이었다고 인정하자. 그러나 어떤 새로운 논증이나 추리 없이 그것만으로는 미래의 경우에도 그렇게 계속될 것이라는 것을 증명하지는 못할 것이다. 여러분이 사물들의 성질을 여러분의 과거의 경험으로부터 미루어 알게 되었노라고 주장했댔자 공연한 일이다. 사물들의 알지 못하는 성질, 따라서 그것들의 모든 결과들과 영향들은 그것들의 감각적인 성질들이 아무런 변화를 입지 않고서도, 변화될 수 있는 것이다. 이런 일은 때때로, 그리고 어떤 대상들에 있어서는 일어나고 있는 것이다. 그렇데 이 일은 왜 언제나 그리고 모든 대상들에 있어서 일어나지는 않는가? 무슨 논증방식이 여러분에게 이 가정에 대한 보증을 주는가? 여러분은 나의 실제행동이 나의 이러한 의심들을 반박하고 있다고 말할 것이다. 그러나 여러분은 내 의문의 의도를 잘못 알고 있다. 나는 행위자로서는 그 점에 있어서 아주 만족하고 있다. 그러나 회의라는 말을 쓰고 싶지는 않지만, 어느 정도의 호기심을 지닌 철학자로서는 이 추론의 근거를 알고 싶다. 그 어떤 책을 읽어 보아도, 그 어떤 사람의 탐구도 아직까지는 나의 난점을 해결해 주거나 또는 그와 같은 중요한 문제에 있어서 내게 만족감을 줄 수는 없었다. 비록 이 난점의 해결을 보게 될 승산이 아마도 적을 것으로 예상되긴 하지만, 이 난점을 공중(公衆)에게 제시하는 것 이상의 무슨 일을 하겠는가? 이렇게 함으로써, 비록 우리들이 우리의 지식을 늘리지는 않을지라도, 적어도 우리의 무지(無知)를 깨닫게 될 것이다.

어떤 논증이 자기 자신이 미처 고찰해 보지 못한 것이라고 해서, 그렇기 때문에 그것은 실제로 있는 것이 아니라고 결론짓는 사람은 용서받을 수 없는 오만의 잘못을 저지른 자라는 것을 나는 인정한다. 뿐더러, 비록 모든 학자들은 여러 시대에 걸쳐 어떤 문제에 관해 성과 없는 탐구에 종사해 왔다 할지라도, 그렇다고 해서 그 문제는 모든 인간의 이해력을 벗어난 것이라고 단호히 결론을 짓는 것은 어쩌면 경솔한 일일 거라는 것도 역시 나는 인정하지 않을 수 없다. 비록 우리들이 우리들의 지식의 모든 원천들을 검토해 보고서, 그것들이 그러한 문제를 위해서는 부적합한 것이라고 결론을 내리게 될지라도, 그 열거가 불완전하거나 검토가 정확하지 못한 것이 아닌가 하는 의아심은 여전히 남는다. 그러나 현재의 문제에 관해서는, 이러한 모든 오만의 비난이나 실수의 의아심을 제거해 주는 것같이 보이는 몇 가지의 고려해 볼 것들이 있다.

아무리 무지하고 어리석은 농부들일지라도 — 아니 어린이들, 아니 설령 야수들일지라도 — 경험에 의해서 진보하는 것이, 그리고 이것들로부터 나오게 되는 결과들을 관찰함으로써 자연적인 대상들의 성질들을 알게 되는 것이 분명하다. 가령, 한 아이가 촛불의 불꽃을 건드려 봄으로써 고통의 느낌을 느꼈을 때, 이후로 그는 조심을 해서 어떤 초이든 그 가까이에 자기의 손을 내미는 일이 없도록 하려 할 것이니, 그는 감각적 성질들과 외관에 있어서 유사한 것으로부터는 유사한 결과를 기대할 것이다. 그러므로 만약에 여러분이 그 아이의 오성(悟性)이 어떤 논증 내지 추론 과정에 의해서 이 결론을 내리게 됐다고 주장한다면, 내가 여러분에게 그 논거(論據)를 제시해 줄 것을 요구해도 당연할 것이다. 뿐더러 여러분으로서는 그처럼 정당한 요구를 거절할 아무런 구실도 갖지 못했다. 여러분은 그런 논증은 난해한 것이어서, 어쩌면 여러분의 탐구의 대상으로 되지 못할 것이라고 말할 수는 없을 것이다. 왜냐하면 한낱 유아의 능력에도 명백한 것으로 받아들여진다는 것을 여러분은 시인하기 때문이다. 그러므로 만약에 여러분이 잠시나마 머뭇거리거나, 아니면, 돌이켜 생각해 보고서는, 어떤 복잡하거나 심원한 논증을 제시한다면, 여러분은 어떤 면에서는 이 문제를 포기하는 것이 되며, 따라서 여러분은, 우리들로 하여금 과거를 닮은 미래를 가정케 하고 또 외관상으로 유사한 원인들로부터는 유사한 결과를 기대하게끔 하는 것은 결국 추리(reasoning)가 아니라는 것을 인정하는 셈이 된다. 이것이 이 절에서 내가 강조하고자 했던 명제다. 만약에 내가 옳다 할지라도, 나는 내가 무슨 대단한 발견을 했다고 말하지는 않겠다. 그리고 만약에 내가 잘못했다면, 자신이 과연 뒷걸음질치는 학자인 것을 자인해야만 하겠다. 왜냐하면 내가 요람에서 나올 때의 그 오래 전에 아주 익숙해 있던 그런 논거(論據)조차도 지금에 와서는 찾아낼 수 없으니까 말이다.

이러한 의문들에 대한 회의적인 해결

[1] 철학에 대한 열정은 종교에 대한 열정처럼 이러한 폐단을 말할 길이 없는 것같이, 다시 말하면 비록 그 열정이 목표로서 삼는 바는 우리들의 몸가짐을 바르게 하고 우리들의 악을 근절하는 것이지만, 그것을 경솔히 다룸으로써 결과적으로는 하나의 강한 성향을 더 키워주어서는, 마음을 천성적인 기질의 편견과 성벽에 의해서 이미 지나

치게 이끌리고 있는 쪽으로 보다 단호하게 밀고가는 데 기여하고 있을 뿐인지도 모를 그러한 폐단을 면할 길이 없는 것같이 보인다. 우리들이 철인적(哲人的)인 도량이 넓은 확고한 상태에 이르기를 갈망하여, 우리들의 즐거움을 전적으로 우리 자신의 정신 속에만 한정시키려고 노력하려면, 우리들은 우리들의 철학을 마침내는 에픽테토스의 철학이나 자애(自愛)의 보다 세련된 체계인 다른 스토아학파의 철학으로 바꾸어 놓을 것이다. 따라서 우리들은 사회적인 즐거움은 물론 모든 덕을 우리들 자신으로부터 없애 버리도록 설득하고 말 것이 분명하다. 우리들이 인생의 덧없음을 각별히 유의하여 보며, 우리들의 모든 생각을 공허하고 변화무상한 부귀영화 쪽으로 돌려놓는다면, 우리들은 아마도 세상의 번잡과 직업의 고됨을 싫어하여 자신에게 통제 받지 않는 충분한 방종을 허용해 주는 구실을 찾으려는 우리들의 천성적인 게으름을 줄곧 부추기는 셈이 된다. 그렇지만 이러한 폐단에 좀처럼 빠지기 어려운, 그리고 인간 마음의 어떠한 무질서한 열정에도 휘말려드는 일이 없을 뿐더러, 그 어떤 천성적인 애착이나 성향과도 어울릴 수 없는 그러한 부류의 철학이 하나 있다. 그리고 그것은 학구적(學究的)인 또는 회의적(懷疑的)인 철학이다. 이 부류의 학자들은 한결같이 회의(懷疑)와 판단의 유보, 조급한 결정들에 있어서의 위험성에 관해서 그리고 오성(悟性)의 탐구를 좁은 범위에 국한시킬 것에 관해서, 그리고 또 일상생활과 일상적인 실행의 한계 안에 들어와 있지 않는 일체의 사변(思辨)을 거부할 것에 관해서 말한다. 그러므로 이 철학 이상으로, 정신의 나태함과 경박한 오만, 고고한 주장들, 그리고 미신적인 가벼운 믿음에 대해서 대립적일 수 있는 것은 없다. 이 철학에 의해서는, 진리의 사랑을 제외한 모든 열정이 억제된다. 따라서 그 열정이 지나칠 정도로 이끌려 가지도 않지만, 또 그럴 수도 없다. 그러므로 거의 모든 경우에 있어서 무해(無害)하고 순진한 것임에 틀림없는 이 철학이 그처럼 많은 터무니없는 비난과 악담의 대상이 된다는 것은 놀라운 일이다. 그러나 아마도 이 철학을 그처럼 무해한 것으로 만드는 바로 그 상황이 대개 이 철학은 그 어떤 규율 없는 열정에도 불붙는 일이 없음으로써, 지지자를 별로 얻지 못한다. 이 철학은 그처럼 많은 악과 어리석음에 거역함으로써, 자신에게 숱한 적들을 생기게 하니, 이들은 그 철학을 방탕하고, 불경하고, 비종교적인 것으로 낙인찍는다.

그렇다고 해서 우리들은 이러한 철학이 우리들의 탐구를 일상생활에 국한시켜, 행여 일상생활의 논구(論究)들의 근본을 침식하게 되지나 않을까 그리고 더 나아가서는 사색은 물론 모든 행동마저도 파괴할 정도로까지 그 의심을 이끌어 가지나 않을까 하고 두려워할 필요는 없다. 자연은 언제나 자기의 권리를 지킬 것이며, 결국엔 그 어떤 추상적인 추리도 이겨낼 것이다. 예컨대 앞의 절에 있어서처럼, 경험으로부터의 모든 추리들에는 어떤 논증이나 오성 작용에 의해서도 도움을 받지 않고 정신에 의해서 취해지는 하나의 조치로서의 단계가 있다고 우리가 결론을 내린다 할지라도, 그렇다고 해서, 거의 모든 지식들이 의거하고 있는, 그러한 추리들이 그와 같은 발견으로 해서 영향을 받게 될 위험은 결코 없다. 만약에 정신이 논증에 의해서 이 조치를 취하려 하지 않을 경우에는, 똑같은 비중의 똑같은 권위의 어떤 다른 원리에 의해 그것이 유도되어야만 한다. 따라서 그 원리는 인간성이 동일한 상태로 머물러 있는 한, 그 영향력을 지닐 것이다. 그 원리가 무엇인가 하는 것은 좋은 탐구의 노고의 가치가 있는 것이다.

가령 어떤 사람이, 비록 가장 강력한 이성(理性)과 반성(反省)의 능력을 지니고는 있다지만, 갑작스레 이 세상에 나왔다고 가정해 보자. 그는 곧 대상들의 계속적인 연속을, 하나의 사태가 다른 사태에 따라서 일어나고 있는 것을 목격하게 될 것이다. 그러나 그는 그 이상의 다른 어떤 것도 발견할 수 없을 것이다. 그는 처음에는 그 어떤 추리에 의해서도 원인(原因)과 결과(結果)의 관념에 도달할 수 없을 것이다. 그것은 모든 자연적인 작용들이 그 수행을 보게 해 주는 그 특정의 힘들이 오관(五官)에 나타나 보이지 않기 때문이다. 뿐더러 어떤 한 사례에 있어서 하나의 사태가 다른 사태에 선행한다고 하는 이유만으로, 그렇기 때문에 한 사태는 원인이고 다른 하나의 사태는 결과라고 결론을 내리는 것도 합리적이 아니다. 그것들의 결합은 임의적(任意的)이요, 임시적인 것이다. 하나의 존재(存在)를 다른 것의 이상(理象)으로부터 이끌어 내는 그런 논거는 없다. 따라서 한 마디로 해서, 그런 사람이라 해서, 더 많은 경험 없이도, 자기의 추측이나 추리력을 어떤 사실적인 것에 관해서 사용하거나, 또는 자기의 기억과 감각에 직접적으로 나타나지 않는 어떤 것을 확신할 수는 없는 것이다.

그리고 다시, 그가 보다 많은 경험을 쌓고, 또 세상을 오래 살아서 비근한 대상들이나 사태들이 항상 함께 결합되어 있는 것을 목격하게 까지 되었다고 가정해 보자. 이 경험의 귀결은 무엇이겠는가? 그는 곧 한 대상의 현상으로부터 다른 대상의 존재를 추론해 낸다. 그러나 그는 그의 모든 경험에 의해서도, 하나의 대상이 다른 대상을 있게 하는 그 알지 못하는 힘에 대한 아무런 관념이나 지식도 얻지 못하고 있다. 그렇다고 해서, 그가 어떤 추리방식에 의해서 이 추론을 끌어내려 하고 있는 것도 아니다. 그러나 그러면서도 그는 여전히 그것을 이끌어 내려는 작정으로 있다. 따라서 비록 자신의 오성(悟性)이 작용에 있어서 아무런 역할도 하지 않는다는 데 대해 그가 확신하고 있다 할지라도, 그럼에도 불구하고 그는 같은 사고방식을 지속할 것이다. 그로 하여금 그와 같은 결론을 내리도록 결정해 주는 다른 어떤 원리가 있다.

이 원리는 관습(慣習) 또는 습관이다. 왜냐하면 어떤 특정의 행위나 활동의 반복이, 그 어떤 추리나 오성의 작용에 의해서도 재촉을 받는 일이 없이도, 동일한 행위나 활동을 되풀이하는 경향을 낳을 경우에는, 우리들은 언제나 말하기를, 이 경향은 〈습관〉의 결과라고 한다. 그 말을 씀으로써 우리들이 그러한 경향의 궁극적인 근거를 제시했다고 말하려는 것은 아니다. 우리들은 보편적으로 인정되고 있고 그 결과에 의해서 주지되어 있는 인간성의 한 원리를 지적해 냈을 뿐이다. 아마도 우리들은 우리들의 탐구를 이 이상으로 밀고 나가거나 또는 이 원인의 원인을 댈 수 있는 체할 수는 없을 것이다. 그러나 우리들은 경험으로부터 이끌어 낸 우리들의 모든 결론 중에서 우리들이 지적할 수 있는 궁극적 원리로서의 이 원인으로써 만족해야만 한다. 우리들의 능력이 이 이상 더 우리를 이끌어 가지 않는다고 해서 우리 능력의 협소함을 불평하는 일도 없이 이만큼이나마 전진할 수 있다는 것은 족히 만족할 일이다. 우리들이, 두 대상들의 — 예컨대 열과 불꽃, 무게와 부피 — 계속적인 결합이 있은 다음에, 하나의 현상(現象)으로부터 다른 것을 예기하게끔 되는 것은 관습에 의하여서만이라고 우리들이 주장한다면, 비록 참된 명제라고까지는 하지 않더라도, 적어도 아주 명료한 하나의 명제를 여기에서 제시하는 것이 확실하다. 이 가설은 심지어는, 왜 우리들이 천 가지의 사례들로부터 한 가지의 사례, 즉 그 천 가지의 것들과 어떤 점에서 또 다른 것이 없는 그러한 사례로부터는 이끌어 낼 수 없는 하나의 추론을 이끌어 내는가 하는 그 의문의 난점을 해명해 주는 유일한 가설인 것같이 보인다. 이성(理性)은 그와 같은 변화에 대해서는 무능한 것이다. 이성이 하나의 원을 생각함으로써 이끌어 내는 결론들은, 이성의 우주에 있어서의 모든 원들을 개관해 보고서 내리게 되는 것들과 동일한 결론들이다. 그러나 그 어떤 사람도 단 하나의 물체가 다른 물체에 의해 충격을 받고서 움직이는 것을 보고서, 모든 다른 물체도 비슷한 충격이 주어지면 움직일 것이라고 추론할 수는 없을 것이다. 그러므로 경험으로부터의 모든 추론들은 습관의 결과들이지 추리의 결과들은 아니다.

그렇다면, 습관은 인생의 위대한 안내자이다. 우리들의 경험이 우리들에게 유용한 것이게끔 하고, 또 우리들로 하여금 미래에 대해서 과거에 나타났던 것들과 유사한 일련의 사태들을 예기하게끔 하는 것은 오직 그 원리뿐이다. 습관의 영향이 없다면, 우리들은 모든 사실적인 것들에 대해서 기억이나 감각에 직접적으로 나타나는 것들 외에는, 완전히 무식한 상태로 있을 것이다. 뿐더러 우리들은 목적에 수단을 맞추는 방법도, 어떤 결과를 생기게 함에 있어서 우리들의 자연적인 능력을 활용하는 방법도 모르는 채로 있을 것이다. 따라서 모든 행위의 종식이 즉시 있게 될 뿐더러 대부분의 사색(思索) 또한 끝장을 보게 될 것이다.

그러나 비록 경험으로부터 우리들의 결론들이 우리에게 기억과 감각을 넘어서게끔 해주고 또 아무리 먼 지역이나 아주 먼 옛날에 일어났던 사실적인 것들에 관해서도 우리들에게 확신을 갖도록 해준다지만, 우선 그로부터 시작해 우리가 이러한 결론에 도달하는바, 그 어떤 사실이 늘 감각이나 기억에 주어져야만 한다는 사실을 지적할 필요가 있다. 폐허로 바뀐 어떤 나라에서 장대한 건축물의 잔해를 발견한 사람은 옛날에 이 나라에 문명인들이 살았었다고 결론지으려 할 것이다. 그러나 이러한 일이 벌어지지 않았더라면 그는 그런 식으로 추론할 수 없을 것이다. 우리는 이전 세대에 일어났던 일들을 역사로부터 배운다. 그래서 우리들은 이러한 가르침을 담고 있는 책들을 숙독해야만 한다. 그리하여 우리들은 우리들의 추론을 하나의 증거로부터 다른 증거로 이끌고 올라가야만 되는데, 마침내 우리들은 먼 옛날의 사건들의 목격자들과 관찰자들에게 이르게 되는 것이다. 한 마디로 말해서, 만약에 우리들의 기억이나 감각에 나타나는 어떤 사실에 의거해서 활동하지 않는다면, 우리들의 추리들은 다만 가설적일 뿐일 것이다. 그리고 아무리 특정한 관계가 그들 서로 간에 맺어진다 할지라도, 전체적 추론의 연쇄가 그것을 지탱해 줄 아무런 것도 가지고 있지 않을 뿐더러 우리들 또한 그런 방법으로는 아무런 실재(實在)에 대한 지식에도 도달할 수 없을 것이다. 만약에 내가 왜 여러분은 여러분이 말하는 어떤 특정의 사실적인 것이 존재한다고 믿는가라고 묻는다면, 여러분은 내게 어떤 이유를 말해 주어야만 한다. 그런데 이 이유는 그 사실적인 것과 연관된 또 다른 어떤 사실이다. 그러나 여러분이 이런 식으로 무한정 진행시킬 수는 없으므로, 여러분은 마침내 어떤 사실에서 끝을 맺어야만 한다. 아니면 여러분의 그 믿음이 전적으로 근거 없는 것임을 시인해야만 한다.

그렇다면, 이 모든 문제의 결론은 무엇인가? 그것은 간단한 것이다. 비록 통상적인 철학적 이론들과는 아주 먼 거리의 것이긴 하지만 인정되어 마땅한 것이다. 사실적인 것이나 실재(實在)에 대한 모든 믿음은 단순히 기억이나 감각에 나타나는 어떤 대상 그리고 그 대상과 다른 대상 간의 관습적인 결합으로부터 유래된다. 또는 다른 말로 해 보자. 가령 여러 경우에 있어서, 어떤 두 종류의 대상들 — 불꽃과 열, 눈과 추위 — 이 언제 어떤 사실이 감각이나 기억에 언제나 나타나야만 하는데, 이것으로부터 우리들은 비로소 이러한 결론들을 이끌어 내는 진전을 보게 되는지도 모른다는 것을 여기에서 지적해 두는 것이 적절한 일인 것 같다. 황폐한 고장에서 화려한 건물의 유적을 발견한 사람은 그 고장이 고대에는 현명한 주민들에 의해서 경작되었다는 결론을 내릴 것이다. 그러나 방금 말한 이러한 성질의 어떤 것이 그의 머리에 떠오르지 않는다면, 그는 결코 그와 같은 추론을 할 리는 없을 것이다. 우리들은 옛날의 사건들을 역사로부터 배우나 결합되어 있는 것을 발견한다고 하자. 만약에 불꽃이나 눈이 새로이 감각에 제시되면, 정신은 관습에 의해서 열이나 추위를 예기하게끔 되고, 그리고 그러한 성질이 존재하고 있어서, 보다 가까이 접근해 가면 자신의 정체를 마침내 드러낼 것으로 믿게끔 된다. 이 믿음이 정신을 그러한 상황에 처하게 되면, 마음은 그렇게 작용하기 마련인 것이다. 마치 우리들이 은혜를 입을 때는 사랑의 감정을 불가피하게 느끼고, 우리들이 해를 입게 되면 미움의 감정을 느끼게 되는 것과 같다. 이러한 모든 작용들은 일종의 자연적인 본능이니, 그 어떤 추리나 사유 내지 오성 작용도 이것들을 생기게 하거나 막을 수는 없다.

_김효명(전 서울대학교 철학과 교수) 옮김

14

칸트

순수이성비판

들어가는 말

I. 순수 인식과 경험적 인식의 차이에 관하여

우리의 모든 인식은 경험과 함께 시작한다는 것에는 의심의 여지가 없다. 만약 우리의 인식 능력이 대상을 통해서가 아니라면 무엇을 통해서 활동할 수 있도록 일깨워지겠는가? 왜냐하면, 우리 감관을 자극하여, 부분적으로는 표상 자체를 생겨나게 하고, 부분적으로는 우리 지성 능력으로 하여금 이 표상들을 비교하여 이들을 결합하거나 분리하고 그래서 경험이라고 불리는 대상 인식을 위해서 감성적 인상의 원재료를 가공하는 활동을 하도록 하는 것이 대상들이기 때문이다. 따라서 우리 중에 있는 어떠한 인식도 시간상으로 경험에 선행하지 않고 경험과 함께 모든 인식은 시작된다.

그러나 우리의 모든 인식이 경험과 함께 시작된다고 해도 그렇다고 해서 모든 인식이 전적으로 바로 경험으로부터 생겨나는 것은 아니다. 왜냐하면, 우리의 경험 인식 자체는 우리가 인상을 통해 받아들이는 것과 우리 고유한 인식 능력이(감성적인 인상을 통해 순전히 야기되어) 자기 자신으로부터 건네주는 것을 결합한 것일 터이기 때문이다. 저 근본재료로부터 우리가 덧붙여 첨가한 것을 구별하게 되는 것은 오랜 연습으로 인식 능력이 건네준 것을 주목하여 이것을 적절하게 분리해 내게 될 때다.

그러므로 경험에서 그리고 감관의 모든 인상에서 그 자체로 독립적인 그러한 인식이 존재하느냐는 질문은 적어도 상세한 연구가 필요한 것이고 한 번 보고 바로 해결될 수 있는 문제는 아니다. 우리는 이러한 인식을 선험적이라 부르고, 자신의 원천을 후험적으로, 즉 경험 중에서 갖는 경험적 인식과 구별한다. 그럼에도 선험적이라는 저 표현은 여기서 제시된 질문에 적절한 전체 의미를 표시하기에는 아직 충분히 명확하지는 않다. 왜냐하면 우리는 경험의 원천으로부터 이끌어낸 많은 인식에 관해서 곧잘 다음과 같이 말하기 때문이다. 즉 우리는 그러한 인식을 경험으로부터 직접 끌어오지 않고, 이를 우리가 사실은 그 자신 경험으로부터 빌려온 보편적 규칙으로부터 끌어내기 때문에, 우리는 선험적 인식의 능력이 있거나 선험적 인식을 소유하게 된다고 말한다. 그래서 우리는 자신의 집의 토대를 파서 전복시켜 버린 어떤 사람에 관해서 다음 같이 말한다. 즉 그는 자신의 집이 무너질 것을 선험적으로 알 수 있었다고, 이 말은 그가 그 집이 실제로 무너진 경험을 기다리지 않아도 되었다는 것이다. 그렇지만 그도 이러한 일을 전적으로 선험적으로만은 알 수가 없었다. 왜냐하면, 물체는 무게가 있다는 사실, 따라서 그것으로부터 지탱하는 것이 제거되면 무너진다는 사실은 그에게 경험을 통해 먼저 알려져 있어야 하기 때문이다.

그러므로 우리는 앞으로 선험적 인식이라는 말로 이러한 혹은 저러한 경험으로부터 독립해 있는 인식을 의미하는 것이 아니라 단적으로 모든 경험으로부터 독립해서 생겨나는 그러한 인식을 의미할 것이다. 경험적 인식, 즉 단지 후험적으로, 다시 말해 경험을 통해 가능한 인식은 이러한 선험적 인식에 대립되는 것이다. 선험적인 인식들 중에서 그러나 경험적인 것이 전혀 섞여 있지 않은 인식은 순수하다(rein)고 말한다. 그래서 예컨대 모든 변화는 그것의 원인을 가지고 있다는 명제는 선험적인 명제이지만 순수한 것은 아니다. 왜냐하면 변화라는 것은 단지 경험으로부터만 끌어낼 수 있는 개념이기 때문이다.(B1–B3)[1]

[1] 원전의 페이지를 의미함.

(……)

VII. 순수이성비판이라는 이름의 특별한 학문의 이념(Idee)과 구분(Einteilung)

상술한 모든 것으로부터 이제 순수이성비판이라고 부를 수 있는 특별한 학문의 이념이 생겨난다. 왜냐하면 이성이라는 것은 선험적 인식의 원리들을 제공해 주는 능력이기 때문이다. 그러므로 순수이성은 단적으로 어떤 것을 선험적으로 인식하는 원리들을 포함하는 이성이다. 순수이성의 기관(Organon)은 그에 따라 모든 선험적인 순수인식이 얻어지고 실제로 완성되는 그러한 원리들의 총체다. 이러한 순수이성의 기관을 상세하게 적용하는 것이 순수이성의 체계를 만들어 낸다. 그러나 이러한 일에는 아주 많은 것이 요구되고, 여기서 우리 인식의 확장이 도대체 가능한지, 그리고 가능하다면 어떤 경우에 가능한지에 관해서는 아직 불확실하기 때문에, 우리는 순수이성과 그것의 원천과 한계를 순전히 판정하는 학문을 순수이성의 체계를 위한 예비학(Propädeutik)으로 여길 수 있다. 이러한 학문은 순수이성의 교설(Doktrin)이 아니라 단지 순수이성의 비판이라고 불러야 한다. 그리고 이 학문의 효용은 사변의 측면에서 볼 때는 실지로 단지 소극적(negativ)이기만 하여 우리 이성의 확장을 위해서가 아니라 이성의 정화를 위해서 사용되어, 순수이성을 오류로부터 벗어나게 하는 것인데, 이러한 일은 이미 매우 큰 수확이다. 나는 대상들이 아니라 대상들에 관한 우리 인식방식을, 이것이 선험적으로 가능한 한에서, 일반적으로 다루는 모든 인식을 초월적이라고 부른다. 그러한 개념들의 체계는 초월철학이라고 불릴 것이다. 그러나 다른 한편으로 이러한 것은 처음에는 아직 너무 해야 할 것이 많다. 왜냐하면, 이러한 학문은 분석적 인식뿐 아니라 선험적 종합 인식을 완전히 포함해야 하기 때문에, 그래서 이 학문은, 우리에게 단지 관련이 있는 것으로서의 선험적 종합의 원리들을 그것의 전 범위에서 통찰하기 위해서 불가피하게 필연적인 정도까지 분석을 행해도 된다는 점에서, 우리의 의도와 관련해서는 그 범위가 너무 넓기 때문이다. 인식의 확장 자체가 아니라 단지 인식의 교정만을 의도하고 모든 선험적 인식의 가치나 무가치의 시금석을 제공해 주기 때문에, 지금 우리가 다루고 있는 것은 교설이 아니라 초월적 비판이라고 부를 수 있는 이러한 연구이다. 따라서 이러한 비판은 아마도 한 기관(Organon)을 위한 준비이고 만약 이것이 성공하지 못한다 해도 적어도 이성의 규준(Kanon)을 위한 준비다. 결국 이러한 규준에 따라서 순수 이성철학의 완전한 체계는 언젠가는 분석적으로뿐 아니라 종합적으로도 제시될 수 있을 것이다. 이 체계가 단지 이성의 인식을 확장하는 데서 성립하든 이성의 인식을 순전히 제한하는 데서 성립하든 관계없이 말이다. 왜냐하면 이러한 것이 가능하다는 사실, 그러니까 이러한 체계가 그것의 전적인 완성을 바라지 못할 정도로 큰 범위가 아닐 수 있다는 사실은 이미 다음의 사실로부터 미리 추측될 수 있다. 즉 여기에서 대상이 되는 것은 무한한 사물들의 본성이 아니라 사물들의 본성을 판단하는 지성이고 또한 그것도 단지 선험적인 자신의 인식을 고려한 지성이다. 그리고 이러한 지성의 저장품(Vorrat)은, 우리가 그것을 외부로부터 구해도 되는 것이 아니기 때문에, 우리에게 숨겨진 채로 남아 있을 수 없고, 또 추측컨대 그 전부를 완전히 취하여 그것의 가치 유무가 판정되어지고 올바르게 평가될 수 있을 만큼 충분히 적은 분량이다.

더욱이 여기서는 책들의 비판과 순수이성의 체계를 기대해서는 안 되고 순수 이성 능력 자체의 비판을 기대해야 한다. 단지 이 비판이

근저에 놓여 있을 때에만 우리는 이 분야에서 고금의 작품들의 철학적 내용을 평가할 확실한 시금석을 갖게 된다. 그렇지 않은 경우에는 자격이 없는 역사 서술가와 판정가가 다른 이의 근거 없는 주장들을 근거 없기는 마찬가지인 자기 자신의 주장들을 통해 판정하게 된다.[2]

초월철학이라는 것은 순수 이성 비판이 건축술적으로, 즉 원리들에서부터, 완정성에 대한 완전한 보증과 이 체계를 이루는 모든 부분에 대한 안전성을 가지고서, 전체 계획을 설계해 보기 위한 하나의 학문의 이념이다. *순수 이성 비판은 순수 이성의 모든 원리의 체계다.* 이러한 비판이 이미 그 자신을 초월철학이라고 말하지 않는 것은, 이 비판이 하나의 완전한 체계이기 위해서는 선험적인 전체 인간 인식에 대한 상세한 분석을 포함하고 있어야만 한다는 사실에 근거할 뿐이다. 물론 우리의 비판은 이제 정해진 순수 인식을 이루고 있는 모든 근간 개념의 완전한 열거도 눈앞에 제시해야만 한다. 우리의 비판이 이러한 개념들 자체의 상세한 분석과 이로부터 도출된 개념들의 완전한 교정(Rezension)을 하지 않는 이유는 정당하다. 왜냐하면, 이러한 분석은, 전체 비판이 그것 때문에 있는 이유인 체계에서 만나게 되는 애매함을 갖지 않는다는 점에서, 목적에 적합하지 않기 때문이다. 또한 자신의 의도에서 볼 때 면할 수 있는 그러한 분석과 도출의 완전성에 대한 책임에 관여하는 것은 계획의 통일성에 반하는 것이기 때문이기도 하다. 이러한 분석의 완전성과 이로부터 장래에 주어질 선험적 개념들을 도출해 내는 것의 완전성은, 만약 이 선험적 개념들이 단지 종합의 상세한 원리들로서 비로소 거기에 있게 되고 이러한 의도에서 볼 때 아무런 결함이 없다면, 쉽게 보충될 수 있다.

[2] 이탤릭체 부분은 재판(B판, 1787년)에서 수정된 부분임.

따라서 순수 이성 비판에는 초월철학을 이루는 모든 것이 속한다. 그리고 이 비판은 초월철학의 완전한 이념이기는 하지만 이러한 학문 자체는 아직 아니다. 왜냐하면, 이 비판은 분석함에 있어 선험적 종합 인식을 완전히 판정하기 위해 요구되는 정도까지만 나아가기 때문이다.

이러한 학문을 구분하는 데 있어 우선적으로 주목해야 할 것이 있다. 어떤 경험적인 것을 자기 자신 안에 포함하고 있는 개념들은 어떠한 것도 끼어들어서는 안 된다는 것이다. 즉 선험적 인식은 완전히 순수한 것이라는 점이다. 그러므로 도덕성의 최상의 원칙들과 그 근본 개념들은 비록 선험적인 인식이기는 하지만 이들은 초월철학에 속하지는 않는다. *왜냐하면, 이러한 최상의 원칙들과 근본 개념들은 쾌와 불쾌, 욕망과 애착(Neigung) 등과 같은 개념들을 비록 스스로 자신의 명령들의 근저에 두지는 않지만, 의무의 개념에서는 극복해야 할 장애로서, 혹은 동인이 되어서는 안 될 자극으로서, 순수 윤리성의 체계를 작성하는 데에 필연적으로 끌어들여야만 하기 때문이다.* 그러므로 초월철학은 순수하고 순전히 사변적인 이성의 철학(Weltweisheit)이다. 왜냐하면, 모든 실천적인 것은, 그것이 동기를 포함하고 있는 한, 경험적인 인식 원천에 속하는 감정과 관계 맺기 때문이다.

만약에 이러한 학문을 체계 일반의 보편적 관점에서 구분하자면, 우리가 이제 하게 될 구분은 첫째, 순수이성의 원리론(Elementar-Lehre)을, 둘째, 순수이성의 방법론(Methoden-Lehre)을 포함하게 된다. 이러한 주요 부분들 각각은 자신의 하위부분들을 갖지만 그것의 근거는 여기서 설명되지 않는다. 들어가는 말로나 혹은 예고로는 단지 다음의 사실만이 필요할 것 같다. 우리의 인식에는 아마도 하나의 공통적인 그러나 우리에게 알려지지 않은 뿌리에서 나온 두 가지 줄기, 즉 감성(Sinnlichkeit)과 지성(Verstand)이 있다. 전자를 통해서 우리에게 대상이 주어지지만 그 대상들은 후자를 통해서 사유된다. 그런데 감성은, 우리에게 대상이 주어지는 조건을 이루는 선험적 표상들을 포함하는 한에서, 초월철학에 속할 것이다. 초월적 감성학(Sinnenlehre)은 원리론의 제1부에 속하게 될 것이다. 왜냐하면, 단지 그 아래에서만 인간의 인식의 대상들이 주어지는 조건들은 대상들이 사유되는 조건에 선행하기 때문이다.(B24–B30)

초월적 원리론(Der transzendentalen Elementarlehre)

제1부 초월적 감성학(Die transzendentale Ästhetik)

§1

인식이 대상과 관계 맺는 것이 항상 어떠한 방식이든지 그리고 어떠한 수단을 통해서든지 간에, 인식이 그로 인해 대상과 직접적으로 관계 맺게 되고 또한 모든 사고(Denken)가 수단으로 겨냥하고 있는 것은 직관(Anschauung)이다. 이러한 직관은 그러나 대상이 우리에게 주어지는 한에서만 생겨난다. 그러나 다시금 이러한 일은 적어도 우리 인간에게는 대상이 심성(Gemüt)을 모종의 방식으로 촉발함을 통해서만 가능하다. 우리가 대상에 의해 촉발되는 방식을 통해 표상을 얻는 능력(수용성)을 감성(Sinnlichkeit)이라고 한다. 따라서 감성을 통해서 우리에게 대상이 주어지고, 감성만이 우리에게 직관들을 제공해 준다. 그러나 직관들은 지성(Verstand)을 통해 사유되고 이 지성에 의해 개념들이 생겨난다. 그러나 모든 사고는, 바로(직접적으로) 직관과 관계 맺거나 혹은 우회적으로(간접적으로) 어떤 표징들을 통해서 결국 직관과 관계 맺건 간에, 그러므로 우리에게 있어서는 감성과 관계 맺어야만 한다. 왜냐하면 우리에게는 다른 방식으로는 어떠한 대상도 주어질 수 없기 때문이다.

우리가 대상에 의해 촉발되는 한에서, 대상이 표상 능력에 미친 결과는 감각(Empfindung)이다. 감각을 통해 대상과 관계 맺는 그러한 직관을 경험적 직관이라고 한다. 경험적 직관의 무규정적 대상을 현상(Erscheinung)이라고 한다.

현상 중에서 감각에 대응하는 것을 나는 현상의 질료라고 부른다. 그러나 현상의 잡다(das Mannigfaltige)가 일정한 관계 속에서 질서지워질 수 있도록 만드는 것을 나는 현상의 형식이라고 부른다. 그 속에서 감각들이 단지 질서지워지고 일정한 형식 속에 놓여질 수 있게 되는 것 자신은 다시금 감각일 수 없기에, 우리에게 모든 현상의 질료는 단지 후험적으로(a posteriori) 주어지지만 그러나 현상의 형식은 감각 전체에 대해 심성 속에 선험적으로 미리 놓여 있어야만 하고, 따라서 모든 감각으로부터 분리되어 고찰될 수 있다.

나는 그 속에 감각에 속하는 것은 어떠한 것도 발견되지 않는 모든 표상들을 순수하다(초월적 의미에서)고 부른다. 이에 따라 그 속에서 현상들의 모든 잡다가 일정한 관계 속에서 직관되는 감성적 직관 일반의 순수 형식은 심성 중에서 선험적으로 발견된다. 이러한 감성의 순수 형식 역시도 그 자신 순수 직관이라고 불린다. 그래서 만약 내가 물체의 표상으로부터 지성이 그에 관해 사고하는 것, 즉 실체, 힘, 가분성(Teilbarkeit) 등을 분리하고 마찬가지로 그중에서 감각에 속하는 것, 즉 불가침입성, 단단함, 색 등을 분리한다면, 이러한 경험적 직관에서 나에게 여전히 남아있게 되는 것이 있는데, 즉 연장과 형태다. 이러한 것은 선험적으로, 감관이나 감각의 실제적인 대상 없이도, 감성의 순전한 형식으로서 심성 중에서 생겨나는 순수 직관에 속한다.

감성의 모든 선험적인 원리들에 관한 학문을 나는 초월적 감성학이라고 부른다. 따라서 순수 사유의 원리들을 포함하는, 그래서 초월논리학이라고 불리는 학문과는 정반대로 초월적 원리론의 첫 번째 부분을 형성하는 그러한 학문이 있어야 한다.

따라서 초월적 감성학에서 우리는 경험적 직관만이 남게 하기 위해서 지성이 자신의 개념을 통해 거기서 사고하게 되는 모든 것을 분리함으로써 먼저 감성을 격리시키겠다. 두 번째로 우리는 이러한 것으로부터 감각에 속하는 모든 것 역시도 분리해 내겠다. 이는 감성이 선험적으로 제공할 수 있는 유일한 것인 순수 직관과 현상의 순전한 형식만이 남도록 하기 위한 것이다. 이러한 연구에서 밝혀지게 될 것은 감성적 직관의 두 가지 순수 형식들이, 즉 공간과 시간이 선험적 인식의 원리로서 존재한다는 것이다. 우리가 이제 종사할 일은 바로 이것들을 숙고하는 것이다.(A19–22/B33–36).

초월적 원리론

제2부 초월논리학(Die transzendentale Logik)

들어가는 말: 초월논리학의 이념

I. 논리학 일반에 관하여

우리의 인식은 심성의 두 근본 원천으로부터 생겨난다. 이 중 첫 번째는 표상들을 받아들이는 능력(인상의 수용성)이고, 두 번째는 이들 표상들을 통해 대상을 인식하는 능력(개념의 자발성)이다. 전자를 통해서 우리에게 대상이 주어지고 후자를 통해서 대상은 저 표상과의 관계 속에서(심성의 순전한 규정으로서) 사유된다. 그러므로 직관과 개념은 모든 우리 인식의 요소를 구성하고, 따라서 어떤 방식으로든 자신에 상응하는 직관이 없는 개념이나, 개념이 없는 직관은 인식을 제공해 줄 수 없다. 이 양자[직관과 개념]는 순수하거나 경험적이다. 경험적이라는 것은 감각(대상의 실제적인 현존을 전제하는)이 그 속에 포함되어 있을 때다. 그러나 표상에 어떠한 감각도 섞여 있지 않을 때는 순수한 것이다. 우리는 감각을 감성적 인식의 질료(Materie)라고 부를 수 있다. 그러므로 순수 직관은 그 아래에서 어떤 것이 직관되는 형식만을 포함하는 것이고 순수 개념은 단지 대상 일반의 사유 형식만을 포함하는 것이다. 단지 순수 직관이나 순수 개념만이 선험적으로 가능한 것이고, 경험적 직관이나 개념은 단지 후험적으로만 가능한 것이다.

심성이 어떠한 방식으로 촉발되는 한에서, 표상들을 받아들이는 우리 심성의 수용성을 만약 우리가 감성(Sinnlichkeit)이라고 부른다면, 이에 반해서 표상들 자체를 산출하는 능력, 즉 인식의 자발성은 지성(Verstand)이다. 직관은 결코 감성적이지 않을 수 없다는 것, 즉 우리가 대상들에 의해 촉발되는 방식만을 포함한다는 것은 우리 본성의 필연적 결과다. 반면에 감성적 직관의 대상을 사유하는 능력은 지성이다. 이 두 가지 성질 중 어떤 것이 다른 것보다 선호될 수 없다. 감성이 없이는 우리에게 어떠한 대상도 주어질 수 없으며 지성이 없이는 어떠한 대상도 사유될 수 없다. 내용이 없는 사고는 공허하고 개념이 없는 직관은 맹목적이다. 그러므로 개념을 감성적으로 만드는 것(즉 개념에게 대상을 직관 중에서 부여하는 것)은 직관들을 지성적으로 만드는 것(즉 직관을 개념 아래로 가져가는 것)과 마찬가지로 필연적이다. 이 두 능력들, 즉 두 소질들(Fähigkeiten)은 자신들의 기능 또한 서로 바꿀 수 없다. 지성은 어떠한 것도 직관할 수 없으며 감관은 어떠한 것도 사유할 수 없다. 인식은 단지 이 양자가 서로 결합됨으로써만 생겨난다. 그러나 그렇다고 해서 우리는 이들 각자의 몫을 혼돈해서는 안 되고, 오히려 각각을 다른 것과 조심스럽게 분리하고 구별해야 할 커다란 이유를 갖는다. 그러므로 우리는 감성의 규칙들 일반에 관한 학문, 즉 감성학(Ästhetik)을 지성의 규칙들 일반에 관한 학문인 논리학(Logik)과 구별한다.(A50–52/B74–76)

모든 순수 지성 개념을 발견하기 위한 초월적 실마리

제1절 논리적 지성사용 일반에 관하여

위에서 지성은 순전히 부정적으로만 설명되었다. 즉 감성적이지 않은 인식 능력이라 설명되었다. 그런데 우리는 감성에 독립해서는 어떠한 직관도 소유할 수 없게 된다. 따라서 지성은 직관의 능력이 아니다. 그러나 직관 이외에는 개념을 통한 인식 방식밖에 없다. 따라서 모든 지성의 인식, 적어도 인간의 지성의 인식은 개념을 통한 인식이고, 이는 직관적(intuitiv)이 아니라 논증적(diskursiv)이다. 감성적인 것으로서의 모든 직관들은 촉발들(Affektionen)에 근거하지만 개념들은 기능들(Funktionen)에 근거한다. 나는 기능이라는 말로 상이한 표상들을 하나의 공통적인 것 아래로 정렬시키는 통일작용을 의미한다. 감성적 직관들이 인상의 수용성에 기초하고 있듯이 개념들은 또한 사유의 자발성에 기초하고 있다. 그런데 지성은 개념들을 그를 통해 판단하는 것에만 사용할 수 있다. 순전히 직관 이외에는 어떠한 표상도 직접적으로 대상에 관여하지 않기 때문에 개념은 결코 대상과 직접적으로 관계 맺을 수 없고, 오히려 대상에 관한 어떤 다른 표상(그것이 직관이든지 혹은 그 자신 이미 개념이든지 간에)과 관계 맺는다. 따라서 판단은 대상에 대한 간접적인 인식, 그러니까 대상에 관한 표상에 대한 표상이다. 모든 판단 속에는 하나의 개념이 들어 있는데 이 개념은 많은 표상들에 대해서 타당하고 이러한 많은 표상들 가운데서 대상과 직접적으로 관계 맺는 하나의 주어진 표상을 파악(begreifen)한다. 그래서 예컨대 '모든 물체는 가분적이다'라는 판단 속에서 가분적이라는 개념은 상이한 다른 개념들과도 관계 맺지만, 그러나 이러한 개념들 중에서 여기서는 물체라는 개념과 관계 맺고 있으며, 이 개념은 우리에게 나타나는 일정한 현상들과 관계 맺고 있다. 그러니까 이 [현상으로서의] 대상들은 가분성의 개념을 통해서 간접적으로 표상된다. 이에 따라서 모든 판단들은 우리 표상들 중에서 통일[하는] 기능이다. 왜냐하면 하나의 직접적인 표상 대신에 이 직접적인 표상과 더 많은 표상들을 자신 아래에 파악하는 상위의 표상이 대상 인식을 위해 사용되고 이를 통해 많은 가능한 인식들이 하나의 인식으로 수렴되기 때문이다. 그러나 우리는 모든 지성의 행위를 판단으로 환원시킬 수 있다. 그래서 지성 일반은 판단하는 능력으로 표상될 수 있다. 왜냐하면 지성은 앞서 말한 바에 따르면 사유하는 능력이기 때문이다. 사유(Denken)는 개념을 통한 인식이다. 그러나 개념들은 가능한 판단들의 술어로서 아직 규정되지 않은 하나의 대상에 관한 어떤 표상과 관계 맺는다. 그래서 물체의 개념은 이 개념을 통해 인식될 수 있는 어떤 것, 예컨대 금속을 의미한다. 따라서 물체의 개념은 그 아래에 다른 표상들이 포함되어서 이러한 표상들을 매개로 하여 그 개념이 대상과 관계 맺을 수 있다는 것을 통해서만 개념이 된다. 그러므로 개념은 하나의 가능한 판단, 예컨대 모든 금속은 물체다, 라는 판단의 술어다. 따라서 만약 우리가 판단들에서 통일하는 기능들을 완전히 제시할 수 있다면 지성의 기능들 전부는 발견될 수 있다. 그러나 이러한 일이 아

주 잘 완성될 수 있다는 사실은 다음의 절에서 명시될 것이다. (A67-69/B92-94)

모든 순수 지성 개념을 발견하기 위한 실마리

제2절

§9 판단들에서의 지성의 논리적 기능에 관하여

만약 우리가 판단 일반의 모든 내용을 도외시하고 단지 그 판단에서의 순전한 지성의 형식만을 주목한다면 다음의 사실을 발견하게 된다. 즉 판단에서 사유의 기능은 각각 세 가지 계기를 자신 안에 포함하고 있는 네 개의 항목으로 개괄될 수 있다는 것이다. 이것들은 마땅히 다음의 표로 나타낼 수 있다.

1. 판단들의 양(Quantität)
   전칭판단
   특칭판단
   단칭판단
2. 판단들의 질(Qualiät)
   긍정판단
   부정판단
   무한판단
3. 판단들의 관계(Relation)
   정언판단
   가언판단
   선언판단
4. 판단들의 양상(Modalität)
   개연판단

단정판단

명증판단

(A70/B95)

모든 순수 지성 개념을 발견하기 위한 실마리

제3절

§10 순수 지성 개념들, 즉 범주들에 관하여

일반논리학은 이미 여러 번 이야기되었듯이 인식의 모든 내용을 도외시한다. 그리고 일반논리학은 표상들을 먼저 개념으로 바뀌게 하기 위해서, 이런 일은 분석적으로 이루어지는데, 그것이 어디로부터이든지 간에 외부로부터 자신에게 표상들이 주어지기를 기다린다. 반면에 초월논리학은 순수 지성 개념들에게 재료를 주기 위해서 초월적 감성학이 제공해 주는 감성의 잡다를 선험적으로 자신 앞에 놓는다. 이 재료가 없이는 순수 지성 개념들은 내용이 없는, 따라서 완전히 공허한 것이 된다. 그런데 공간과 시간은 선험적인 순수 직관의 잡다를 포함하고 있지만 그럼에도 그 아래에서 우리 심성이 단지 대상들에 대한 표상들을 받아들일 수 있는, 따라서 대상들의 개념 역시도 항상 촉발해야만 하는 우리 심성의 수용성의 조건들에 속한다. 다만 우리 사유의 자발성은 이러한 잡다로부터 인식을 만들기 위해서 이 잡다들이 먼저 어떤 방식으로 통과되고 수용되고 결합될 것을 요구한다. 이러한 행위를 나는 종합이라고 부른다.

그러나 나는 가장 일반적인 의미에서 종합이라는 말로 상이한 표상들을 서로서로 덧붙이고 그것의 잡다를 하나의 인식 안에 파악하는 행위를 의미한다. 만약 잡다가 경험적으로가 아니라 선험적으로 주어진다면(공간과 시간 중에 있는 것의 경우처럼) 그러한 종합은 순수하다. 우리 표상들의 모든 분석에 앞서 이러한 표상들이 먼저 주어져야만 하고 어떠한 개념들도 내용상으로는 분석적으로 생겨날 수 없다. 그러나 잡다의 종합이(잡다가 경험적으로 주어지든 선험적으로 주어지든 간에) 비로소 인식을 산출해 낸다. 이 인식은 비록 처음에는 여전히 조야한 것이고 불분명한 것이지만, 그래서 분석이 필요하지만 단지 종합만이 요소들을 실제로 인식되도록 모으고 하나의 특정한 내용으로 통일한다. 따라서 우리가 우리 인식의 최초의 기원에 관해 판단하려면, 우리가 주목해야 하는 첫 번째의 것은 종합이다.

종합 일반은, 우리가 앞으로 보게 되듯이, 맹목적이지만 그럼에도 불가피한 영혼의 기능인 상상력의 순전한 활동(Wirkung)이다. 이 상상력의 활동이 없이는 우리는 어디에서도 어떠한 인식도 가질 수 없다. 그러나 우리는 이 활동을 아주 드물게만 의식하고 있다. 이러한 종합을 개념이 되도록 하는 것은 단지 지성에 속하는 기능이고 이 기능을 통해서 지성은 비로소 우리에게 진정한 의미에서의 인식을 마련해 준다.

그런데 순수 종합은, 보편적으로 표상되어, 순수 지성 개념을 준다. 그러나 내가 이러한 종합이라는 말로 이해하는 것은 선험적인 종합적 통일에 근거하고 있는 그러한 종합이다. 그래서 우리가 수를 세는 것은(특히 그것은 더 큰 숫자들에서 더욱 명백하다) 개념들에 따른 종합이다. 왜냐하면 그것[수를 세는 것]은 공통적인 통일의 기초에 따라서 생겨나기 때문이다(예컨대 십진법). 따라서 이러한 개념 아래에서 잡다의 종합에서의 통일은 필연적이 된다.

상이한 표상들은 분석적으로 하나의 개념 아래에 보내진다.(일반 논리학이 다루는 일) 그러나 표상들을 개념이 되도록 하는 것이 아니라 표상들의 순수 종합을 개념이 되도록 하는 것을 가르쳐 주는 것은 초월논리학이다. 모든 대상의 선험적 인식을 위해서 우리에게 주어져야만 하는 첫 번째의 것은 순수 직관의 잡다다. 상상력을 통한 잡다의 종합이 두 번째의 것인데 그러나 이것은 아직 인식을 주지는 않는다. 이러한 순수 종합에다가 통일을 주고 이러한 필연적인 종합적 통일에서만 성립하는 개념들이 나타난 대상의 인식을 위해서 세 번째의 것을 하는데 이러한 개념들은 지성에 근거하고 있다.

하나의 판단 중에 있는 상이한 표상들에게 통일을 주는 바로 그 동일한 기능이 하나의 직관 중에 있는 상이한 표상들의 순전한 종합에게도 통일을 준다. 이러한 통일을 일반적으로 표현하면 순수 지성 개념이다. 따라서 동일한 지성이, 더 정확히 말해 지성이 개념 중에서 분석적 통일을 매개로 해서 판단에서의 논리적 형식을 완성해 내는 바로 그 동일한 행위를 통해서, 또한 자신의 표상들 속에도 하나의 초월적 내용을, 직관 일반 중에 있는 잡다의 종합적 통일을 매개로 해서 가져다 준다. 이 초월적 내용 때문에 지성의 표상들을 순수 지성 개념이라고 한다. 이 순수 지성 개념들은 선험적으로 객관에 관여하는데 이는 일반 논리학이 수행할 수 없는 일이다.

이런 방식으로 해서 직관 일반의 대상에 선험적으로 관여하는 순수 지성 개념들은, 앞서의 표에서 모든 가능한 판단 중에서의 논리적 기능들이 있었던 수만큼 생겨난다. 왜냐하면 지성은 이미 생각된 기능들을 통해서 완전히 다 논구되었고 그 능력은 이를 통해 전부 측정되었기 때문이다. 우리는 이러한 개념들을 아리스토텔레스에 따라 범주라고 부르고자 한다. 이는 비록 실행된 것에 있어서는 거기에서 매우 멀리 떨어져 있기는 하지만 우리의 의도가 최초에는 그의 것과 일치한다는 점에서다.

범주표

1. 양의 범주

    단일성

    다수성

    전체성

2. 질의 범주

    실재성

    부정성

    제한성

3. 관계의 범주

    부속성과 자립성(실체와 우유성)

    인과성과 의존성(원인과 결과)

    상호성(행위자와 피동자 사이의 상호작용)

4. 양태의 범주

    가능성 – 불가능성

    현존 – 비존재

    필연성 – 우연성

이것들이 지성이 선험적으로 자신 속에 포함하고 있는 종합의 모든 근원적인 순수 개념들의 기록(Verzeichnung)이다. 이는 지성이 이러한 순수 개념들을 통해서만 직관의 잡다에서 어떤 것을 이해할 수 있게 된다는 것, 즉 직관의 객관을 사유할 수 있다는 점 때문이다.(A76–80/B102–106)

_김재호(서울대학교 기초교육원 강의교수) 옮김

15

칸트

실천이성비판

제1장 순수실천이성의 원칙들

§ 1. 설명

실천 원칙들은 자신 아래에 다수의 실천 규칙을 가지고 있는 의지의 보편적 규정을 포함하는 명제들이다. 이 원칙들은, 그 조건이 주관에게 단지 주관의 의지에 대해서만 타당한 것으로 여겨질 때에는, 주관적이다. 즉 준칙들이다. 그러나 그 조건이 객관적으로, 즉 모든 이성적 존재의 의지에 대해 타당한 것으로 인식된다면, 그 원칙들은 객관적이다. 즉 실천 법칙들이다.

§ 2. 정리(Lehrsatz) I

욕구 능력의 객관(질료)을 의지의 규정 근거로 전제하는 모든 실천 원리들은 모두 경험적이고 어떠한 실천 법칙들도 제공해 줄 수 없다.

내가 욕구 능력의 질료라는 말로 의미하는 바는 그것이 실현되기를 욕구하는 대상이다. 그런데 만약 이러한 대상에 대한 욕구가 실천 규칙에 선행하고 실천 규칙을 원리로 삼는 조건이라면, (첫째로) 나는 이러한 원리는 항상 경험적이라고 말한다. 왜냐하면, 이 경우 자의(Willkür)의 규정 근거는 객관의 표상과 이 표상의 주관과의 관계이며, 이러한 관계를 통해 욕구 능력은 객관을 실현하도록 규정되기 때문이다. 그러나 주관과의 그러한 관계는 대상의 실현에 대한 쾌(Lust)를 말한다. 따라서 이러한 쾌가 자의를 규정할 수 있는 가능성의 조건으로 전제되어 있어야만 한다. 그러나 어떤 한 대상의 표상이 무엇이든 간에, 그것이 쾌와 결합되어 있는지 혹은 불쾌(Unlust)와 결합되어 있는지, 아니면 무차별적인지는 선험적으로 인식될 수 없다. 따라서 이러한 경우에는 자의의 규정 근거가 항상 경험적이어야 하고, 따라서 이러한 규정 근거를 조건으로 전제하고 있는 실천적 질료적 원리 역시도 경험적이어야 한다.

이제(둘째로) 쾌나 불쾌(이들은 항상 단지 경험적으로 인식되고, 모든 이성적 존재에게 동일한 방식으로 타당할 수는 없다)라는 수용성의 주관적 조건에만 근거하고 있는 원리는 그러한 수용성을 소유한 주관에게는 분명 준칙으로 사용될 수 있다. 그러나 그러한 주관들 자신에 대해서도(이 원리에는 선험적으로 인식되어야만 하는 객관적 필연성이 결여되어 있기 때문에) 법칙으로는 사용될 수 없기에 그러한 원리는 결코 실천 법칙을 제공해 줄 수는 없다.

§ 3. 정리 II

모든 질료적 실천 원리들은 그 자체로 모두 하나의 동일한 종류의 것이고 자기 사랑과 자기 행복이라는 보편적 원리 아래에 속한다.

사물의 실존이라는 표상으로부터 생겨나는 쾌는, 그것이 이 사물에 대한 욕구의 규정 근거이어야 하는 한에서, 주관의 수용성에 근거하고 있다. 왜냐하면 쾌는 대상의 현존에 의존하고 있고, 따라서 감관(감정)에 속하는 것이지 지성에 속하지 않기 때문이다. 지성이라는 것은 표상이 객관과의 관계 맺음을 개념에 따라 표현하는 것이지 주관과의 관계 맺음을 감정에 따라 표현하는 것이 아니다. 그러므로 쾌라는 것은 주관이 대상의 실재에서 기대하게 되는 쾌적감(die Empfindung der Annehmlichkeit)이 욕구 능력을 규정하는 한에서만 실천적이다. 그런데 이성적 존재자가 자신의 전 현존에 끊임없이 수반되는 삶의 쾌적성을 의식하는 것이 행복이다. 그리고 이 행복을 자의의 최상의 규정 근거로 만드는 원리는 자기 사랑의 원리다. 그러므로 어떤 한 대상의 실재로부터 느끼게 되는 쾌나 불쾌 속에 자의의 규정 근거를 두는 모든 질료적 원리들은, 그것들이 전체적으로 자기 사랑의 원리 혹은 자기 행복의 원리에 속하는 한에서 전적으로 동일한 종류의 것이다.

귀결(Folgerung)

모든 질료적 실천 규칙들은 의지의 규정 근거를 욕구 능력 아래에 둔다. 그리고 의지를 충분하게 규정하는 순전히 형식적인 욕구 능력의 법칙이 전혀 존재하지 않는다면 어떠한 상위의 욕구 능력도 용인될 수 없을 것이다.

§ 4. 정리 III

만약 이성적 존재가 자신의 준칙들을 실천적인 보편적 법칙들로 생각해야만 한다면, 그는 이러한 준칙들을 질료가 아닌 형식에 따른 의지의 규정 근거를 포함하는 단지 그러한 원리들로 생각할 수 있다.

실천 원리의 질료는 의지의 대상이다. 이 대상은 의지의 규정 근거이거나 아니거나 둘 중 하나다. 만약 대상이 의지의 규정 근거이면 의지의 규칙은 경험적 조건에(규정하는 표상이 쾌, 불쾌의 감정과 갖는 관계에) 종속되고 따라서 어떠한 실천 법칙도 아니다. 그런데 만약 모든 질료, 즉 의지의 모든 대상(규정 근거로서)을 법칙으로부터 떼어내고 나면 법칙에서 남는 것은 보편적인 법칙수립(Gesetzgebung)의 순전한 형식만이 남게 된다. 그러므로 이성적 존재는 자신의 주관적인 실천 원리들, 즉 준칙들을 동시에 보편적 법칙으로 결코 생각할 수 없든지, 아니면 저 준칙을 보편적 법칙 수립에 적합하게 해 주는 준칙의 순전한 형식이 준칙들을 준칙들 자신만으로도 실천 법칙들이 되게 만든다는 사실을 받아들여야만 한다.

§ 5. 과제 I

순전히 법칙을 수립하는 준칙의 형식만이 의지의 충분한 규정 근거가 된다는 것을 전제하고서, 그것을 통해서만 규정될 수 있는 의지의 성질을 발견하는 것.

법칙들의 순전한 형식은 오로지 이성에 의해서만 표상될 수 있고, 그래서 어떠한 감관의 대상도 될 수 없으며, 따라서 현상 속에 속하지도 않기 때문에, 의지의 규정 근거로서 법칙들의 순전한 형식이라는 표상은 인과율에 따른 자연 속에서의 사건들의 모든 규정 근거들로부터는 구별된다. 왜냐하면 이러한 사건들에 있어서는 규정하는 근거들 자체가 현상이어야 하기 때문이다. 그러나 또한 저 보편적으로 법칙을 수립하는 순전한 형식 이외에는 어떠한 다른 의지의 규정 근거도 이 사건들을 위한 법칙으로 사용될 수 없다면, 그러한 의지는 현상들의 자연법칙에, 말하자면 인과율 내지는 현상들 상호간의 인과율에 전적으로 독립적인 것으로 생각되어야만 한다. 그러나 그러한 독립성은 엄격한 의미에서, 즉 초월적 의미에서 자유라 불린다. 그러므로 순전히 법칙을 수립하는 준칙의 형식만을 법칙으로 사용할 수 있는 의지는 자유 의지다.

§ 6. 과제 II

의지가 자유롭다는 것을 전제하고, 의지를 오로지 필연적으로 규정하는 데에 유용한 법칙을 발견하는 것.

실천 법칙의 질료, 즉 준칙의 객관은 경험적이지 않게는 결코 주어질 수 없지만 그럼에도 불구하고 자유의지는 경험적인(즉 감성세계에 속하는) 조건들에 독립적인 것으로 규정될 수 있어야만 하기에, 자유 의지는 법칙의 질료에는 독립적으로, 그럼에도 규정 근거는 법칙 속에서 발견해야만 한다. 그러나 법칙의 질료를 제외하고 나면 법칙 속에는 법칙을 수립하는 형식 외에는 그 어떤 것도 포함되어 있지 않다. 따라서 법칙을 수립하는 형식은, 그것이 준칙 속에 포함되어 있는 한에서 의지의 규정 근거를 형성할 수 있는 유일한 것이다.

주해(Anmerkung)

자유와 무조건적인 실천 법칙은 따라서 상호간에 서로에 의거하고 있다(Freiheit und unbedingtes praktisches Gesetz weisen also wechselsweise auf einander zurück.). 나는 지금 여기서 이들이 실제로도 서로 다른 것인가를 묻고 있는 것이 아니다. 또한 오히려 무조건적인 법칙은 순수 실천 이성의 순전한 자기의식이 아닌가, 순수 실천 이성은 그러나 자유의 적극적 개념과 전적으로 동일한 것이 아닌가를 묻고 있는 것도 아니다. 지금 내가 여기서 묻고 있는 것은 무조건적으로 실천적인 것에 대한 우리의 인식이 어디로부터 시작되는가, 즉 자유로부터인가 실천 법칙으로부터인가에 관한 것이다. 하지만 무조건적으로 실천적인 것에 대한 우리의 인식이 자유로부터 시작될 수는 없다. 왜냐하면, 자유의 최초 개념은 부정적이기 때문에 우리가 그것을 직접적으로 의식할 수 없다. 그뿐만 아니라 경험은 우리에게 단지 현상의 법칙만을, 즉 자유에 정반대의 것인 자연의 기계성을 인식하도록 하기에 경험으로부터는 자유를 추리할 수 없기 때문이다. 따라서 우리가 직접적으로 의식하는 것은(우리가 의지의 준칙을 입안하자마자) 도덕법칙이다. 도덕법칙은 우리에게 맨 먼저 주어지는 것이고, 이성이 도덕법칙을 어떠한 감성적 조건에 의해서도 압도되지 않는, 그러니까 감성적 조건에서 완전히 독립적인 규정근거로 표시함으로써 바로 자유의 개념에 이르게 된다. 그런데 어떻게 저 도덕법칙에 대한 의식이 가능하게 되는가? 이성이 순수 이론적 원칙을 우리에게 지시해 주는데 사용되는 필연성을 주목함으로써, 그리고 이성이 우리에게 환기시켜 주는바, 모든 경험적 조건들을 격리시킴을 주목함으로써, 우리는 마치 순수 이론적 원칙들을 의식하는 것과 마찬가지로 순수 실천 법칙들을 의식할 수 있다. 순수 지성의 의식이 순수 이론적 원칙들로부터 생겨나듯이 순수 의지의 개념은 순수 실천 법칙으로부터 생겨난다. 이것이 우리 개념들의 참된 종속관계라는 것, 그리고 윤리성이 먼저 우리로 하여금 자유의 개념을 발견하게 한다는 것, 그러니까 사변 이성을 자유의 개념을 통해 가장 큰 혼란에 빠트리기 위해서 실천 이성이 사변 이성에게 이 자유의 개념에 대한 해결되지 않는 문제를 먼저 제기한다는 것은 다음의 사실로부터 이미 명백하다. 즉, 자유라는 개념으로부터는 현상들 중의 어떠한 것도 설명될 수 없고, 여기서는 오히려 자연 기계성이 항상 실마리를 형성해야만 하며, 게다가 순수 이성의 이율배반도 그것이 원인계열에서 무제약자에까지 나아가려고 할 때 자유와 기계성의 어느 경우에서든지 이해하지 못함의 난관에 빠지게 되며, 그럼에도 후자는 (기계성) 적어도 현상들을 설명함에 있어서는 유용하므로, 만약 도덕법칙과 이를 소유한 실천 이성이 자유에 이르지 못하고 우리에게 이 개념을 강요하지 않았더라면, 우리는 자유를 학문에 도입하는 모험을 결코 하지 않았을 것이라는 사실이다. 그러나 또한 경험이 우리 안에서 개념들의 이러한 순서를 확인해 준다. 어떤 사람이 자신의 육욕적인 성향에 대해서, 만약에 그에게 좋아하는 대상과 그것을 취할 기회가 올 때, 이 육욕적 성향은 자신에게 있어서는 전적으로 저항할 수 없는 것이라고 변명한다고 해보자. 만약 그가 이러한 기회를 만난 집앞에, 그가 육욕적 쾌락을 누리자마자 그를 거기에 매달기 위한 교수대가 설치되어 있다면, 그럼에도 그가 자신의 육욕적 성향을 억제하지 않겠는가? 그가 어떤 답을 할지를 알기 위해 그렇게 오래 생각할 필요가 없다. 그러나 그에게, 만약 그의 군주가 즉각적인 사형으로 위협하면서, 그 군주가 거짓 구실로 파멸시키고 싶어하는 한 정직한 사람에 대해서 위증할 것을 부당하게 요구한다면, 자신의 생명에 대한 그의 애착이 아무리 클지라도 그가 그 부당한 요구를 극복하는 것이 가능하다고 생각하는지를 물어보아라. 그것을 할지 하지 않을지를 아마도 그는 감히 확신하지는 않을 것이다. 그러나 그에게 그것이 가능하다는 사실은 그가 주저없이 인정하지 않을 수 없다. 따라서 그는, 그가 그것을 해야만 한다는 것을 의식하기 때문에 어떤 것을 할 수 있다고 판단하며, 도덕법칙이 없었다면 그에게 알려지지 않은 채로 남아 있었을 자유를 자신 속에서 인식하게 된다.

§ 7. 순수 실천 이성의 원칙

너의 의지의 준칙이 항상 동시에 보편적 법칙 수립의 원리로 타당하도록 그렇게 행위하라.

주해

순수 기하학은, 무엇인가를 해야만 한다는 것이 요구될 때 그것을 할 수 있다는 전제만 포함하고 있는 [그러한] 실천 명제들로서의 요청을 가진다. 그리고 이러한 실천 명제들은 현존과 관련된 순수 기하학의 유일한 명제들이다. 실천 명제들은 따라서 의지의 개연적 조건 아래에 있는 실천 규칙들이다. 그러나 여기서 규칙은, 사람은 단적으로 어떠한 방식으로 처신해야 한다고 말한다. 따라서 실천 규칙은 무조건적이다. 즉, 정언적 실천 명제로서 선험적으로 표상된다. 이러한 정언적 실천 명제를 통해 의지는 단적으로, 직접적으로(그러니까 여기서 법칙에 해당하는 실천적 규칙 자체를 통해서) 그리고 객관적으로 규정된다. 왜냐하면 순수하게 그 자체로 실천적인 이성은 여기서 직접적으로 법칙을 수립하는 것이다. 의지는 경험적 조건들에 독립적인 것으로서, 즉 순수 의지로서, 법칙의 순전한 형식을 통해 규정된 것으로 생각된다. 그리고 이러한 규정근거는 모든 준칙들의 최상의 조건으로 간주된다. 이 사태는 충분히 낯선 것이고, 나머지 전체 실천 인식 속에서도 이와 동일한 것을 갖지 않는다. 왜냐하면 하나의 가능한 보편적 법칙 수립에 대한 선험적인 사상, 즉 그러므로 단지 문제성 있는 사상은, 경험이나 혹은 어떤 외적 의지로부터 무엇인가를 빌려오지 않고서도 법칙으로서 무조건적으로 명령되어지기 때문이다. 그러나 그러한 사상은, 그에 따라 사람이 욕구하는 하나의 결과가 가능하도록 하는 행위가 생겨나도록 지시하는 것(Vorschrift)이 아니라(왜냐하면 거기에서는 규칙이 항상 물리적으로 조건지어지기 때문이다), 순전한 의지를 자신의 준칙들의 형식과 관련하여 선험적으로 규정하는 하나의 규칙이다. 그리고 거기에서는, 순전히 원칙들의 주관적인 형식을 위해 사용되는 법칙을 적어도 법칙 일반의 객관적 형식에 의한 규정근거로 생각하는 것이 불가능하지 않다. 이러한 근본법칙에 대한 의식을 우리는 이성의 사실이라고 부를 수 있다. 왜냐하면, 우리는 이 근본법칙을 이성에 미리 주어져 있는 것으로부터, 예컨대 자유의 의식으로부터(왜냐하면 이것은 우리에게 미리 주어져 있지 않다) 궤변적으로 추론해 낼 수 없고, 오히려 이 근본법칙이 그 자체로, 어떠한 순수직관이나 경험적 직관에도 근거하지 않는 선험적 종합명제로 자처하며 우리에게 나타나기 때문이다. 만약 우리가 의지의 자유를 전제한다면 이 명제는 분석적일 수 있겠지만, 그러나 적극적인 개념으로서 이 의지의 자유를 위해서는 우리가 여기서는 결코 가정해서는 안 돼는 하나의 지성적 직관이 요구될 것이다. 그럼에도 오해 없이 이 법칙을 주어진 것으로 여기기 위해서 우리는 다음의 사실을 잘 깨닫고 있어야만 한다. 즉 그것은[법칙은] 경험적 사실이 아니라, 그를 통해 자신을 근원적으로 법칙을 수립하는 것(sic volo, sic iubeo: 내가 그렇게 의욕하기에 나는 그렇게 명령한다)으로 알리는 순수 이성의 유일한 사실이라는 것이다.

귀결(Folgerung)

순수 이성은 그 자체만으로 실천적이고, 우리가 윤리법칙(Sittengesetz)이라고 부르는 보편적인 법칙을 (인간에게) 제공해 준다.

주해

앞서 언급된 사실은 부인할 수 없는 것이다. 인간이 자신의 행위의 합법칙성에 대해 내리는 판단만을 분석해 보아도 된다. 그러면, 성향(Neigung)이 뭐라고 끼어들어서 말하든지 간에 이성은 동요되지 않고 한 행위에서 의지의 준칙을 항상 순수 의지에 고정시킨다는 것, 말하자면 이성은 자신을 선험적으로 실천적인 것으로 간주하여 의지의 준칙을 자기 자신에게 고정시킨다는 것을 항상 발견하게 된다. 이성은 이제 이러한 윤리성(Sittlichkeit)의 원리를 동시에 모든 이성적 존재를 위한 하나의 법칙으로 설명하는데, 이는 의지의 모든 주관적 차이점을 도외시하고 이 윤리성의 원리를 의지의 형식적인 최상의 규정 근거로 삼는 바로 법칙 수립의 보편성을 위해서다. 물론 이것은, 모든 이성적 존재가 도대체 의지라는 것을, 즉 규칙들에 관한 표상을 통해 그들의 인과성을 규정할 수 있는 능력을 가지고 있는 한에서, 그러니까 모든 이성적 존재가 원칙들에 따른 행위를, 따라서 또한 선험적인 실천 원리들에도 따른(왜냐하면 이러한 실천 원리들만이 이성이 원칙에 요구하는 그러한 필연성을 갖기 때문이다) 행위를 할 수 있는 한에서다. 따라서 이 윤리성의 원리는 인간에 제한될 뿐 아니라, 이성과 의지를 가진 모든 유한한 존재자에 해당한다. 나아가 심지어 최상의 예지자로서의 무한한 존재자도 함께 포함한다. 그러나 전자의 경우[인간의 경우] 법칙은 명령의 형식을 가진다. 왜냐하면 이성적 존재자로서의 인간에게서는 순수한 의지를 전제할 수 있지만, 그러나 필요와 감성적 동인에 의해 촉발되는 존재자로서의 인간에게서는 어떤 신성한 의지도, 즉 도덕법칙에 거역하는 어떠한 준칙들도 갖지 않을 그러한 의지를 전제할 수는 없기 때문이다. 그러므로 도덕법칙은 인간에게서는 정언적으로 주어지는 명령이다. 왜냐하면 그 법칙은 무조건적이기 때문이다. 이러한 인간의 의지가 이 법칙에 대해 갖는 관계는 책임이라는 이름의 종속성(Abhängigkeit)이다. 여기서 책임이라는 것은, 순전한 이성과 그것의 객관적 법칙에 의한 것이라 할지라도 한 행위로의 강요를 의미하고 그렇기에 의무라고 불리는 것이다. 왜냐하면, 정념적으로 촉발된(그럼에도 불구하고 이를 통해서 규정되지는 않는, 따라서 항상 자유로운) 자의는 주관적인 원인에서 생겨나는 소망을 지니는 것이고, 따라서 순수한 객관적 규정 근거에도 종종 반대될 수 있으며, 그러므로 내적이긴 하나 지성적인 강제라 불릴 수 있는 실천적 이성의 저항을 도덕적 강요로서 필요로 하기 때문이다. 완전 자족적인 예지자에게 있어서 자의는, 객관적 법칙이 동시에 될 수 없는 그러한 준칙은 어떤 것도 가질 수 없는 것으로 당연히 표상되어진다. 그리고 그렇기 때문에 그에게 속하는 신성(Heiligkeit)의 개념이 예지자를 비록 모든 실천적 법칙 너머로 옮겨 놓지는 않는다 하더라도 모든 실천적으로 제한적인 법칙, 즉 책임과 의무 너머로 옮겨 놓는다. 이러한 의지의 신성은 그럼에도 불구하고 필연적으로 원형으로 사용되어야만 하는 실천적 이념이다. 바로 이러한 원형에 무한히 근접해 가는 것이 모든 유한한 이성적 존재가 할 수 있는 유일한 것이다. 그리고 이런 이유에서 그 자신 신성한 것으로 일컬어지는 순수 윤리 법칙은 이 실천 이념을 지속적이고 정당하게 이성적 존재자들의 눈앞에 두는 것이다. 이로부터 무한히 나아가는 의지의 준칙의 진행(Progressus)과 지속적인 전진(Fortschreiten)에 대한 이성적 존재자들의 불변성을 확실하게 하는 것, 즉 덕이야말로 유한한 실천적 이성이 이룩할 수 있는 최고의 것이다. 다른 한편으로 이 덕 자체는 적어도 자연적으로 얻어진 능력으로서는 결코 완성될 수가 없다. 왜냐하면 확실성이 그런 경우에는 결코 명증적인 확실성이 되지 못하고, 설득으로서의 확실성은 매우 위험한 것이기 때문이다.

§ 8. 정리 IV

의지의 자율성(Autonomie)은 모든 도덕법칙들과 그에 따르는 의무들의 유일한 원리다. 반면에 자의의 모든 타율성은 어떠한 책임도 정초하지 않을 뿐 아니라 책임의 원리와 의지의 윤리성의 원리에 대립해 있다. 왜냐하면, 법칙의 모든 질료로부터의(즉 욕구된 객관으로부터의) 독립성과 동시에 준칙이 부합해야만 하는 순전한 보편적 법칙을 수립하는 형식을 통한 자의의 규정에 윤리성의 유일한 원리는 성립하기 때문이다. 그러나 저 독립성은 소극적인 의미에서의 자유이고, 반면에 이 순수하고 그 자체로 실천적인 이성의 고유한 법칙 수립은 적극적인 의미에서의 자유다. 그러므로 도덕법칙은 순수 실천 이성의 자율성, 즉 자유의 자율성을 표현한다. 그리고 이 자유는 그 자체가 그 아래서만 준칙들이 최상의 실천 법칙에 부합할 수 있는 모든 준칙의 형식적 조건이다. 그러므로 법칙과 결합된 욕구의 객관인 의욕의 질료가, 만일 실천 법칙의 가능성의 조건으로 실천 법칙 안으로 끼어들어 온다면, 여기로부터 자의의 타율성, 즉 어떤 하나의 충동이나 경향성을 쫓아가는 자연 법칙에 대한 종속성이 생겨나게 되고, 의지는 자신에게 법칙을 부여하지 못하고 단지 정념적 법칙들을 합리적으로 준수하기 위한 훈계만을 제공할 뿐이다. 그러나 그러한 방식으로는 결코 보편적-법칙 수립적 형식을 자기 자신 속에 지닐 수 없는 준칙은, 이런 식으로는 어떠한 책임도 불러일으킬 수 없을 뿐 아니라, 비록 그러한 준칙에서 생겨난 행위가 법칙에 맞는다 하더라도 스스로 순수 실천 이성의 원리에, 그러니까 윤리적인 심정(Gesinnung)에도 대립하게 된다.

_김재호(서울대학교 기초교육원 강의교수) 옮김

16

헤겔

논리학

1부: 규정성(성질)

존재는 비규정적인 직접적인 것이다. 그것은 본질이 자신 안에서 획득할 수 있는 모든 규정성을 가지고 있지 않듯이 본질에 대해 규정성도 지니고 있지 않다. 이러한 무반성적인 존재는 그것이 직접적으로 단지 자신에 즉해 있듯이 그러한 존재다. 그것이 비규정적이기 때문에 그것은 성질이 없는 존재다. 그러나 그것 자체에게는 단지 규정적인 것 또는 어떤 성질적인 것과의 대비 속에서만 비규정성의 성격이 귀속된다. 존재 일반에게는 그러나 규정적인 존재가 대립된다. 그러나 그와 더불어 그의 비규정성 자체가 그의 성질을 결정한다. 따라서 첫째, 일차적인 존재는 그 자체로 규정된 것이라는 사실이 밝혀질 것이며 이에 따라 둘째, 일차적인 존재는 현존으로 이행하며, 현존은 유한한 존재로서 지양되어 존재의 자기 자신과의 무한한 관계로 지양된다는 사실이 밝혀질 것이고, 셋째, 현존이 대자 존재로 이행해 간다는 사실이 밝혀질 것이다.

1장: 존재

A. 존재

그 이상의 어떤 규정성도 없는 존재, 순수한 존재. 존재는 자신의 비규정적인 직접성에서 단지 자기 자신과 동일하고 또한 다른 것들과 다르지 않으며, 자신의 내부에서나 외부에서 어떤 상이함을 지니고 있지 않다. 존재 안에서 [다른 것들과] 구별되거나 그를 통해 존재가 다른 어떤 것과 구별되어 정립될 수 있는 그 어떤 내용이나 규정성을 통해서도 존재는 자신의 순수성 속에서 포착될 수 없을 것이다. 존재는 순수비규정성이며 공허함이다. 이 경우 직관에 대해서 말할 수 있다면 존재 안에서는 무(Nichts)가 직관될 수 있다. 다른 말로 하자면 그것은 단지 이러한 순수한 직관, 공허한 직관 자체다. 마찬가지로 그 안에서는 그 무엇도 사유될 수 없다. 다른 말로 하자면 그것은 단지 이러한 순수 사유다. 존재, 비규정적인 직접적인 것은 실제로 무(Nichts)이며 무 이상도 이하도 아니다.

B. 무

무, 순수한 무. 그것은 자신과의 단순한 동일성이며 완전한 공허함이요 규정이 없음, 내용이 없음, 자신 안에서의 무구별성이다. 이 경우 직관 또는 사유라는 개념을 사용할 수 있다고 한다면, 무엇이 직관되거나 사유되는지 아니면 무가 직관되거나 사유되는지 사이의 차이는 차이로서 타당성을 지닌다. 무를 직관함 또는 무를 사유함은 이처럼 의미를 지니고 두 경우는 구별되며 따라서 무는 우리의 직관 또는 사유 안에 있다(존재한다). 또는 무란 오히려 공허한 직관과 사유 자체요 순수 존재로서의 동일한 공허한 직관 또는 사유다. 따라서 무는 동일한 규정성 또는 오히려 비규정성이며 따라서 그것은 결국 순수 존재와 동일한 것이다.

C. 생성

a. 존재와 무의 통일성

이처럼 순수한 존재와 순수한 무는 동일하다. 진리는 존재도 아니고 무도 아니다. 진리란 존재가 무로, 그리고 무가 존재로 — 이행해가는 것이 아니라 — 이미 이행하였다는 사실이다. 마찬가지로 진리는 양자 사이의 무구별성이 아니다. 진리란 양자가 동일하지 않고 절대적으로 구별되지만 마찬가지로 나뉘어져 있지 않고 나눌 수 없으며 직접적으로 하나가 그 반대의 것으로 사라진다는 사실이다. 그의 진리는 이처럼 하나가 다른 하나로 직접적으로 사라져 가는 이러한 운동이다. 이러한 운동이 생성으로서 그것은 그 안에서 양자가 구별되지만, 마찬가지로 직접적으로 해소되어 버린 차이를 통해 구별되는 운동이다.

주1

무는 무엇(Etwas)에 대립되는 것으로 간주되곤 한다. 그런데 무엇은 또 다른 무엇과 구별되는 특정한 존재자다. 따라서 마찬가지로 그 무엇에 대립되는 무, 즉 그 무엇이 없다는 의미에서의 무는 특정한 무이다. 그러나 여기서 무는 그의 비규정적 단순성에서 이해되어야 한다.

(……)

b. 변화의 계기들

변화, 생성과 소멸은 존재와 무의 비분리성이다. 그것은 존재와 무로부터 추상된 통일성이 아니라, 존재와 무의 통일성으로서 이러한 규정적 통일성 또는 그 안에 존재뿐 아니라 무도 있는 통일성이다. 그러나 존재와 무 각각이 다른 것으로부터 떨어져 있지 않으니까 그것은 없다. 이처럼 그것들은 다만 사라져 가는 것으로서, 지양된 것으로 이러한 통일성 안에 있다. 그것들은 일차적으로 표상된 그들의 독자성으로부터 구별되는, 그러나 지양된 계기들로 가라앉는다.

통일성이 [존재와 무의] 이러한 구별에 따라 파악되면 통일성 속에 있는 각각의 것은 다른 것과의 통일성으로서 있다. 이처럼 변화는 그 각각이 존재와 무의 통일성인바, 그러한 두 개의 통일성으로서 존재와 무를 포함하고 있다. 하나의 통일성은 직접적인 것으로서, 그리고 무와의 관계로서의 존재이며 다른 하나의 통일성은 직접적인 것으로, 그리고 존재와의 관계로서의 무이다. 이 규정들은 이러한 통일성들 안에서 동일하지 않은 가치 속에서 존재한다.

변화는 이러한 방식으로 이중의 규정 속에 있다. 그 하나의 규정 속에서는 무가 직접적인 것으로서 있는데, 이는 그 규정이 존재와 관계를 맺고 있는, 즉 존재로 이행해 가는 무라는 사실을 뜻한다. 다른 하나의 규정 속에서는 존재가 직접적인 것으로서 있는데, 이는 이 규정성이 무로 이행해 가는 존재에서 시작함을 뜻한다. 이 두 가지가 다름 아닌 생성과 소멸이다.

양자는 동일한 것, 즉 변화이며 이처럼 서로 구별되는 두 개의 방향성으로서 그것들은 서로 침투하고 상대방을 무력화한다. 그 하나는 소멸로서 존재가 무로 이행해 가며, 그러나 무도 마찬가지로 자신의 대립물, 즉 존재로의 이행, 즉 생성이다. 이러한 생성은 다른 방향이다. 무는 존재로 이행해 가나 존재는 마찬가지로 자신을 지양하거나 오히려 무로 이행함, 즉 소멸이다. 이 둘은 서로가 서로를 단지 외적으로만 지양하는 것이 아니라, 각각은 그 자체로 지양되며 그 자체로 자신의 반대되는 것이다.

_이남인(서울대학교 철학과 교수) 옮김

17

키에르케고르

주관성이 진리다

2장: 주관적 진리, 내면성; 진리는 주관성이다

진리가 더욱 경험론적으로, 즉 사고가 존재와 일치하는 것으로 정의되든, 또는 더 관념론적으로, 즉 존재가 사고와 일치하는 것으로 정의되든 간에 이 두 경우에 있어서 존재라는 말이 무엇을 의미하는지에 주의를 기울이는 것이 중요하다. 그리고 마찬가지로 중요한 것은 인식하는 정신이 비규정성 속으로 빠져들어서, **실존하는** 인간 존재는 된 적도 없고 될 수도 없는 그 무엇, 즉 일종의 유령으로 환상적으로 변해 버리지 않도록 주의하는 것이다. 개별자는 자신이 어떻게 해서 이러한 환상적인 세계에 빠져들었는지, 거기에 머무르는 것이 그에게 어떤 중요성을 갖는지, 그리고 환상적이고 분별 없는 모험 속에서 저 바깥에서 일어나는 모든 활동은 동어반복으로 해소되어 버리는 것은 아닌지를 변증법적 매개를 통해 스스로에게 분명히 하지 못하면서도 때때로 저 유령에 몰입한다.

제시된 두 정의 중 경험론적인 존재로 존재를 이해한다면, 진리는 단번에 소망으로 변용되며, 모든 것은 생성 속에 놓인다. 경험론적인 대상은 미완이며 인식하는 실존적 정신 자체도 생성의 과정 안에 있기 때문이다. 따라서 진리는 그 시작이 절대적으로 정립될 수 없는 어림셈이 된다. 그것은 바로, 소급적 효력을 갖는 결말이 결여되어 있기 때문이다. 다른 한편, 모든 시작은 **감행될** 때에(시작 자신이 그에 대해서 알지 못하기 때문에 자의(恣意)적인 시작이 아닌 경우에는) 내재적 사유에 의해서가 아니라 결단을 통하여, 본질적으로 믿음을 통하여 감행된다. 인식하는 정신이 실존하는 정신이라는 것, 그리고 모든 인간 존재는 그러한 독자적으로 실존하는 존재라는 점은 내가 얼마든지 반복하여 말해도 좋을 것이다. 환상적으로 이를 간과함으로써 많은 혼란이 발생했기 때문이다. 누구도 나를 오해하지 않기를 바란다! 어쨌든 나도 다른 모든 인간처럼 미친한 실존적 정신에 불과하다. 그러나 가능하고 정직한 방법으로 내가 비범한 것 — 순수한 자아-자아(das Ich-Ich) — 이 되도록 도와준다면, 나는 그 선물과 선행에 감사할 준비가 되어 있다. 그러나 그것이 앞서 언급된 방법으로, 즉 "하나, 둘, 셋 코콜로룸"이라고 말한다든가, 새끼손가락에 띠를 묶었다가 보름달이 뜬 밤에 외진 곳에 그것을 던지는 방법 등으로만 가능하다면, 나는 미친한 실존적 인간인 지금의 나로 머물러 있기를 선택할 것이다.

따라서 저 정의에서 존재는 구체적인 경험론적인 존재의 추상적 복사물이나 추상적 범형보다 더욱 추상적으로 파악되어야 한다. 이렇게 이해한다면, 우리가 진리를 추상적으로 완성된 것으로서 추상적으로 규정하는 것을 가로막는 것은 없다. 사유와 존재의 부합은 추상적인 관점에서는 언제나 완성되어 있기 때문이다. 생성은 오직 구체적인 것에서 시작하며, 추상은 바로 이 구체적인 것으로부터 추상한다.

그러나 존재가 이런 방식으로 이해된다면, 저 정식(定式)은 동어반복이 되고 만다. 즉 사유와 존재는 하나의 동일한 것을 의미하며, 언급된 일치는 그저 추상적인 자기동일성일 뿐이다. 진리가 **존재한다**라는 방식으로 계사를 강조하여 이해한다면, 어느 정식도 진리가 존재한다는 것 이상을 말하지 않는다. 또는 진리는 중복이다. 진리 자체는 제1 진리인데, 진리가 **존재한다**는 제2 진리는 제1 진리와 동일하며, 이 진리들의 존재는 추상적 형식일 뿐이다. 진리는 단순한 것이 아니라 완전히 추상적으로 하나의 중복이나, 그 순간에 곧바로 지양되는 중복이라는 사실이 이러한 방식에서 표현된다.

추상적 사유는 원하는 만큼 이를 계속해서 다시 쓸 수 있으나, 더 멀리 나아가지는 못할 것이다. 진리의 존재가 경험적으로 구체적이 되자마자, 진리는 생성의 과정에 놓인다. 그러면 다시 사유와 존재의 일치는 추정될 것이다. 이러한 일치는 신에게는 실제적이나, 자기 자신이 실존적으로 생성의 과정 안에 있는 실존적 정신에게는 그렇지 않다.

실존하는 정신으로서의 실존하는 정신에게, 진리의 문제는 여전히 남아 있을 것이다. 실존하는 정신이 실존하는 자로서의 자신으로부터 추상할 때 실존하는 정신은 추상물로 변용되어 버리는데, 추상적 대답은 이 추상물에게만 의미가 있기 때문이다. 이 추상은 단지 일시적으로만 이루어질 수 있으며, 그러한 순간에조차도 추상적으로 사유하는 정신은 실존에 빚을 갚는다. 그럼에도 불구하고 그는 여전히 실존하는 자이기 때문이다. 따라서 이제 진리의 물음을 제기하는 것은 바로 실존하는 정신일 것이다. 그것은 아마도 그가 그 진리 속에서 실존해야 할 것이기 때문일 것이다. 그러나 어쨌든 물음을 제기하는 자는 자신이 실존하는 개별적 인간이라는 것을 의식한다. 이러한 방식으로 나는 나 자신을 모든 그리스인들에게, 또한 모든 이성적인 인간에게 이해시킬 수 있으리라고 믿는다. 어느 독일 철학자가 자기 자신을 창조하려는 욕망을 따라서, 연금술사들과 강신술사들이 환상적으로 차려 입곤 했던 것처럼 먼저 자신을 초이성적인 무엇으로 창조하여 진리의 물음에 대하여 가장 만족스러운 방식으로 대답하려 하든 그렇지 않든, 그것은 나의 관심사가 아니다. 그리고 환상적으로 차려 입었을 때에만 가장 만족스러워 보일 그의 만족스러운 대답도 내 관심사가 아니다. 다른 한편, 독일의 교수가 이런 방식으로 행동하는 것이 사실인지 아닌지는, 그러한 현자의 인도를 받기 위하여 열정적으로 전력을 기울이며 이어서 자신의 실존을 그를 따라서 형성하기 위하여 무비판적으로 고분고분하게 그들의 지도를 받아들이려는 사람이라면 누구나 쉽게 확신할 수 있을 것이다. 그런데 그러한 독일 교수에게서 열정적으로 배우려는 바로 그 순간, 사람들은 가장 뛰어난 풍자시를 그에게서 발견할 수 있을 것이다. 왜냐하면, 그 교수의 지혜를 표현하고 실현하고 실존적으로 내면화하려는 학생의 신실하고 열정적인 열의만큼 그 사변적인 교수에게 도움이 되지 않는 것은 없기 때문이다. 교수님은 그러한 지혜를 스스로 상상하고 책을 쓰기만 했을 뿐, 전혀 스스로 시험해 본 적이 없으며, 사람들이 이것을 행해야 한다는 생각조차도 해본 적이 없다. 자기 스스로는 읽을 수 없는 것을 쓰고선 그것을 씀으로써 자신의 책임이 완수된 것에 만족하는 세관원들처럼, 환상적인 존재를 위해 규정된 것이기에, 행동의 도움을 받아서 읽는다면 터무니없는 생각으로 드러나고 마는 것만을 쓰는 사변가들이 있다.

진리의 물음은 실존하는 자로서의 실존하는 정신에 의해 제기되기 때문에, 진리의 저 추상적 이중화가 되돌아온다. 그러나 실존 자체, 즉 실존하며 물음을 제기하는 자 속의 실존 자체는 두 계기를 떼어 놓으며, 반성은 두 가지 관계가 존립함을 보여준다. 객관적 반성에게 진리는 객체, 대상이 되며, 여기서 문제되는 것은 주체를 도외시하는 것이다. 주관적 반성에게 진리는 습득, 내면성, 주관성이 되며, 여기에서 문제되는 것은 바로 실존하면서 주관성 속으로 깊이 들어가는 것이다.

그러나 그 다음에는? 우리는 이러한 선언명제에 머물러 있어야만 하는가? 아니면 매개의 호의적인 도움을 받아 진리가 주체-객체(das Subjekt-Objekt)가 될 수는 없는가? 왜 안 되는가? 그러나 실존하는 한에서의 실존자가 매개의 도움을 받아서, 실존자로 머물러 있는 채로 영원의 형상 아래에(sub specie aeterni) 있는 매개적 원리가 되는 것이 가능한가? 그 자신이 생성 속에서 실존하고 있기에 주체-객체와 관계할 수 없는 인간에게 주체-객체의 미끼를 흔들어 그를 조롱하는 것은 아무 쓸모없는 짓이다. 어떻게 영원한 진리가 영원하게 이해되어야 하는지를 어떤 사람에게 설명한다고 할 때, 그 설명을 이용해야 할 사람은 자신이 실존자라는 점 때문에 그것을 그런 방식으로 이해할 수가 없다면, 그리고 자신을 영원의 형상 아래에 있다고 상상할 때에는 그저 환상에 불과한 것이 되고 만다면, 그 설명이 무슨 쓸모가 있겠는가? 오히려 그러한 사람에게 필요한 것은, 실존하기 때문에 스스로 시간 속에 존재하는 자가 어떻게 영원한 진리를 시간의 규정 속에서 이해해야 하는가에 대한 설명이다. 이러한 설명은 고귀하신 교수님조차도, 늘 그렇게 하지는 않더라도 봉급을 받는다면 적어도 4분기에 한 번은 인정할 수 있는 설명이다.

매개에 의한 주체-객체에 의해 우리는 추상으로 되돌아갈 뿐이다. 진리를 주체-객체로 규정하는 것은 진리는 **존재한다**거나 진리는 중복이라고 말하는 것과 완전히 똑같기 때문이다. 따라서 고상한 지혜는 그저 다시 얼이 빠져서, 진리에 대한 물음을 제기한 자가 실존하는 정신이었다는 것을 망각하고 말았을 뿐이다. 아니면 실존하는 정신 자신이 주체-객체인가? 그런 경우, 나는 동시에 주체-객체이기도 한 그러한 실존하는 정신은 어디에 있느냐는 질문을 던져야겠다. 아니면, 어쩌면 우리는 다시 우선 실존하는 정신을 일반적인 "무엇"으로 변용시킨 후 모든 것을 설명해야 할 것인가? 단 정작 질문된 것, 즉 실존하는 주체가 구체적으로 진리와 어떻게 관계하는가 하는 물음은 제외하고. 또는 그 다음으로 질문되어야 할 것, 즉 실존하는 개별적 주체가, 종이연이라든가 네덜란드인들이 지붕에 매달아 놓고 모두가 핥았던 설탕덩어리와 공유하는 것만큼도 공유하는 것이 없는 이러한 "무엇"과 어떻게 관계하는가 하는 물음은 제외하고.

따라서 우리는 반성의 두 가지 길로 돌아가자. 그리고 우리는 그 물음을 제기한 것이 실존하는 정신, 전적으로 개별적인 인간이라는 것을 잊지 않도록 하자. 그리고 그가 한 번에 두 길로 동시에 나아가는 것을 가로막는 것은 바로 그의 실존이며, 그가 경솔하고 환상적으로 주체-객체가 되는 것을 가로막는 것은 바로 그가 진지하게 제기한 물음이라는 것도 잊지 않도록 하자. 그렇다면 두 길 중 어느 것이 실존하는 정신을 위한 진리의 길인가? 환상적인 자아-자아만이 두 길을 한 번에 완성할 수 있거나, 방법론적으로 두 길로 한 번에 나아갈 수 있다. 이 방법은 실존하는 인간이 행하기에는 너무나 비인간적이어서 내가 감히 추천할 수가 없다.

물음을 제기하는 자는 이제 바로 자신이 실존자라는 것을 강조하고 있기 때문에, 당연하게도 특별히 실존을 강조하는 길을 특별히 추천해야 할 것이다.

객관적 반성의 길은 주체를 우연적인 것으로 만들고, 따라서 실존을 어찌되었든 상관없는 것, 소멸할 것으로 만든다. 저 길은 주체로부터 멀어져 객관적 진리로 나아가며, 주체와 주체성이 어찌되었든 상관없는 것이 되면서 진리도 어찌되었든 상관없는 것이 된다. 그리고 이것이 바로 객관적 타당성이다. 모든 결단과 마찬가지로, 모든 관심은 주관성이기 때문이다. 이제 객관적 반성의 길은 추상적 사고로, 수학으로, 다양한 종류의 역사적 지식으로 이끈다. 그것은 언제나 주체로부터 멀어지는 쪽으로 이끌며, 주체의 현존과 비현존은 무한히 상관없는 것이 된다. 이것은 객관적으로는 전적으로 올바른 일이다. 이것이 전적으로 올바른 것은, 햄릿이 말했듯이 현존과 비현존은 주관적인 의미만을 갖기 때문이다. 이 길은 그 정점에서 모순으로 이끌 것이다. 주체가 자신에게 전적으로 상관없는 것이 되지 않는 한, 이 모순은 그의 객관적인 노력이 충분히 객관적이지 않다는 징후만이 될 뿐이다. 이 길의 정점에서 이 길은 객관성만이 생겨나며 반면에 주관성은 사라지고 만다는 모순으로 이끌 것이다. 다시 말해, 추상적인 의미에서 주관성이라고 불리는 것 즉 추상적인 객관성의 추상적인 형식이 되려는 시도를 하는 주관성은 사라지고 만다. 그러나 그렇게 생겨난 객관성은 주관적으로 보자면, 그 정점에서도 가설이나 어림셈에 지나지 않는다. 모든 영원한 결단은 바로 주관성에 뿌리내리고 있기 때문이다.

그러나 객관적 길은 자신이 주관적 길은 지니지 않은 안전성을 지니고 있다고 여긴다. (실존 및 실존함과 객관적 안전성이 결합되어 생각될 수 없다는 것은 당연하다) 객관적 길은 주관적 길이 마주칠 위험에서 벗어나려 한다. 이 위험의 정점은 광기다. 진리에 대한 그저 주관적이기만 한 규정에서, 광기와 진리는 최종적으로는 분별할 수 없게 된다. 이 둘은 모두 내면성을 가지기 때문이다.[1] 객관적이 되려는 사람은 광기에 빠지지 않는다. 그러나 나는 감히 여기에서, 객관성의 시대에도 전적으로 불필요하지는 않을 약간의 소견을 밝히려 한다. 내면성의 중단 역시 광기다. 객관적 진리 자체만으로는, 객관적 진리를 말하는 사람이 건전한 지성을 가지고 있는지 그렇지 않은지 결정을 내릴 수 없다. 반대로 그것은, 어떤 사람이 말하는 것이 전적으로 완전

[1] 그러나 이것도 참은 아니다. 광기는 무한한 내면성을 전혀 갖지 않기 때문이다. 광기의 고정된 관념은 바로 일종의 객관적인 무엇이며, 이것을 열정적으로 끌어안는다는 데에 광기의 모순이 있다. 따라서 광기의 핵심은 다시 주관적인 것이 아니라, 고정되는 작은 유한성, 무한성과는 전혀 관계가 없는 작은 유한성이다.

하게 참이며 특히 객관적으로 참임에도 불구하고 그가 미쳤다는 것을 누설할 수도 있다. 여기에서 나는 정신병원에서 직접 전해진 이야기를 전혀 각색하지 않고 말하겠다. 정신병원의 한 환자가 탈출을 기도하여, 창문으로 뛰어내림으로써 자기 계획을 완수하였다. 그는 이제 정신병원의 정원에 있으며, 자유로의 여행을 떠나려 한다. 이때 이런 생각이 그에게 떠오른다. (이런 착상을 할 정도로 똑똑했다고 말해야 할까, 그 정도로 미쳤다고 말해야 할까?) "마을에 가면 사람들이 너를 알아볼 테고, 십중팔구 너를 즉시 정신병원으로 돌려보낼 것이다. 그러니 객관적 진리를 말함으로써, 너의 지성에 문제가 없다는 것을 모두에게 충분히 납득시킬 필요가 있다." 걸어가면서 이에 대해 생각하던 와중에 그는 땅 위에 공이 있는 것을 발견한다. 그는 그것을 주워들어 외투 자락의 주머니에 넣는다. 그가 한 발짝 걸을 때마다 공이, 점잖게 말하자면, 그의 뒷부분을 때린다. 그리고 공이 그를 때릴 때마다 그는 말한다. "쾅, 지구는 둥글다!" 그는 도시에 와서 곧바로 그의 친구 중 한 명을 찾아간다. 그는 자신이 미치지 않았다고 친구를 설득하려 한다. 그래서 그는 방에서 앞뒤로 걸으면서 계속해서 말한다. "쾅, 지구는 둥글다!" 그런데 지구는 둥글지 않은가? 지구가 팬케이크처럼 평평하다고 모두가 믿었던 시절처럼, 아직도 정신병원은 지구가 둥글다는 견해로 인한 희생자가 또 나타나기를 요구하는가? 아니면 일반적으로 승인되고 일반적으로 존중되는 객관적 진리를 말함으로써 자신이 미치지 않았다는 것을 증명하려 하는 사람은 미친 것인가? 그러나 그 환자가 아직 치료되지 않았다는 것은 그 의사에게 명백했다. 물론 그가 지구가 평평하다는 견해를 받아들이도록 하는 것이 치료라는 것은 아니다. 그러나 모든 사람이 의사인 것은 아니며, 시대의 요구는 광기가 무엇인가 하는 물음에 중요한 영향을 끼친다. 물론 사람들은 때때로, 그리스도교를 근대화하고 빌라도의 물음도 근대화한 근대가, 또 자신이 안식을 취할 무언가를 발견하려는 근대라는 시대의 욕구가 "광기란 무엇인가?"라는 물음 속에서 자신을 표명한다는 점을 받아들이려는 욕구를 가질 것이다. 어떤 사강사(私講師)가, 자신이 입고 있는 대학 예복 때문에 무언가를 발언해야 한다고 느낄 때마다 "모든 것은 의심할 수 있다"(de omnibus dubitandum est)라고 말하고, 그러면서도 그가 그 무엇에 대해서도 의심해 보지 않았다는 충분한 내적 증거를 두 문장에 한 번씩은 보여주는 학문체계를 완성해 나가고 있다 하더라도 그는 미친 사람으로 여겨지지 않는다.

돈키호테는 주관적 광기의 범형이다. 주관적 광기 속에서 내면의 열정은 개별적이며 유한하며 고정된 관념을 끌어안는다. 다른 한편 내면성이 중지된다면, 수다스러운 광기가 출현한다. 이 광기는 상당히 희극적이다. 실험 심리학자들은 그러한 철학자들을 한줌 가져와서 합침으로써 그 광기를 묘사할 수 있을 것이다. 광기가 내면성의 혼란인 경우에 비극적인 것과 희극적인 것은, 그 불행한 자에게는 무한하게 중요한 것이, 다른 모든 사람에게는 별로 중요하지 않은 고정된 개별자에 불과하다는 것이다. 반면에 광기가 내면성의 중지로 이루어지는 경우에 희극적인 것은, 그 행복한 자가 아는 무언가가 진리, 모든 사람에게 중요한 진리임에도 불구하고 그것은 몹시 존경받는 수다쟁이에게는 전혀 중요하지 않다는 것이다. 이러한 유형의 광기는 저 유형보다 더욱 비인간적이다. 사람들은 첫 번째 유형의 광인의 눈을 들여다보기를 기피한다. 그의 망상의 깊이를 알아채지 않기 위해서다. 그러나 사람들은 두 번째 유형의 광인을 아예 감히 보지 못한다. 그가 실제 눈이 아니라 유리로 된 눈을 가지고 있고 카펫으로 된 머리카락을 가지고 있음을, 한마디로 그가 인공물임을 알게 될까 두렵기 때문이다. 정신을 가지고 있지 않다는 점에서 정신병을 앓고 있는 자와 우연히 마주친 사람은, 그의 말을 차가운 공포 속에서 듣게 될 것이다. 그는 자신과 대화하는 자가 인간이라는 것을 믿어도 될지, 혹시 말하는 풍금이 숨겨져 있는 교묘하게 고안된 지팡이가 아닌지 알지 못할 것이다. 명예심 있는 사람이라면 자신이 사형집행인과 축배를 들었다는 것을 바로 불명예스럽게 여길 것이다. 하물며 자신이 지팡이와 이성적이고 철학적인 대화를 나누었다면 — 그것은 그를 거의 미치게 만들 것이다.

주관적 반성은 내면적으로 주관성을 향하며, 이러한 내면화에서 진리를 발견하기를 원한다. 그것도, 전술한 객관적 반성의 경우에 객관성이 생겨나고 주관성이 사라지는 것과 같은 방식으로, 여기서는 주관성이 최종적이 되고 객관성은 소멸하게 된다. 주관이 실존자라는 것, 그리고 실존은 생성의 과정이라는 것, 따라서 사유와 존재의 자기동일성으로서의 저 진리는 추상의 키메라이며, 사실은 피조물의 열망에 불과하다는 것은 여기서는 단 한순간도 망각되지 않는다. 그것은 진리가 그러한 자기동일성이 아니기 때문이 아니라, 인식하는 자가 실존자이기 때문에, 따라서 그가 실존자인 한 진리는 그에게는 그러한 자기동일자일 수 없기 때문이다. 이 점을 확고히 붙들지 않는다면, 사변적 사유로 인하여 우리는 즉시 환상적인 자아-자아로 빠져들 것이다. 근대의 사변적 사유는 이 자아-자아를 필요로 하지만, 어떻게 특수한 개별자가 그것과 관계할 수 있는지는 설명하지 않는다. 그리고 인간이 그러한 특수한 개별자 이상이 아니라는 것을 신은 안다.

실존자가 실제로 자기 자신을 넘어설 수 있다면, 그에게 진리는 완결되어 있을 것이다. 그러나 그가 자신을 넘어서 있는 그 지점은 어디에 있는가? 자아-자아라는 것은 현존을 갖지 않는 수학적 점이다. 그러한 한에서 모든 사람이 이러한 지점을 차지할 수 있다. 한 사람이 다른 사람을 가로막지는 않을 것이다. 특수한 개별자가 실존을 넘어서는 무한과 유한의 통일 속에서 실존할 수 있는 것은 순간에 불과하다. 이 순간은 열정의 순간이다. 근대의 사변적 사유는 개별자가 객관적으로 자신을 넘어설 수 있게 해 주는 모든 것을 동원하였다. 그러나 어느 것도 성공하지 못하였다. 실존은 그것에 반대한다. 오늘날의 철학자들이 열성적인 환상적 생각들에 봉사하는 잡문가가 되지 않았더라면, 그러한 생각의 유일하게 실천적이며 어느 정도 그럴듯한 해석은 자살뿐이라는 것을 사변적 사유는 이미 깨달았을 것이다. 그러나 잡문을 휘갈겨대는 근대철학은 열정을 경멸한다. 그러나 실존자에게 열정은 실존의 정점이다 — 그리고 우리는 일단 실존자이다. 열정적이 될 때, 실존하는 주체는 환상의 영원성 속에서 무한해지나, 동시에 그는 더할 나위 없이 규정적으로 그 자신이다. 환상적인 자아-자아는 무한과 유한의 자기동일성이 아니다. 무한도 유한도 실제적이지 않기 때문이다. 그것은 구름 속에서의 환상적인 합일, 결실 없는 포옹이며, 개별적 자아와 이 신기루 간의 관계는 제시된 적이 없다.

모든 본질적 인식은 실존에 관계한다. 또는, 실존과 본질적인 연관을 가지고 있는 인식만이 본질적 인식이다. 내면성의 반성 속에서 자신을 실존과 내적으로 관련시키지 않는 모든 인식은 본질적으로 볼 때 우연적 인식이다. 인식의 정도와 범위는 본질적으로 볼 때에는 중요하지 않다. 본질적 인식이 본질적으로 실존과 연관되어 있다는 것은, 위에서 기술한 바 있는 사유와 존재의 추상적 자기동일성을 의미하지 않는다. 또한 인식이 인식의 대상으로서 현존하는 무엇과 관계한다는 객관적인 의미를 가지는 것도 아니다. 오히려 그것이 의미하는 바는, 인식은 본질적으로 실존자인 인식자와 관계한다는 것, 그리고 그 때문에 모든 본질적 인식은 본질적으로 실존 및 실존함과 관계한다는 것이다. 그리고 윤리적 인식과 윤리-종교적 인식만이 인식자가 실존한다는 사실과 본질적으로 관계한다.

매개는 자아-자아와 마찬가지로 신기루이다. 추상적인 관점에서 모든 것은 **존재할** 뿐, 생성하지 않는다. 그러므로 추상적 사유에는 매개가 있을 자리가 없다. 매개는 **운동**을 전제하기 때문이다. 물론 객관적 인식은 현존자를 대상으로 삼을 수 있다. 그러나 인식하는 주체가 실존하는 개별자이기 때문에, 그리고 실존한다는 점으로 인하여 생성 속에 있기 때문에, 사변적 사유는 먼저 어떻게 개별적인 실존적 주체가 매개의 인식과 관계하는지를 설명해야 한다. 그 순간에 그 주체가 무엇인지, 예를 들어 그 순간에 그는 거의 정신이 나가 있는 것은 아닌지를 설명해야 한다. 그는 어디 있는가? 달에라도 있는 것은 아닌가? 사람들은 매개에 관하여 계속해서 이러저러하게 말해 왔다. 그렇다면 집사 페르가 "출판 허가"를 사람이라고 착각했던 것처럼, 매개가 사람인가? 어떻게 하면 인간이 이러한 종류의 것이 될 수 있는가? 이러한 위엄을, 위대한 철학시험을 공부하면 되는가? 집사나 무덤 파는 사람의 직책처럼 시장이 수여하는 것인가? 소박한 사람들의 이러저러한 소박한 질문들을 한 번이라도 상대해 보라. 이들은, "하나 둘 셋 코콜로룸"이라고 말하는 방법이라든가, 자신이 실존을 본질적인 것으로 가지고 있으며 윤리적-종교적 실존을 적정량(quantum santis)으로 가지고 있는 실존하는 인간이라는 것을 망각하는 방법이 아닌, 올바르고 정직한 방법만 있다면 기꺼이 매개가 되려고 하는 사람들이다. 사변가는 아마도 저러한 질문을 던지는 것을 저속하게 여길 것이다. 그러나 무엇보다도 중요한 것은, 논쟁을 잘못된 지점으로 이끌지 않는 것, 따라서 매개가 있느냐 없느냐 하는 것에 대해 환상적-객관적으로

찬반 논의를 시작하는 것이 아니라, 오히려 인간으로서 존재한다는 것이 무엇을 의미하는가 하는 물음을 굳게 붙들고 있는 것이다.

객관적 반성의 길과 주관적 반성의 길 사이의 차이를 명확히 하기 위하여, 나는 이제 주관적 반성이 어떻게 내면적으로 내면성으로 이끄는지를 보여주겠다. 실존하는 주체의 내면성의 정점은 열정이다. 이 열정은 역설로서의 진리에 상응한다. 진리가 역설이 된다는 것은 바로 진리와 실존적 주체의 관계 속에 근거하고 있다. 그래서 주체가 진리와 상응하는 것이다. 인간이 실존적 주체라는 것을 망각할 때, 열정은 퇴장하고 그리하여 진리는 역설이 아니게 된다. 그러나 인식하는 주체는 인간으로부터 환상적인 무엇으로 변모하며, 진리는 이러한 환상적인 무엇이 인식하는 환상적인 대상으로 변모한다.

진리의 물음이 객관적으로 제기된다면 반성은 객관적으로, 인식자가 관계하는 대상으로서의 진리를 향한다. 반성되는 것은 관계가 아니라, 인식자가 관계하는 것이 진리, 참된 것인가 아닌가 하는 점이다. 그가 관계된 대상이 진리, 참된 것이기만 하다면 주체는 진리 안에 있다. 진리의 물음이 주관적으로 제기된다면 반성은 주관적으로, 개별자의 관계를 향한다. 이러한 관계가 진리 속에 있기만 하다면, 개별자가 비진리와 관계하게 되었다 하더라도 개별자는 진리 안에 있다.[2] 신에 대한 인식을 예로 들어 보자. 객관적 반성의 경우, 여기서 반성되는 것은 이 대상이 참된 신인가 아닌가 하는 점이다. 주관적 반성의 경우, 반성되는 것은 그 개별자가 참으로 '신과의 관계'라는 **방식으로** 어떤

[2] 여기에서는 본질적 진리, 또는 본질적으로 실존과 관계하는 진리가 문제되고 있으며, 진리를 내면성으로서 또는 주관성으로서 밝히기 위해서 곧바로 이러한 대조가 제시되고 있음에 독자들은 주의해 주기 바란다.

것에 관계되어 있는가 아닌가 하는 점이다. 이제 둘 중 어느 쪽에 진리가 있을 것인가? 아아, 여기서 매개를 우리의 도피처로 삼아서 "그것은 둘 중 어느 쪽에도 있지 않고, 매개에 있다"라고 말하면 안 되겠는가? 어떻게 실존자가 매개의 상태로 들어갈 수 있는지를 설명할 수만 있다면, 이는 아주 훌륭한 말일 것이다. 매개 속에 있다는 것은 완성되어 있다는 것이며, 실존한다는 것은 생성한다는 것이기 때문이다. 실존자는 동시에 두 지점에 있을 수도, 주체-객체일 수도 없다. 그가 두 지점에 동시에 있는 상태에 가장 가까워지는 때는, 열정 속에 있을 때이다. 그러나 열정은 일시적이다. 그리고 열정은 바로 주관성의 정점이다.

객관적 길을 선택한 실존자는 신을 객관적으로 밝히기 위한 어림셈의 과정 전체에 들어선다. 그러나 이것은 영원히 성취될 수 없다. 신은 주체이기에, 내면성 속의 주관성에게만 존재하기 때문이다. 주관적인 길을 선택한 실존자는, 신을 객관적으로 발견하기 위해서는 시간이, 어쩌면 긴 시간이 필요하다는 점에 놓인 변증법적 난점 전체를 즉시 이해한다. 그는 이러한 변증법적 난점을 그의 모든 고통 속에서 느낀다. 그는 같은 순간에 신을 필요로 하기 때문에, 그리고 그가 신을 가지지 않은 모든 순간은 허비되기 때문이다.[3] 같은 순간에 그는 신을 가지나, 그것은 객관적 고찰 덕택이 아니라 내면성의 무한한 열정 덕

[3] 이런 방식으로 신은 당연하게도 요청이 되지만, 요청이라는 말이 흔히 이해되는 대로의 쓸모없는 방식으로 요청이 되는 것은 아니다. 오히려 실존하는 개별자가 신과의 관계에 들어서는 유일한 길은, 변증법적 모순이 열정을 절망의 지점으로 끌고 가고, 신을 파악하는 것을 "절망의 범주"(믿음)를 가지고 돕는 것뿐이라는 점이 명백해질 것이다. 그렇게 되면 요청은 자의적(恣意的)인 것이 아니라 필수적인 것이 된다. 그렇다면 신이 요청이라기보다는, 실존자가 신을 요청하는 것이 필연적이라고 할 수 있다.

택이다. 탐구자는 내일 죽을 수도 있으며, 산다고 하더라도, 신은 정확히 어떤 대가를 치르더라도(à tout prix) 손에 넣어야 할 것이며 열정의 이해대로 내면성과 신 사이의 참된 관계이기 때문에—신을 편의에 따라 손에 넣을 수 있는 것으로서 간주하는 것은 거의 불가능하다. 이로 인하여 신을 찾기 위해 탐구 기간 전체를 바친다는 것은 변증법적 난점을 의미한다. 그러나 객관적 탐구자는 이러한 변증법적 난점으로 괴로워하지 않는다.

이 변증법적으로 너무나 어려운 지점에서, 변증법적으로 사유한다는 것 그리고 실존하면서 변증법적으로 사유한다는 것이 책상 앞에 앉아서 인간은 누구도 이룬 적 없는 것에 대해 쓰는 환상적 존재와는 다르다는 것을, "모든 것은 의심되어야 한다"(de omnibus dubitandum)라고 쓰면서도 실존적으로는 가장 감각적인 사람만큼이나 경솔하게 사는 것과는 전혀 다르다는 것을 아는 모든 이에게 길은 갈라진다. **여기에서** 길은 갈라진다. 객관적 인식은 열정의 충동을 받지 않고 어림셈의 먼 길을 편안하게 전진하는 반면, 주관적 인식에게는 모든 멈춤이 치명적으로 위험한 것이 되어 버리고 결단은 무한히 중요해져서, 마치 기회를 이미 무용하게 놓치기라도 한 듯이 무리한 간청을 한다는 점에서 변화가 나타난다.

이제 우리의 과제는, 어느 쪽에 최대한의 진리가 있는지, (말했다시피, 실존자가 동시에 양쪽에 동등하게 있는 것은 허락되어 있지 않으며, 상상된 자아-자아의 행복한 상상에 불과하다) 참된 신과 신-표상에 대한 근사치적 진리를 객관적으로만 추구하는 쪽에 있는지, 아니면 소망의 무한한 열정으로 신과 관계하기 위하여 무한히 노력하는 쪽에 있는지를 판단하는 것이다. 그렇다면 과학으로 인해 완전히 망가지지 않은 사람이라면 누구에게나 대답은 명백할 것이다. 그리스도교 세계에 사는 사람이 인식 속에 신에 대한 참된 표상을 가지고서 신의 집으로, 참된 신의 집으로 가서 기도하되 거짓 속에서 기도한다면, 그리고 우상을 숭배하는 나라에 사는 사람이 비록 그의 시선은 우상의 형상에 두고 있으나 무한에 대한 전적인 열정으로 기도한다면, 최대한의 진리는 어디에 있는가? 한쪽은 우상을 숭배하지만 신에 대한 진리 속에서 기도하나, 다른 쪽은 참된 신에 대한 비진리 속에서 기도하며 따라서 진리 속에서는 우상을 숭배한다.

한 사람은 불사에 관하여 객관적으로 탐구하고 다른 사람은 무한에 대한 열정을 불확실성 속에 둔다면, 어디에 최대한의 진리가 있으며, 누가 최대의 확실성을 가지는가? 한 사람은 단번에, 결코 끝나지 않을 어림셈으로 들어선다. 불사의 확실성은 정확히 주관성 속에 있기 때문이다. 다른 사람은 불사이며, 불확실성과의 투쟁을 통하여 자신의 불사를 쟁취하려 싸운다. 소크라테스를 생각해 보자. 오늘날 모두는 몇 개의 증명에 서투르게 손을 댈 뿐이다. 혹자는 좀 더 많은 증명을 가지고 있고, 혹자는 더 적은 증명을 가지고 있다. 그러나 소크라테스는! 그는 "만약 불사가 있다면"이라고, 물음을 객관적이고 문제적으로 제시했다. 그렇다면 그는 세 가지 증명을 가졌던 우리 근대의 사상가들 중 하나와 대비되어, 의심하는 자라고 간주되어야 할 것인가? 전혀 그렇지 않다! 이 "만약"에 그는 그의 삶 전체를 걸고, 죽음을 감행한다. 그는 무한한 열정으로 그의 삶 전체를 설계했으며, 그리하여 삶은 받아들일 만한 것으로 인정된다—**만약** 불사가 있기만 하다면. 영혼의 불사에 대해 이보다 더 나은 증명이 있겠는가? 세 가지 증명을 가진 저들은 자신의 삶을 전혀 그것에 따라 설계하지 않는다. 불사가 있다면, 그것은 그들의 삶의 방식에 혐오를 느낄 것이 분명하다. 그 세 가지 증명에 대해 이보다 더 나은 반증이 있겠는가? 그 "약간의" 불확실성은 소크라테스에게 도움을 주었다. 그것은 그 자신이 무한에 대한 열정으로 조력했기 때문이다. 그러나 저 세 가지 증명은 저들에게 아무 이득도 주지 않았다. 그들은 잠든 상태에 머물러 있으며, 그들의 증명은 다른 어떤 것이 아니라 바로 그들의 잠든 상태를 증명했기 때문이다. 어떤 소녀는, 그녀가 애인으로부터 사랑받을 것이라는 미약한 소망만으로 사랑의 모든 달콤함을 만끽했다. 그것은 말하자면 그녀가 모든 것을 이 미약한 소망에 걸었기 때문이다. 반면에 한 번 이상 아주 강한 사랑의 표현에 압도당한 적 있는 부인은, 그러한 한에서 사랑의 증명을 가지고 있는데도 기묘하게도 증명되어야 할 것(quod erat demonstrandum)을 만끽하지는 못했다. 따라서 소크라테스적 무지는, 영원한 진리는 실존자와 관계한다는 것, 따라서 그 진리는 그가 실존하는 한 그에게 역설이라는 것에 대한 표현이었다. 그는 내면성의 열정 전체를 가지고 이 표현을 고수했다. 그러나 소크라테스의 소크라테스적 무지 속에는, 시대의 요구에 아양을 떨며 사강사에게 순응하는 체계 전체의 객관적 진리 속에서보다 더 많은 진리가 있을 수도 있다.

객관적으로 강조되는 것은 무엇이 말해졌는가 하는 것이다. 주관적으로 강조되는 것은 어떻게 말해졌는가 하는 것이다. 이 구별은 이미 감성적인 삶에서도 타당하다. 이를 실정적으로 표현하자면, 자체로는 진리인 것이 이러저러한 사람의 입에서는 비진리가 될 수 있다고 표현할 수 있을 것이다. 우리의 시대에는 이 구별에 특별히 주목할 필요가 있다. 고대와 우리 시대의 차이를 한 문장으로 표현하고자 할 때, 사람들은 아마도 이렇게 말해야 할 것이다. "고대에는 개별자만이 진리를 알았다. 지금은 모두가 진리를 안다. 그러나 내면성과 진리의 관계에 대해서는 그 반대다." 감성적으로, 진리가 이러저러한 사람들의 입에서 비진리가 되기 때문에 발생하는 모순은 희극적으로 해석되는 것이 가장 좋다. 윤리-종교적으로 강조되는 것은 다시 "어떻게"이다. 그러나 이것은 예의범절, 조절, 말투 등과 관련하여 이해되어서는 안 된다. 오히려 그것은 실존자가 자신의 실존 안에서 그가 말한 것과 맺는 관계와 관련하여 이해되어야 한다. 객관적으로 질문되는 것은 사유의 규정뿐이나, 주관적으로 질문되는 것은 내면성이다. 이러한 "어떻게"는 정점에서 무한성의 열정이 되며, 무한성의 열정은 진리 자체다. 그러나 무한성의 열정은 바로 주관성이므로, 주관성이 진리다. 객관적으로 볼 때 무한한 결단은 없다. 따라서 선과 악 사이의 구별이 모순의 원칙과 함께 제거되고 그를 통해서 진리와 거짓 사이의 무한한 차이도 제거되는 것은 객관적으로 올바르다. 오직 주관성 안에만 결단이 있으며, 그에 반대하여 객관적으로-되기를-의지함은 비진리이다. 결정적인 것은 무한성의 열정이지, 그 열정의 내용이 아니다. 그 내용은 바로 그 자신이기 때문이다. 이런 방식으로 주관적인 "어떻게"와 주관성은 진리를 구성한다.

그러나 주관적으로 강조된 "어떻게"는 동시에, 바로 주체가 실존자이기 때문에, 시간과의 관련 하에서 변증법적이다. 열정의 결단의 순간, 객관적 인식으로부터 길이 갈라지는 곳에서는, 마치 그로 인하여 무한한 결단이 완료된 것처럼 보인다. 그러나 같은 순간에 실존자는 시간 속에 있으며, 주관적 "어떻게"는 분투로 변용된다. 이 분투는 무한성에 대한 결단적 열정으로부터 추동력을 받고 종종 새롭게 되지만, 그럼에도 불구하고 분투다.

주관성이 진리라면, 진리의 규정은 동시에 객관성에 대한 반대를 표현해야 하고, 저 갈림길에 대한 기념물을 포함해야 한다. 이어서 이 표현은 동시에 내면성의 긴장을 알려줄 것이다. 여기에 진리에 대한 다음과 같은 정의가 있다. **가장 열정적인 내면성의 습득을 통해 굳게**

붙든 객관적 불확실성이 진리다. 이것은 실로 **실존자**에게 존재하는 가장 높은 진리다. 길이 갈라지는 곳에서(그리고 여기가 어디인지는 객관적으로 밝힐 수 없다. 이것은 바로 주관성이기 때문이다.) 객관적 인식은 임시적으로 휴식에 들어선다. 여기에서 사람들은 객관적으로는 불확실성만을 가진다. 그러나 바로 이것이 내면성의 무한한 열정을 긴장시킨다. 진리는 바로 무한의 열정으로 객관적 불확실성을 선택하는 모험이다. 나는 신을 발견하려는 소망으로 자연을 고찰한다. 나는 그 속에서 전능과 지혜를 목도한다. 그러나 동시에 근심과 혼란을 일으키는 다른 많은 것들도 목도한다. 이것의 총합(summa summarum)이 객관적 불확실성이다. 그러나 바로 이로 인하여 내면성은 그렇게 거대해진다. 내면성은 무한의 열정 전체로 객관적 불확실성을 끌어안기 때문이다. 예를 들어 수학적 명제에는 객관성이 주어지지만, 그렇기 때문에 그 명제의 진리도 어찌됐든 상관없는 진리다.

그러나 방금 제시된 진리의 규정은 믿음을 완곡어법으로 표현한 것이다. 위험 없이는 믿음이 없다. 믿음은 바로, 내면성의 무한한 열정과 객관적 불확실성 사이의 모순이다. 내가 신을 객관적으로 파악할 수 있다면, 나는 믿지 않는다. 그러나 바로 이렇게 하지 못하기 때문에 나는 믿어야 한다. 내가 믿음 속에서 살아가려 한다면 나는 객관적 불확실성을 굳게 붙드는 데에 부단히 주의를 기울여야 한다. 그리하여 나는 "7만 길이 넘는 깊은 물 위의" 객관적 불확실성 속에 있으면서도 여전히 믿어야 한다.

주관성, 내면성이 진리라는 명제 속에는 소크라테스의 지혜가 포함되어 있다. 소크라테스의 불후의 공적은 실존의 본질적 의미를, 인식자는 실존자라는 것을 몹시 존중했다는 것이다. 이러한 이유로, 최상의 의미에서의 무지 속에 있던 소크라테스는 이교도의 세계에서도 진리 속에 있을 수 있었다. 인식자가 개별자라는 것을 계속해서 망각하는 데에 바로 사변적 사유의 불행이 있다는 것을 파악하기란 우리의 객관적인 시대에는 이미 충분히 어려운 일이 되었다. "그러나 소크라테스적인 것을 이해조차 못한 채 소크라테스보다 더 멀리 나아간다는 것은 여하튼 소크라테스적이지 못하다." 『단편들』의 "도덕"을 참조하라.

이제 『단편들』에서처럼, 이 점에서 시작하여 실제로 더 멀리 나아갈 사유의 형식을 조사해 보자. 나는 여기에서 그것이 진리인가 아닌가는 다루지 않는다. 나는 그저 실험을 해 보고 있을 뿐이기 때문이다. 그러나 소크라테스적인 것이 그 속에서 이해되어야 한다는 것이 분명해지고, 그리하여 적어도 소크라테스보다 뒤떨어진 상태로 되돌아가지는 않는 것 정도는 바랄 수 있을 것이다.

주관성, 내면성이 진리라면, 진리는 객관적으로는 역설로 규정된다. 그리고 진리가 객관적으로 역설이라는 사실은 다시 주관성이 진리라는 것을 보여준다. 왜냐하면 객관성은 거부감을 주며, 객관성이 주는 거부감 또는 객관성이 주는 거부감에 대한 표현이 바로 내면성의 긴장이며 척도다. 역설은 객관적 불확실성이며, 불확실성은 내면성의 열정의 표현이며, 진리는 바로 그 열정으로 이루어진다. 이것이 소크라테스적인 것이다! 영원하고 본질적인 진리, 즉 본질적으로 실존과 관계하기 때문에 실존하는 개별자와 본질적인 연관을 갖는 진리(그 밖의 다른 모든 인식은, 그것의 범위와 정도에 상관없이 소크라테스적 관점에서는 우연적이다)는 역설이다. 그러나 영원하고 본질적인 진리 자체는 전혀 역설이 아니다. 다만 그것은 실존자와 관계한다는 점으로 인해 역설이 된다. 소크라테스적 무지는 객관적 불확실성의 표현이며, 실존자의 내면성은 진리다. 여기에서 앞당겨서 다음을 지적해야겠다. 소크라테스적 무지는 부조리의 규정과 유사하다. 다만 부조리한 것이 주는 거부감에는 객관적 확실성이 더 적을 뿐이다. 여기에서는 그것이 부조리하다는 것만이 확실하며, 바로 그로 인하여 더 거대한 긴장이 내면성 속에서 일어나기 때문이다. 실존 속의 소크라테스적 내면성은 믿음과 유사하다. 다만 무지가 일으키는 거부감이 아니라 부조리가 일으키는 거부감에 상응하므로 믿음의 내면성은 무한히 더 심오할 뿐이다.

소크라테스적으로 보자면, 영원하고 본질적인 진리는 자체로는 전혀 역설적이지 않다. 다만 그것이 실존자와 관계한다는 점으로 인해서만 역설적이다. 이것은 또 다른 소크라테스의 명제, 즉 모든 인식은 상기라는 명제에서 표현된다. 이 명제는 사변적 사유의 시작의 징후였기에, 소크라테스는 이 명제를 더는 추구하지 않았다. 그것은 본질적으로 플라톤적인 명제가 되었다. 여기에서 길은 갈라진다. 소크라테스는 본질적으로 실존을 강조하였으나, 플라톤은 이를 잊고 사변적 사유에 몰두하였다. 소크라테스의 무한한 공적은 바로 **실존하는** 사상가였다는 것, 실존한다는 것이 무엇인지 망각하는 사변가가 아니었다는 것이다. 그런 이유로 소크라테스에게 모든 인식이 상기라는 원리는—고별의 순간에, 그리고 사변적 사유에의 몰두라는 끊임없이 제거되는 가능성으로서—다음과 같은 이중적인 의미를 갖는다. (1) 인식자는 본질적으로 완전체(integer)이며, 영원한 진리의 인식과 관련하여 그가 마주치는 난점은 그가 실존한다는 것뿐이다. 그런데 이 난점이 그에게 너무나 본질적이고 결정적이기에, 이는 실존 및 실존 속에서 실존을 통한 내면화가 진리라는 것을 의미하게 된다. (2) 시간 속에서의 실존은 어떠한 결정적 의미도 갖지 않는다. 상기를 통해 자신을 영원으로 되돌릴 가능성은 언제나 거기 있기 때문이다. 실존 속에서의 내면화가 시간을 채움으로써 이러한 가능성이 끊임없이 제거되더라도 그러하다.

소크라테스적인 것의 비범한 공적은 바로, 인식자가 실존자라는 것과 실존이 본질적이라는 것을 강조한 데에 있다. 이를 이해하는 데에 실패한 채로서 더 멀리 나아간다는 것은 평범한 공적에 불과하다. 따라서 이 소크라테스적 원리를 마음에 새기고, 우리가 소크라테스적인 것보다 실제로 더 멀리 나아갈 수 있도록 이 정식을 변경할 수 있는지를 탐구해야 한다.

따라서 주관성, 내면성이 진리다. 진리에 대한 더욱 내적인 표현이 있는가? 그렇다. "주관성, 내면성이 진리다"라는 말이 "주관성은 비진리다"로 시작할 때 그러하다. 서두르지 말자! 물론 사변적 사유도 주관성이 비진리라고 말한다. 그러나 그것은 정반대의 방향에서, 즉 객관성이 진리라는 의미에서 그렇게 말하는 것이다. 사변적 사유는 주관성을 객관성을 향하여 부정적으로 규정한다. 다른 규정은 시작하려는 순간 자기 앞에 장애물을 놓는다. 이 장애물은 내면성을 훨씬 더 내면적으로 만든다. 소크라테스적으로 보자면, 주관성이 자신이 진리라는 사실을 망각하고 객관적이 되려 하거나 할 때 주관성은 비진리다. 반대로 주관성은 주관적이 됨으로써 진리가 되기를 시작하려는 그 순간, 자신이 비진리라는 어려움에 처해 있다. 따라서 노고는 되돌아간다. 말하자면 내면으로 되돌아간다. 그리하여 이 길은 객관적인 것으로 이끌지 않는다. 오히려 시작은 오직 주관 속에 더 깊이 놓여 있을 뿐이다.

그러나 주체가 영원히 비진리일 수는 없으며, 주체가 영원히 비진리였다고 가정할 수도 없다. 주체는 시간 속에서 비진리가 되었거나 시간 속에서 비진리가 된다. 영원한 진리가 실존자와 관계한다는 것에 소크라테스적 역설이 있었다. 그러나 이제 실존은 실존자에게 두 번째로 각인을 남겼다. 실존자는 실존으로 인하여 너무나 본질적인 변화를 겪어서, 이제 소크라테스적 상기를 통하여 영원으로 되돌아가는 것은 불가능하다. 이를 행하는 것은 가능하나, 인간은 실존 속에서 내면화를 파악하기에 이 가능성이 제거된다는 것, 이것이 소크라테스적인 것이다. 그러나 **이제** 난점은, 제거된 가능성으로서 소크라테스의 길에 언제나 동행했던 이것이 불가능해졌다는 것이다. 소크라테스적인 것과의 연관 하에서는 사변적 사유가 의심스러운 공적이었다면, 이제 그것은 혼동에 불과하다.

영원한 진리와 실존이 함께 놓이면 역설이 나타난다. 실존이 각인될 때마다 역설은 점점 더 명확해진다. 소크라테스적으로 본다면, 인식자는 실존자였다. 그러나 이제 실존자는 실존에 의한 본질적인 변화를 받아들였다는 각인을 지닌다.

이제 개별자의 비진리를 **죄**라고 부르자. 영원의 관점에서 보면 인간은 죄일 수가 없으며, 죄 안에 영원히 있었던 것으로 가정될 수도 없다. 따라서 (주관성이 비진리라는 데에서 시작하였으므로) 그는 현존하게 됨으로써 죄인이 된다. (주관성이 비진리라는 것이 시작되었으므로) 그가 죄인으로서 태어난다는 것은, 그가 태어나기 전부터 죄인이었다고 가정한다는 의미에서가 아니다. 오히려 그는 죄 속에서, 그리고 죄인으로서 태어나는 것이다. 이를 우리는 **원죄**라고 부를 수 있을 것이다. 그러나 실존이 이렇게 그에 대한 권력을 획득했기에, 그가 상기를 통해서 영원으로 되돌아가는 것은 저지된다. 영원한 진리가 실존자와 관계하는 것이 이미 역설적이기에, 그것이 이러한 실존자와 관계한다는 것은 이제 절대적으로 역설적이다. 그러나 상기를 통하여 실존으로부터 벗어나는 것이 그에게 더욱 어려운 일이 될수록, 실존 속에서 그의 실존은 더욱 내면적이 된다. 실존으로부터 벗어나는 것이 그에게 불가능한 일이 되어 버린다면, 상기라는 뒷문이 영원히 닫힐 정도로 그가 실존에 붙잡힌다면, 그때 내면성은 더할 나위 없이 깊을 것이다. 그러나 소크라테스의 공적은 바로 인식자가 실존한다는 것을 부각시켰다는 데에 있음을 잊지 말자. 사태가 더욱 어려워질수록, 공포와 결단들로부터 물러나 명성, 영예, 재산 등에 이르기 위해 사변적 사유라는 쉬운 길을 서둘러 가려는 유혹도 커진다. 우리가 실존한다는 것 그리고 당연하게도 실존은 본질적인 것이라는 것 외에는 어려움이 없음에도 불구하고, 소크라테스는 사변적 사유를 통해 실존으로부터 영원으로 되돌아가는 것은 곤란하다고 보았다. 이제 되돌아가는 것은 아예 불가능해졌다. 우리는 전진해야만 한다. 후퇴는 불가능하다.

주관성이 진리다. 영원한 본질적 진리가 실존자와 관계한다는 것으로 인해 역설이 생겨난다. 이제 더 멀리 가 보자! 영원한 본질적 진리 자체가 역설이라고 가정해 보자! 어떻게 이러한 역설이 생겨나는가? 그것은 영원한 본질적 진리와 실존을 함께 놓음으로 인해서이다. 따라서 우리가 실존을 진리 자체 안에 함께 놓는다면, 진리는 역설이 된다. 영원한 진리는 시간 속에서 생겨난다. 이것이 역설이다. 바로 앞에서는 죄로 인하여 주체가 영원으로 되돌아가는 것이 불가능해졌으나, 이제 그것에 대해 염려할 필요는 없다. 진리 자체가 실존하거나 실존했으므로, 이제 영원한 본질적 진리는 그의 뒤가 아니라 그의 앞에 있기 때문이다. 그러므로 개별자가 실존하면서 실존 속에서 진리를 손에 넣는 것 외에는 진리를 획득할 방법이 없을 것이다.

전술한 것보다 더 날카롭게 실존을 강조할 방법은 없을 것이다. 실존으로부터 상기하여 나가려는 사변의 기만은 불가능해졌다. 여기에서는 이것을 파악하라는 것밖에는 할 말이 없다. 사변이고자 하는 모든 사변은 그 자체로(eo ipso), 자신이 이것을 파악하지 못했음을 보여준다. 개별자는 이 모든 것을 거부하고 사변 속으로 피난할 수도 있다. 그러나 그것을 일단 받아들인 후에 사변을 통하여 그것을 제거하려 하는 것은 불가능하다. 그것은 바로 사변을 저지하도록 계산된 것이기 때문이다.

영원한 진리가 실존자와 관계한다면, 진리는 역설이 된다. 실존자의 내면성 속의 객관적 불확실성과 무지 속에서 역설은 거부감을 준다. 그러나 그 역설은 자체로는 역설이 아니기 때문에, 그것은 내면적으로 과도하게 거부감을 주지는 않는다. 그것은 위험부담 없이는 믿음이 없고 위험부담이 클수록 믿음도 크기 때문이고, (내면성은 바로 주관성이므로) 객관적 신뢰성이 클수록 내면성은 적어지기 때문이며, 객관적 신뢰성이 적을수록 가능한 내면성은 더 깊기 때문이다. 그 역설이 자체로 역설이라면, 그것은 부조리로 인하여 거부감을 준다. 그런데 이에 상응하는 내면성의 열정이 믿음이다. — 그러나 주관성, 내면성이 진리다. 그렇지 않다면 그것은 우리가 소크라테스의 공적을 망각했기 때문일 것이다. 상기를 통해 실존으로부터 영원으로 후퇴하는 것이 불가능해졌을 때에, 자신에 대한 역설로서의 진리와 함께, 죄의 번민 속에서, 그리고 이 고통 속에서, 객관성의 엄청난 위험부담을 가지고서 믿는다는 것 — 내면성을 이보다 더욱 강하게 표현할 수는 없을 것이다. 그러나 위험부담 없이는 믿음도 없다. 우리가 여기서 말하는 믿음은커녕, 소크라테스적인 믿음도 없다.

신이 있다고 소크라테스가 믿었을 때, 그는 그의 내면성의 열정 전체를 가지고 객관적 불확실성을 고수했다. 믿음은 바로 이러한 모순, 이러한 위험부담 속에 있다. 이제 상황은 바뀌었다. 객관적 불확실성 대신에 여기에는, 그것이 객관적으로 보면 부조리하다는 확실성이 있다. 내면성의 열정 속에서 굳게 붙든 이러한 부조리가 바로 믿음이다. 부조리의 진지함과 비교하자면 소크라테스적 무지는 재치 있는 농담에 불과하다. 믿음의 전력투구와 비교하자면 소크라테스의 실존적 내면성은 그리스적 경솔함에 불과하다.

이제, 부조리란 무엇인가? 부조리란, 영원한 진리가 시간 속에서 생겨났다는 것, 신이 생성, 출생, 성장 등을 했다는 것, 다른 인간과 구별할 수 없을 정도로 개별적 인간과 완전히 똑같이 되었다는 것이다. 직접적인 인식가능성은 모두 소크라테스 이전의 이교주의이며, 유대적인 관점에서는 우상숭배이기 때문이다. 소크라테스적인 것보다 진정으로 더 멀리 나아가는 것의 모든 규정은, 신이 생성한다는 점과 관계되어 있다는 각인을 본질적으로 지니고 있어야 한다. 『단편들』에서 전개했듯이, 가장 엄격한 의미에서(sensu strictisimmo) 믿음은 생성과 관계하기 때문이다. 신이 있다고 소크라테스가 믿었을 때, 그는 길이 갈라지는 곳에 다른 길도, 예를 들어 자연과 인간의 역사 등에 대한 고찰과 같은 객관적 어림셈의 길도 있다는 것을 통찰하였다. 그의 공적은 바로, 수많은 사이렌의 노래가 실존자를 호리고 조롱하는 길을 피했다는 것이다. 부조리와의 연관 하에서, 이 길을 제시한 객관적 어림셈은 일반적으로 사강사들과 사변가들에 의해 상연되는 희극 〈오해 위의 오해〉와 비슷하다.

부조리는 바로 객관적 거부감에 의해서, 내면성 속에서의 믿음의 크기를 재는 척도다. 자, 믿음을 가지려는 사람이 있다. 이제 희극이 시작된다. 그는 믿음을 가지고자 하나, 객관적 숙고와 어림셈을 통하여 자신을 보호하려 한다. 무슨 일이 일어나는가? 어림셈의 도움을 받아서 부조리는 뭔가 다른 것이 된다. 그것은 그럴듯해지고, 더욱 그럴듯해지고, 과도하고 비상하게 그럴듯해진다. 이제 그는 그것을 믿을 수 있게 되었다. 그리고 이제 그는, 자신의 믿음은 신발공이나 재단사나 단순한 자들의 믿음과 같지 않으며, 오랜 숙고를 거친 믿음이라고 감히 스스로 말한다. 이제 그는 그것을 믿으려 한다. 그러나 보라, 그것을 믿는 것은 이제 바로 불가능해졌다. 거의 그럴듯한 것, 그럴듯한 것, 과도하고 비상하게 그럴듯한 것을 이제 그는 거의 알 수 있고, 알 수 있고, 과도하고 비상하게 **알** 수 있다 — 그러나 그것을 **믿는** 것은 불가능하다. 믿음의 대상이며 믿을만한 유일한 것은 바로 부조리이기 때문이다. — 또는, 믿음을 가지고 있다고 말하는 사람이 있다. 그러나 이제 그는 자신의 믿음을 명확히 하고, 자신의 믿음 속에서 자신을 이해하려 한다. 이제 희극이 다시 시작된다. 믿음의 대상은 거의 그럴듯한 것, 그럴듯한 것, 과도하고 비상하게 그럴듯한 것이 된다. 이제 그는 준비가 되었다. 그는 자신의 탐구를 완료했다. 그리고 이제 그는, 자신의 믿음은 신발공이나 재단사나 단순한 자들의 믿음과 같지 않으며, 그 믿음 속에서 자신을 이해했다고 감히 스스로 말한다. 얼마나 기이한 이해인가! 반대로 그가 믿음으로부터 알게 된 것은, 그가 믿는다는 것이 아닌 다른 것이다. 그는 더 이상 믿지 않는다는 것을 알게 되었다. 그는 거의 알거나, 알거나, 과도하고 비상하게 알기 때문이다.

부조리가 생성의 계기를 포괄하고 있는 한, 어림셈의 길은 믿음의 대상이 되는 생성의 부조리한 사실을 단순한 역사적 사실과 혼동하여, 부조리한 것에 대한 역사적 확실성을 추구할 수 있다. 모든 인간적 지성과 엄밀하게 반대되는 것이 역사가 될 수 있고, 역사가 되었다는 것은 모순을 포함하기 때문이다. 이 모순이 바로 부조리이며, 이것은 믿음의 대상일 뿐이다. 역사적 확실성을 얻는다 하더라도 그로 인해 확실해지는 것은, 획득된 그 확실한 것은 정작 질문되었던 것이 아니라는 사실뿐이다. 어떤 증인은 자신이 그것을 믿었다고, 따라서 그것은 역사적 확실성이 전혀 아니며 오히려 자신의 지성에 반대되는 것이라고 증언할 수 있다. 그러나 그러한 증인은 부조리와 마찬가지 의미에서 거부감을 준다. 그러한 거부감을 주지 않는 증인은 자체로 사기꾼이거나, 아니면 전혀 다른 것에 대해 말하고 있을 따름이다. 그래서 그러한 증인이 도움을 줄 수 있는 것은, 완전히 다른 확실성의 획득뿐이다. (부조리한 것을 믿었다는) 특별한 속성을 가진 증언을 함으로써 개별적인 증인이 된 10만 명의 개별적인 증인이 한꺼번에 다른 무엇이 되어서 부조리한 것을 덜 부조리하게 만들 수는 없다. 어째서? 10만 명의 사람이 각기 그것이 부조리하다고 믿었기 때문인가? 반대로 이 10만 명의 증인은 다시 부조리가 했던 것과 완전히 비슷한 방식으로 거부감을 준다.

그러나 여기에서 내가 더 상술할 필요는 없을 것이다. 어림셈이 쓸모가 없다는 것을 나는 『단편들』(특히 직접적인 사도(使徒)와 간접적인 사도의 구별이 제거된 곳에서)과 이 책의 첫 번째 부분에서 이미 충분히 주의 깊게 상술했다. 부조리를 명확하게 이해하기 위해서 필요한 것은 반대로, 입문적 고찰, 안전성에 대한 학설, 결과를 통한 증명, 전당포 주인과 보증인 집단 전체의 제거이기 때문이다. 이를 통하여 사람들은 믿고자 한다면 믿을 수 있게 된다. 나는 다만, 그것은 대단한 노고라는 것만을 말하겠다.

사변적 사유가 이에 응하여서도, 언제나 말했던 것처럼 영원의 관점, 신의 관점, 신 중심적 관점에서 본다면 역설은 없다고 말한다면—그렇다면 사변가들이 옳은지 그른지 나는 결정할 수가 없을 것이다. 나는 영원을 영원의 관점으로도 신의 관점으로도 신 중심적 관점으로도 고찰할 수 없으며, 실존하는 것만으로 만족하는 미천한 실존적 인간에 불과하기 때문이다. 그러나 사변적 사유는 모든 것을 퇴보시킨다는 것, 실존이 실존자에게 본질적이라는 것을 파악했던 소크라테스보다도 이전으로 퇴보시킨다는 것은 확실하다. 실험에서 다루어진 실존자처럼 실존 속에 불러들여졌다는 것이 무엇을 의미하는지 파악하는 데에는 시간이 필요하다는 것을 사변적 철학이 이해하지 못한다는 것은 말할 것도 없다.

그리스도교는 자신을 시간 속에서 생겨난 영원하고 본질적 진리라고 선포했다. 그것은 자신을 **역설**로서 선언했다. 그것이 요구한 것은 유대인에게는 거리끼는 것이요 그리스인에게는 미련한 것—그리고 지성에게는 부조리한 것에 대한 믿음의 내면성이었다. 주관성은 진리이며, 객관성은 거부감을 일으킨다는 것, 그것도 부조리로 인하여 거부감을 일으킨다는 것을 이보다 더 강하게 표현할 수는 없을 것이다. 그리스도교가 설명되기 위해서 세계에 나타나야 했다는 것은 아주 기이하게 보일 것이다. 아아, 그것은 마치 그리스도교가 자기 자신에 대해 불분명한 데가 있었기 때문에 세계에 와서, 설명에 도움을 줄 수 있는 현자와 사변가를 찾으려 한 것처럼 보인다. 주관성이 진리라는 것, 주관성이 최초에는 비진리라 할지라도 주관성은 진리라는 것을 이보다 더 내면적으로 표현할 수는 없을 것이다.

그리스도교가 신비이며 근본적인 신비이지, 연극의 제5장에서 밝혀질 것이지만 총명한 관객은 서설 도중에 이미 꿰뚫어보는 연극적 신비가 아니라고 가정하자. 느슨한 의미에서(sensu laxiori) 계시, 상기를 통한 영원으로의 후퇴는 직접적인 의미에서의 계시인 반면에, 가장 엄격한 의미에서(sensu strictissimo) 계시는 신비여야 하며, 그것의 유일하고 충분한 특징은 바로 그것이 신비라는 것이라고 가정하자. 정신적 재능은, 실존자에게 계시가 신비로 머물러 있다는 것을 더 명확하게 제시할 수 있느냐에 따라 차이난다고 가정하자. 오해와의 관계 속에서 정신적 재능은, 개별자가 신비를 이해했다는 가상을 어떻게 점점 더 기만적으로 일깨울 수 있는지에 따라서 차이가 난다고 가정하자. 실존의 극단에서, 이 신비를 이해하려 하지 않고 단지 믿으면서 이 신비와 관계하려는 자는 복 있는 자라고 가정하자. 그리스도교는 아예 이해되고자 하지 않았다고 가정하자. 이것을 표현하고, 누군가가 오도되어 객관성의 길로 가는 것을 막기 위해서 그리스도교가 자신을 역설로서 선포했다고 가정하자. 그리스도교는 실존자를 위해서만 그리고 본질적으로 내재성 속에서만, 믿음의 내재성 속에서만 실존하는 자를 위하여 현존하며 그것은 무한성의 열정으로 굳게 붙든 부조리라는 말을 통해서 가장 규정적으로 표현될 수 있다고 가정하자. 그리스도교는 이해되고자 하지 않으며, 우리가 논할 수 있는 최고의 지성은 그리스도교가 이해될 수 없다는 것을 이해하는 것이라고 가정하자. 그 때문에 그리스도교는 실존을 아주 결정적으로 강조하며, 이로 인하여 개별자는 죄인이 되고 그리스도교는 역설이 되며 실존은 결단의 시간이 된다고 가정하자. 사변적 사유는 유혹, 가장 의심스러운 유혹이라고 가정하자. 사변가는 탕자가 아니라 — 염려 속에서 신은, 자신을 부인하였지만 그럼에도 불구하고 자신이 계속 사랑하려고 하는 자만을 탕자라고 부를 것이므로 — 실존자가 속하는 곳, 실존의 내면성을 통하여서만 인간이 될 수 있는 실존의 양성소에 머무르기를 원하지 않고 오히려, 영원의 관점, 신의 관점, 신 중심적인 관점에서는 역설이란 없다고 계속해서 외침으로써 신의 의회에 참여하고자 하는 무례한 어린이라고 가정하자. 사변가들은 자신이 세입자에 불과하다는 것이 명백한데도 영원과 신의 관점에서는 모든 재산이 공유재산이라는 추상적인 진리를 들먹이며 소유자가 되고자 하는 세입자, 그래서 그에게 해 줄 수 있는 일은 경찰을 시켜서, 관리가 게르트 베스트팔러에게 했던 "이런 임무를 맡게 되어 무척 유감입니다"라는 말을 전달하도록 하는 것밖에 없는 세입자라고 가정하자.

인간으로서 존재한다는 것은 과거에 그랬던 것과 완전히 다른 것이 되었는가? 상황은, 이를테면 인간이 실존 속에 있는 한 개별적으로 **실존하는** 존재가 된다는 것, 즉 실존한다는 것이 본질적인 것이라는 상황은 동일하지 않은가? "그러나 사람들은 이제 훨씬 많은 지식을 가지고 있습니다." "그렇습니다! 그러나 그리스도교는 지식의 문제가 아니어서, 늘어난 지식이 하는 역할은 사람들이 그리스도교를 지식의 문제로 고찰하는 혼란에 빠지도록 하는 것뿐이라고 가정합시다." 사람들이 더 많은 지식을 가지고 있다면 — 물론 여기서 우리가 말하는 것은 철도, 기계, 만화경에 대한 지식이 아니다 — 따라서 종교적인 것에 대해 더 많은 지식을 가지고 있다면, 이것은 어떻게 획득된 것일까? 물론 그리스도교의 도움을 받아서가 아닐까? 즉 사람들은 바로 이런 방식으로 그리스도교에 빚을 갚았던 것이다! 그들은 그리스도교에서 무언가를 배웠고, 그것을 오해했고, 그것을 그리스도교에 반대되는 새로운 오해를 만드는 데 사용했다. 과거에 두려운 일이 신을 부인하는 것이었다면, 이제 두려운 것은, 사람들은 주위를 둘러보기도 전에 "하나, 둘, 셋" 하고 믿음에 대하여 사변하는 사변가가 되어 버린다는 점을 더 이상 두려워하지 않는다는 것이다. 무슨 믿음에 대해 사변하는가? 그가 가지고 있는 믿음에 대해서인가? 특히 그가 믿음을 가지고 있는지 아닌지에 대해서인가? 아아, 그렇지 않다. 그것은 객관적 사변가에게는 너무 사소하다. 따라서 그는 객관적 믿음에 대해 사변한다. 객관적 믿음이 무슨 뜻인가? 그것은 교리의 총합을 의미한다. 그러나 그리스도교는 전혀 그런 것이 아니라고 가정하자. 반대로 그리스도교는 내면성이며, 따라서 객관적인 자에게 거부감을 주기 위한 역설이라고 가정하자. 그렇기에 그리스도교는, 판사가 피고인에게 행하는 것 이상의 결정적인 힘으로 그를 시간 속에서는 시간과 영원 사이에, 구원의 때에는 천국과 지옥 사이에 놓음으로써, 실존의 내면성 속에 있는 실존자에게 현존한다고 가정하자. 객관적 신앙, 그것은 마치 그리스도교가 일종의 작은 체계, 물론 헤겔의 체계만큼 뛰어나지는 않은 체계로서 선포된 것처럼 말한다. 그것은 마치 그리스도가 — 물론 내가 이런 말을 하여 죄를 범하려는 것은 아니다 — 교수였고 사도들은 작은 학문 집단을 이루었다는 것처럼 말한다.

(……)

이러하다고 가정하자. 나는 "가정하자"라고만 말하였으며, 그 이상은 말하지 않았다. 그러나 이제 사람들은 체계적인 횡설수설을 서로에게 던지느라 바쁜 사변가들에게 지쳤으므로, 다른 방식으로 물음을 던지는 것은 어쨌든 기분전환이 될 것이다.

"영원의 관점, 신의 관점, 특히 신 중심적 관점에서 보자면 역설은 없습니다. 참된 사변은 역설의 자리에 머무르지 않습니다. 참된 사변은 더 멀리 나아가고 역설을 설명합니다." "저에게 참견하지 않기를 부탁해도 되겠습니까. 저는 저 사람이 말을 다시 시작하는 것을 거부합니다. 저는 천상의 존재나 지하의 존재와는 관계할 수 없다고 이미 말하였습니다." "설명의 시작과 완성은 저를 통해서 일어나며, 영원한 진리가 기다린 것은 바로 이 설명입니다. 영원한 진리는 시간 속에 나타났으나, 그 초판본은 불완전한 시도에 불과했습니다. 영원한 진리는 설명될 필요가 있었고, 자신으로 인하여 발생한 토론을 기다렸기 때문에 세계 속에 나타났습니다. 마찬가지 방식으로 교수는 철학체계의 개요를 출판합니다. 다소간의 시간 후 비평과 토론을 통하여 그 원고가 새롭고 완전히 탈바꿈한 모습으로 다시 나타날 수 있기를 그는 기대합니다. 이 재판본은 정통한 사람들로부터 충고와 비판을 받았기 때문에 비로소 진리가 됩니다. 이러한 방식으로, 사변적 사유는 비로소 그리스도교의 예비적인 지식의 참되며 유일하게 만족스러운 판본이 됩니다."

주관성이 진리라는 것을 파악하려 하지 않았다는 바로 그 이유로 사변적 사유는 오히려 단번에 역설이며 모든 면에서 역설인 그리스도교에 기여한 것으로 인정받았다. 그러나 사변적 사유는 내재성, 즉 상기가 실존으로부터 자신을 떼어 내는 데에 머무르며, 모든 지점에서 증발해 버린다. 이것은 가장 결단과 관계 깊은 것(이것은 바로 결단을 통하여 내재성을 가로막도록 계산되어 있다)에서는 결단을 전혀 생각하지 않고 결단이라는 표현을 말하기의 방식으로 사용하는 속임수의 도움을 받아 이교적인 회상이 되고 만다. 이것이 그리스도교와 솔직하게 결별하면서 이렇게 한다면 반대할 것이 없지만, 이것이 그리스도교이고자 한다면 반대할 것은 아주 많다. 이상에서 서술한 것들을 몇 가지 예를 통해 밝혀 보자.

신이 인간의 형상으로 현존했다는 것, 태어났다는 것, 성장했다는 것 등은 가장 엄격한 의미에서(sensu strictissimo) 역설, 절대적인 역설이다. 그러나 절대적 역설로서 그것은 상대적 차이와 관계할 수 없다. 상대적 역설은 더 총명한 두뇌와 덜 총명한 두뇌 사이의 상대적 차이와 관계한다. 그러나 절대적 역설은 바로 그것이 절대적이기에, 인간과 신을 구별시키는 절대적 차이와만 관계할 수 있다. 그것은 인간과 인간 사이에서 한쪽이 다른 쪽보다 머리가 좋다는 것과 같은 상대적 다툼과는 전혀 관계할 수 없다. 신과 인간 사이의 절대적 차이는 바로,

인간은 개별적으로 실존하는 존재라는 데에 있다. (그 점에 있어서는 최고의 두뇌나 가장 멍청한 인간이나 마찬가지다) 따라서 이 존재의 본질적인 임무는 영원의 형상 아래에서(sub specie aeterni) 사유하는 것일 수 없다. 설사 영원하다 하더라도 실존하는 한 그 자신은 실존자다. 그렇기 때문에 그에게 본질적인 것은 실존 속의 내면성이어야 한다. 반면에 신은 영원한 무한이다. 다소간 차이 나는 정신적 재능들이(이 차이는 어떤 사람이 너무 머리가 좋아서 인간일 뿐 아니라 동시에 신이 될 정도가 아니라면 결코 인간 존재의 범위를 넘어설 수는 없는 차이다) 공유할 역설에 대한 이해를 내가 창안할 수 있다면, 이해라는 나의 말 자체가 곧, 내가 이해한 것은 절대적 역설이 아니라 상대적 역설이라는 것을 보여줄 것이다. 절대적 역설에 관하여 이해될 수 있는 것은, 그것이 이해될 수 없다는 것뿐이기 때문이다. "그러나 그렇다면 사변적 사유는 그것을 붙잡을 수가 없습니다." "바로 그렇습니다! 그것이 바로 역설이 말하는 바입니다. 그것은 거부감을 줌으로써 실존 속의 내면성을 향하도록 할 뿐입니다." 아마도 이것은, 실존하는 존재에게 객관적으로는 진리가 없고 어림셈만이 있으나, 주관적으로는 진리가 내면성 속에 있다는 사실에 근거를 두고 있을 것이다. 진리의 결단은 주관 안에 있기 때문이다.

신화적이며 우의적인 근대의 경향은 곧바로 그리스도교 전체를 신화라고 설명한다. 이러한 설명은 최소한 개방적이고 진지한 태도이긴 하며, 모든 사람은 이에 대해 쉽게 판단할 수 있다. 그러나 사변적 사유의 우정은 이와는 다르다. 안전성을 위하여 사변적 사유는 무신론적이며 신화적-우의적 경향에 반대하여 싸우고는 계속해서 이렇게 말한다. "이에 반대하여 사변적 사유는 역설을 받아들인다. 그러나 역설이 있는 곳에 정지하지는 않는다." "그리고 그러기를 바라지도 않는다. 실존을 통하여 믿음의 내면성 속으로 깊이 들어가면서 믿음 속에서 역설을 계속해서 굳게 붙드는 것은 역설에서 정지하는 것이 아니기 때문이다." 사변적 사유는 정지하지 않는다—이것은 무슨 의미인가? 이것은 사변가님들이 인간이기를, 개별적으로 실존하는 인간이기를 멈추고 어느새 "무언가"가 되어 버렸다는 것을 뜻하는가? 그렇지 않다면 역설에서는 정지할 수밖에 없을 것이다. 이것은, 영원한 본질적 진리가 실존자에게 믿음의 내면성 속에서 점점 더 멀리 가라고 요구하면서 실존자와 관계한다는 사실에 기반하고 있고 이 사실을 표현한다.

무언가를 **설명**한다는 것은 도대체 무슨 뜻인가? 문제되는 어두운 무언가가 이것이 아니라 다른 무엇이라는 것을 보여주는 것인가? 그것은 이상한 종류의 설명일 것이다. 설명은 문제되는 무엇이 이러한 규정적인 것이라는 점을 명확히 함으로써, 문제되고 있는 것을 제거하는 것이 아니라 어둠을 없애는 것이라고 나는 믿는다. 그렇지 않으면 설명은 설명이 아닌 무엇, 즉 정정이 될 것이다. 역설의 설명은 역설이 무엇인지를 명확히 하고 어둠을 빼앗아야 한다. 정정은 역설을 없애고, 역설이 없다는 것을 명확히 한다. 그러나 후자는 역설의 설명이 아니며, 역설이 없다는 것에 대한 설명일 것이다. 그러나 영원이 실존하는 개별적 인간과 함께 놓임으로써 역설이 생겨난다면, 역설을 없애는 설명은 실존자에게서 실존을 없애지 않겠는가? 그리고 실존자가 자기 자신이나 다른 도움을 통하여 자신이 실존하지 않는 것이 거의 가능해 보이는 지점까지 왔거나 끌려왔다면, 그때 그는 무엇인가? 그렇다면 그는 정신 나간 것일 터이다! 따라서 절대적 역설의 설명으로서 어느 정도까지만 역설이 있다고, 즉 상대적 역설만이 있다고 말하는 것은—실존자를 위한 설명이 아니라 정신 나간 자를 위한 설명일 것이다. 그렇다면 이 모든 것은 합당하다. 이 설명은 어느 정도까지만 역설이 있다고 한다. 그리고 그것을 순간순간 망각하기 때문에 어느 정도까지만 실존자인 실존자에게는 그 설명이 타당하다는 것은 합당하다. 그러한 실존자는 바로 정신나간 자다.

(……)

신은 가장 높은 표상이며, 다른 것에 의해서가 아니라 그 표상 자체로 깊이 들어감으로써만 설명된다. 모든 사유의 최상의 원리는 간접적으로만(부정적으로만) 증명될 수 있다. 역설이 실존자와 영원한 본질적 진리의 관계의 한계라고 하자. 그렇다면, 설명이 실존자에게 유용해야 한다면 역설도 다른 것에 의해서는 설명될 수 없다. 그러나 사변적인 방식으로 이해하자면, 절대적 역설조차도 (사변적 사유는 결단이라는 표현을 사용하는 것을 두려워하지 않으며, 결단에 대해 생각하는 것만을 두려워하기 때문에) 재능과 교양에 상대적 차이가 있는 사람들 간의 차이를 표현할 뿐이다. 이러한 방식으로, 세계의 모습은 점진적으로 변화한다. 그리스도교가 세계에 나타났을 때에는 교수도 사강사도 전혀 없었다. 그래서 그것은 모두에게 역설이었다. 현재 세대에서는 열 명 중 한 명은 사강사라고 생각해도 될 것이다. 그래서 그리스도교는 열 명 중 아홉 명에게만 역설이다. 그리고 결국 때가 차매, 남녀 사강사의 세대 전체가 지상을 채울 비길 데 없는 미래가 도래했을 때, 그리스도교는 역설이기를 멈출 것이다. 그에 반하여 역설을 설명하려는 자는, 자신이 의도하는 것을 안다고 가정하고, 역설이 틀림없이 있다는 것을 보이는 데에 집중하려 한다. 예를 들어 말할 수 없는 기쁨을 설명한다는 것은 무엇을 뜻하는가? 그 기쁨은 이러하거나 저러하다고 설명하는 것을 뜻하는가? 이러한 경우, "말할 수 없는" 이라는 부가어는 그저 수사적인 부가어, 강한 표현에 불과한 것이 될 것이다. 설명하는 재주꾼은 공연을 시작하기 전에 모든 것을 준비해 놓았으며, 이제 공연을 시작한다. 그는 청자를 속이고, 그 기쁨을 말해질 수 없는 것이라고 칭한다—그러면 놀라운 일이, 진정 놀랍도록 놀라운 일이 일어난다. 그는 그것을 말해 버린 것이다. 이제, 말할 수 없는 기쁨의 근거는, 실존하는 인간은 시간 속에 놓인 무한과 유한의 종합이기에 그가 실존자라는 이유로 인해서 영원의 기쁨은 그 안에서는 표현 불가능하게 되며, 실존자가 실존자라는 이유로 인해서 영원의 기쁨은 그럼에도 불구하고 육화될 수 없는 최고의 숨결이 된다는 모순이라고 가정하자. 그렇다면, 그것은 말해질 수 없으며 그렇지 않을 수 없다는 것이 설명될 것이다. 이것은 실없는 소리가 아니다. 이에 반하여, 심오한 사상가가 우선은 말할 수 없는 기쁨이 있다는 것을 부정하는 이러 저러한 사람을 비난한 후에 이어서 "그렇지 않다. 나는 표현 불가능한 기쁨이 있을 거라 생각하지만, 나는 더 멀리 나아가서 그것을 말한다"라고 한다면—그는 자신을 바보로 만들 뿐이다. 그리고 심오한 사상가와 그가 비난하는 자의 차이는, 전자가 말한 것을 후자는 더 정직하고 직접적으로 말한다는 것에 있을 뿐이다. 이들 둘은 본질적으로 동일한 것을 말하기 때문이다. —결단을 설명한다는 것은 표현을 수사적 표현으로 바꾸는 것, 그리하여 경솔한 자들처럼 **모든** 결단을 부정하지는 않으나 어느 정도까지만 결단을 인정하는 것이다. 그러나 결단이 어느 정도까지만 존재한다고 말하는 것은 무슨 뜻인가? 그것은 결단을 부정함을 뜻한다. 결단은 바로, "어느 정도까지 있음"에 대한 모든 끝없는 지껄임에 종지부를 찍는 것이다. 사람들은 결단이 있다고 생각한다. 그러나 보라, 그들은 결단이 어느 정도까지만 있다고 생각한다. 사변적 사유는 결단이라는 표현을 사용하는 것을 두려워하지 않기 때문이다. 사변적 사유가 두려워하는 것은 결단에 대하여 생각하는 것뿐이다. 그리스도교가 실존하는 주체에게 영원한 결단이 되고자 한다면, 그리고 사변적 사유는 결단을 상대적인 것으로 설명하려 한다면, 그것은 그리스도교를 설명하는 것이 아니라 정정하는 것이다. 사변적 사유가 옳은가 아닌가 하는 것은 다른 문제다. 여기서 우리의 관심사는, 그리스도교에 대한 사변적 사유의 설명과, 그것이 설명하는 그리스도교 사이의 관계이다.

어떤 것을 설명한다는 것은 그것을 **지양**한다(aufheben)는 것을 뜻하는가? 독일어에서 이 단어가 다양하고 심지어 반대되는 의미들을 가지고 있다는 것을 나는 잘 알고 있다. 그것이 "제거하다"(tollere)와 "보존하다"(conservare)를 모두 의미할 수 있다는 것은 자주 지적되어 왔다. 나는 덴마크어 ophæve가 그러한 이의성을 허용하는지는 모른다. 그러나 우리의 독일-덴마크 철학자들이 그 단어를 독일어처럼 사용한다는 것은 안다. 한 단어가 상반되는 의미를 허용하는 것이 긍정적인 특성인지 아닌지 나는 알지 못한다. 그러나 자신을 정확하게 표현하고자 하는 자는 결정적인 구절에서 그러한 단어를 즐겨 사용하는 것은 피해야 할 것이다. 사람들이 불가능한 것을 익살스럽게 지칭하기 위해 사용하고 있는 간단한 관용구가 있다. "입에 밀가루를 문 채로 입김을 불 수는 없다." 사변적 사유가 상반되는 의미를 가진 단어를 사용하는 것은 대략 이러한 재주를 부리려는 셈이다. 자신이 결단에 대해 조금도 알지 못한다는 것을 아주 명확히 하기 위하여 사변적 사유는 이의적인 단어를 필요로 한다. 그리하여 사변적 사유는 사변적 이해가 어떤 종류의 이해인지를 말하려 한다. 더 자세히 들여다보면, 혼동은 더욱 명백해진다. "제거하다"라는 의미에서 "지양하다"는 없애는 것을 뜻하고 "보존하다"라는 의미에서 "지양하다"는 바꾸지 않고 유지하는 것, 보존된 것에 대해서 아무것도 하지 않는 것을 뜻한다. 정부가 어떤 정치 조직을 지양한다(aufheben)는 것은 그것을 없애는 것이다. 누군가가 나를 위해 무언가를 보존한다면, 중요한 것은 그가 그것을 전혀 변화시키지 않는다는 것이다. 철학적인 "지양하다"는 이들 중 어떠한 의미도 아니다. 사변적 사유는 모든 난점을 지양한 후, 이 "지양"에 의해 무슨 일이 일어났는지를 이해하는 임무는 나에게 남겨둔다. 그러나 이제 지양이, 결단이나 역설을 상대적인 계기로 환원할 때 말하는 것처럼 어떤 것을 상대적인 계기로 환원시키는 것을 말한다고 하자. 그렇다면 이것이 의미하는 것은 역설도 결단도 없다는 것이다. 역설과 결단은 바로 이에 굴복하려 하지 않는다는 점에서 역설과 결단이기 때문이다.

(……)

그러나 차지도 뜨겁지도 않은 자는 역겹다. 결정적인 순간에 발사에 실패하는 소총이 사수를 잘못 섬기는 것이듯, 실패하는 개별자도 신을 잘못 섬기는 것이다. 진리가 무엇이냐고 객관적으로 묻지 않았더라면, 빌라도는 그리스도를 십자가형에 처하지 않았을 것이다. 그가 주관적으로 물었더라면, 그에게 맡겨진 결단 속에서 그가 **진정으로 무엇을 해야 하는지**를 고려하는 그의 내면성의 열정이 그가 그릇된 것을 행하는 것을 막았을 것이다. 그랬더라면 그의 아내만 무서운 꿈으로 애를 태우는 것이 아니라, 빌라도 자신도 잠 못 들게 되었을 것이다. 그러나 객관적 진리처럼 무한히 거대한 것을 눈앞에 둔 사람은, 손쉽게 자신의 미약한 주관성 및 주관으로서 자신이 해야 할 일을 삭

제할 수 있다. 그러면 객관적 진리의 어림셈은 비유적으로 손을 씻는 것으로 표현된다. 객관적으로는 결단이란 없기 때문이다. 그러나 주관적 결단은, 그럼에도 불구하고 그는 결단이 바로 주관성 속에 있다는 것은 파악하지 못했다는 점에서 비진리 속에 있음을 증명한다.

다른 한편 주관성이 진리이며 주관성은 실존하는 주관성이라면, 그리스도교는 자신의 탁월성을 지각한 것이라고 말할 수 있을 것이다. 주관성은 열정에서 정점에 이르며, 그리스도교는 역설이다. 그러나 역설과 열정은 서로 완벽하게 조화되며, 역설은 실존의 극단에 서 있는 자를 위한 것이다. 그렇다, 온 세상을 뒤져 보아도 역설과 열정만큼이나 서로 조화되는 연인은 발견할 수 없을 것이다. 그리고 역설과 열정 사이의 다툼은, 그가 먼저 그녀의 열정을 일깨웠는지 그녀가 먼저 그의 열정을 일깨웠는지에 대한 다툼과 비슷하다. 여기에서도, 실존자는 역설 자체에 의해 실존의 극단에 서게 된다. 연인들 사이의 관계에 있어서, 그 관계에 일어나는 변화라고는 관계가 더욱 내면적이 되는 것뿐인 상태로 오랜 시간을 함께 보내는 것이 허락된다면, 연인들에게 이보다 더 훌륭한 일이 무엇이겠는가? 이것이 역설과 열정에 관한 저 가장 높은 비사변적 이해에 허락된 것이다. 이들에게는 시간의 흐름 전체가 허락되어 있으며, 변화는 영원이다.

(……)

나의 주된 생각은, 많은 지식으로 인하여 우리 시대의 사람들은 **실존한다**는 것이 무슨 뜻인지, **내면성**이 의미하는 것이 무엇인지를 망각하였고, 사변적 사유와 그리스도교 사이의 오해는 저것을 토대로 설명될 수 있다는 것도 망각하였다는 것이었다. 나는 그리스도교적-

종교적-실존은 물론이고, 종교적-실존에도 너무 일찍 도달하지 않기 위하여, 그리고 내 뒤에 곤란한 것을 남겨두지 않기 위하여 가능한 한 멀리 되돌아가기로 결정했다. 종교적으로 실존하는 것이 무슨 의미인지 잊었다면, 인간적으로 실존하는 것이 무슨 의미인지도 잊은 것이다. 이것도 밝혀져야 할 것이다. 그러나 무엇보다도 중요한 것은, 이것이 설교하는 방식으로 이루어져서는 안 된다는 것이다. 그렇게 하는 순간, 실존이라는 것이 어떤 개별적인 지점에서 어떤 것을 알게 되는 것이라도 되는 양, 오해는 설명의 시도를 다시 새로운 오해로 사용하기 때문이다. 그것이 지식이라는 형태로 전달된다면, 그것을 받아들이는 자는 자신이 무엇을 알게 되었다는 오해를 하게 된다. 그렇다면 우리는 다시 지식의 영역에 있게 된다. (……)

_최일만(서울대학교 철학과 박사과정) 옮김

18

니체

우상의 황혼

철학에서의 '이성'

1.

철학자들한테서 나타나는 특이 성질이 전부 무엇이냐고 내게 묻는가? …… 그들의 역사적 감각의 결여, 생성이라는 생각 자체에 대한 그들의 증오, 그들의 이집트주의가 그 예이다. 어떤 것을 영원이라는 관점에서 탈역사화하면서 그들은 그것을 **영예롭게** 만들고 있다고 믿는다 — 그것을 미라로 만들면서 말이다. 철학자들이 지금까지 수천 년 동안 이용했던 것은 죄다 개념의 미라들(Begriffs-Mumien)이었다; 실제적인 것은 어느 것도 그들의 손아귀에서 살아서 빠져 나오지 못했다. 개념을 우상처럼 숭배하는 이런 철학자 제씨들. 이들은 숭배하면서 죽여 버렸고, 박제로 만들어 버렸다 — 이들은 숭배하면서 모두의 생명을 위협하는 것이다. 생식과 성장, 그리고 죽음, 변화, 노쇠 역시 그들에게는 이의 제기이며 — 심지어는 반박인 것이다. 존재하는 것은 **되어가지** 않는다: 되어가는 것은 존재하지 않는다. …… 이제 그들은 모두 절망하면서까지 존재자를 믿는다. 하지만 존재자는 그들의 손에는 잡히지 않기 때문에, 어째서 그것이 그들에게 드러나지 않는지에 대한 이유를 그들은 찾는다. "우리가 존재자를 지각하지 못하는 데에는 무슨 가상이나 속임수가 있음이 틀림없어: 어디에 속임수를 쓰는 것이 숨어 있을까?" — "그것을 찾았다"라고 기뻐하며 그들은 소리 지른다. "바로 감각이다! 이 감각 기능, **보통의 경우에도 지극히 비도덕적인** 이것이 실재 세계의 모습을 우리에게 속이고 있는 것이다. 교훈: 감각의 사기에서, 생성에서, 역사에서, 허위에서 벗어날 것 — 역사란 감각에 대한 믿음 외에 다른 것이 아니고, 허위에 대한 믿음 외에 다른 것이 아니니까. 교훈: 감각에 믿음을 선사하는 모든 것을, 인류의 나머지 모두를 부정할 것: 그들은 모두 '대중'이다. 철학자일 것. 미라일 것. 무덤 파는 자의 표정을 짓고 단조로운 유신론을 표현할 것! — 그리고 무엇보다도 **육체**를 버릴 것. 감각들의 이런 불쌍한 고정관념을 버릴 것! 존재하는 온갖 논리의 오류에 붙들려 비록 실제로 존재하는 것처럼 뻔뻔스럽게 행세하지만, 반박되고 심지어는 불가능하기조차 한 육체를 버릴 것" ……

2.

지극히 경의를 표하며 나는 **헤라클레이토스**라는 이름은 여기서 제외시킨다. 다른 철학자-대중이 감각이 다양성과 변화를 보여준다는 이유로 감각이 제시하는 증거를 버렸다면, 그는 감각이, 어떤 것이 지속성과 단일성을 가지고 있는 것처럼 나타내 보인다는 이유로 감각이 제시하는 증거를 버린다. 헤라클레이토스 역시 감각을 공정하게 다루지 않았던 것이다. 하지만 감각은 엘레아학파가 믿었던 것 같은 거짓말을 하지 않으며, 헤라클레이토스가 믿었던 것과 같은 거짓말을 하지도 않는다 — 감각은 전혀 거짓말을 하지 않는다. 감각의 증거를 가지고 우리가 **만들어 내는** 것, 이것이 비로소 거짓을 집어넣는 것이다. 그 예를 들자면 단일성이라는 거짓말, 물성이라는 거짓말, 실체나 지속이라는 거짓말 등이다 ……'이성', 이것이 바로 우리에게 감각의 증거를 변조하게 하는 원인이다. 생성과 소멸과 변화를 보여주는 한, 감각은 거짓말을 하지 않는다 …… 하지만 존재라는 것이 공허한 허구 중 하나라고 하는 한에서 헤라클레이토스는 영원히 옳다. '가상' 세계가 유일한 세계다: '참된 세계'란 단지 **가상 세계에 덧붙여서 날조된 것**일 뿐이다 ……

3.

—감각이란 얼마나 섬세한 관찰 도구인지! 예를 들어 코는 어떤 철학자도 경외심을 갖거나 감사해하면서 언급하지는 않았지만, 심지어는 우리가 우선 뜻대로 사용할 수 있는 가장 섬세한 도구다: 그것은 망원분사기조차도 확인하지 못하는 미세한 움직임의 차이까지도 확인할 수 있다. 오늘날의 우리의 학문이라는 것, 이것은 우리가 감각의 증거를 **받아들이기로** 결정하는 정도와 정확히 일치한다 —우리가 감각의 증거를 더욱 예리하게 하고 무장시켜 감각에 대해 끝까지 생각하기를 배우는 만큼 말이다. 그 나머지는 실패작이고, 아직은 학문이라고 할 수 없는 것들이다: 형이상학, 신학, 심리학, 인식론 **또는** 논리학, 응용 논리인 수학 같은 형식 학문, 기호 이론 등은 아직은 학문이라고 할 수 없다. 이런 것들에 실재성은 전혀 나타나지 않는다. 문제로서조차도; 논리학과 같은 기호의 규약이 도대체 어떤 가치를 갖는지에 대한 물음으로조차도—

4.

철학자들이 갖고 있는 **또 다른** 특이 성질도 덜 위험한 것은 아니다: 이것은 최후의 것과 최초의 것을 혼동하는 데에 근거한다. 그들은 마지막에 오는 것을, —유감천만이다! 왜냐하면 그런 것은 결코 나타나지 않아야 하기에! —'최고의 개념들'을, 달리 말하면 가장 일반적인 것들, 가장 공허한 개념들, 증발해 버린 사실성의 마지막 연기를 시작에 놓고 그리고 시작**으로서** 놓는다. 이런 일은 그들의 경외하는 방식을 다시 한 번 표현하는 것에 불과할 뿐이다: 즉, 높은 것은 낮은 것에서 생겨나서는 **안 된다**. 도대체가 생겨나서는 **안 되는** 법이다 …… 여기서의 교훈: 최고 서열의 것은 스스로가 원인(causa sui)이어야만 한다.

다른 것에서 나온다는 것은 그것에 대한 반박으로, 그 가치를 의심하게 하는 것으로 간주된다. 지고의 가치는 모두 최고 서열의 것이다. 최상의 모든 개념, 존재자, 무조건적인 것, 선, 진리, 완전 — 이것들은 전부 생겨날 수는 없는 것들이다. 그러므로 자기원인이지 **않으면 안 된다**. 그런데 이것들 모두가 서로 다를 수는 없으며, 서로 모순될 수는 없다 …… 이런 식으로 철학자들은 '신'이라는 그들의 놀라운 개념을 갖게 된 것이다 ……최후의 것, 가장 빈약한 것, 가장 공허한 것이 최초의 것으로, 원인 그 자체로서, 최고로 실제적인 존재자라고 규정된다 …… 인류가 병든 망상가의 이런 미친 짓을 진지하게 받아들여야만 했었다는 것! — 인류는 이 때문에 값비싼 대가를 치렀다!……

5.

— 마지막으로 **우리가**(— 내가 우리라고 말한 것은 예의상이다 ……) 오류와 가상의 문제를 어떻게 다르게 포착하는지에 대해서도 반박해 보자. 이전에 사람들은 변화와 변동과 생성 일반을 가상성에 대한 증거로서, 우리를 오도하는 어떤 것이 있어야만 한다는 표시로서 받아들였다. 오늘날 우리는 그 반대로 본다. 단일성, 동일성, 지속, 실체, 원인, 물성, 존재를 만들라고 이성의 편견이 우리를 강요하는 꼭 그 정도만큼 이성의 편견이 우리를 오류에 빠지게 하고, **필연적으로** 오류로 향하게 한다고 본다; 엄밀한 계산을 토대로 우리는 여기에 오류가 있다는 **사실을** 확실히 알고 있다. 태양의 운행도 이와 다르지 않다: 이 경우에는 우리의 눈이 오류를 일으키지만, 이제는 오류가 우리의 **언어**로 불변의 변호인으로 갖는다. 언어는 그것의 연원상 심리학이 가장 초보적 형태를 갖던 시기에 속한다: 언어-형이상학의 근본 전제들, 꾸미지 않고 말해서: **이성**의 근본 전제들을 의식하게 되면,

우리는 주물을 숭배하는 비소한 자가 되어 버린다. 의식은 도처에서 행위자와 행위를 본다: 의지를 일반적 원인이라고 믿는다; '나'를 믿고, 나를 존재라고 믿으며 나를 실체로 믿는다. 그리고 나-실체에 대한 믿음을 모든 사물에 **투사한다** — 이렇게 해서 의식은 '사물'이라는 개념을 비로소 **만들어 낸다** …… 존재는 원인으로서 **어디서는 슬쩍 밑으로 밀어넣어진다**; '나'라는 구상으로부터 '존재' 개념이, 비로소 파생된 것으로서 뒤따르는 것이다 …… 맨 처음부터 의지가 결과를 일으키는 어떤 것이라는 — 의지가 일종의 **능력**이라는 엄청난 숙명적 오류가 자리잡고 있었다 …… 오늘날의 우리는 의지라는 것이 단지 단어에 불과하다는 것을 알고 있는데 …… 그보다 훨씬 뒤에, 천 배나 더 계몽된 세계에서 이성 범주를 다루면서 **안전성**, 주관적 **확실성**이라는 것이 놀랍게도 철학자들의 머리에 떠올랐었다: 그들은 이성 범주들이 경험 영역에서 발생할 수는 없었을 것이라고 — 경험 영역 전체가 이성 범주와는 진정 모순 관계일 것이라고 결론지었다. **그렇다면 이성 범주는 어디서 유래한다는 말인가**? — 그런데 인도에서도 그리스에서 저질러졌던 오류와 동일한 오류가 저질러졌다: "우리는 한때 틀림없이 좀더 높은 세계에서 살았을 것이다(— **훨씬 낮은 세계가 아니라**: 이게 진리였을 수도 있었을 텐데도!), 우리는 신적이었음이 틀림없다. **왜냐하면** 우리가 이성을 가지고 있으니까!…… 사실 지금까지 엘레아학파가 정식화했던 존재에 대한 오류보다 더 소박한 설득력을 가지고 있는 것은 없었다: 모든 말과 우리가 말하는 모든 문장은 죄다 그 오류를 지지한다! — 엘레아학파의 적수들도 여전히 그들의 존재 개념에 굴복했다: 누구보다도 **원자**를 고안해 냈을 때의 데모크리토스가……언어에서의 '이성': 오오, 이 무슨 기만적인 늙은 여자 같은 존재인지! 우리가 문법을 여전히 믿고 있기 때문에 신을 떨쳐 버리지 못하는 게 아닌가 하고 염려하게 된다……

6.

그렇게도 본질적이고 그렇게도 새로운 통찰을 네 가지 명제로 요약해 주면 사람들은 내게 고마워할 것이다: 이렇게 하면서 나는 쉽게 이해하고, 반박하게끔 만든다.

첫째 명제. '이' 세계를 가상이라고 일컫게 한 근거들이 오히려 이 세계의 실재성의 근거를 만들어 낸다—**또 다른** 종류의 실재성은 절대로 증명될 수 없다.

두 번째 명제. 사물의 '참된 존재'에 부여되었던 특징들은 비존재의 특징들, **무**의 특징들이다—'참된 세계'는 실제의 세계와 모순되는 것에서 구축되었다: 사실 그것이 **도덕적이고-시각적인** 착각에 불과한, 하나의 가상 세계다.

세 번째 명제. 이 세계와는 '다른' 어떤 세계에 관해 허황된 이야기를 지껄이는 것은 삶을 비방하고 왜소화하며 의심하는 본능이 우리에게서 강력하지 않아서라고 전제하면, 아무런 의미도 없다: 그런 본능이 강력하면 우리는 또 하나의 '다른' 삶, '더 나은' 삶이라는 환상을 가지고 삶에 복수를 하는 것이다.

네 번째 명제. 세계가 '참된' 세계와 '가상' 세계로 나뉜다. 그 방식이 그리스도교식이든, (결국은 **교활한** 그리스도교인인) 칸트식이든 단지 데카당스를 암시하는 것에 불과하다—**하강하는** 삶의 징후라는 말이다…… 예술가가 가상을 실재보다 더 높이 평가한다는 사실은 이 명제를 반박하지는 못한다. 왜냐하면 예술가의 '가상'은 **다시** 실재를 의미하기 때문이다. 그것은 단지 선택되고 강화되고 교정되었을 뿐이다…… 비극적 예술가는 염세주의자가 **아니다**—그는 의심스럽고 끔찍

스러운 것을 모두 긍정한다. 그는 **디오니소스적이다**……

어떻게 '참된' 세계가 결국 우화가 되어 버렸는지

어떤 오류의 역사

1. 참된 세계에 지혜로운 자, 경건한 자, 덕 있는 자는 이를 수 있다—그는 그 세계 안에 살고 있으며, **그가 그 세계이다**.

(가장 오래된 형식의 관념. 비교적 똑똑하고 단순하며 설득력 있다. "나 플라톤이 진리**이다**"라는 문장을 바꿔 쓴 것.)

2. 참된 세계에 지금은 이를 수가 없다. 그렇지만 지혜로운 자, 경건한 자, 덕 있는 자에게는("회개하는 죄인에게는") 약속되어 있다.

(관념의 발전: 그 관념이 더욱 정교해지고 더욱 위험해지며 더욱 이해할 수 없게 된다—**관념이** 여자가 된다. 관념이 그리스도교적이 된다……)

3. 참된 세계는 이를 수 없고 증명할 수 없으며 약속도 할 수 없다. 그렇지만 이미 위안으로서, 의무로서, 명령으로서 생각되고 있다.

(근본적으로는 옛 태양과 같은 것이지만, 이제 안개와 회의를 통과한다; 관념이 승화되고 창백해지며 북방적이고 쾨니히스베르크적이 되었다.)

4. 참된 세계—이를 수 없다? 어쨌든 이르지는 않았다. 이르지 않았기에 **알려지지도 않았다**. 그러므로 위로하지도 구원하지도 의무적이지도 않다: 무엇 때문에 우리에게 알려지지 않은 것에 대한 의무를 갖는다는 말인가?……

(잿빛 아침. 이성의 첫 하품. 실증주의라는 닭 울음소리)

5. '참된 세계' — 더 이상 아무 쓸모없는 관념. 더 이상은 의무적이지도 않다 — 불필요하고 쓸데없어진 관념. **그래서** 반박된 관념: 이것을 없애 버리자!

(밝은 날; 아침식사; 양식과 명랑성의 복귀; 플라톤의 무안해서 붉어진 뺨; 모든 자유정신들의 야단법석.)

6. 우리는 참된 세계를 없애 버렸다: 어떤 세계가 남는가? 아마도 가상세계? ……천만에! **참된 세계와 함께 우리는 가상 세계도 없애 버린 것이다!**

(정오; 그림자가 가장 짧은 순간; 가장 길었던 오류의 끝; 인류의 정점; **차라투스트라의 등장.**)

네 가지 중대한 오류들

3.

잘못된 인과관계의 오류 — 어떤 시대에서든 사람들은 무엇이 원인인지 알고 있다고 믿었다: 그런데 우리는 우리의 지식을 어디서 얻는가? 좀더 구체적으로 말하자면, 여기서 안다고 믿는 우리의 믿음을 우리는 어디서 얻는가? 지금까지 어느 것도 사실이라고 증명된 바 없는 그 유명한 '내적 사실들'의 영역에서 얻는가? 우리는 의지 작용에 있어서 우리 자신이 원인이라고 믿었다; 우리는 거기서 적어도 행위에 **작용하고 있는** 원인을 **포착했다고** 생각했다. 마찬가지로 한 행위의 모든 선행조건, 그 행위의 원인들을 의식 안에서 찾을 수 있고, 거기서 찾아보면 — 그 행위의 '동기'로서 다시 발견할 거라고 믿어 의심치 않았다: 그렇지 않다면 그 행위를 **할** 자유가 없었을 것이고, 그 행위**에**

대한 책임이 없을 것이리라. 마지막으로 어떤 생각이 불러일으켜진다는 것, 내가 생각을 불러일으킨다는 것을 누가 부인할 것인가?…… 인과관계를 보증해 주었던 것처럼 보이는 이 세 가지 '내적 사실들' 중에서 가장 설득력 있는 첫 번째 인과관계는 **원인으로서의 의지**의 그것이다; 원인으로서의 의식('정신')이라는 구상과, 그 다음에 나오는 원인으로서의 나('주체')라는 구상은 의지에 의해 인과관계가 주어진 사실로서, **경험적인 것**으로서 확립된 다음 나중에 생겨난 것이다 …… 그 사이에 우리의 생각은 좀더 나아졌다. 우리는 오늘날 그런 것에 대한 말은 한마디도 믿지 않는다. '내적 세계'란 온통 망상이자 도깨비불이다: 의지는 그것들 중의 하나이다. 의지는 더 이상은 아무것도 움직이지 않고, 따라서 더 이상은 아무것도 설명해 주지 않는다 — 의지는 단지 과정들에 수반될 뿐이며, 결여될 수도 있다. 소위 말하는 '동기'라는 것: 이것은 또 다른 오류이다. 단지 의식의 한 표면 현상이고, 행위의 선행 조건들을 드러내 준다기보다는 오히려 숨겨 버리는 행위의 부수물이다. 게다가 나라고 하는 것은! 나라는 것은 우화가 되었고, 허구가 되었으며, 말장난이 되어 버렸다: 나는 생각하고 느끼고 의욕하기를 완전히 멈추어 버렸다!…… 이것으로부터 귀결되는 점은 무엇인가? 정신적 원인이란 전혀 없다는 것! 정신적 원인이란 것을 증언해 줄 만한 경험 영역 전체가 깡그리 망해 버렸다는 것! **이것이** 바로 그 결과인 것이다! — 그리고 우리는 '경험 영역'을 점잖게 오용하여, 이것을 기초로 해서 세계를 원인의 세계로, 의지의 세계로, 정신들의 세계로 **만들어 냈다**. 가장 오래되고 가장 지속적인 심리학이 여기서 작업을 수행하고 있다. 심리학은 다른 작업은 전혀 하지 않는다: 심리학에서 보면 모든 생기 현상은 행위이고, 모든 행위는 어떤 의지의 결과이고, 다수의 행위자들이 세계가 되며, 행위자('주체')는 모든 생기

현상의 하부에 슬며시 끼어든다. 즉 인간은 자신의 세 가지 '내적 사실들'을, 그가 가장 확고하게 믿었던 의지와 정신과 나를 자신의 외부 세계에도 투사했던 것이다 — 그는 먼저 나라는 개념에서 존재 개념을 끄집어 내고, 자신의 모습에 따라 그리고 원인으로서의 나라는 자신의 개념에 따라 '사물'을 존재하는 것으로 설정했던 것이다. 나중에 그가 **사물들 안에서 사물들 안에 그가 집어넣었던 것**을 다시 발견할 뿐이라는 사실은 하등 놀라울 일이 아니지 않은가? — 다시 한번 말하자면 사물 자체, 사물이라는 개념은 내가 원인이라는 믿음의 단순한 반영인 것이다 …… 그리고 기계론자와 물리학자 제씨들이여. 당신들이 말하는 원자, 이 원자 안에마저 오류와 초보 심리학이 아직도 얼마나 많이 남아 있는가 말이다! — 형이상학자의 추악한 치부인 '물자체'에 대해서는 말할 것도 없다! 원인으로서의 정신을 실재와 혼동하는 오류! 그리고 실재의 척도로 만들었다! 그리고 **신**이라 불렀다! —

4.

가상적 원인들이라는 오류 — 꿈에서 출발해 보자: 예를 들어 멀리서 울리는 포 소리의 결과로 생기는 어떤 특정한 감각에 어떤 원인이 나중에 슬쩍 끼어든다(꿈꾸는 사람이 주인공인 아주 작은 소설 같은 이야기가 종종). 한동안 그 감각은 일종의 반향으로서 유지된다: 이 감각은 말하자면 원인을 만들어 내는 충동이 그 감각으로 하여금 전면에 나서게 할 때까지 기다린다 — 이제는 우연한 사건이 아니라, '의미'로서 나서게 할 때까지. 포 소리는 **인과적** 방식으로, 분명히 시간의 역행 안에서 등장한다. 더 나중의 것, 동기를 부여하는 것이 가장 먼저 체험된다. 종종 섬광처럼 스쳐가는 수백 가지의 개별적 사건들과 함께. 그리고 그 다음에 포 소리가 따른다 ……무슨 일이 생긴 것인가?

특정한 상태가 **야기시킨** 표상들이 그 상태를 야기시킨 원인으로 오해된 것이다. — 사실상 우리는 깨어 있을 때도 마찬가지 일을 한다. 우리들이 갖는 일반감정의 대부분이 — 기관들이 펼치는 유희 작용과 반작용에서의 온갖 종류의 억제, 억압, 긴장, 폭발, 특수하게는 교감신경의 상태가 — 우리의 원인을 만드는 충동을 자극한다: 우리는 우리를 **이러저러한** 상태에 있게 하는 — 좋은 상태에 있든, 나쁜 상태에 있든 — **이유**를 갖고 싶어한다. 단순히 우리가 이러저러한 상태에 있다는 사실만을 확인하는 것으로는 우리는 결코 만족하지 않는다: 우리가 그 사실에 일종의 동기를 부여할 때, 비로소 우리는 그 사실을 허용하며 — 그 사실을 **의식**하게 된다 —. 그런 경우 우리도 모르게 활동하기 시작하는 기억은 이전에 발생했던 동일한 종류의 상태들을 불러내고, 이것과 함께 생겨났던 원인-해석들을 불러낸다 — 그것들의 인과관계가 **아니라**. 표상들이나 수반되는 의식의 과정들이 원인이었다는 믿음은 물론 기억을 통해서 끌어들여진다. 이런 식으로 특정한 하나의 원인-해석에 익숙해지는 **습관**이 발생하고, 사실상 원인에 대한 **탐구**를 저해하며 심지어는 배제시켜 버린다.

5.

위의 사실에 대한 심리적 설명 — 알려지지 않은 어떤 것을 알려진 어떤 것으로 환원하는 것은 마음을 편히 해주고 안심시키며 만족하게 하고 그 외에도 힘을 느끼게 한다. 알려지지 않은 것에는 위험, 불안정, 걱정이 수반된다 — 첫 번째 본능은 이런 불편한 상태들을 **없애면서 사라져 간다**. 첫 번째 원칙: 어떤 설명이든 설명이 없는 것보다는 낫다. 사실상은 마음을 억누르는 생각들에서 벗어나고자 하는 문제일 뿐이기에, 사람들은 생각들에서 벗어나게 하는 수단에는 까다롭게 굴

지 않는다: 알려지지 않은 것을 알려진 것으로 설명해 주는 첫 번째 생각은 어찌나 좋게 작용하는지, 그것은 '참으로 간주될' 정도이다. 이것은 **기쁨**('힘')이 진리의 규준이라는 증거이다. — 그러므로 원인-충동은 공포감에 의해 조건지어지고 자극된다. '왜?'라는 물음은 어떤 것이 원인이기 때문에 그것을 원인으로 제공하는 것이 아니라, 가능하다면 특정한 종류의 원인을 제공해야 한다 — 즉 안정시켜 주고 성가신 것을 없애 주며 가볍게 해 주는 원인을 말이다. 이미 **알려진 것**, 체험된 것, 기억에 각인된 것을 원인으로 설정하는 것은 그런 필요의 첫 번째 결과이다. 새로운 것, 체험되지 않은 것, 낯선 것은 원인이 될 수 없다. — 그러므로 단지 특정한 종류의 설명들이 원인으로 발견될 뿐만 아니라, **정선되고 선호되는** 종류의 설명들이 찾아지는 것이다. 이 설명들은 낯선 느낌, 새로운 느낌, 체험되지 않았다는 느낌을 가장 빠르고 가장 빈번히 제거해 버리는 설명들이며 — **가장 습관화된** 설명들이다. — 그 결과: 특정 종류의 원인-설정이 점점 더 우세해지고, 체계로 집결되며 결국은 **지배적이** 된다. 달리 말하면 **다른** 원인과 설명들은 간단히 배제되어 버린다. — 은행가는 즉시 '이윤'을 생각하고, 그리스도교인은 즉시 '원죄'를 생각하며, 소녀는 즉시 그녀의 사랑을 생각하는 것이다.

6.

도덕과 종교 영역 전체가 가상적 원인들이라는 이런 개념 밑으로 포섭된다. — **불쾌감이라는 일반감정**에 대한 '설명'. 불쾌감은 우리에게 적대적인 존재에 의해 야기된다(악령들에 의해: 가장 유명한 경우는 — 히스테리증 여자를 마녀로 오해하는 경우이다). 불쾌감은 승인될 수 없는 행위들에 의해 야기된다('죄'라는 느낌, '죄가 된다는' 느낌이 생리적 불안에 슬쩍 끼어든다 — 사람들은 항상 스스로에게 만족하지 못하는 이유를 찾는다). 불쾌감은 우리가 하지 말았어야 했고, 또 우리가 그런 **존재**여서는 안 되었던 것에 대한 벌로서, 그것을 갚는 것으로서 생겨난다(쇼펜하우어는 이것을 뻔뻔스런 형식의 명제로 일반화시켰다. 거기서 도덕은 본연의 모습으로, 즉 삶을 독살하는 자이며 삶을 비방하는 자로 등장한다: "육체적이든 정신적이든 격렬한 모든 고통은 우리가 겪어 마땅한 것을 말해 주고 있다; 왜냐하면 우리가 그것을 겪어 마땅하지 않다면, 그것은 우리에게 다가올 수 없었을 것이기 때문이다."『의지와 표상으로서의 세계』 2, 666). 불쾌감은 경솔하고 나쁘게 끝난 행위들의 결과로 생겨난다(— 격정과 감각을 원인으로, '잘못이 있다'고 설정한다; 생리적 곤경을 다른 곤경들의 도움을 받아 '마땅하다'고 해석한다). — **쾌감이라는 일반 감정**에 대한 '설명'. 쾌감은 신에 대한 믿음에서 생겨난다. 쾌감은 선한 행위들을 의식할 때 야기된다(소위 말하는 '양심', 이것은 건강한 소화와 너무 닮아 때때로 혼동을 일으키는 생리적 상태이다). 쾌감은 일의 성공적인 결말에 의해 생겨난다(— 소박한 오류 추리: 특정한 일의 성공적인 결말이 우울증 환자나 파스칼에게는 결코 쾌감이라는 일반 감정을 일으키지 않는다). 쾌감은 믿음과 사랑과 희망에서 야기된다 — 즉, 그리스도교 덕들에 의해. — 소위 이러한 설명들은 사실상은 전부 **결과**적 상태이며, 말하자면 쾌와 불쾌의 느낌을 잘못된 방언으로 번역해 놓은 것이다: 사람들이 희망을 가질 수 있는 상태에 있는 이유는 생리적인 근본 느낌이 다시 강력하고도 풍부하기 때문이다; 사람들이 신을 믿는 이유는 충만과 힘의 느낌이 그를 안정시키기 **때문이다**. — 도덕과 종교는 전적으로 **오류의 심리학**에 속한다: 개개의 모든 경우에 원인과 결과가 혼동되어 있다; 또는 진리와 진리로 **믿어진 것**의 결과가 혼동되어 있다; 또는 의식의 특정 상태와 이런 상태의 원인이 혼동되어 있다.

_백승영(서울대학교 철학과 강사) 옮김

19

니체

도덕의 계보

제1논문: '선과 악', '좋음과 나쁨'

10. 도덕에서의 노예 반란은 **원한** 자체가 창조적이 되고 가치를 낳게 될 때 시작된다: 이 원한은 실제적인 반응, 행위에 의한 반응을 포기하고, 오로지 상상의 복수를 통해서만 스스로가 해가 없는 존재라고 여기는 사람들의 원한이다. 고귀한 모든 도덕이 자기 자신을 의기양양하게 긍정하는 것에서 생겨나는 것이라면, 노예 도덕은 처음부터 '밖에 있는 것', '다른 것', '자기가 아닌 것'을 부정한다: 그리고 **이러한** 부정이야말로 노예 도덕의 창조적인 행위인 것이다. 가치를 설정하는 시선을 이렇게 전도시키는 것 — 이렇게 시선을 자기 자신에게 되돌리는 대신 **반드시** 밖을 향하게 하는 것 — 은 실로 원한에 속한다: 노예 도덕이 발생하기 위해서는 언제나 먼저 대립하는 어떤 세계와 외부 세계가 필요하다. 생리적으로 말하자면, 그것이 일반적으로 활동하기 위해서는 외부의 자극이 필요하다. — 노예 도덕의 활동은 근본적으로 반작용이다. 고귀한 가치 평가 방식에서 사정은 정반대다: 그것은 자발적으로 행동하고 성장한다. 그것은 자기 자신에게 더 감사하고 더 환호하는 긍정을 말하기 위해 자신의 대립물을 찾을 뿐이다. 그것의 부정적인 개념인 '저급한', '천한', '나쁜'은 철저히 생명과 정열에 젖어 있는 고귀한 가치 평가 방식의 긍정적인 근본 개념인 '우리 고귀한 자, 우리 선한 자, 우리 아름다운 자, 우리 행복한 자!'에 비하면 늦게 태어난 창백한 대조 이미지일 뿐이다. 고귀한 가치 평가 방식을 잘못 이해하고 현실에 대해 죄를 범하게 된다면, 이것은 그 평가방식을 제대로 충분히 알지 **못하면서**, 그것을 실제로 아는 것을 냉정하게 가로막는 영역에서 일어난다: 이것은 사정에 따라서는 스스로 경시하는 영역, 즉 천한 사람과 하층민의 영역을 잘못 이해하게 된다. 다른 면에서 언

급할 점은 경멸, 멸시, 우월적 시선의 감정이 설혹 경멸당하는 사람의 모습을 위조하는 일이 있다고 해도, 이는 어떤 경우에도 무력한 자의 퇴행적 증오, 복수가 자신의 적을 — 물론 그 초상(肖像)에 — 위조하는 것에는 훨씬 못 미치게 된다. 사실 이 경멸에는 너무나 많은 태만과 경시, 너무나 많은 무시와 성급함이, 심지어는 너무나 많은 자기희열까지 함께 뒤섞여 있기 때문에, 자신의 대상을 실재의 풍자적인 모습이나 괴물로 변형시킬 수 없을 것이다. 예를 들어 그리스 귀족이 자신과 하층민을 구별하는 데 사용한 모든 단어에 부여하는 거의 호의적이라고까지 할 수 있는 뉘앙스를 간과하지 말기를 바란다. 그 단어들에 끊임없이 일종의 동정, 배려, 관용이 혼합되고 가미된 결과, 마침내 평민을 나타내는 데 어울리는 거의 모든 단어는 결국 '불행한', '불쌍한'이라는 뜻을 표현하는 것으로 남게 되었다(데이로스 δειλός, 데이라이오스 δείλαιος, 포네로스 πονηρός, 모크테로스 μοχθηρός라는 말을 참조해 보라. 마지막 두 말은 원래 일하는 노예와 짐 나르는 짐승으로서의 평민을 나타내는 말이었다). — 또다른 한편으로 '나쁜', '저급한', '불행한'이라는 말은 그리스인들의 귀에는 결코 그치지 않는 하나의 음조로, '불행한'이라는 의미가 압도하는 하나의 음색으로 울려퍼졌다. 이는 경멸하는 경우에서까지도 스스로의 본성을 부정하지 않는 고귀한 고대 귀족적 가치 평가 방식의 유산인 것이다(문헌학자들은 오이치로스 οϊζυρός, 아놀보스 ἄνλβος, 틀레몬 τλήμων, 디스티케인 δυςτυχεῖν, 킴포라 ξυμφορά와 같은 단어들이 어떤 의미에서 사용되는지 상기해 볼 필요가 있다). '출신이 좋은 사람들'은 스스로를 '행복한 사람'이라고 **느꼈다**. 그들은 먼저 적을 고려함으로써 자신의 행복을 인위적으로 꾸미거나 경우에 따라서 스스로 행복하다고 설득하거나 **기만할**(원한을 지닌 모든 사람이 습관적으로 그렇게 하듯이) 필요가 없었다. 그와 같이 그들은 힘이 가득 넘쳐나는, 따라서 **필연적으로** 능동적인 인간으로, 행복과 행위가 분리될 수 없음을 알고 있었다. — 그들에게 활동한다는 것은 필연적으로 행복을 염두에 둔 것이다(여기에서 에우 프라테인 εὖ πράττειν, 즉 '잘 행동하다'는 말이 나왔다). — 이 모든 것은 무력한 자, 억압받는 자, 독이 되는 증오의 감정으로 곪아터져 고통을 느끼는 자의 수준에서 나타나는 '행복'과는 아주 대조를 이룬다. 이러한 사람들에게서 행복이란 본질적으로 마취, 마비, 안정, 평화, '안식일', 정서적 긴장 완화, 안도로, 간단히 말하자면 **수동적인 것**으로 나타난다. 고귀한 인간은 자기 자신에 대해 신뢰와 개방성을 가지고 살아가는 데 반해(겐나이오스 γενναῖος, 즉 '고귀한 혈통의'라는 단어는 '정직한'이라는 뉘앙스와 '순박한'이라는 뉘앙스를 강조하는 말이다), 원한을 지닌 인간은 정직하지도 순박하지도 않으며 자기 자신에 대해서 진지하지도 솔직하지도 않다. 그의 영혼은 **곁눈질을 한다**. 그의 정신은 은신처, 샛길, 뒷문을 좋아한다. 은폐된 모든 것을 그는 **자신의** 세계로, **자신의** 안정으로, **자신을** 생기 있게 만드는 것으로 여긴다. 그는 침묵하는 법, 잊어 버리지 않는 법, 기다리는 법, 잠정적으로 자신을 왜소하게 만들고 굴종하는 법을 알고 있다. 원한을 지닌 이러한 인간 종족은 결국 반드시 어떤 고귀한 종족보다도 훨씬 더 **영리하게** 된다. 또한 그들은 영리하다는 것을 완전히 다른 척도로, 즉 최고급의 생존 조건으로 존경하게 된다. 이에 반해 고귀한 인간에게 영리함이라는 것은 사치와 세련됨이라는 미묘한 뒷맛이 따르기 쉽다: — 이것은 여기서는 그리 중요한 것이 아니다. 오히려 조절해 나가는 **무의식적** 본능의 완벽한 기능의 확실성이나, 심지어는 위험이든 적이든 무모하게 돌진해 가는 것 같은 어떤 어리석음이, 아니면 그 어떤 시대에도 고귀한 영혼이 스스로를 다시금 인지하게 되었던 분노, 사랑, 경외, 감사, 복수 등을 열광적으로 순간적으로 분출하는 것이 중요하다. 고귀한 인간의 원한 자체는, 그것이 나타나는 일이 있을지라도, 바로 잇달아오는 반작동으로 수행되고 약해지기 때문에 **해독을 끼치지** 않는다: 다른 한편으로 말하자면 이것은 모든 약자와 무력한 자에게서는 불가피하게 나타나는 그 무수히 많은 경우에도 전혀 나타나지 않는다. 자신의 적, 자신의 재난, 자신의 **비행**(非行)까지도 그렇게 오랫동안 진지하게 생각할 수 없다는 것 — 이것은 조형하고 형성하며 치유하고 또한 망각할 수 있는 힘을 넘치게 지닌 강하고 충실한 인간을 나타내는 표시다(현대 세계에서 이에 대한 가장 좋은 예가 미라보 Mirabeau다. 그는 사람들이 자신에게 가한 모욕과 비열한 행위를 기억하지 못했고, 이미 잊어버렸기에 용서할 수도 없었다). 그러한 인간은 다른 인간의 경우에는 몸 속으로 파고드는 많은 벌레를 단 한번에 흔들어 떨어뜨린다. 도대체 이 지상에 진정 '적에 대한 **사랑**'이 있을 수 있다면, 그것은 오직 그러한 인간에게서만 가능할 것이다. 고귀한 인간은 이미 자신의 적에게 얼마나 큰 경외심을 가지고 있는 것일까! — 그리고 그러한 경외심은 이미 사랑에 이르는 다리다 …… 그는 자신을 두드러지게 하기 위해 스스로 자신의 적을 요구한다. 그는 경멸할 것이 전혀 없고, **아주 크게** 존경할 만한 적이 아니면 참을 수 없다! 이에 반해 원한을 지닌 인간이 생각할 수 있는 '적'을 상상해 보자 — 바로 여기에 그의 행위가 있고 그의 창조가 있다: 그는 '나쁜 적'을, '악한 **사람**'을 생각해 내고, 사실 그것을 근본 개념으로 거기에서 그것의 잔상(殘像) 또는 대립물로 다시 한번 '선한 인간'을 생각해 낸다 —그것이 자기 자신인 것이다!……

11. 고귀한 인간의 경우는 정반대다. 고귀한 인간은 '좋음'이라는 근

본 개념을 먼저 자발적으로, 즉 자기 자신에게서 생각해 내고, 거기에서 비로소 '나쁨'이라는 관념을 만들게 된다! 이 고귀한 기원을 지닌 '나쁨'과 끝없는 증오의 도가니에서 나온 저 '악함'(böse)을 비교해 보자. — 전자가 후에 만들어진 것이며 병렬적으로 나타나는 것이자 일종의 보색(補色)이라면, 후자는 이에 반해 원형이며 시원이자 노예 도덕이라는 구상에서 나온 본래의 **행위**이다. — 겉으로 보기에 '좋음'이라는 개념에 대치된 '나쁨'과 '악함'이라는 두 개의 단어는 얼마나 다른가? 그러나 '좋음'이라는 개념은 같은 개념이 **아니다**: 오히려 원한 도덕이라는 의미에서 도대체 누가 '악한' 자인가 하고 질문을 던져야 한다. 이에 대해 가장 엄격하게 대답한다면 다음과 같다: 바로 이와는 다른 도덕에서의 '좋은 사람', 바로 고귀한 자, 강한 자, 지배자가 본래 악한 사람인데, 이는 단지 변색되고 해석이 뒤바뀌고 원한의 독기 어린 눈으로 관찰되었을 뿐이다. 여기에서 우리는 적어도 다음과 같은 한 가지 사실만은 부정하고 싶지 않다: '좋은 사람'을 단지 적대자로만 알았던 사람은 또한 **악한 적대자** 외에는 알지 못했다. 풍습, 존경, 관습, 감사에 의해, 더구나 서로 감시함으로써, 동등한 자들 사이의 질투로 엄격하게 구속된 사람들, 그리고 다른 한편으로는 서로의 태도에서 고려, 자제, 온정, 신뢰, 긍지, 우정이라는 점에서 매우 상상력이 풍부하다고 증명된 사람들, — 이들이 외부로 향하게 되어 낯선 것, 이방의 것과 접하기 시작하는 곳에서는 고삐 풀린 맹수보다 더 나을 것이 없게 된다. 그들은 그 곳에서 모든 사회적 구속에서 벗어나 자유를 즐긴다. 그들은 사회의 평화 속에 오랫동안 감금되고 폐쇄되었기 때문에 나타나는 긴장을 황야에서 보상한다. 그들은 아마도 소름끼치는 일련의 살인, 방화, 능욕, 고문에서 의기양양하게 정신적 안정을 지닌 채 돌아오는 즐거움에 찬 괴물로서 맹수적 양심의 순진함으로 **되돌아**

간다. 그것은 마치 학생들의 장난을 방불케 하는 것이며, 그들은 시인들이 오랜만에 노래를 부르고 기릴 수 있는 것을 가졌다고 확신한다. 이러한 모든 고귀한 종족의 근저에서 맹수, 즉 먹잇감과 승리를 갈구하며 방황하는 화려한 **금발의 야수**를 오해해서는 안 된다. 이러한 숨겨진 근저는 때때로 발산될 필요가 있다. 짐승은 다시 풀려나 황야로 돌아가야만 한다: 로마, 아라비아, 독일, 일본의 귀족, 호메로스의 영웅들, 스칸디나비아의 해적들 — 이러한 욕망을 지니고 있는 점에서 그들은 모두 같다. 고귀한 종족이란 그들이 지나간 모든 자취에 '야만인'이라는 개념을 남겨놓은 자들이다. 그들의 최고의 문화에서도 이에 대한 의식이 드러나고 그것에 대한 자긍심마저 드러난다(예를 들어 페리클레스는 저 유명한 추도연설에서 아테네 사람들에게 다음과 같이 말했다. "우리의 대담한 용기는 모든 육지와 바다에 길을 열었고, 모든 곳에 **좋게든 나쁘게든** 불멸의 기념비를 세웠다"), 미친 것처럼 부조리하게 돌변하는 것처럼 보이는 고귀한 종족의 이러한 '대담한 용기', 무슨 일을 저지를지 모르는 그들 모험의 예측할 수 없음 — 페리클레스는 아테네 사람들의 사려없음(ῥαθυμία)을 뛰어난 것으로 강조했다 — 안전, 육체, 생명, 쾌적함에 대한 그들의 무관심과 경시, 모든 파괴에서, 승리와 잔인함에 탐닉하는 것에서 보여지는 그들의 놀랄 만한 명랑함과 쾌락의 깊이 — 이 모든 것은 그것 때문에 고통받는 사람들에게는 '야만인', '사악한 적대자', '코트인' '반달인'의 모습으로 파악되었다. 독일인이 권력을 장악하자, 그들이 일으키는 저 깊고도 얼음처럼 차가운 불신은 오늘날 역시 그렇지만, — 몇 세기 동안이나 유럽이 금발의 게르만 야수의 광포함을 보아왔던 지울 수 없는 공포의 여운인 것이다(비록 고대 게르만인과 우리 독일인 사이에는 개념상의 친족성이 서의 없고 하물며 혈연관계가 거의 없다고 할지라도 말이다). 나는 일찍이 헤시오도스가 문화 시대의 순서를 생각해, 이를 금, 은, 동으로 표현하고자 했을 때 느낀 그의 곤혹스러움에 주의를 환기시켰다: 그는 화려하지만, 마찬가지로 무섭고 폭력적인 호메로스의 세계가 나타내는 모순을 해결하는 데 한 시대를 둘로 나누고, 이제 그것을 전후로 배치하는 것 외에는 방법이 없음을 알았다. — 그 하나는 트로이와 테베의 영웅과 반신(半神)의 시대인데, 이는 자기 안에 자신의 선조를 가지고 있는 고귀한 종족의 기억에 남는 세계다. 그 다음이 청동 시대로, 짓밟힌 자, 약탈당한 자, 학대받은 자, 끌려다닌 자, 팔린 자의 후예들에게 보인 그와 똑같은 세계다: 즉 이것은 이미 말했듯이, 가혹하고 냉엄하고 잔인하며 감정이나 양심도 없고 모든 것을 부수어 버리고 피투성이가 되는 동(銅)의 시대인 것이다. '인간'이라는 맹수를 온순하고 개화된 동물, 즉 가축으로 길들이는 데 모든 문화의 의미가 있다는 것이 어찌 되었든 오늘날 진리로 믿어지고 있는데, 만일 이것이 진실이라면, 고귀한 종족과 그들의 이상을 결국 모욕하고 제압하게 된 저 반응 본능과 원한 본능은 모두 의심할 여지없이 본래의 **문화의 도구**라고 보아야만 할 것이다. 물론 이렇게 말한다고 해서 문화도구를 **소유한 자**가 동시에 문화 자체를 표현하고 있다는 말은 아닐 것이다. 오히려 그 반대가 진실이라고 할 수도 있을 뿐만 아니라, — 아니! 이것은 오늘날 **명백한** 사실이다! 이들 억압적이고 보복을 갈구하는 본능을 소유한 자들, 유럽적이고 비유럽적인 모든 노예의 후손들, 특히 아리아 이전의 모든 주민의 후손들 — 그들은 인류의 **퇴보**를 나타낸다! 이러한 '문화의 도구'는 인류의 치욕이며, 오히려 '문화' 일반에 대한 회의(懷疑)이며 반론인 것이다! 사람들이 고귀한 종족의 근저에 있는 금발의 야수에 대한 공포에서 벗어나지 못하고 경계하게 되는 것은 지극히 당연한 일이 될 수 있다: 두려워하지 **않지만** 대신 이

때 덜된 자, 왜소한 자, 쇠약해진 자, 중독된 자의 구역질나는 모습에서 더는 빠져 나갈 수 없다면, 동시에 경탄하면서 두려움을 맛보는 것이 오히려 백 배 더 낫지 않을까? 이러한 선택의 사실이 **우리의** 운명 아닌가? 오늘날 **우리에게** '인간'을 혐오하게 하는 것은 무엇인가? — 의심의 여지없이 우리가 인간에 대해 **괴로워하고** 있기 때문이다. — 그것은 공포가 **아니다**. 오히려 우리는 인간을 더 이상 두려워할 것이 없으며, '인간'이라는 벌레가 전경에서 우글거리고 있다는 사실이며, '길들여진 인간', 구제할 수 없이 평범하고 달갑지 않은 인간이 벌써 자신을 목표와 정점으로, 역사의 의미로, '보다 높은 인간'으로 느낄 줄 안다는 사실이다: — 그러한 인간이 오늘날 유럽의 악취를 발산시키기 시작**한** 넘쳐나는 덜된 자, 병든 자, 피로에 지친 자, 노쇠한 자와 스스로를 구별하는 한, 스스로를 적어도 비교적 잘난 자, 적어도 아직은 생활능력이 있는 자, 적어도 삶을 긍정하는 자로 느낄만한 어떤 권리를 가지고 있다는 사실이다 ……

16. 결론을 내려보자. '좋음과 나쁨', '선과 악'이라는 두 개의 **대립되는** 가치는 이 지상에서 수천 년간 지속되는 무서운 싸움을 해왔던 것이다. 그리고 또한 두 번째 가치가 확실히 오랫동안 우세하게 지배했다고 해도, 지금까지도 승패를 결정하지 못한 채 싸움이 계속되는 곳이 없는 것도 아니다. 그 사이 싸움은 더욱 고조되고 이로 인해 더욱 깊어지고, 더욱 정신적이 되었다고 말할 수도 있을 것이다. 그 결과 오늘날 이러한 의미에서 분열되었다는 것, 현실적으로도 여전히 저 대립의 투쟁 장소가 되고 있다는 것보다 아마도 '**더 높은 본성**', 더 정신적인 본성을 나타내는 더 결정적인 표시는 없을 것이다. 인간의 역사 전체를 거쳐 오늘날까지 읽을 수 있는 것으로 남아있는 어떤 저서에

쓰여진 바에 따르면, 이 싸움의 상징은 '로마 대 유대, 유대 대 로마'를 의미하는 것이다: — 지금까지 **이** 싸움보다, **이** 문제 제기보다, **이** 불구대천의 적의를 품은 대립보다 더 큰 사건은 없었다 (……)

_김정현(원광대학교 철학과 교수) 옮김

20

제임스

실용주의의 진리 개념

클라크 맥스웰[1]은 어린 시절에 모든 일에 대해 설명을 듣고 싶어 하는 기벽이 있었다고 전한다. 사람들이 그를 떨쳐내려고 어떤 현상에 대해 모호한 언어로 설명하면, 그는 “알았어요, 하지만 자세히 설명해 주세요”라고 조급하게 졸랐다는 것이다. 그 질문이 진리에 관한 것이었다면, 오로지 실용주의자만이 자세히 설명해 줄 수 있으리라. 나는 동 시대의 실용주의자들, 특히 실러[2]와 듀이가 이 주제에 대하여, 지지될 수 있는 유일한 설명을 주었다고 생각한다. 수많은 틈 사이로 미세한 잔뿌리를 뻗치고 있는 이 주제는 지극히 까다롭기 때문에, 이러한 개략적인 대중 강연의 방식으로는 다루기 힘들다. 그러나 실러-듀이의 진리관은 합리주의 철학자들로부터 지나치게 거친 공격과 지독한 곡해를 받았기 때문에, 여기에서 이에 대해 분명하고 간명하게 진술해 보고자 한다.

나는 하나의 이론이 거쳐 가는 전형적인 단계들을 실용주의 진리관도 밟아가기를 간절히 바라고 있다. 여러분이 주지하는바, 새로운 이론은 처음에는 터무니없다고 공격 받는다. 그 다음에는 그 이론이 참인 것으로 인정받게 되지만, 너무 자명하기 때문에 대수롭지 않은 것으로 받아들여진다. 그리고 마지막에는 그 이론은 대단히 중요해져서, 적대자조차 자신이 그것을 발견했다고 주장하게 된다. 현재 우리의 진리 이론은 이 세 단계 중 첫 번째 단계에 머물러 있으며, 일부에서는 두 번째 단계의 징후가 보이기도 한다. 나는 이 강의를 통해, 여러분이 이 이론이 첫 번째 단계를 넘어선 것으로 여기도록 돕고자 한다.

1 James Clerk Maxwell(1831-1879)은 스코틀랜드의 물리학자.

2 Ferdinand Canning Scott Schiller(1864-1937)는 옥스퍼드의 철학자이며 실용주의의 열렬한 옹호자.

사전들에 따르면, 진리는 우리가 가진 특정한 관념들의 성질이다. 진리는 관념이 "실재"와 "일치"한다는 것을 의미하며, 허위는 관념이 "실재"와 불일치한다는 것을 의미한다. 실용주의자들과 주지주의자들은 모두 이러한 정의가 자명하다고 수긍한다. 그들은 단지 "일치"가 의미하는 바가 정확하게 무엇인지, 그리고 관념이 일치하여야 할 어떤 것으로서의 "실재"가 의미하는 바는 무엇인지에 대한 질문이 제기된 후에야 서로 논쟁하기 시작한다.

이러한 질문들에 대해 답변할 때, 실용주의자들은 좀 더 분석적이고 신중한 데 비하여, 주지주의자들은 좀 더 즉흥적이고 무반성적이다. 대중적 견해에 따르면, 참인 관념은 실재의 모사이어야 한다. 대중적 견해들이 무릇 그렇듯이, 이 견해도 일상적 경험에서 유추하고 있다. 감각적 사물에 대한 참된 관념들은 정말로 그 사물을 모사한다. 여러분이 눈을 감고 저쪽 벽에 걸린 시계를 생각해 본다면, 여러분은 시계의 문자반에 대한 참된 그림이나 모사를 곧 가질 수 있다. 그러나 (여러분이 시계 제조공이 아니라면) 시계의 "장치"에 대한 여러분의 관념은 모사에는 훨씬 못 미치는 것이다. 그럼에도 불구하고 그 관념은 실재와 충돌하지 않기 때문에 통할 수 있다. 비록 그 관념이 "장치"라는 한낱 단어로 축약되어 버릴지라도, 그 단어는 여전히 여러분에게 참되게 도움을 줄 것이다. 또한 여러분이 시계가 지니는 "시간을 재는 기능"에 대해서나, 태엽의 "탄력성"에 대해 말할 때에는, 그 관념들이 대체 무엇을 모사하고 있는지를 정확히 아는 일은 쉽지 않다.

여러분은 바로 여기에 난점이 있음을 알게 된다. 관념이 대상을 분명하게 모사하지 못한다면, 대상과의 일치란 무엇을 뜻하는가? 일부 관념론자들은 신의 의도대로 대상에 대해 생각할 때 그 관념이 참되다고 말하는 듯하다. 모사 이론을 버리지 않으려는 다른 사람들은, 관념이 절대자의 영원한 사유 방식을 모사하는 쪽으로 접근해 가며, 우리는 그 정도에 비례하여 진리를 소유하는 양 이야기한다.

여러분이 보다시피, 이러한 견해들은 실용주의적 토론을 불러일으킨다. 그러나 주지주의자들의 대전제는 진리가 본질적으로 비활동적인 정적 관계라는 것이다. 여러분이 어떤 것에 대한 참된 관념을 가진다면 그 사안은 종결된다. 여러분은 (진리를) 소유하고, **알고**, 사유의 운명을 완수했다. 정신적으로 마땅히 있어야 할 그곳에 있게 된다. 여러분은 정언명법을 따랐다. 그리고 지적인 운명이 도달한 절정 뒤는 아무것도 올 것이 없다. 인식론적으로 여러분은 안정된 균형 상태에 있게 된다.

이와는 달리, 실용주의는 늘 제기되는 질문을 던진다. "어떤 관념이나 믿음이 참이라고 인정한다면, 그 사실은 어떤 사람의 현실적 삶에서 구체적으로 어떠한 차이를 만들어 내는가? 그 진리는 어떻게 인식될 수 있는가? 진리를 인식할 때의 경험은 그 믿음이 거짓이라고 할 때의 경험과 어떤 차이를 가지는가? 한마디로 말하자면, 경험적 견지에서 볼 때 진리의 현금 가치는 무엇인가?"

실용주의에서는 이러한 질문에 대한 대답을 곧 얻는다. **참된 관념은 우리가 동화**(assimilate)**하고 타당화**(validate)**하고 확증**(corroborate)**하고 진리화**(verify)**할 수 있는 관념이다. 거짓된 관념은 그렇게 할 수 없는 관념이다.** 참된 관념을 가질 때 우리에게 생겨나는 실천적 차이는 바로 이것이다. 그러므로 이것이 진리의 의미다. 왜냐하면 이것이 우리가 진리에 대해 알고 있는 모든 것이기 때문이다.

나는 바로 이 명제를 옹호하고자 한다. 어떤 관념의 진리는 그 안에 속한 정체된 속성이 아니다. 진리는 관념에게 **일어난다**. 그 관념은 참이 **되고**, 사건들에 의해 참으로 **만들어진다**. 관념의 진리성(verity)은 실은 하나의 사건이고 하나의 과정이다. 다시 말해 진리성은 관념이 검증되는 과정, 즉 진리**화**(veri-fication)다. 그리고 타당성(validity)은 관념이 타당**화**(valid-ation)되는 과정이다.

그러나 진리화와 타당화라는 말들은 실용주의의 입장에서 어떤 의미를 지니는가? 그들은 진리화되고 타당화된 관념의 실천적 결과들을 의미한다. 이러한 결과들을 특징짓는 데 있어서는 일치라는 통상적인 공식보다 더 나은 표현을 찾기는 힘들다. 우리는 관념이 실재와 "일치"한다고 말할 때 바로 그러한 결과들을 마음에 그리고 있다. 다시 말해 그러한 관념은 자신이 유발하는 행위들이나 또 다른 관념들을 통하여, 다른 경험들 쪽으로, 그 앞으로, 그 속으로 우리를 인도한다. 이때 우리는 원래의 관념이 여전히 일치에서 벗어나지 않고 있다고 느낀다(그러한 느낌은 우리에게 잠재적으로 남아 있다.). 이러한 결합과 전이는 우리에게 매 순간 발전적이고 조화로우며 만족스럽게 느껴진다. 일치 속에서의 인도는 관념의 진리화라는 말이 의미하는 바다. 이러한 해명은 첫눈에는 모호하고 하찮게 들리겠지만, 나는 그것이 낳는 결과를 강의의 남은 시간 동안 설명하고자 한다.

먼저 참된 관념을 소유하면 언제나 행위를 위해 대단히 소중한 도구들을 소유하게 됨을 기억해 주기 바란다. 그리고 진리 추구의 의무는 실용적 이유들로 탁월하게 설명될 수 있는데, 그것은 느닷없이 나타나는 공허한 명령 따위가 아니며 지성이 스스로에게 부과한 "묘기"도 아닌 것이다.

우리의 삶에 있어서 사실에 대해 참된 믿음을 가지는 일이 중요하다는 점은 지극히 자명하다. 우리가 살고 있는 세계의 실재들은 더없이 유용할 수도 있고 더없이 유해할 수도 있다. 그중 어떤 일이 일어날지를 말해 주는 관념은, 초보적인 진리화의 영역에서도 참된 관념으로 간주된다. 그리고 그러한 관념들을 추구하는 것은 인간의 기초적인 의무다. 여기에서 진리의 소유는 그 자체로 목적이 아니라, 단지 생명과 관련한 여타 만족을 위한 예비적 수단일 뿐이다. 만일 숲에서 길을 잃고 굶어 죽을 형편에 처해 있을 때 오솔길을 찾아 낸다면, 그 길이 끝나는 곳에 사람들이 사는 곳이 있으리라고 생각하는 일은 더할 나위 없이 중요하다. 왜냐하면 그러한 생각을 가지고 그 길을 따라가야만 목숨을 건질 수 있기 때문이다. 이때 참된 생각이 유용한 것은 그 생각의 대상인 집이 유용하기 때문이다. 그러므로 참된 관념이 지니는 실제적 가치는 기본적으로 그 관념의 대상이 지니는 실제적 중요성으로부터 파생된 것이다. 사실 관념의 대상이라고 해서 언제나 중요한 것은 아니다. 어떤 경우에는 집이 전혀 필요하지 않을 수도 있다. 이때 집에 대한 관념은 참인 것으로 진리화될 수 있다고 하더라도, 실제적으로는 중요하지 않다. 그럴 경우에는 이 관념은 차라리 잠재적 상태로 머무는 편이 낫다. 그러나 대부분의 대상들은 언젠가는 일시적으로라도 중요해질 수 있기 때문에, **여분의** 진리, 다시 말해 일어날 수 있는 상황들에서 참이 될 수 있는 관념을 망라해서 보관하는 것이 이롭다는 점은 명백하다. 우리는 그러한 여분의 진리를 기억 속에 저장해 두고, 기억이 넘쳐날 때는 책에 가득 채워둔다. 실제로 어떠한 긴급한 사태가 일어났을 때는, 여분의 진리 중에서 이 사태에 알맞은 진리가 냉장고에서 나와 세계 내에서 활동하게 만들며, 그에 대한 우리의 믿음도 활성화된다. 그때에는 "그것은 참이기 때문에 유용하다"라고 말할 수도 있고 "그것은 유용하기 때문에 참이다"라고 말할 수도 있다. 이 명제들은 정확히 동일한 사태, 다시 말해 충족되고 진리화될 수 있는 관념이 여기 존재한다는 사태를 뜻한다. 참이라는 것은 진리화 과정을 시작한 관념에 대한 이름이고, 유용하다는 것은 그 관념이 경험에서 완수한 기능에 대한 이름이다. 참된 관념이 처음부터 이런 식으로 유용하지 않다면, 이 관념은 결코 참된 관념으로서 선택되지 않을 것이며, (참된 관념이라는) 보통명사를 가지지 않을 것이며, 가치를 내포하는 이름을 가지지 않을 것이다.

실용주의는 이러한 단순한 단서로부터 진리에 대한 일반적 개념을 얻게 된다. 진리는 경험에서의 한 순간이 가치가 있는 다른 순간들로 우리를 인도하는 방식과 본질적으로 결부되어 있다. 일차적으로 상식적 차원에서, 마음의 상태가 참되다는 것은 **가치 있는 인도**라는 기능을 의미한다. 종류를 막론하고 경험의 어느 순간에 어떤 참된 생각이 떠오른다면, 우리는 조만간 그 생각의 인도를 받아서 개별적 경험들로 다시 파고 들어가고 그 경험들과 유용한 결합을 이루게 될 것이다. 이러한 설명은 퍽 애매하기는 하지만 본질적인 만큼 명심해 주기 바란다.

한편 우리의 경험은 규칙성들로 가득 차 있다. 경험의 한 부분은 다른 부분에 대해 대비하라고 경고하기도 하고, 멀리 있는 다른 대상을 "지향"하거나 "의미"하기도 한다. 그 대상이 출현하게 되면 그 의미는 진리화된 것이다. 이 경우에 있어 진리는 결국 진리화된다는 것을 뜻하며, 우리의 변덕스러운 태도와는 분명히 다르다. 실재들이 따르는 경험의 질서에 대한 믿음들이 오락가락하는 자에게 화 있으라! 믿음들은 그를 아무데로도 이끌지 못하거나, 어디론가 이끌더라도 그릇된 결합만을 가지게 할 것이다.

여기에서 "실재"나 "대상"이라는 말은 상식적 의미의 사물, 즉 직관적으로 나타나는 사물을 뜻하거나, 상식적 의미의 관계, 예컨대 날짜,

장소, 간격, 종류, 활동 등을 뜻한다. 오솔길의 끝에 있는 집이라는 심상을 따라 가면 실제로 집을 만나게 된다. 심상이 완전하게 진리화되는 것이다. **그러한 단순하고도 충만한 진리화를 거쳐 인도되는 것이 진리 과정의 원천이자 원형이다**. 경험에서는 다른 형태의 진리 과정들도 있지만, 이들은 모두 기초적 진리화가 저지되거나 복잡화되거나 대체된 것이다.

예를 들어 저쪽 벽에 걸린 물건을 보자. 우리는 그것이 시계이게끔 만드는 숨겨진 장치를 보지 않았음에도 불구하고, 그것을 "시계"라고 생각한다. 우리는 관념을 진리화하려는 시도도 없이 이 관념을 참인 관념으로 통과시킨다. 진리가 본질적으로 진리화 과정을 의미한다면, 진리화되지 않은 그러한 진리들은 실패한 것인가? 그렇지 않다. 그러한 진리들은 우리가 의존해 살아가는 진리들 중 압도적 다수를 차지하기 때문이다. 진리화가 시험을 통과하는 것은 직접적일 수도 있지만 간접적일 수도 있다. 정황 증거가 충분한 곳에서는 목격자가 필요하지 않다. 일본에 가본 적이 없어도 일본이 존재한다고 받아들이는 것은 그러한 가정이 **제대로 기능**하고 기존 지식들이 모두 이 믿음과 일치하며 이때 어떠한 방해도 일어나지 않기 때문인데, 이와 마찬가지로 우리는 이 물건을 시계라고 받아들인다. 우리는 강의 시간을 조절하기 위해 그것을 시계로 **사용**한다. 여기에서 가정이 진리화된다는 것은 그 가정이 실망이나 모순으로 이끌지 않는다는 것이다. 톱니바퀴, 추, 진자의 진리화 **가능성**이 있다면 진리화가 이루어진 것으로 받아들일 수 있다. 일상생활에서는 완성된 진리 과정 한 가지에 대해 미완성으로 기능하는 진리 과정 백만 개가 존재한다. 이들은 우리로 하여금 직접적인 진리화를 **향하도록** 한다. 그리고 이들이 예견하는 대상들의 **주위로** 우리를 인도한다. 만일 모든 일이 순조롭게 이루어진다면, 우리는 진리화의 가능성을 확신하기 때문에 진리화를 생략할 수 있게 된다. 그리고 대개의 경우 실제로 일어나는 일들이 이러한 생략을 정당화한다.

대개의 경우 진리는 대부분의 경우 신용을 통해 거래된다. 아무도 거부하지 않는 한 은행권이 통용되는 것처럼, 우리의 생각과 믿음은 아무것도 도전하지 않는 한 "통용"된다. 그러나 이런 일들은 모두 어딘가에서는 직접적으로 (대상과) 대면하여 진리화가 일어나고 있음을 암시한다. 그렇지 않으면 마치 현금에 기반을 두지 않는 금융 체제와 마찬가지로, 진리의 구조물은 붕괴할 것이다. 여러분은 사물에 대한 나의 진리화를 인정하고, 나는 다른 사물에 대한 여러분의 진리화를 인정한다. 우리는 서로의 진리를 거래한다. 그러나 **누군가**에 의하여 구체적으로 진리화된 진리들이 존재하며, 이들은 전체 상부구조를 떠받치는 기둥들이다.

일상생활에서 완전한 진리화를 포기하는 데는 시간 절약 외에도 또 다른 큰 이유가 있다. 모든 사물은 단독으로 존재하는 것이 아니라 종류를 이루어 존재하기 때문이다. 우리의 세계는 틀림없이 그러한 특성을 가지고 있다. 어느 종류에 있어 하나의 표본에 대한 관념들이 일단 한 번 직접적 진리화를 거쳤다면, 이 관념들은 진리화 없이도 다른 표본들에도 거리낌없이 적용할 수 있다. 사물을 만났을 때 그것의 종류를 습관적으로 분간해 내고 진리화를 위해 멈추지 않고 종류의 법칙에 따라 곧바로 행동하는 정신은 긴급한 사태 중 99퍼센트에 있어 "참된" 정신일 것이다. 그 정신은 스스로의 지도에 따라, 자신이 만나는 모든 것에 적절하며 어떠한 반박도 받지 않음이 밝혀질 것이다.

그러므로 간접적으로, 혹은 단지 잠재적으로 진리화하는 과정들은 완전하게 진리화하는 과정들과 마찬가지로 참일 수 있다. 그 과정들은 참된 과정들과 동일하게 작용하며, 동일한 장점을 주며, 동일한 이유로 우리의 인정을 요구한다. 지금까지 우리의 사색은 모두 상식적인 사실의 수준에서 이루어져 왔다.

그러나 사실들만이 거래되는 것은 아니다. **순수한 정신적 관념들 간의 관계**라는 또 다른 영역에서도 참된 믿음과 거짓된 믿음이 있다. 이 영역의 믿음은 절대적 혹은 무조건적 믿음이다. 그 믿음이 참이라면 정의나 원리라고 불리게 된다. 1+1=2, 2+1=3 등은 원리이거나 정의다. 흰색과 회색의 차이는 흰색과 검은색의 차이보다 작다는 것도 그러하다. 또한, 원인이 작용하기 시작하면 결과도 시작된다는 것도 그러하다. 이러한 명제들은 모든 가능한 "하나", "흰색"과 "회색", "원인"에 있어 성립한다. 이때 대상은 정신적 대상이다. 그들 간의 관계는 단번에 명백하게 지각되기 때문에 감각을 통한 진리화가 필요하지 않다. 게다가 한번 참이면 그와 동일한 정신적 대상들에 대해서 언제나 참이다. 여기서는 진리가 "영원함"이라는 속성을 지녔다. 어디에서라도 "하나"이거나 "흰색"이거나 "회색"이거나 "결과"인 구체적 사물을 발견한다면, 그 원리들은 변함없이 적용될 수 있다. 이는 오직 종류를 확정한 후, 종류의 법칙을 개별적 대상에 적용하는 문제인 것이다. 종류를 올바르게 제시할 수만 있다면 반드시 진리를 얻을 수 있다. 왜냐하면 정신적 관계들은 그 종류에 속하는 모든 것에 예외 없이 효력을 보이기 때문이다. 만일 그럼에도 불구하고 구체적으로 진리를 얻는데 실패한다면, 실재적 대상들을 잘못 분류했다고 말할 것이다.

이러한 정신적 관계들의 영역 내에서도, 진리는 인도의 문제가 된다. 우리는 추상 관념들을 서로 연결시키고, 마지막에는 논리적이고 수학적 진리의 거대한 체계들을 짜맞추는데, 이때 감각적 경험 사실들을 최종적으로 배열할 수 있는 개별 용어들을 이용한다. 그리하여 우리의 영원한 진리들은 실재에도 효력을 가지게 된다. 사실과 이론의 이러한 결합은 무궁무진하게 생산적이다. **대상을 (체계 내에) 올바르게 포섭했다면,** 우리가 말하는 것은 여기서 특정한 진리화를 거치지 않더라도 이미 참이다. 모든 종류의 가능한 대상들을 위한 기존의 관념적 틀은 바로 사유의 구조로부터 나오는 것이다. 우리는 감각 경험들을 제멋대로 다루지 못하는 것과 마찬가지로, 이러한 추상적 관계들도 마음대로 다룰 수 없다. 그들은 우리를 강제한다. 우리는 그 결과가 맘에 들건 들지 않건 상관없이 그들을 일관성 있게 다루어야 하는 것이다. 덧셈 규칙들은 자산뿐 아니라 부채에도 엄격하게 적용된다. 원의 둘레와 지름 간의 비율인 π에 있어 소수점 아래 100번째 수는 아무도 계산하지 않았다고 하더라도 이념적으로는 이미 결정되어 있다. 실제로 존재하는 원을 다룰 때 그 수를 필요로 한다면, 그것이 주어진 그대로 올바르게, 즉 통상적인 계산의 규칙들에 의해서 얻으면 된다. 왜냐하면 이는 그 규칙들이 여타 경우에 계산해 내는 것과 동일한 종류의 진리이기 때문이다.

그러므로 감각적 질서의 강제들과 관념적 질서의 강제들 사이에 우리의 지성은 꼭 끼어 있다. 실재가 구체적이건 추상적이건, 사실이건 원리이건, 우리의 관념들은 그와 일치해야 하며, 그렇지 않을 경우에는 무한한 불일치와 좌절이라는 처벌을 받게 된다.

여기까지는 주지주의자들은 어떠한 항의도 하지 못한다. 단지 그들은 우리가 겨우 문제의 표피만을 건드렸을 뿐이라고 말할 수 있을 것이다.

그렇다면 실재란 구체적 사실들이거나, 사물들의 추상적 종류와 사물들 간의, 직관적으로 인식된 관계다. 실재는 더 나아가 세 번째로 우리가 이미 소유하고 있는 여타 진리의 총체인데, 우리의 새로운 관념들은 이러한 실재도 고려해야 한다. 그러나 통상적인 정의를 다시 한 번 사용해서 말하자면, 그러한 세 겹의 실재와 "일치"한다는 것은 무엇을 의미하는가?

실용주의와 주지주의는 이 지점에서 갈라지기 시작한다. 일치가 기본적으로는 모사를 뜻한다는 점에는 의심의 여지가 없다. 하지만 우리는 "시계"라는 한낱 단어가 장치에 대한 심상을 대신할 수 있으며, 관념은 실재의 모사가 아니라 상징에 지나지 않을 수도 있음을 보았다. "과거 시간", "힘", "자발성" 등과 같은 실재들을 우리의 마음은 어떻게 모사할 수 있겠는가?

실재와 "일치"한다는 것은 가장 넓은 의미에서 **단지 직접적으로 그 실재로 혹은 그 실재의 주위로 인도함을 뜻하거나, 일치하지 않을 때보다 실재나 실재와 결부된 것을 더 잘 다룰 수 있음을 뜻하는 것이다.** 이는 지성적으로 그리고 실제적으로 잘 다룬다는 것을 모두 뜻한다! 때로 일치는 실재의 영역 중 아무것도 관념이 인도하는 방식에 모순되지 않는다는 소극적인 사실만을 뜻한다. 실재의 모사는 실로 실재와 일치하는 지극히 중요한 방식이지만, 본질적인 것은 전혀 아니다. 본질적인 것은 인도되는 과정이다. 실재 혹은 실재에 속하는 것들을 실천적으로나 지성적으로 **다루도록** 돕는 어떤 관념, 우리의 전진을 좌절시키지 않는 관념, 사실에 있어 적절하며 삶을 실재의 전체 환경에 **적응시키는** 관념은 요구를 만족시키기에 충분할 만큼 일치할 것이다. 그때 관념은 그 실재에 대해 참이 된다.

그러므로 특정한 심상들이 그러한 것과 마찬가지로 **이름들**도 "참"이거나 "거짓"이다. 이름들도 (심상들과) 유사한 진리화 과정들을 시작하며, 전적으로 대등한 실천적 결과들로 인도한다.

인간의 사유는 모두 통용될 수 있다. 우리는 관념을 교환한다. 우리는 진리화를 빌려오고 빌려주며, 서로 사회적으로 교제하면서 이들을 얻는다. 그러므로 모든 진리는 언어를 통해 구성되고 축적되어 누구나 활용할 수 있도록 된다. 그러므로 우리는 일관성 있게 **생각해야** 하는 것과 마찬가지로 일관성 있게 **말해야** 한다. 말과 생각 양자에 있어 우리는 종류들을 다룬다. 이름은 처음에는 자의적으로 붙여지지만, 일단 이해되고 난 후에는 고수되어야 한다. 이제 아벨을 "카인"이라고 부르거나 카인을 "아벨"이라고 불러서는 안 된다. 그렇게 한다면 창세기의 내용으로부터, 그리고 창세기가 언어 및 사실의 전체와 지금까지 맺어온 관계로부터 벗어나게 된다. 언어와 사실의 체계 전체가 구체화하는 진리들로부터 추방되는 것이다.

참된 관념들 중 압도적인 다수는 직접적으로 (사실과) 대면하여 진리화하는 것을 허용하지 않는다. 예를 들어 카인과 아벨과 같은 과거의 일에 대해 진리화하는 경우가 그렇다. 흘러간 시간에 다시 들어갈 수 있는 것은 오로지 언어를 통해서일 뿐이며, 혹은 과거가 현재까지 연장되거나 어떤 결과를 가지고 있을 때 이를 통한 간접적 진리화가 가능하다. 만일 과거에 대한 어떤 관념은 이러한 언어나 (현재에 남아 있는) 결과와 일치한다면 참임을 알 수 있다. **과거 자체가 존재했음이 참인 것과 마찬가지로,** 율리우스 카이사르나 대홍수 이전의 괴물들도 그들에게 적절한 시간과 배경 안에서는 참이다. 그리고 과거 자체가 존재했음은 현재 존재하는 모든 것과의 정합성을 통해 보장받는다. 현재가 존재**하는** 것이 참임과 마찬가지로 과거가 존재**했다**는 것도 참이다.

그러므로 일치는 본질적으로 인도의 문제라는 것이 입증된다. 인도가 유용한 것은 중요한 대상들을 포함하고 있는 영역으로 이끌기 때문이다. 참된 관념은 유용한 감각적 목표로 직접적으로 이끌기도 하고, 유용한 언어와 개념의 영역으로 이끌기도 한다. 이는 일관성, 안정성, 순조로운 인간적 교류로 우리를 이끈다. 괴벽과 고립으로부터, 좌절하고 황폐한 사유로부터 벗어나도록 이끈다. 인도 과정의 흐름이 그물에 걸리지 않는다면, 다시 말해 부조화와 모순으로부터 벗어나 있다면, 간접적으로 검증된 것으로 간주되어 통과된다. 그러나 모든 길은 로마로 통한다. 결국 궁극적으로는 참된 과정은 **어디에선가** 직접적 진리화의 감각적 경험들이 드러내는 사실, 누군가의 관념이 모사하는 사실로 이끌어야 한다.

실용주의자가 단어의 일치에 대해 해석하는 방식은 대략 이러하다. 그는 전적으로 실천적으로 이를 다룬다. 실용주의자에 따르면, 순조롭게 이루어지는 일치는 현재 관념으로부터 미래 목표로 이끄는 과정을 떠맡을 수 있다. 상식을 넘어 허공에 떠 있는 듯한 "과학적" 관념들이 실재와 일치한다고 일컬어지는 것은 오직 이러한 이유 때문이다. 앞서 언급한 것처럼, 실재가 마치 에테르나 원자나 전자들로 이루어진 **것인 양** 말했다고 해도, 문자 그대로 받아들일 필요는 없다. "에너지"라는 용어는 "객관적"인 어떤 것을 지칭하는 체 하지도 않는다. 그것은 단지 현상들의 표면을 측정하는 한 가지 방식이며, 이를 통해 현상의 변화를 단순한 공식으로 만들 수 있는 것이다.

그러나 실천적인 상식의 차원에서와 마찬가지로 이러한 인공적인 공식의 선택에 있어서도, 변덕스럽게 군다면 그에 상응하는 대가를 치르게 된다. 우리는 **제대로 기능**할 이론을 찾아내야 한다. 이는 지극히 어려운 일이다. 우리의 이론은 기존의 진리들과 새로운 경험들을 중재해야 하기 때문이다. 그 이론은 상식과 기존의 믿음을 어지럽히는 일이 가능한 한 적어야 하고, 어떤 감각적 목표나 정확히 진리화될 수 있는 다른 목표로 우리를 인도해야 한다. "제대로 기능"한다는 것은 이 두 가지를 모두 의미한다. 그리고 운신의 폭이 매우 작기 때문에 어떤 가설을 위해 느슨하게 유희를 벌일 여지는 거의 없다. 우리의 이론들은 그 어느 것보다도 단단히 고정되고 제어된다. 그러나 때로는 대안이 될 수 있는 이론적 공식들이 이미 알려진 진리들과 동등하게 양립할 수 있는데, 그때는 주관적인 이유들을 가지고 한 가지를 선택하게 된다. 우리는 이미 선호하고 있는 유형의 이론을 선택한다. 우리는 "우아함"이나 "경제성"을 따른다. 클라크 맥스웰은 동등하게 잘 증명된 두 개의 개념 중 더 복잡한 개념을 선택하는 것은 "빈약한 과학적 취향"[3]이라고 말한 적이 있다. 여러분은 모두 그에게 동의할 것이다. 과학에서의 진리는 취미를 포함하여 최대한의 만족을 제공하는 것이지만, 기존의 진리와 새로운 사실 양자와의 정합성이라는 요구가 언제나 가장 필수적이다.

이제까지 나는 여러분을 모래투성이 사막으로 인도해 왔다. 그러나 속되게 말하자면, 이제 우리는 야자 과즙을 맛볼 수 있을 것이다. 우리를 비판하는 합리주의자들은 여기에서 포문을 여는데, 그들의 비판에 응답하는 일은 무미건조함에서 벗어나서 현재 철학에 있어서의 양자택일을 제대로 볼 수 있게 할 것이다.

진리에 대한 우리의 설명은 복수의 진리들, 혹은 **사물 안에서**(in rebus) 이루어지는 인도 과정들에 대한 설명이다. 통상적으로 진리는 오로지 **이익이 된다**는 속성만을 가진다. 이익이 된다는 것은 진리가,

[3] 그의 *Scientific Papers*, ed. W. D. Niven(1890)에서 인용

수많은 지점에서, 감각 지각들과 관련되는 한 체계의 어느 부분 안으로, 혹은 그 쪽으로 우리를 이끌기 때문이다. 그리고 우리는 그 감각 지각들을 정신적으로 모사하거나 하지 않을 수 있지만, 어쨌든 그들을 통해, 뭉뚱그려서 진리화라고 일컬어지는 어떤 관계 안에 있게 된다. 진리는 진리화 과정들에 대한 집합명사에 불과하다. 이는 건강이나 부나 힘 등이, 이익이 되기 때문에 추구되며 삶과 결부되어 있는 여타 과정들에 대한 이름인 것과 마찬가지다. 진리는 건강, 부, 힘 등이 경험의 과정 속에서 만들어지는 것과 같이 **만들어진다.**

여기에서 합리주의는 즉각 우리에 대항하여 싸울 채비를 한다. 다음과 같이 말하는 합리주의자를 상상해 볼 수 있다.

그는 "진리는 만들어지는 것이 아니다"라고 말할 것이다. "진리는 절대적으로 지지되며, 어떠한 과정도 기다리지 않으며, 경험의 머리 너머 똑바로 날아가서 실재에 언제나 명중하는, 독보적인 관계다. 저 쪽 벽에 있는 물건이 시계라는 믿음은 세계사 전체에 있어서 그 누구도 진리화하지 않더라도 이미 참이다. 그러한 초월적 관계를 맺고 있다는 단순한 성질은, 진리화가 일어나는지 여부와 무관하게, 그 성질을 소유한 사고를 참으로 만든다. 여러분과 같은 실용주의자들이 진리의 존재를 진리화 과정 안에 놓는 것은 마차를 말 앞에 놓는 것이다. 진리화 과정은 다만 진리가 존재한다는 기호이며, 관념이 진리라는 경이로운 성질을 이미 소유하고 있음을 사후 확인하는 서툰 방식일 뿐이다. 그 성질 자체는 본질이나 본성이 모두 그렇듯이, 시간을 초월한다. 사유는 허위나 비정합성과 마찬가지로, 진리라는 성질도 직접적으로 가지고 있다. 그러므로 실용적 결과들을 가지고 그 성질을 분석할 수는 없다."

합리주의자의 이러한 공격이 그럴듯한 것은 우리가 이미 세심하게 주의를 기울였던 사실 때문이다. 즉 유사한 종류의 사물들, 그리고 유사하게 결합되어진 사물들이 풍부하게 존재하는 우리의 세계에서, 하나의 진리화는 그와 같은 종류의 다른 진리화에 소용이 된다. 그리고 사물을 알 때의 커다란 유용성은 그 사물을 향해 이끌어진다는 데에서 나오기보다는, 오히려 사물의 종류를 향해, 특히 그에 대한 사람들의 담화를 향해 이끌어진다는 데에서 나온다. 그렇다면 **사물 이전에**(ante rem) 얻어지는 진리의 성질은 실용주의적 관점에서는, 그러한 세계에서 많은 관념이 직접적, 현실적 진리화보다는 간접적, 가능적 진리화를 통해 더 잘 기능하고 있음을 뜻하는 것이다. 그렇다면 사물 이전의 진리는 오로지 진리화 가능성을 의미할 뿐이다. 그렇지 않다면 그러한 진리는 구체적인 현상적 실재에 선행하여 독립된 것으로 그 이름을 다루고, 실재를 설명하기 위해 실재 배후에 그 이름을 위치시키는 합리주의의 상투적 속임수 중 하나다. 마하 교수는 어디에선가 레싱의 풍자시를 인용했다.

> 영리한 한스가 사촌 형 프리츠에게 말했다.
> "프리츠 형, 대체 어찌 된 일이에요?
> 세상에서 최고 부자들이
> 돈이 제일 많다니요?"

영리한 한스는 여기에서 "부"라는 원리를 돈이 많다는 사실과 별도의 것으로 다루고 있다. 그 원리는 사실에 선행한다. (돈이 많다는) 사실이 부유한 남자의 본질적 본성과 일치하는 것은 한낱 부차적인 일이 되어 버린다.

"부"의 경우에는 우리 모두 그 오류를 알아차릴 수 있다. 우리는 부유함이라는 것이 어떤 사람들의 삶과 관계되는 구체적인 과정을 가리키는 이름에 불과한 것이지, 다른 사람들에게는 없고 록펠러와 카네기에게서만 볼 수 있는 자연적 탁월성이 아니라는 것을 안다.

부와 마찬가지로 건강도 **사물 안에** 있다. 그것은 아무 탈 없이 진행되는 소화, 혈액 순환, 수면 등의 과정을 지칭하는 이름이다. 물론 이 경우 건강을 하나의 원리로 여기면서, 건강하기 **때문에** 소화가 잘 되고 잠을 잘 잔다고 말하는 경향이 있기는 하다.

내 생각에 우리는 "힘"과 관련해서는 좀 더 합리주의적이다. 그래서 힘을 사람 안에 선재하며 그 사람이 커다란 근력을 필요로 하는 행위를 하는 것을 설명하는 하나의 탁월성으로 자주 다룬다.

한편 "진리"에 있어서는 사람들 대부분이 경계를 완전히 넘어가 버리며, 합리주의적 설명을 자명한 것으로 받아들인다. 하지만 **"th"**로 끝나는 이 단어들[4]은 모두 유사하다. 진리가 사실 이전에 존재한다면, (건강, 부, 힘 등의) 다른 것들이 그러한 것과 똑같은 정도로 그러하다.

스콜라 철학은 아리스토텔레스에 따라, 습관과 행위의 구별에 큰 의미를 둔다. 활동 중인(in actu) 건강은 무엇보다 잠을 잘 자고 소화를 잘 하는 것을 뜻한다. 그러나 건강한 사람이라고 항상 잠을 자거나 소화를 하고 있지는 않다. 이는 부자라고 언제나 돈을 만지고 있거나 강한 사람이라고 늘 역기를 들고 있을 필요는 없는 것과 같다. 이러한 성질들은 활동하지 않을 때에는 "습관"의 상태에 잠겨든다. 이와 유사하게 진리도 어떤 관념과 믿음이 진리화 활동을 쉬고 있는 때에는 일종의 습관이 된다. 하지만 그러한 활동이 바로 모든 사태의 뿌리이며, 중간 중간 습관이 존재하기 위한 조건이다.

[4] wealth, health, strength, truth를 뜻함-옮긴이

간략히 말하자면, "진리"는 단지 사유 방식에서의 방편인데, 이는 "정의(正義)"가 다만 행위 방식에서의 방편인 것과 마찬가지다. 그리고 이는 거의 모든 측면에서 방편이 되며, 장기적이고 전체적으로 방편이 된다. (내가 이런 말을 하는 이유는) 당장 눈앞의 경험들에 있어 방편이 된다고 해서 앞으로의 다른 경험들을 필연적으로, 모두 똑같이 만족스럽게 적중시키지는 않기 때문이다. 주지하는 바와 같이 경험은 끓어 넘치는 것이어서 현재의 공식들을 수정하도록 만든다.

"절대적으로" 참인 것은 어떠한 경험이 추가되어도 결코 수정될 수 없음을 뜻하며, 모든 일시적 진리들이 언젠가는 그리로 수렴하리라고 상상되는 이상적 소실점이다. 그것은 완벽하게 현명한 사람과 절대적으로 완수된 경험과 전적으로 부합한다. 그리고 만일 이러한 이상들이 언젠가 실현된다면, 한꺼번에 실현될 것이다. 이와는 달리 우리는 오늘 얻을 수 있는 진리를 가지고 오늘 살아가면서도 내일은 그것을 허위라고 부를 각오가 되어 있어야 한다. 프톨레마이오스 천문학, 유클리드 공간, 아리스토텔레스 논리학, 스콜라 형이상학들은 수 세기 동안 쓸모 있었으나, 인간 경험은 그 한계들을 넘어 끓어 넘쳤다. 이제 우리는 이러한 사실들을 단지 상대적으로만 참이라고, 혹은 이러한 경험의 한계 내에서만 참이라고 칭한다. 그들은 "절대적으로"는 거짓이다. 왜냐하면 우리는 이 한계들이 일시적이며, 그 한계들은 현재의 사상가들에 의해 이미 극복된 것과 마찬가지로, 과거의 이론가들에 의해서도 극복될 수도 있었을 것임을 알기 때문이다.

새로운 경험들이 과거 시제를 사용하면서 우리를 회고적 판단으로 이끌어 간다면, 비록 과거의 사상가들은 우리를 그리로 이끌어 간 적이 없다고 해도 이러한 판단이 언명하는 내용은 참**이었다**고 말할 수 있다. 덴마크의 어느 사상가[5]는, 우리는 앞을 향하여 살고 있으나 뒤를 향하여 이해하고 있다고 말한 바 있다. 현재는 뒤를 향하는 빛을 세계의 지나간 과정들 위에 비춘다. 그들은 그 안의 행위자들을 위한 진리 과정들이었을 것이지, 이미 전말이 누설된 그 이야기를 알고 있는 후대 사람들을 위한 것은 아니다.

장차 확정될 것이고 언젠가는 절대적으로 확정되며 소급 입법의 힘까지 가지게 될, 잠재적으로 더 나은 진리라는 이러한 규제적 관념은 모든 실용주의 관념들과 마찬가지로, 사실의 구체성을 추구하고 미래를 지향한다. 절반의 진리와 마찬가지로 절대적 진리도 **만들어져야** 하는데, 이는 진리화 경험들이 늘어나는 데 수반하여 만들어지는 관계인 것이다. 그리고 절반의 진리들은 그러한 진리화 경험들을 위해 언제나 자신의 몫을 다 하고 있다.

이미 나는 진리는 대개의 경우 이전의 진리들로부터 만들어졌다는 사실을 주장해 왔다. 믿음은 언제나 경험에 의해 **기초지어진다**. 그러나 믿음은 그 자체로 총체적 세계 경험의 일부이며, 그리하여 장래의 기초 짓는 작업을 위해 중요하게 되는 것이다. 실재가 경험 가능한 실재를 뜻한다면, 실재 및 실재에 대한 진리는 모두 영원히 변화하고 있다. 그것은 미리 결정된 목표를 향한 것일 수는 있겠으나 어쨌든 변화는 변화인 것이다.

수학자들은 변수가 두 개인 문제를 풀 수 있다. 예를 들어 뉴턴의 이론에서 가속도는 거리에 의해 변하지만, 거리 역시 가속도에 의해 변한다. 진리 과정의 영역에서는 사실이 독립적으로 나타나서 우리의 믿음을 잠정적으로 규정한다. 그러나 이러한 믿음은 우리가 행동하도록 만든다. 믿음이 행위를 빠르게 일으키는 것과 마찬가지로, 그 행위

5 키에르케고르(Søren Kierkegaard, 1813–1855)를 뜻한다.

는 믿음을 재규정하는 새로운 사실들이 빠르게 시야에 드러나거나 존재하도록 만든다. 그러므로 진리의 코일과 (그 안에서) 굴러 올라가는 진리의 공,[6] 이 모두는 이중적인 유도(誘導) 현상의 산물로서 일어난다. 진리는 사실들로부터 생겨나지만, 계속해서 다시 사실들에 간여하면서 거기에 추가된다. 사실들은 다시 새로운 진리를 창조하거나 드러내며(표현은 아무래도 좋다.), 이러한 과정이 무한정 계속된다. 다른 한편 "사실들" 자체는 **참**이 아니다. 그들은 그저 **있다.** 사실들 사이에서 시작하고 끝나는 믿음의 기능이 바로 진리다.

이 경우는 눈덩이가 불어나는 것과 비슷하다. 이것은 한편으로는 눈이 뿌려진 것에 기인하면서 다른 한편 소년들이 계속해서 굴리는 것에 기인하는데, 이 요인들은 서로를 끊임없이 상호 규정한다.

합리주의자와 실용주의자 사이의 가장 운명적인 차이점은 이제 완전히 드러났다. 경험은 변화 속에 있으며 진리에 대한 심리적 확실성도 변화 속에 있다. 합리주의도 여기까지는 인정할 것이다. 그러나 실재 자체나 진리 자체가 변화 가능하다는 사실은 결코 인정하지 않을 것이다. 합리주의는 실재는 완전하고 이미 만들어진 채로 영원으로부터 존재하며, 관념이 실재와 일치하는 것은 관념 내의 독특하고 분석 불가능한 덕목이라고 주장한다. 관념의 진리는 이러한 내적 탁월성으로서, 우리의 경험들과는 무관하다. 진리는 경험의 내용에 아무것도 덧붙이지 않는다. 진리는 실재 자체에 어떠한 차이도 만들지 않는다. 그것은 부수적이며 비활동적이고 정적이고 단지 반성에 불과하다. 진리는 존재하는 것이 아니라 타당하거나 승인될 뿐이고, 사실이나 사

[6] 전기 코일 안에 쇠공을 넣을 때 나타나는 전자기 유도 현상을 뜻하는 듯함-옮긴이

실 간 관계와는 다른 차원에 속한다. 한마디로 인식론적 차원에 속하는 것이다. 이러한 거창한 말로 합리주의는 토론을 끝맺는다.

그러므로 실용주의가 앞을 향해 미래를 바라보는 것과 마찬가지로 합리주의는 여기에서 다시 한 번 뒤를 향해 과거의 영원성을 바라본다. 합리주의는 상습적으로 그러는 것처럼, "원리들"로 회귀하며, 일단 추상화된 것에 이름만 붙인다면 신비로운 해결이 가능하다고 믿는다.

이러한 근본적 견해 차이가 삶에서 가지는 결과들에서 어떠한 엄청난 함축을 가지는지는 다음 번 강의들에서야 비로소 분명해질 것이다. 나는 합리주의가 아무리 장엄하다고 해도 그 공허함을 지우지 못함을 보여주면서 이 강의를 끝맺고자 한다.

합리주의에 대해서, 실용주의가 진리 관념을 신성모독하고 있다고 비난만 하지 말고, **그 자신**이 진리라는 말로 무엇을 의미하는지 명백하게 밝히고 스스로 진리를 정의해 보라고 요청하자. 그러면 그들의 시도 중 긍정적인 것은 다음의 두 가지밖에 없을 것이다.

1. "진리는 그 타당성이 승인되어야 한다는 무조건적 요구를 지니는 명제들의 체계다."[7]

2. "진리는 우리 자신이 그것을 만들어야 하는 의무를 정언명법에 의해 가지고 있다고 생각되는 판단들의 이름이다."[8]

그러한 정의들에서 눈에 띄는 첫번째 사실은 이들이 말할 나위 없이 사소하다는 점이다. 그 정의들은 물론 절대적으로 참이지만, 이를 실용적으로 다루기 전까지는 절대적으로 무의미하다. 여기서 "요구"

[7] A. E. Taylor, *Philosophical Review*, vol. 14, p.288(1905).

[8] H. Rickert, *Der Gegenstand der Erkenntniss*(1892), "판단 필연성"이라는 장에 나온다.

라는 말은 무엇을 의미하며 "의무"라는 말은 무엇을 의미하는가? 왜 참된 사유가 매우 쓸모가 있고 인간에게 좋은 것인가에 대한 구체적 이유들을 대략 언급하기 위해, 실재의 측면에서는 실재와 일치해야 한다는 요구에 대해 말하고, 우리의 측면에서는 의무에 대해 말하는 것이라면 무난할 것이다. 우리가 요구와 의무 양자를 모두 느끼는 것은 오로지 위에서 말한 이유 때문인 것이다.

그러나 합리주의자들은 요구와 의무에 대해 말하면서, **우리의 실천적 관심이나 개인적 이유와는 무관하다고 잘라 말한다.** 합리주의자는 일치와 관련된 우리의 동기는 단지 심리적 사실들일 뿐이며, 생각하는 사람들에 따라 각각 상대적이고 삶의 우연들에 따라 상대적일 뿐이라고 말한다. 그 동기들은 일치에 대한 증거일 뿐이지, 진리 자체가 누리는 삶의 일부가 아니다. 진리 자체의 삶은 심리적 차원과는 구별되는, 순수하게 논리적이거나 인식론적인 차원에서 이루어지며, 진리에의 요구는 어떠한 경우에도 개인적인 동기보다 선행하고 그것을 초월한다. 사람이건 신이건 아무도 진리에 대해 확신하지 못한다고 해도, 그 단어는 여전히 확인되고 인식**되어야 하는 것**이라고 정의된다.

경험의 구체성으로부터 추상된 관념이 그러한 추상의 원천에 대해 반기를 들고 부정하는 사례 중 이처럼 절묘한 예는 존재하지 않는다.

철학과 일상생활에는 이와 유사한 사례가 풍부하다. "감상주의자의 오류"라는 것은, 추상적 정의(正義), 관대함, 아름다움 등에 대해서는 눈물을 뿌리지만, 환경에 의해 이러한 성질들이 통속적이 되어 버리는 길거리에서는 이러한 성질들을 만나도 결코 알아보지 못하는 것을 말한다. 나는 어느 저명한 합리주의자에 대해 자비출판 전기에서 다음과 같은 내용을 읽었다. "형님이 추상적인 미에 대해서는 경탄하면서도, 아름다운 건축이나 회화나 꽃 등에 대해서는 결코 열광하지 않는 것이 이상했다." 그리고 나는 최근 읽었던 철학 저작 안에서 다음과 같은 구절을 발견했다. "정의(正義)는 이상적이며 오로지 이상적일 따름이다. 이성에 따르면 정의가 존재해야 하지만, 경험에 따르면 정의는 존재할 수 없다. …… 진리는 존재해야 하지만 존재할 수 없다. 이성은 경험에 의해 불구가 된다. 이성이 경험으로 들어가자마자 경험은 이성에 반대하게 된다."

여기서 합리주의자의 오류는 감상주의자의 오류와 한 치도 어긋남이 없이 일치한다. 둘 다 질척한 경험으로부터 성질을 따로 추출해 낸다. 그렇게 추출된 성질은 지극히 순수하기 때문에 질척한 사례들과는 반대되며 그들보다 더 고상한 본성을 지닌 것이라고 여겨진다. 그러나 그 본성은 다름 아닌 **사례들의** 본성이다. 타당화되고 진리화되는 것은 진리들의 본성이다. 타당화되는 것은 우리의 관념들에게 유익하다. 진리 추구의 의무는 유익한 일을 해야 한다는 일반적 의무의 일부다. 참된 관념이 가져오는 이익이야말로 참된 관념을 따라야 한다는 의무에 있어 유일한 근거다.

부와 건강의 경우에도 근거는 동일하다. 진리는 건강이나 부와는 다른 요구를 가지는 것이 아니며, 상이한 의무를 지우는 것도 아니다. 이러한 요구는 모두 조건부다. 우리가 어떤 추구를 의무라고 부를 때 의미하는 것은 우리가 얻게 될 구체적인 이익들이다. 진리의 경우 장기적으로 보자면, 참된 믿음은 유익하게 기능하고 참되지 않은 믿음은 유해하게 기능한다. 그러므로 추상적으로 말하자면, "참"이라는 성질은 절대적으로 귀중하고 "거짓"이라는 성질은 절대적으로 저주받을 만하다고 말할 수 있을 것이다. 전자는 선이고 후자는 악이라고 무조건적으로 불릴 수 있을 것이다. 우리는 무조건 참된 것을 사유해야 하고, 틀린 것을 피해야 한다.

그러나 만일 이러한 추상들을 말 그대로 받아들여 다루고, 그들을 낳은 어머니인 대지의 경험에 대립시켜 버린다면, 스스로 터무니없는 구렁텅이로 빠져들게 된다.

그럴 경우 우리는 실제로 사유함에 있어서 한 발짝도 앞으로 나아갈 수 없다. 언제는 이 진리를 인정하고 언제는 저 진리를 인정해야 하는가. 그러한 인정은 큰 소리로 이루어져야 하는가, 침묵 속에서 이루어져야 하는가. 만일 때로는 큰 소리로, 때로는 침묵으로 이루어져야 한다면, **지금은** 어떠해야 하는가? 언제 진리는 백과사전이라는 냉장고 안으로 들어가야 하는가? 언제 진리는 싸움을 위해 바깥으로 나와야 하는가? "2 × 2 = 4"라는 진리는 인정되어야 한다는 데 대해 영원한 요구를 가지고 있지만, 그렇다고 해서 그 인정을 끊임없이 반복해야 하는가? 아니면 때로는 그러한 인정은 적절치 못한 것인가? 내가 참으로 개인적인 죄와 결점이 있다고 해서, 나의 사유가 밤낮으로 거기에 처박혀 있어야 하는가? 아니면 병적인 우울함과 죄책감의 덩어리에서 벗어나 사회의 버젓한 일원으로 살아가기 위하여, 그것들을 파묻고 무시해야 하는가?

진리를 인정해야 하는 우리의 의무는 무조건적이 아니라 상당히 조건부임은 더할 나위 없이 명백하다. 물론 대문자로 시작하는 단수형의 진리는 인식될 것을 절대적으로 요구한다. 그러나 복수형의 구체적 진리들은 오직 우리의 인식이 쓸모 있을 때만 인식될 필요가 있다. 진리와 허위가 둘 다 어떠한 상황과 관련되어 있다면, 언제나 진리가 허위보다 선호되어야 한다. 그러나 진리와 허위가 어떤 상황에 관련되어 있지 않을 때라면, 진리나 허위는 의무가 되지 않는다. 여러분이 몇 시인지를 물을 때 내가 어빙 가 95번지에 살고 있다고 대답한다면, 그 대답 자체는 실제로 참일 수도 있지만, 여러분은 왜 내가 그러한 대답을 해야 할 의무를 가지고 있는지 의아해할 것이다. 만일 내가 틀린 주소를 말하더라도 그 목적에 있어서는 (올바른 주소를 말할 때와) 매 한가지일 것이다.

실용주의는 추상적 명령을 적용하는 데 있어서의 한계를 규정하는 조건들이 존재한다는 점을 인정한다. **이와 더불어 실용주의가 진리를 다루는 방식은 풍요로워서 우리를 사로잡는다.** 실재와 일치해야 할 의무는 구체적 이익들이라는 완전한 밀림 안에 기초를 두고 있는 것으로 보인다.

버클리가 우리가 물질이라는 말로 의미하는 바가 무엇인지 설명했을 때, 사람들은 그가 물질의 존재를 부정한다고 생각했다. 이제 실러와 듀이가 우리가 진리라는 말로 의미하는 바가 무엇인지 설명할 때, 사람들은 그들이 **진리의** 존재를 부인한다고 비난한다. 비판가들은 실용주의자들이 모든 객관적 기준들을 파괴하며 어리석음과 현명함을 동일한 차원에 놓는다고 말한다. 실러와 나의 이론을 서술하는 데 있어 선호되는 말은, 우리가 여러분의 비위를 맞추는 말만 늘어놓으면서 그것을 진리라고 부르고 실용주의의 요구를 다 충족시켰다고 생각한다는 것이다.

나는 이것이 경솔한 중상모략이 아닌지 여부에 대한 판단을 여러분에게 맡겨두고자 한다. 실용주의자들은 그 누구보다도 과거로부터 축적된 진리들 전체와 그에 대한 의미의 세계 사이에 끼어 있다. 정신이 자신의 기능을 수행하는 데 있어 받는 그러한 객관적 규제의 엄청난 압박을 그 누가 실용주의자보다 더 잘 느낄 수 있을 것인가? 에머슨은 이러한 법칙이 느슨한 것이라고 생각하는 사람이 있다면, 그에게 한 번 이 법칙의 명령을 준수해 보라고 요구하자고 말했다. 우리는 최근 과학으로부터 상상력의 유용성에 대하여 귀에 못이 박히도록 들어 왔다. 지금은 철학에서도 약간의 상상력은 유용하다는 사실을 촉구해야 할 적기다. 우리에 대한 일부 비판가들은 우리의 언명이 가질 수 있는 의미들 중 가장 어이없는 것들만을 골라 읽고 있다. 이것은 최근 철학사에 있어서 스스로의 상상력에 대해 부끄러운 짓을 저지르는 가장 좋은 예다. 실러는 참된 것은 "기능"하는 것이라고 말했다. 그 결과 그는 진리화가 가장 저급한 물질적 유용성들에 불과하다고 보는 사람으로 간주되었다. 듀이는 진리가 "만족"을 주는 것이라고 말했다. 그리하여 그는 어떤 것이라도 쾌적하기만 하면 참이라고 부를 수 있다고 믿는 사람으로 취급되었다.

우리에 대한 비판가들에게는 분명 실재에 대한 상상력이 좀 더 필요하다. 나는 진지하게 상상력을 확장하여, 합리주의자의 관념 중 최상의 의미를 읽어내고자 시도해 왔지만, 여전히 합리주의자의 관념은 나를 크게 당혹하게 하고 있음을 고백해야겠다. 실재는 우리가 그것과 "일치"하기를 요구하는데 그 이유는 단지 그 요구가 "무조건적"이거나 "초월적"이기 때문이라는 것은 전혀 납득할 수 없는 생각이다. 나는 스스로를 세계의 유일무이한 실재로 상상해 보고, 만일 "요구"하는 것이 허용된다면 무엇을 더 "요구"하게 될 것인지를 상상해 본다. 무로부터 어떤 마음이 생겨나서 거기 서서 나를 모사하기를 요구할 수 있으리라고 여러분이 제안한다면, 나는 그 모사의 의미에 대해서는 상상할 수는 있으나 모사의 동기는 전혀 상상할 수 없다. 만일 (합리주의의 권위자들이 그러는 것처럼) 명시적이고 원칙적으로 추가적인 결과들은 그러한 요구의 동기로부터 제외시킨다면, 내가 모사되는 것이 내게 왜 좋은 일인지, 그 마음이 나를 모사하는 것이 그 마음에게 왜 좋은 일인지를 알 수 없다. 어느 아일랜드 인을 존경하는 사람들이 그를 바닥이 없는 승용차의 좌석에 태워 연회장으로 데리고 갔을 때, 그는 말했다. "참으로, 명예 문제만 아니라면, 차라리 걸어가고 싶다." 여기에서는 다음과 같이 말할 수 있겠다. 명예를 위하여 나는 차라리 모사되지 않겠다. 모사는 앎의 참된 방식의 하나다(몇 가지 특이한 이유 때문에 우리 시대의 초월론자들은 이를 거부하는 데 있어 우왕좌왕하는 것으로 보인다). 그러나 우리가 모사를 넘어서서, 일치의 익명의 형식들(이 형식들은 모사, 인도, 적응이나 실용주의적으로 정의될 수 있는 여타의 어떤 과정임은 분명하게 거부한다)로 되돌아간다면, 그때 요구되는 "일치"의 **본질**은 "일치"의 이유와 마찬가지로 불가해하게 된다. 그 내용이나 동기가 모두 생각될 수 없는 것이다. 그것은 완벽하게 무의미한 추상에 불과하게 된다.[9]

확실히 진리라는 이 영역에서 이 세상의 합리성에 대한 참된 수호자는 합리주의자가 아니라 실용주의자다.

_김태희(서울대학교 철학과 강사) 옮김·주달기

[9] 나는 리케르트 교수가 오래 전에 실재와의 일치 위에 기초하는 진리관 전체를 포기했음을 잊지 않고 있다. 그에 따르면, 실재는 진리와 일치하는 모든 것이고 진리는 오로지 우리의 근본적 의무 위에 기초하고 있다. 이러한 환상적인 비행(飛行)은 요아힘이 그의 책 『진리의 본성(*The Nature of Truth*)』에서 솔직하게 행했던 고백과 함께, 내게는 이 주제를 다룸에 있어 합리주의의 파산을 표현하고 있는 듯 보인다. 리케르트는 "상대주의"라는 장에서 실용주의의 입장에 대해 다루고 있다. 그의 텍스트를 여기서 토론할 수는 없다. 그저 이 장에서 그의 논변은 너무 빈약해서 보통은 그토록 유능한 저술가가 썼으리라고는 거의 믿을 수 없을 정도라는 점만 언급해 두자.

21

후설

엄밀학으로서의 철학

철학은 그것이 처음 출발할 때부터 지금까지 엄밀학이고자 하는 요구, 그것도 가장 높은 이론적 욕구를 충족시키고 윤리적-종교적 관점에서 볼 때 순수한 이성적 규범에 따르는 삶을 가능하게 해주는 학이고자 하는 요구를 제기해 왔다. 이러한 요구는 때로는 다소 강하게, 때로는 다소 약하게 제기되었으며, 결코 완전히 포기된 적이 없었다. 순수이론에 대한 관심과 그러한 이론을 실현시킬 수 있는 능력이 위축될 위험에 처했거나 종교적 권력이 이론적 탐구를 수행할 자유를 구속했던 시대에도 이러한 요구가 완전히 포기된 적은 없었다.

그러나 철학은 자신이 전개해 나가면서 그 어떤 시대에도 엄밀학이 되고자 하는 요구를 충족시킬 수 없었다. 철학적 입장들이 지녔던 모든 다양성과 대립성에도 불구하고 르네상스에서 현대에 걸쳐 본질적으로 통일적인 전개 과정에서 유지되었던 마지막 시대에도 철학은 그러한 요구를 충족시킬 수 없었다. 물론 철학적 충동에 맹목적으로 몰입하는 대신에 오히려 비판적 반성을 수단으로 삼아 방법에 대해 점점 더 깊이 탐구해 들어가면서 자신을 엄밀학으로 만들어 가려고 했던 것이 바로 근대철학을 지배했던 생각(Ethos)이었다. 그러나 이러한 노력이 이루어 낸 유일한 과실은 새로운 순수수학의 여러 분야와 더불어 엄밀한 자연과학과 정신과학이 정초되고 독립해 나간 일이었다. 이제 처음으로 [다른 학문들로부터] 부각된, 특별한 의미에서의 철학 자체는 그 이전과 마찬가지로 그 이후에도 엄밀학의 성격을 결여하고 있었다.

이러한 부각이 무엇을 의미하는가 하는 점 역시 학적으로 확실한 규정성을 결여하고 있었다. 철학이 자연과학과 정신과학에 대해 어떤 관계를 가지고 있느냐, 어쨌든 본질적으로 자연 및 자연과 본질적으로 관계 맺고 있는 철학의 작업에서 특유하게 철학적인 요소가 새로운 태도를 필요로 해서 이러한 태도들 때문에 원칙적으로 고유한 목표와 방법이 철학에게 주어질 수 있느냐, 철학적인 것이 우리를 말하자면 새로운 차원으로 인도할 수 있는 것인지 아니면 철학이 자연과 정신의 삶을 다루는 경험과학들과 동일한 차원에서 전개되는 것인지 하는 등의 문제는 오늘날까지 논쟁거리로 남아있다. 이러한 사실은 지금까지 단 한 번도 철학적 문제의 본래적인 의미가 학문적으로 해명되지 않았음을 보여준다.

이처럼 철학, 그 역사적 목표에 따라서 볼 때 모든 학문 중에서도 가장 높고 가장 엄밀한 학문, 다시 말해 순수하고 절대적인 인식(이와 불가분 결합되어 있는 것인바, 순수하고 절대적인 가치와 의지)을 향한, 포기할 수 없는 인류의 요구를 대변하는 철학은 참다운 학문으로 형성될 수 없었다.

인간성의 영원한 작품을 완성하도록 소명을 받은 위대한 스승인 철학은 도대체 그 어떤 것도 가르칠 수 있는, 객관적으로 타당한 방식으로 가르칠 수 있는 능력이 없었다. 칸트는 철학하는 방법만을 가르칠 수 있을 뿐 철학은 가르칠 수 없다고 즐겨 말하였다. 이것이 철학의 비학문성을 고백하는 일 이외에 그 무엇이겠는가? 학문, 다시 말해 참다운 학문이 미치는 범위만큼 우리는 가르치고 배울 수 있으며, 그것도 도처에서 동일한 의미로 가르치고 배울 수 있는 것이다. 진정 그 어느 곳에서도 학적인 배움이란 우리의 영혼과는 무관한 내용을 수동적으로 받아들이는 일이 아니다. 학적인 배움이란 어디서나 자발적인 활동, 다시 말해 창조적인 정신들에 의해 획득된 이성적 통찰들을 원인과 결과에 따라 차후에 내적으로 재생산해 내는 활동에 토대를 두고 있다. 철학의 경우 그처럼 객관적으로 파악되고 정초된 통찰들이 아직 존재하지 않기 때문에, 아직도 개념적으로 확실하게 한정되어 있고 그 의미에 따라 볼 때 완전하게 해명된 문제, 방법, 이론들이 결여되어 있기 때문에 철학은 가르칠 수 없는 것이다.

나는 철학이 불완전한 학문이라고 말하는 것이 아니다. 나는 단지 그것이 아직 학문이 되지 못하였으며, 그것이 아직 학문으로서 출발도 하지 못하였다고 말하는 것이다. 그리고 나는 여기서 비록 아무리 작을지라도 객관적으로 정초된 객관적으로 가르칠 수 있는 내용이 한 조각이라도 있는지 여부를 [그러한 사실을 판가름할] 척도로서 취한다. 모든 학문들, 그리고 그처럼 종종 경탄의 대상이 되고 있는 정밀한 학문들(exakte Wissenschaften)조차도 불완전하다(unvollkommen). 그것들은 한편으로는 결코 인식충동을 잠재울 수 없는 열린 문제들의 무한한 지평들을 가지고 있는 것으로서 불충분하다(unvollständig). 다른 한편 그것들은 이미 형성된 그들의 학설 속에 다양한 결함을 가지고 있으며, 증명과 이론의 체계적 질서 안에 여기 저기 불명료성과 불완전성을 지니고 있다. 그러나 언제나 그렇듯이 늘 성장해 나가면서 새롭게 가지를 쳐나가는 학설의 내용은 존재한다. 놀랄 만한 수학과 자연과학의 이론이 지닌 개관적 진리성 및 객관적으로 정초된 확률성에 대해서는 그 어떤 이성적인 사람도 의심하지 않을 것이다. 여기서는—전체적으로 볼 때—주관적 "견해", "직관", "관점" 등은 존재하지 않는다. 아직도 개별적으로 그러한 것이 존재하는 한 그러한 학문은 아직 완성된 학문이 아니라, 생성되는 과정 속에 있는 학문이며 일반적으로 그렇게 평가받는다. 그러나 철학의 불완전성은 방금 기술된 모든 학문들의 불완전성과는 전혀 성격을 달리하는 것이다. 철학은 불충분하며(unvollständig) 단지 개별적으로만 불완전한 학설체계를 가지고 있지 못한 것이 아니라, 단적으로 그 어떤 체계도 가지고 있지 못하다. 여기서는 모든 것이 논쟁거리이며 모든 태도 취함은 개인적인 확신, 학파의

견해, "관점"의 문제다.

이후에 이루어질 논의는 인류문화의 가장 높은 관심이 엄밀한 학적 철학의 구축을 요구하고 있으며 따라서 우리 시대의 철학적 전향이 나름의 권리를 지니고 있다고 한다면 그러한 전향은 어쨌든 엄밀학이라는 의미에서 철학을 새롭게 정초하려는 의지에 의해 혼이 불어넣어져야 한다는 생각에 의해 지탱된다. 이러한 의지는 결코 현대에 낯선 것이 아니다. 그것은 바로 지배적인 자연주의 안에서 완전히 살아있다. 자연주의는 처음부터 아주 단호하게 철학을 엄밀하게 학적으로 개혁하려는 이념을 추구하였으며 자신의 현대적인 형태와 마찬가지로 자신의 과거의 형태를 가지고도 언제나 이미 그 이념을 실현시켰다고 믿는다. 그러나 원칙적으로 볼 때 이 모든 것은 그것이 실천적으로 우리의 문화에 대해서 점차 증가하는 위험을 의미하듯이 이론적으로 볼 때 근본적으로 그릇된 형태 속에서 이루어진다.

철학의 진보를 위해서 결정적인 "전환"은 그 속에서 학문이고자 하는 이전의 철학들이 학적인 수행 절차라고 생각하는 것에 대한 비판을 통해 학이 되고자 하는 저 철학들의 요구가 붕괴되고 이제 엄밀학이라는 의미에서 철학을 철저히 새롭게 다시 형성하겠다는 전적으로 의식적인 의지가 주도적이며 작업의 순서를 결정해 주는 의지가 되는 바, 그러한 전환을 의미한다. 철학적 건축물을 새로 수립하기 위해서 기존의 철학이 소박하게 간과해 오거나 오해한 엄밀학의 조건들을 체계적으로 숙고하면서 결정적으로 분명하게 만드는 데 모든 사유의 힘이 일차적으로 집중되어야 한다.

엄밀학을 향한 그처럼 완전히 의식된 의지가 소크라테스-플라톤적 철학의 전환을 지배했고 마찬가지로 근대 초에는 스콜라 철학에 대한 학적 반작용, 무엇보다도 데카르트적인 전환을 지배했다. 이러한 추진력은 17-18세기의 위대한 철학자들에게 전달되었으며, 그것은 칸트의 이성비판 속에서 가장 극단적인 방식으로 쇄신되었으며 피히테의 철학함도 지배하였다. 늘 새롭게 참된 출발점, 결정적인 문제 형성, 올바른 방법에 대해 탐구가 진행되었다.

낭만주의적 철학에서 처음으로 변화가 나타난다. 헤겔이 아무리 자신의 방법과 자신의 철학이 절대적 타당성을 지녔다고 주장해도 그의 체계에는 철학적 학문성을 일차적으로 가능하게 해주는 이성비판이 결여되어 있다. 이러한 사실과 결부되어 있는 것은 낭만주의 철학 일반과 마찬가지로 이 철학이 그 이후의 시기에 엄밀한 철학의 구축을 위한 충동을 약화시키거나 왜곡시키는 결과를 가져왔다.

후자, 즉 이러한 충동의 왜곡과 관련해서 헤겔주의는 잘 알려져 있듯이 정밀과학이 점점 더 공고해짐에 따라 반작용을 불러일으켰는데, 이러한 반작용의 결과 18세기의 자연주의가 엄청난 추진력을 얻게 되었으며 모든 절대적인 이념성 및 타당성의 객관성을 부정하는 그의 회의주의와 더불어 최근의 세계관과 철학을 주도적으로 지배하였다.

다른 한편 철학적 충동의 약화와 관련해서 헤겔의 철학은 모든 철학이 자신의 시대에 대해 상대적 정당성을 지닌다는 이론을 통해 영향력을 행사했다. 물론 이러한 이론은 절대적 타당성을 지닌다고 간주되는 체계 안에서는 역사주의적인 의미와는 전혀 다른 의미를 지니고 있었는데, 바로 이러한 이론은, 헤겔 철학에 대한 믿음과 더불어 절대적인 철학에 대한 믿음까지도 상실한 몇 세대에 걸쳐 역사주의적 의미와 더불어 받아들여졌던 것이다. 헤겔의 형이상학적 역사철학이 회의주의적 역사주의로 전환함으로써 이제 새로운 "세계관 철학"의 도래가 본질적으로 결정되었는데, 이러한 세계관 철학은 바로 오늘날 급속히 퍼지고 있는 것처럼 보이며, 그뿐 아니라 그것은 그 자체상 대체로 그것이 견지하는 반자연주의적이며 경우에 따라 반역사주의적이기까지 한 논법 때문에 결코 회의주의적이 되지 않으려 한다. 그러나 그것이 적어도 그의 전체적인 의도와 전개방식에 있어서 칸트에 이르기까지 저 거대한 근대철학의 진행 과정을 지배했던바, 학문적 이론을 향한 저 철저한 학적 의지에 의해 지배되지 않는 것처럼 보이기 때문에 특히 그것과 관련해서 사람들은 철학적인 학문적 충동의 약화라는 말을 하였다.

(……)

자연주의는 자연, 다시 말해 정밀한 자연법칙에 따른 공간적-시간적 존재의 통일체라는 의미의 자연에 대한 발견이 가지고온 귀결로서 나타난 현상이다. 상당한 양의 엄밀한 인식을 정초해 주는, 늘 새로운 자연과학 안에서 이러한 이념이 단계적으로 실현되어 감에 따라 자연주의는 점점 더 자신의 영역을 확장시켜 나갔다. 이와 아주 유사한 방식으로 나중에 "역사의 발견"과 늘 새로운 역사학의 정초가 가져온 귀결로서 나타난 현상인 역사주의가 등장하였다. 지배적인 파악방식에 대응하여 자연주의자는 바로 모든 것을 자연으로 파악하고 정신과학자는 모든 것을 정신, 역사적 형성물로 간주하려는 경향이 있다. 이제 자연주의자에게 특별히 주의를 기울이자면 자연주의자는 이처럼 자연, 그것도 우선은 물리적 자연 이외의 그 어떤 것도 보려고 하지 않는다. 존재하는 모든 것은 그 자체상 물리적이고, 물리적 자연이라는 통일적 연관에 속하거나, 또는 비록 그것이 심리적인 것이라 할지라도 그것은 단순히 물리적인 것에 의존해서 변화하는 그 무엇, 기껏해야 이차적이며 "그와 평행하게 진행되는 수반사실"에 불과할 뿐이다.

모든 존재자는 고정된 법칙에 따라 일의적으로 규정될 수 있는 심리물리적 자연이다.

속류유물론에서부터 시작해서 최근의 감각일원론과 생기론(Energetismus)에 이르기까지 모든 유형의 극단적이며 철저한 자연주의를 특징짓는 것은 한편으로는 모든 지향적-내재적 의식소여까지 포함한 의식의 자연화(Naturalisierung des Bewusstseins)이며 다른 한편으로는 이념의 자연화(Naturalisierung der Ideen), 그리고 그와 더불어 모든 절대적인 이상, 규범의 자연화이다.

두 번째 점과 관련해서 자연주의는 스스로 폐기되는데, 자연주의는 그러한 사실을 알아차리지도 못한다. 모든 이념성의 모범적인 지표로서 형식논리학을 택해 볼 경우 잘 알려져 있듯이 형식논리적 사유원리들, 즉 소위 사유원리들은 자연주의에 의해 사유의 자연법칙으로 해석된다. 이것이 전형적인 의미에서 회의주의적 이론을 특징짓는 바로 저러한 유형의 모순을 간직하고 있다는 사실은 다른 곳에서 자세하게 밝혀졌다.(Logische Untersuchungen, I권, 1900을 참조할 것.)

우리는 자연주의적 가치론, 실천학, 그리고 그중에서도 윤리학을 유사한 방식으로 비판할 수 있다. 자연주의적 실천 자체도 유사한 방식으로 비판할 수 있다. 왜냐하면 이론적인 모순성의 귀결로서 실제적인 이론적, 가치론적, 윤리적 실천에 있어서의 모순(명백한 불일치)이 어쩔 수 없이 나타나기 때문이다. 우리는 자연주의자가 그의 태도에 있어서는 전체적으로 이상주의자요 객관주의자라고 말할 수 있다. 그는 도처에서 학적인 방식으로, 다시 말해 모든 이성적인 사람들에게 구속력을 행사하는 방식으로 참된 진리, 참된 미와 선한 것이 무엇인지, 그리고 그것이 그의 일반적인 본질에 따라 어떻게 규정될 수 있는지, 어떤 방법에 따라 그것이 개별적인 경우에 획득될 수 있는지 하는 점을 인식하려는 노력으로 가득 차 있다. 그는 자연과학과 자연과학적 철학을 통하여 그 핵심적인 사안에 따라 볼 때 목표가 달성될 수 있다고 믿고 있다. 그는 이제 이러한 의식을 가능하게 해주는 모든 열정을 가지고 교사이자 실천적 개혁가로서 "자연과학적으로" 참된 것, 선한 것, 아름다운 것을 위해 대변한다. 그러나 그는 이론들을 제시하고 나름대로 그에 대한 근거를 제시하고자 하는 이상주의자인데, 이러한 이론들은—이론을 구축하든 아니면 가치나 실천적 규범들을 가장 아름다우며 가장 선한 것으로서 정초하고 동시에 그것을 다른 사람들에게 추천하면서—그가 취하는 이상주의적 태도에서 바로 그가 전제하고 있는 것을 부정하는 것이다.

(……)

존재하는 모든 것은 그 자체상 물리적이고, 물리적 자연이라는 통일적 연관에 속하거나, 또는 비록 그것이 심리적인 것이라 할지라도 그것은 단순히 물리적인 것에 의존해서 변화하는 그 무엇, 기껏해야 이차적이며 "그와 평행하게 진행되는 수반사실"에 불과할 뿐이다. 모든 존재자는 고정된 법칙에 따라 일의적으로 규정될 수 있는 심리물리적 자연이다.

(……)

우리가 엄밀한 기계학의 유사물에 해당하는 것으로서 아직 제한적으로 구축되기는 했지만 엄밀한 철학이 무엇인가 하는 질문을 제기하면 사람들은 우리에게 정신물리적 심리학과 특히 실험심리학을 제시하는데, 그 누구도 실험심리학으로부터 엄밀학의 지위를 박탈하려 하지 않을 것이다. 사람들은 실험심리학이 인류가 그처럼 오랫동안 추구해 왔고, 이제 드디어 현실화된 정밀과학적 심리학이라고 말한다. 사람들은 논리학과 인식론, 미학, 윤리학, 교육학은 그것을 통해서 드디어 그들의 학적 토대를 획득하였으며 이 학문들이 실험적 연구 분야로 탈바꿈하려는 중이라고 말한다. 사람들은 그 이외에도 엄밀한 심리학이 두말할 것도 없이 모든 정신과학, 그리고 이와 마찬가지로 형이상학의 토대이기도 하다고 말한다.

(……)

이에 대한 우리의 반론은 다음과 같다. 우선 간단히 숙고해 보면 알 수 있듯이 사실과학으로서의 심리학 일반은 모든 규범화의 원리들을 다루는 철학 분야들, 즉 순수논리학, 순수가치론과 실천학의 토대가 될 수 없다. 우리는 그에 대한 자세한 논의는 하지 않으려 한다. 이러한 논의는 분명히 앞서 살펴본 회의주의적인 모순들이 존재함을 보여줄 것이다.

(……)

현대심리학이 완전히 과학적인 참된 의미에서 심리학이 되는 데 방해가 되었던 바, 현대심리학의 가장 커다란 과오는 그것이 이러한 현상학적 방법을 인식하지 못하고 그러한 방법을 개발하지 않았다는 데 있다. 현대심리학은 역사적 선입견 때문에 해명하는 모든 개념 분석에 놓여 있는바, 그러한 방법을 향한 단초들을 이용할 수 없었다. 이와 결부되어 대부분의 심리학자들은 이미 현존하는 현상학의 시작점들을 이해하지 못했고, 종종 순수한 직관적 태도에서 수행되는 본질탐구를 형이상학적-스콜라주의적인 것으로 간주했다. 직관하는 태도에서 파악되고 기술된 것은 직관하는 태도에서 이해되고 검증될 수 있다.

(……)

역사주의는 경험적인 정신의 삶이라는 사실영역에서 자신의 위치를 확보한다. 그리고 역사주의가 바로 이러한 사실영역을 (자연의 특유한 의미가 역사적 사유와는 거리가 멀며 어쨌든 역사적 사유를 일반적으로 규정하면서 영향을 미치지 않기 때문에) 자연화하지는 않지만 그럼에도 절대적으로 정립하면서 상대주의가 등장하는데, 이러한 상대주의는 자연주의적인 심리학주의와 밀접한 유사성을 지니고 있으며 그와 유사한 회의주의적 난관에 봉착하고 만다. 여기서는 다만 역사주의적 회의의 고유한 것만이 우리의 관심을 끌며, 이제 우리는 저 고유한 것이 무엇인지 살펴보고자 한다.

모든 정신적 형성물은 — 이 단어가 모든 유형의 사회적 통일체, 가장 밑바닥에서는 개체 자체의 통일체, 그러나 모든 문화적 형성물도 포괄하는, 가능한 한 가장 넓은 의미에서 생각될 때 — 그의 내적인 구조, 유형, 그리고 놀라울 정도로 풍부한 그의 외적이며 내적인 형식들을 지니고 있는데, 이러한 형식들은 정신적 삶 자체의 흐름 안에서 성장하고 변화하며 이러한 변화 속에서 다시 구조적이며 유형적인 다양한 차이들이 생겨나도록 한다. 직관적인 외부세계에서 발견되는 유기체의 변화의 구조와 유형은 우리에게 그의 정확한 유사물을 보여준다. 거기에는 어떤 고정된 종도 없으며 고정된 유기체적 요소들로부터 구축된 고정된 종의 조직도 없다. 겉보기에 고정적인 것처럼 보이는 모든 것은 변화의 흐름이다. 내적 직관을 통해서 정신적 삶의 통일체 속으로 들어가 보면 우리는 그 속에서 지배하고 있는 동기들을 따라 느낄 수 있고 그와 더불어 정신적 통일성의 동기와 발전동기의 영향을 받고 있는 그때마다 주어진 정신적 형태의 본질과 발전도 "이해한다." 이러한 식으로 우리에게는 역사적인 모든 것이 그의 "존재"의 고유성에서 "이해될 수 있고", "설명될 수 있게" 되는데, 이 경우 역사적인 것의 존재는 바로 "정신적 존재", 즉 내적으로 서로를 필요로 하는 의미의 통일체이며 그렇기 때문에 내적 동기에 따른 의미의 형성과 발전의 통일체다. 이런 식으로 예술, 종교, 도덕 등도 직관적으로 연구될 수 있다. 마찬가지로 이러한 것들과 친밀한 관계에 있는 세계관도 연구될 수 있는데, 세계관이란 그것이 학문의 형태를 취하고 학문의 유형 속에서 객관적 타당성에 대한 요구를 제기하게 되면 형이상학 또는 철학이라 불리게 된다. 그리고 이러한 철학과 관련해서 커다란 과제가 제기되는데, 그것은 바로 세계관의 발전연관과 마찬가지로 그의 형태적 구조, 유형을 탐구하고 내적인 추체험적인 삶을 통해서 그의 본질을 결정하는 정신적 동기를 역사적으로 이해하는 일이다. 이런 관점에서 얼마나 유의미한 일들, 그리고 실제로 경탄할 만한 일들이 이루어질 수 있는지 하는 점은 딜타이(W. Dilthey)의 저술들, 무엇보다도 세계관의 유형을 다루고 있는 최근에 출간된 논고가 잘 보여주고 있다.

지금까지 우리는 물론 역사에 대해서 말했을 뿐 역사주의에 대해 말하지는 않았다. 그러나 딜타이가 몇몇 문장으로 서술하는 내용을 추적해 보면 우리는 회의주의로 이끄는 동기를 쉽게 이해할 수 있다. 우리는 다음과 같은 문장들을 발견한다: "회의주의에게 늘 새롭게 자양분을 제공해 주는 다양한 근거 중에서 가장 강력한 근거는 철학적 체계들의 무정부 상태다." "사람들의 다양한 의견들이 지니고 있는 대립성에서 끌어낼 수 있는 결론보다도 훨씬 더 깊이 뿌리박고 있는 것은 역사적 의식의 지속적 발전에서 성장한 의심들이다." "[문화 형태들의 발전사적 인식과 결부되어 있는 자연과학적 진화론으로서의] 발전론은 역사적 삶의 형태의 상대성에 대한 인식과 필연적으로 연결되어 있다. 이 지구와 모든 과거를 포괄하여 투시하는 시선 앞에서 삶의 구조, 종교와 철학의 개별적인 어떤 형태가 지닌 절대적 타당성도 사라지고 만다. 이처럼 역사적 의식의 형성은 다양한 체계들의 다툼에 대한 조망보다도 더 근본적으로, 세계연관을 개념연관을 통해 설득력 있는 방식으로 표명하고자 시도해 온, 그 어떤 철학이 지닌 일반적 타당성에 대한 믿음을 파괴해 버린다."

여기서 말한 것들이 지니고 있는 사실적인 진리에 대해서는 분명히 그 어떤 의심도 제기되지 않는다. 그러나 문제는 그것이 원칙적 일반성에서 볼 때 정당화될 수 있느냐 하는 점이다. 확실히 세계관과 세계관 철학은 인간의 발전의 흐름 속에서 생성되고 소멸되는 문화적 형성물이며, 이 경우 문화적 형성물의 정신적 내용은 주어진 역사적 관계 속에서 특정한 방식으로 동기화된 것이다. 이러한 사실은 엄밀한 학에 대해서도 타당하다. 그렇다고 해서 엄밀한 학이 객관적 타당성을 상실하는가? 아주 극단적인 역사주의자는 아마도 이러한 사실을 시인할 것이다. 그는 아마도 여기서 오늘 증명된 이론으로서 타당한 것이 내일은 타당하지 않은 것으로 바뀔 수 있고 어떤 사람들이 확실한 법칙이라고 말하는 것을 일군의 다른 사람들은 단순한 가설이라 부르고 또 다른 일군의 사람들은 막연한 착상이라고 부른다는 사실 등을 언급하면서 학직 관점의 변화를 지적할 것이다. 그러면 그 결과 우리는 학적 관점의 지속적인 변화를 염두에 두면서 단지 문화형태로서의 학문뿐 아니라 객관적인 타당성의 통일체로서의 학문에 대해서 말할 수 있는 그 어떤 권리도 가지고 있지 않다는 말인가? 여기서 우리는 체계적으로 전개될 경우 역사주의는 극단적인 회의주의적인 주관주의로 이행하게 된다는 사실을 발견하게 된다. 이 경우 모든 이념과 마찬가지로 진리, 이론, 학문 등의 이념들은 그의 절대적 타당성을 상실하게 된다. 여기서 어떤 이념이 타당성을 지닌다 함은 그것이 타당한 것으로 간주되고 이러한 타당함의 사실성 속에서 사유를 규정하는 사실적인 정신적 형성물임을 의미할 것이다. 그 누구도 그것을 수행하지 않을지라도, 그리고 역사 속에 존재했던 그 어떤 사람도 그것을 실제로 수행하지 않는다고 하더라도 그것이 있는바 그대로 있게 될 단적인 타당성 혹은 타당성 자체는 존재하지 않게 될 것이다. 그렇다면 모순율에 대해서도, 그리고 그렇지 않아도 오늘날 완전히 유동적인 상태에 놓여있는 모든 논리학에 대해서도 단적인 타당성 혹은 타당성 자체는 존재하지 않으리라고 말해야 할 것이다. 아마도 결국에 가서는 무모순성이라는 논리학적 원리들이 그의 반대 것으로 바뀌는 상황이 올 수도 있을 것이다. 그리고 더 나아가 우리가 지금 진술하는 모든 명제들, 그리고 우리가 숙고해 보았고 타당하게 존립하는 것으로 요구했던 모든 가능성들도 그 자체 어떤 타당성도 지니지 않을 것이다. 이와 같은 일 등이 벌어질 것이다. 여기서 논의를 더 진행시키면서 다른 곳에서 이루어진 해명을 반복할 필요는 없을 것이다.(Logische Untersuchungen, I권) 지금까지의 논의는—유동적인 타당성 작용과 객관적 타당성 사이의 관계, 문화현상으로서의 학문과 타당한 이론의 체계로서의 학문 사이의 구별이 이러한 구별을 해명하면서 이해하고자 하는 사람들에게 아무리 커다란 어려움을 안겨준다고 하더라도—양자 사이의 구별과 양자 사이의 대립이 인정되어야 한다는 사실을 역사주의자가 받아들이도록 하기 위해 충분하다. 그런데 우리가 타당한 이념으로서의 학문을 인정할 경우 우리가 역사적으로 타당한 것과 [객관적으로] 타당한 것 사이의 유사한 구별을—이러한 구별을 우리가 "이성비판적으로" 이해할 수 있든 혹은 그렇지 않든—여타의 경우에도 적어도 열려져 있는 것으로 간주하지 않아야 할 어떤 근거라도 가지고 있는 것인가? 역사학, 그리고 경험과학 일반은 적극적인 의미에서든 소극적인 의미에서든 문화 형성물로서의 종교와 이념, 즉 타당한 종교로서의 종교의 구별, 문화 형성물로서의 예술과 타당한 예술 사이의 구별, 역사적인 법과 타당한 법 사이의 구별이 가능한지에 대해, 그리고 여기서 제시된 한 가지와 다른 한 가지 사이에 플라톤적으로 말해서 이데아와 이데아의 혼탁한 현출형식의 관계가 존재하는지에 대해 스스로 결정을 내릴 수 없다. 그리고 만일 정신적 형성물이 실제로 그러한 타당성의 대립이라는 관점 아래서 고찰되고 판단될 수 있다면 그 타당성 자체와 그의 이상적인 규범적 원리에 대한 학적 결정은 결코 경험과학이 다룰 수 있는 사안이 아니다. 수학자는 수학적 이론의 진리에 대한 가르침을 얻기 위해서 역사에 조회해 보지 않을 것이다; 그는 수학적 표상과 판단의 역사적 발전을 진리의 문제와 결부시키려는 생각을 하지 않을 것이다. 따라서 역사학자가 주어진 어떤 철학적 체계에 대해서, 그리고 하물며 자체적으로 타당한 철학 일반의 가능성에 대해서 어떻게 결정해야 한다는 말인가? 그리고 그가 도대체 참된 이념, 참된 철학의 이념에 대해 철학자가 가지고 있는 신념을 흔들리게 할 수 있는 그 무엇을 제시할 수 있단 말인가? 어떤 체계를 부인하는 사람, 더 나아가 어떤 철학 체계 일반의 이념적 가능성을 부인하는 사람은 그에 대한 근거를 제시해야만 한다.

발전이라는 역사적 사실, 그리고 체계들 일반의 가장 일반적인 역사적 사실들은 근거, 그리고 훌륭한 근거가 될 수 있을지도 모른다. 그러나 역사적 근거는 단지 역사적 귀결들만을 낳을 수 있을 뿐이다. 사실로부터 이념을 정초하려고 하든가 논박하려고 하든가 하는 일은 모순이다 — 이는, 칸트가 인용하고 있듯이, "부석에서 물을 길어내려 하는 일"(ex pumice aquam)이라 할 수 있다.

(……)

딜타이는 앞서 제시된 곳에서 바로 역사주의적 회의주의를 거부하고 있다. 그러나 나는 딜타이가 어떻게 세계관의 구조와 유형에 관한 자신의 풍부한 분석으로부터 회의주의를 반대하기 위한 결정적인 근거를 획득했다고 믿었는지 이해할 수 없다. 왜냐하면 본문에서 논의되었듯이 경험적 정신과학은 객관적 타당성에 대한 요구를 제기하는 그 무엇을 옹호하는 논변도, 그 무엇을 반대하는 논변도 전개할 수 없기 때문이다. 우리가 경험적 이해를 추구하는 경험적 태도를 현상학적 본질적 태도에 의해 치환해 버리면 사정은 완전히 달라지며, 바로 이 점이 딜타이의 생각을 내적으로 움직였던 것처럼 보인다.

(……)

실제로 우리 시대의 정신적 궁핍은 참을 수 없는 것이 되어 버렸다. 우리의 평안을 깨뜨리는 것이 …… 자연과학과 정신과학에서 탐구되는 "실재"의 의미에 대한 이론적인 불명료성뿐일까? 우리가 겪고 있는 것은 오히려 가장 철저한 삶의 궁핍, 다시 말해 우리 삶의 어느 순간에서도 멈출 줄 모르는 삶의 궁핍이다. 모든 삶은 태도 취함이며 모든 태도 취함은 어떤 당위, 즉 절대적이기를 요구하는 절대적 타당성을 지닌 규범에 따른 타당성과 부당성에 대한 권리천명 아래 놓여있다. 이러한 규범들이 이론의 여지가 없이 받아들여져 어떤 회의에 의해서도 위협받지 않고 조롱당하지 않던 때에는 생사를 가르는 단 한 가지 문제가 있었는데, 그 문제란 바로 실천적으로 어떻게 그러한 규범을 가장 잘 충족시킬 수 있을까 하는 것이었다. 그러나 모든 규범들이 논란의 여지를 지니고 있거나 경험적으로 왜곡되어 그의 이념적 타당성을 박탈당한 오늘날의 경우는 사정이 어떠한가? 자연주의자들과 역사주의자들은 세계관을 위해서 투쟁하며 그럼에도 불구하고 양자는 서로 다른 측면에서 이념을 사실로 재해석하고 모든 실재, 모든 생을 이해할 수 없는 이념이 없는 "사실들"의 혼합물로 바꾸어 버린다. 사실에 대한 미신이 양자에게 공통적이다.

(……)

심오함은 혼돈(Chaos)의 표시이며, 참된 학은 바로 이러한 혼돈을 참다운 질서있는 세계(Kosmos), 완전히 판명한, 완전히 해명된 단적인 질서로 바꾸고자 하는 것이다. 참다운 학의 실제적인 이론이 미치는 한에서 참다운 학은 어떤 심오함도 알지 못한다. 완성된 학의 모든 부분은 그것의 각각이 직접적으로 통찰할 수 있는, 말하자면 전혀 심오하지 않은 사유단계들의 총체다. 심오함은 지혜의 문제이며 개념적 명석성과 판명성은 엄밀한 이론의 문제다. 심오함의 느낌을 일의적이고 합리적인 형태로 바꾸는 일, 이것이 바로 엄밀학을 새로 구성해 나가는 본질적 과정이다. 정밀과학들도 그들의 심오함의 긴 시기를 가지고 있었으며, 그들이 르네상스 시대의 투쟁 속에서 그랬듯이 — 내가 감히 바라건대 — 철학도 현대의 투쟁 속에서 심오함의 단계로부터 학적 명석성의 단계로 진입하게 될 것이다.

(……)

그런데 일반적 확신은, 우리가 그에 대한 정당한 근거를 제시하지 않으면, 시사하는 바가 거의 없고 우리가 어떤 학문의 목표에 이르는 길을 찾을 수 없으면 학문을 향한 희망 역시 마찬가지다. 이처럼 앞서 지적한, 본질적으로 연관되어 있는 문제들을 다루는 엄밀학으로서의 철학의 이념이 무력한 것으로 남아 있지 않으려면 우리는 그것을 실현할 분명한 가능성을 투시할 수 있어야 한다. 말하자면 문제들을 해명하고 문제들의 순수한 의미들을 깊이 통찰함으로써 그러한 문제들에 의해 요청되는 그에 적합한 방법들이 전적으로 투명하게 우리에게 제시되어야만 한다. …… 참된 방법은 우리의 선입견이나 우리가 모범적이라고 생각하는 것을 따르는 것이 아니라, 탐구되어야 할 사태의 본성을 따른다.

_이남인(서울대학교 철학과 교수) 옮김

22

비트겐슈타인

논리철학논고

1 세계는 모든 일어나는 일이다.[1]

1.1 세계는 사실의 총체이지, 사물의 총체가 아니다.

1.11 세계는 사실을 통해서, 그리고 그것이 **모든** 사실이라는 점을 통해서 규정된다.

1.12 사실의 총체는 일어나는 일을, 그리고 또한 모든 일어나지 않는 일을 규정하기 때문이다.

1.13 논리적인 공간 속의 사실들이 세계다.

1.2 세계는 사실들로 나누어진다.

1.21 다른 모든 것은 변함없는 채로, 어떤 일이 일어나거나 일어나지 않을 수 있다.

2 일어나는 일, 즉 사실은 사태(Sachverhalt / atomic fact)의 존립이다.

2.01 사태는 대상들의 결합이다. (존재자들, 사물들)

2.011 어떤 사태의 구성요소일 수 있다는 것은 사물에 본질적이다.

2.012 논리 속에서는 아무것도 우연적이지 않다. 어떤 사태 속에서 어떤 사물이 등장할 **수** 있다면, 그 사태의 가능성은 그 사물 속에 이미 선결되어 있어야 한다.

2.0121 독자적으로 혼자서 존립할 수 있는 사물에 사후적으로 어떤 상황이 적합하게 된다면, 이는 마치 우연처럼 보일 것이다.

사물이 사태 속에 등장할 수 있다면, 이 사태는 이미 그 사물 속에 놓여 있어야 한다.

(논리적인 무엇은 그저 가능성에 불과한 것이 아니다. 논리는 모든

[1] 개별적인 명제들의 번호인 십진수는 명제들의 논리적인 무게를, 나의 설명 속에서 그것이 얼마나 강조되는지를 암시한다. n.1, n.2, n.3 등의 명제는 명제 n번에 대한 주석이다. n.m1, n.m2 등의 명제는 명제 n.m번에 대한 주석이다. 이렇게 계속된다.

가능성 각각을 다루며 모든 가능성은 논리의 사실이다.)

우리가 공간적인 대상 일반을 공간 밖에서, 시간적인 사물을 시간 밖에서 생각할 수 없듯이, 우리는 어떤 대상도 그것과 다른 대상과의 결합의 가능성 밖에서 생각할 수 **없다**.

내가 대상을 사태라는 결합 속에서 생각할 수 있다면, 나는 그것을 이러한 결합의 **가능성** 밖에서 생각할 수 없다.

2.0122 사물이 모든 **가능한** 상황에서 등장할 수 있는 한에서 사물은 자립적이나, 이러한 자립성의 형식은 사태와의 연관의 형식, 즉 비자립성의 형식이다. (단어가 두 가지 상이한 방식으로, 즉 독자적으로 그리고 명제 속에서 등장하는 것은 불가능하다.)

2.0123 내가 대상을 안다면, 나는 또한 그것이 사태 속에 등장할 가능성 전체도 안다.

(모든 그러한 가능성은 대상의 본성 속에 놓여 있어야 한다.)

사후적으로 새로운 가능성이 발견될 수는 없다.

2.01231 하나의 대상을 알기 위해서, 내가 실로 그것의 모든 외적인 속성을 알 필요는 없다—그러나 나는 그것의 모든 내적인 속성은 알아야 한다.

2.0124 모든 대상이 주어진다면, 그와 함께 모든 **가능한** 사태가 주어진다.

2.013 모든 사물은, 말하자면, 가능적인 사태들의 공간 속에 있다. 나는 이 공간을 비어있는 것으로 생각할 수는 있으나, 이러한 공간 없이 사물을 생각할 수는 없다.

2.0131 공간적인 사물은 무한한 공간 속에 놓여 있어야 한다. (공간적 점은 항(項)의 위치다)

시각장의 얼룩이 빨간 색일 필요는 없으나, 어떤 색깔은 가지고 있어야 한다. 말하자면 그것은 자기 주변에 색공간을 가지고 있다. 소리는 **어떤** 높이를 가져야 하며, 촉감의 대상은 **어떤** 굳기를 가져야 한다,

등등.

2.014 대상들은 모든 상황의 가능성을 포함한다.

2.0141 대상이 사태 속에 등장할 가능성이 그 대상의 형식이다.

2.02 대상은 단순하다.

2.0201 복합체에 대한 모든 진술은 그것의 구성요소들에 대한 하나의 진술과 그 복합체를 완전히 기술하는 명제들로 나뉜다.

2.021 대상은 세계의 실체를 이룬다. 따라서 이들은 복합적일 수 없다.

2.0211 세계가 실체를 가지고 있지 않다면, 어떤 명제가 의미를 가지는지 여부는 다른 명제가 참인지에 의존할 것이다.

2.0212 그렇다면 세계의 그림을 (참이든 거짓이든 간에) 형성하는 것은 불가능할 것이다.

2.022 실제 세계와 아무리 다르게 생각된 세계라도 어떤 것을—어떤 형식을—실제 세계와 공통적으로 가지고 있어야 한다.

2.023 이러한 확고한 형식은 바로 대상들로 이루어진다.

2.0231 세계의 실체가 규정할 수 있는 것은 형식뿐이며, 실질적인 속성이 아니다. 이들은 명제들을 통해서야 비로소 제시되기 때문—즉 대상들의 배치를 통해서야 비로소 형성되기 때문이다.

2.0232 거칠게 말하자면, 대상들은 색이 없다.

2.0233 동일한 논리적 형식의 두 대상은—이들의 외적인 속성을 도외시한다면—이들이 상이하다는 점을 통해서만 서로 구별된다.

(……)

3.4 명제는 논리적 공간 속에서의 한 위치를 규정한다. 이러한 논리적 위치의 현존은 구성요소의 현존을 통해서만, 즉 의미 있는 명제들의

현존을 통해서만 보장된다.

3.41 명제기호와 논리적인 좌표, 이것이 논리적 위치다.

3.411 기하학적인 위치와 논리적 위치는, 둘 다 현존의 가능성이라는 점에서 일치한다.

3.42 명제는 논리적 공간의 한 위치만을 규정할 수 있지만, 이것을 통해서 이미 전체 논리적 공간이 주어져야 한다.

(그렇지 않다면 부정, 논리합, 논리곱 등을 통해 언제나 새로운 요소가 — 좌표 속에 — 도입될 것이다.)

(그림 주변의 논리적 액자가 논리적 공간을 규정한다. 명제는 논리적인 공간 전체에 손을 뻗친다.)

3.5 적용된, 생각된, 명제기호가 생각이다.

4 생각은 의미있는 명제다.

4.001 명제들의 총체가 언어다.

4.002 인간은 언어를 구성할 능력을 가지고 있다. 이를 통해 각각의 단어가 어떻게 그리고 무엇을 의미하는지를 모른 채로도 모든 의미를 표현할 수 있다. — 개별 음소가 어떻게 만들어지는지 모른 채로도 말할 수 있듯이.

일상언어는 인간의 유기체의 부분이며 그만큼이나 복잡하다.

언어논리를 그로부터 직접적으로 추출하는 것은 인간에게는 불가능하다.

말은 생각에 옷을 입힌다. 그리하여 실로 옷의 외적인 형태로부터 옷을 입은 생각의 형태를 추론해 낼 수 없을 정도가 된다. 옷의 외적인 형태는 신체의 형식이 인식되도록 하는 것과는 전혀 다른 목적을 따라서 형성되었기 때문이다.

일상언어를 이해하기 위한 암묵적 관례는 엄청나게 복잡하다.

4.003 철학적 사물을 기술하는 대부분의 질문과 명제는 그릇된 것이 아니라, 무의미하다. 따라서 우리는 이러한 종류의 질문에 대해 도대체 대답할 수가 없으며, 다만 그것의 무의미함을 확정할 수 있을 뿐이다. 철학자들의 대부분의 질문과 명제는 우리가 우리의 언어논리를 이해하지 못한다는 데에서 기인한다.

(그것들은 선이 미보다 더 동일한가 덜 동일한가 하는 물음과 같은 종류다.)

그러니 가장 깊은 문제는 본래적으로 문제가 **아니라**는 것은 놀라운 일이 아니다.

4.0031 모든 철학은 "언어비판"이다. (그러나 마우트너적 의미에서는 아니다.) 러셀의 공적은 명제의 외면적인 논리적 형식이 그것의 실제적인 형식일 필요가 없다는 것을 보인 것이다.

4.01 명제는 실재의 그림이다.

명제는 우리가 생각하는 바대로의 실재의 모델이다.

4.011 첫눈에 명제는 — 예를 들어 그것이 종이 위에 인쇄되어 있는 대 로 — 그것이 다루는 실재의 그림으로는 전혀 보이지 않는다. 그러나 악보도 첫눈에는 음악의 그림처럼 보이지 않으며, 우리의 표음문자(글자)도 우리의 말의 그림으로 보이지 않는다.

그러나 이러한 기호언어는 통상적인 의미에서도 그것이 제시하는 것의 그림으로 증명된다.

4.012 명백하게도, 우리는 "aRb"라는 형태의 명제를 그림으로 느낀다. 여기에서 기호는 명백하게도 기호로 나타내어진 것과 유사하다.

4.013 그리고 우리가 이러한 그림과 같은 성질(模像性)의 본질에 몰입하면, 우리는 이것이 **겉보기의 불규칙성**(악보에서 #와 ♭의 사용처럼)에 의해 방해받지 않는다는 사실을 확인한다.

이러한 불규칙성도 그것이 표현해야 할 것을 모사하기 때문이다. 다만 다른 방식으로 그렇게 모사할 뿐이다.

4.014 음반, 음악적 사고, 악보, 음파, 이 모두는 서로에 대해 저 모사적인 내적 연관 하에 있다. 이 연관은 언어와 세계 사이에도 존립한다.

논리적 구조는 저들 모두에게 공통적이다.

(동화 속의 두 젊은이와 그들의 두 마리 말과 백합처럼. 그들 모두는 어떤 의미에서 하나다.)

4.0141 음악가가 악보에서 교향곡을 읽어내는 규칙이 있고, 음반의 선으로부터 교향곡을 이끌어 내고 첫 번째 규칙에 따라서 다시 악보를 이끌어 낼 수 있는 일반적 규칙이 있다는 사실에 바로, 겉보기에는 완전히 상이한 구조물의 이러한 내적 유사성이 존립한다. 그리고 저 규칙이 교향곡을 음표의 언어로 투사하는 투사의 규칙이다. 그것은 음표의 언어를 음반의 언어로 번역하는 규칙이다.

4.015 우리의 표현방식의 모든 유사성과 모상성의 가능성은 모사의 논리에서 비롯된다.

4.016 문장의 본질을 이해하기 위해서 상형문자를 생각해 보자. 그것은 자신이 기술하는 사실을 모사한다.

그리고 모사의 본질을 잃지 않고서 상형문자로부터 글자가 나온다.

4.02 명제 기호의 의미가 우리에게 설명되지 않아도 우리가 그 의미를 이해한다는 데에서 우리는 이를 알 수 있다.

4.021 명제는 실재의 그림이다. 그 이유는 내가 명제를 이해하면 나는 명제에 의해 제시된 상황을 알기 때문이다. 그리고 나에게 명제의 의미가 설명되지 않아도 나는 명제를 이해한다.

4.022 명제는 자신의 의미를 **보여준다**.

명제는 그것이 참**이라면** 상황이 어떠한지를 **보여준다**. 그리고 명제는 상황이 어떠하다는 **것을 말한다**.

4.023 실재는 명제를 통해서 예나 아니오로 고정되어야 한다.

거기에 더하여, 실재는 명제를 통해서 완전하게 기술되어야 한다.

명제는 사태의 기술(記述)이다.

기술이 대상을 그것의 외적인 속성을 따라서 기술하듯이, 명제는 실재를 그것의 내적 속성을 따라서 기술한다.

명제는 논리적 골격의 도움을 받아 세계를 구성하고, 그래서 사람들은 명제에서 또한, 그것이 참**이라면** 모든 논리적인 것의 상황이 어떠할지를 볼 수 있다. 사람들은 그릇된 명제에서 **결론을 이끌어 낼** 수 있다.

4.024 명제를 이해한다는 것은 그것이 참이라면 무슨 일이 일어날지를 아는 것이다.

(사람들은 명제가 참인지 아닌지를 알지 못하고서도 명제를 이해할 수 있다.)

명제의 구성부분들이 이해된다면, 명제는 이해된다.

4.025 한 언어를 다른 언어로 번역하는 것은 사람들이 한 언어의 모든 **명제**를 다른 언어의 **명제**로 번역하는 방식이 아니라, 명제의 구성부분들이 번역되는 방식으로 이루어진다.

(그리고 사전은 실명사만이 아니라, 시간사, 형용사와 연결사 등도 번역한다. 사전은 이들 모두를 동등하게 다룬다.)

4.026 단순한 기호(단어)의 의미가 이해되려면, 그것은 우리에게 설명되어야 한다.

그러나 명제에 관해서라면 우리는 스스로 이해한다.

4.027 명제가 우리에게 **새로운** 의미를 전달할 수 있다는 것은 명제의 본질에 속한다.

4.03 한 명제는 이미 있는 기존의 표현으로 새로운 의미를 전달해야 한다.

명제는 우리에게 어떤 상황을 전달하며, 따라서 명제는 **본질적**으로 상황과 연관되어 있어야 한다.

그리고 그 연관은 바로, 명제가 상황의 논리적 그림이라는 것이다.

명제는 그것이 그림인 한에서 무언가를 진술한다.

4.031 말하자면, 명제 속에서는 상황이 시험적으로 조합된다.

사람들은 이 명제가 이러이러한 의미를 지니고 있다고 말하는 대신에, 이 명제가 이러이러한 상황을 제시한다고 곧바로 말할 수 있다.

4.0311 한 이름은 한 사물을 대표하며, 다른 이름은 다른 사물을 대표하고, 이들은 서로 연관되어 있어서 전체는—마치 활인화처럼—사태를 제시한다(vorstellen).

4.0312 명제의 가능성은 기호가 대상을 대리한다는 원리에 근거한다.

나는 근본적으로, "논리상항"은 아무것도 대리하지 않으며 사실의 **논리**는 대리되지 않는다고 생각한다.

4.032 명제가 논리적으로 분절되어 있는 한에서만 명제는 상황의 그림이다.

(……)

4.1 명제는 사태의 존립과 비존립을 제시한다.

4.11 참된 명제들의 총체는 전체 자연과학(또는 자연과학의 총체)이다.

4.111 철학은 자연과학에 속하지 않는다.

("철학"이라는 단어는 자연과학의 위나 아래에 있는 것을 의미해야 하지, 자연과학과 나란히 있는 것을 의미해서는 안 된다.)

4.112 철학의 목적은 생각의 논리적 명확화다.

철학은 이론이 아니라 활동이다.

철학적 저작은 본질적으로 해명으로 이루어진다.

철학의 결과는 "철학적 명제"가 아니라, 명제의 명확해짐이다.

그렇지 않을 경우 말하자면 불투명하고 흐려져 있을 생각을 철학은 명확히 하고 날카롭게 경계지어야 한다.

4.1121 심리학이 다른 자연과학에 비해 철학과 더 가까운 것은 아니다.

인식론은 심리학의 철학이다.

기호언어에 대한 나의 연구는 철학자들이 논리의 철학에 아주 본질적이라고 여기는, 생각의 과정에 대한 연구에 상응하지 않는가? 단지 그 철학자들은 대부분의 경우 비본질적인 심리학적 탐구로 빠져들었을 뿐이며, 나의 방법에도 유사한 위험이 있다.

4.1122 다윈의 이론은 자연과학의 다른 가설에 비해 철학과 더 관계있는 것이 아니다.

4.113 철학은 자연과학의 논쟁의 영역을 경계짓는다.

4.114 철학은 생각될 수 있는 것을 경계지으며 따라서 생각될 수 없는 것을 경계짓는다.

철학은 생각될 수 있는 것을 통해서, 생각될 수 없는 것을 내적으로 경계짓는다.

4.115 철학은 말해질 수 있는 것을 명확히 제시함으로써 말해질 수 없는 것을 암시한다.

4.116 생각될 수 있는 모든 것 일반은 명확하게 생각될 수 있다. 진술될 수 있는 모든 것은 명확하게 진술된다.

4.12 명제는 전체 실재를 제시하나, 명제가 실재를 제시하기 위해서 실재와 공통적으로 가져야 하는 것—즉 논리적 형식은 제시할 수 없다.

논리적 형식을 제시하려면, 우리는 명제와 함께 논리의 바깥에, 즉 세계의 바깥에 설 수 있어야 한다.

4.121 명제는 논리적 형식을 제시하지 못한다. 논리적 형식은 명제 속에 반영된다.

언어 속에 반영되는 것을 언어는 제시할 수 없다.

언어 속에서 **자신을** 표현하는 것을 **우리는** 언어를 통해서 표현할 수 없다.

명제는 실재의 논리적 형식을 **보여준다**.

명제는 그것을 증시한다.

4.1211 따라서 "fa"라는 명제는 자신의 의미 속에서 대상 a가 나타나는 것을 보여주며, "fa"와 "ga"라는 두 명제는 그들 둘 속에서 동일한 대상이 말해지고 있음을 보여준다.

두 명제가 서로 모순적이라면, 이 점은 그들의 구조가 보여준다. 한 명제가 다른 명제에서 귀결될 경우에도 마찬가지다. 등등.

4.122 보여줄 **수** 있는 것은 말해질 **수** 없다.

(……)

6.5 말할 수 없는 대답에 대해서는 질문도 말할 수 없다.

수수께끼란 없다.

질문이 도대체 제기될 수 있다면, 그것은 대답될 **수** 있다.

6.51 회의주의가 질문될 수 없는 곳에서 의심을 하려 한다면, 회의주의는 반박될 수 없는 것이 **아니라**, 명백하게 무의미한 것이다.

질문이 존립하는 곳에서만 의심이 존립할 수 있고, 질문은 대답이 존립하는 곳에서만 존립할 수 있고, 대답은 무언가가 **말해질 수** 있는 곳에서만 존립할 수 있기 때문이다.

6.52 모든 **가능한** 학문적 질문에 대답이 주이지디라도, 우리의 삶의 문

제는 여전히 아예 건드려지지도 않았다고 우리는 느낀다. 물론 그런 경우 어떠한 물음도 남아 있지 않다. 그리고 바로 이것이 대답이다.

6.521 이러한 문제의 소멸에서 우리는 삶의 문제가 해소되었음을 알게 된다.

(오랜 의심 후 삶의 의미를 깨달은 사람들이 이런 의미가 어디에 존립하는지를 말할 수 없는 이유는 이것이 아닐까?)

6.522 실로, 말할 수 없는 것은 있다. 이것은 자신을 **보여준다.** 이것은 신비로운 것이다.

6.53 말해질 수 있는 것 외에는, 따라서 자연과학의 명제 — 따라서 철학과는 상관없는 것— 외에는 아무것도 말하지 않는 것, 그리고 누군가가 무언가 형이상학적인 것을 말하려 할 때엔 언제나 그가 그의 명제의 기호들에 아무런 의미도 부여하지 않았다는 것을 증명하는 것. 이것이 본래적으로 철학의 올바른 방법이다. 이러한 방법은 그 누군가에게는 만족스럽지 못할 것이다 — 그에게는 우리에게서 철학을 배웠다는 기분이 들지 않을 것이다 — 그러나 **이것**이 유일하고 엄밀하게 올바른 방법이다.

6.54 나를 이해하는 사람이 나의 명제들을 통해서 — 그 명제들 위로 — 그 명제들 너머로 올라간다면, 그에게는 결국 나의 명제들이 무의미한 것으로서 인식될 것이다. 이러한 방식으로 나의 명제들은 해명하는 역할을 한다. (말하자면 그는 사다리 위로 오른 후에는 사다리를 버려야 한다.)

그는 이 명제들을 극복해야 한다. 그 다음에야 그는 세계를 올바르게 볼 수 있다.

7 말할 수 없는 것에 관해서는 침묵해야 한다.

_최일만(서울대학교 철학과 박사과정) 옮김

문헌 소개

이 책에 수록된 글의 원본이 들어 있는 서지사항은 다음과 같다.

- 『국가』

  Platon, *Respvblica*, S. R. Slings (ed.), Oxford: Oxford University Press, 2003.
- 『형이상학』

  Aristoteles, *Metaphysica*, W. Jaeger (ed.), Oxford: Oxford University Press, 1957.
- 『니코마코스 윤리학』

  Aristoteles, *Ethica Nicomachea*, I. Bywater (ed.), Oxford: Oxford University Press, 1894.
- 『법의 기초로서의 자연』

  M. Tullius Ciceronis, *De Republica, De Legibus, Cato Maior de Senectute, Laelius de Amicitia*, J .G. F. Powell (ed.), Oxford: Oxford University Press, 2006.
- 『프로슬로기온』

  Anselmus, *Proslogion*, F. S. Schmitt (ed.), *Sancti Anselmi Opera Omnia*, Edinburgh: Nelson, 1938–1961 (Reprint: Stuttgart: Frommann 1968) Bd.1.
- 『신학대전』

  Thomas Aquinas, *Summa Theologiae*, Roma: Marietti, 1952. (정의책 역, 『신학대전』, 서울: 바오로딸, 1999에서 발췌)
- 『존재자와 본질에 대하여』

  Thomas Aquinas, *De Ente et Essentia*, Roma: Marietti, 1957. (정의채 역, 『존재자와 본질에 관하여』, 서울: 바오로딸, 2002에서 발췌)
- 『가려 계신 하느님』

  N. Cusanus, *Philosophisch-theologische Schriften* Bd. I, Leo Gabriel (ed.), Wien: Herder, 1989.
- 『방법서설』

  R. Descartes, *Discours de la Méthode & Essais,* Oeuvres de Descartes VI, publiées par C. Adam & P. Tannery, Paris: J. Vran, 1973.
- 『관념의 기원』

  J. Locke, *An Essay concerning Human Understanding*, Peter H. Nidditch (ed.), Oxford: Oxford University Press, 1975.

- 『모나드론』

G. W. Leibniz, *Die philosophischen Schriften von Gottfried Wilhelm Leibniz*, Bd. VI, hrsg. v. C. J. Gerhardt Hildesheim: Geog Olms Verlagsbuchhandlung, 1961. (윤선구 역, 『형이상학논고』, 서울: 아카넷, 2010에서 재수록)

- 『관념의 기원』

D. Hume, *A Treatise of Human Nature*, Oxford: Clarendon, 1951.

- 『회의주의에 대하여』

D. Hume, *An Enquiry concerning Human Understanding*, Oxford: Clarendon, 2000.

- 『순수이성비판』

I. Kant, *Kritik der reinen Vernunft*, Hamburg: Felix Meiner, 1956.

- 『실천이성비판』

I. Kant, *Kritik der praktischen Vernunft*, Hamburg: Felix Meiner, 1959.

- 『논리학』

G. W. F. Hegel, *Wissenschaft der Logik*, Leibzig: Felix Meiner, 1923.

- 『주관성이 진리다』

S. Kierkegaard, *Kierkegaard's Concluding Unscientific Postscript,* translated by D. F. Swenson/W. Lworie, Princeton: Princeton University Press, 1968.

S. Kierkegaard, *Abschliessende Unwissenschaftliche Nachschrift zu den Philosophischen Brocken*, Übersetzt von H. M. Junghans, Düsseldorf/Köln: Eugen Diederichs Verlag, 1957.

- 『우상의 황혼』

F. Nietzsche, *Götzen-Dämmerung, Nietzsche Werke, Kritische Gesamtausgabe* (=KGW), hg. von Giorgio Colli und Mazzino Montinari, VI 3 (Berlin: Walter de Gruyter, 1969). (백승영 역, 『우상의 황혼』, 서울: 책세상, 2002에서 발췌)

- 『도덕의 계보』

F. Nietzsche, *Genealogie der Moral, Nietzsche Werke, Kritische Gesamtausgabe* (=KGW), hrsg. von Giorgio Colli und Mazzino Montinari, VI 2 (Berlin: Walter de Gruyter, 1968). (김정현 역, 『도덕의 계보』, 서울: 책세상, 2011에서 발췌)

- 『실용주의의 진리 개념』

W. James, *Pragmatism and Other Writings*, New York: Penguin Books, 2000.

- 『엄밀학으로서의 철학』

E. Husserl, *Philosophie als strenge Wissenschaft*, Frankfurt/M.: Vittorio Klostermann, 1971.

- 『논리철학논고』

L. Wittgenstein, *Tractatus Logico-Philosophicus*, translated by D. F. McGuinness, New York: The Humanities Press Inc., 1961.

찾아보기

Abstract

Understanding Western Philosophy

Nam-In Lee

We chose seventeen of the most important philosophers in the twenty-five hundred year history of Western philosophy, translated excerpts from their major works, and compiled the excerpts into this book. The excerpts are collected and arranged according to their time period. Works by Plato, Aristotle, and Cicero are included in the ancient Western philosophy section; works by Anselm, Aquinas, and Nicholas of Cusa are included in the medieval and Renaissance philosophy section. Works of the philosophers Descartes, Locke, and Kant are included in the modern section, and works by Nietzsche, James, Husserl, and Wittgenstein are included in the nineteenth and twentieth century section. The goal of this compilation is to aid and assist students of philosophy who wish to study the chronological progression of Western philosophy by examining the original, although translated, works of influential philosophers.

Nevertheless, this book leaves much to be desired. It is regrettable that it does not contain more works of other equally important philosophers. When we try to consider the history of Western philosophy historically, the nineteenth and twentieth centuries easily contain the largest number of philosophers relevant to our contemporary interests. However, this book contains only a small sampling of the classical works of this time period. It should be noted that copyright issues severely complicate translation and publication efforts in the case of philosophers who have been deceased less than fifty years. We hope that readers keep this in mind as they read this book. Additionally, there are quite a few important works that do not appear in this book for other reasons, such as lack of preparation time and personnel for adequate translation. Thus, readers should therefore understand that this is an initial effort and that future versions will improve upon these aspects in this book.

This book was originally designed as a textbook for a core liberal arts course at Seoul National University: "Understanding Western Philosophy." Six months were spent creating the course content for "Understanding Western Philosophy," and the course was first taught in the first semester of 2002. Since then, the course has been highly acclaimed by students. As indicated in its syllabus, "Understanding Western Philosophy" aims to clarify the essential characteristics of philosophical problems posed by the Western tradition, closely examine the important philosophical topics of each era, and provide a broad but succinct definition of philosophy. To achieve the aims of the course, we peruse the main classical texts of philosophy using this book, which was compiled for such a purpose in the classroom. This book naturally can be used as a textbook for a variety of other courses, such as "Introduction to Philosophy," and "Canons of Western Philosophy," or for any other course related to the history of philosophy.

엮은이 이남인은 서울대학교 철학과에서 학사학위, 석사학위를 취득한 후 독일 부퍼탈 대학교 철학과에서 박사학위를 취득하였고 1995년부터 서울대학교 철학과 교수로 재직중이다. 저서로는 *Edmund Husserls Phänomenologie der Instinkte*(1993), 『현상학과 해석학』(2004), 『후설의 현상학과 현대철학』(2006) 등이 있으며 「현상학적 사회학」, "Experience and Evidence", "Problems of Intersubjectivity in Husserl and Buber" 등 다수의 논문을 발표하였다. 한국현상학회 회장, 한국철학회 편집위원장 등을 역임하고 국제철학원(IIP) 정회원으로 활동하고 있으며 *Continental Philosophy Review, Phenomenology and Cognitive Sciences* 등 다수의 국제학술지 편집위원/자문위원으로 활동하고 있다.